企业所得税优惠实务

经典案例 | 风险识别 | 应对指引

吴健　柴成山　吴冠桦　著

中国财经出版传媒集团
中国财政经济出版社

图书在版编目(CIP)数据

企业所得税优惠实务：经典案例、风险识别、应对指引 / 吴健，柴成山，吴冠桦著. -- 北京：中国财政经济出版社，2021.12

ISBN 978-7-5223-1043-5

Ⅰ.①企… Ⅱ.①吴… ②柴… ③吴… Ⅲ.①企业所得税—税收管理—研究—中国 Ⅳ.①F812.424

中国版本图书馆CIP数据核字（2022）第005805号

责任编辑：潘　飞　　　　责任校对：张　凡

封面设计：潜龙大有　　　责任印制：史大鹏

企业所得税优惠实务：经典案例、风险识别、应对指引

QIYE SUODESHUI YOUHUI SHIWU：JINGDIAN ANLI、FENGXIAN SHIBIE、YINGDUI ZHIYIN

中国财政经济出版社 出版

URL：http：//www.cfeph.cn

E-mail：cfeph @cfemg.cn

社址：北京市海淀区阜成路甲28号　邮政编码：100142

营销中心电话：010-88191522

天猫网店：中国财政经济出版社旗舰店

网址：https：//zgczjjcbs.tmall.com

北京时捷印刷有限公司印刷　各地新华书店经销

成品尺寸：185mm×260mm　16开　33.25印张　579 000字

2022年2月第1版　2022年2月北京第1次印刷

定价：108.00元

ISBN 978-7-5223-1043-5

（图书出现印装问题，本社负责调换，电话：010-88190548）

本社质量投诉电话：010-88190744

打击盗版举报热线：010-88191661　QQ：2242791300

序 PREFACE

税收优惠是国家根据经济持续、健康、稳定发展的需要和宏观经济调控总体目标制定的税收激励措施，通过减轻或免除特定纳税人的税收负担，达到鼓励或支持的政策目的。近年来，国家财税部门为落实国务院“放管服”改革要求，持续完善了一系列结构性减税政策，目的就是进一步优化税收管理、减轻企业负担，通过“放水养鱼”增强经济发展的动力和后劲。作为我国税收收入规模仅次于增值税的第二大税种，企业所得税征税范围广、税基约束力强，特别是优惠政策事项多、要求高、把握难、风险高，一直是税务机关征管的重点和纳税人关注的焦点。为帮助和指导征纳双方更好地了解、掌握和落实好现行的企业所得税优惠政策，我们编著了《企业所得税优惠实务：经典案例 风险识别 应对指引》一书，希望能够为大家提供一本操作性强的指导书，以有效化解征纳风险。

按照企业所得税优惠类型本书具体分为优惠管理、免税收入、减计收入、加计扣除、加速折旧或摊销、所得减免、投资抵扣、减免所得税与抵免所得税额九章内容，对现行八大类116项企业所得税优惠进行阐述，并力求做到全、新、实。“全”，即全面详细阐述截至2021年12月31日现行116项企业所得税优惠的条件、程序、申报、资料、管理等全部企业所得税优惠内容。“新”，即以《国家税务总局关于企业所得税年度汇算清缴有关事项的公告》（国家税务总局公告2021年第34号）为依据，按照“自行判别、申报享受、相关资料留存备查”的企业所得税优惠办理新方式，编写本书的相关内容。“实”，即突出操作实务，以分得清算资产的处理、撤回或减少投资的处理、研发费用加计扣除等实例解析优惠，以项目所得额按法定税率减半征收企业所得税叠加享受减免税等大量案例指导实践，避免大量的理论阐述。

本书的顺利出版离不开方方面面的支持和帮助，中国财政经济出版社商业出版中心尉敏主任为本书的出版付出了辛勤劳动。本书的出版也凝聚了甘肃永诚财税集团柴成山董事长、中国建设银行宿迁市分行吴冠桦的汗水和智慧，他们整理资料、校对书稿、复核数据，并负责编写部分章节。书中的部分案例还来自甘肃永诚财税集团员工的一线实践。宿迁市税务局罗伟审阅、修订了部分章节。在此谨向您们表示衷心感谢！

虽然我们已经尽己所能，力求做到书中内容完整准确，方便读者阅读和理解，但由于企业所得税优惠事项繁多、内容复杂，加之时间、精力和水平所限，书中难免有疏漏和不足之处，敬请读者批评指正，与我们共同探讨、改进。广大读者可通过邮箱（896659584@qq.com）与我们联系。

此外，我们会根据企业所得税优惠政策变化，适时通过“财税健谈”公众号更新相关内容，读者可以关注阅读或下载。

吴　健

2022年1月18日

目录
CONTENTS

第一章

企业所得税优惠管理

2015年，国家税务总局发布的《企业所得税优惠政策事项办理办法》（国家税务总局公告2015年第76号），全面取消对企业所得税优惠事项的审批管理，实行优惠备案管理。为深入贯彻落实党中央、国务院关于优化营商环境和推进“放管服”改革的系列部署，进一步优化税收环境，国家税务总局对该办法进行了修订，并于2018年4月25日重新发布了《企业所得税优惠政策事项办理办法》（国家税务总局公告2018年第23号）。新办法简化了优惠事项办理方式，取消了企业所得税优惠备案管理，全部采取“自行判别、申报享受、相关资料留存备查”的优惠管理方式。同时，还更新了《企业所得税优惠事项管理目录》内容，强化留存备查资料管理，重申企业的权利义务和法律责任，并对企业所得税优惠的后续管理提出新要求。

本章主要阐述企业所得税优惠的管理，主要内容如图1–1所示。

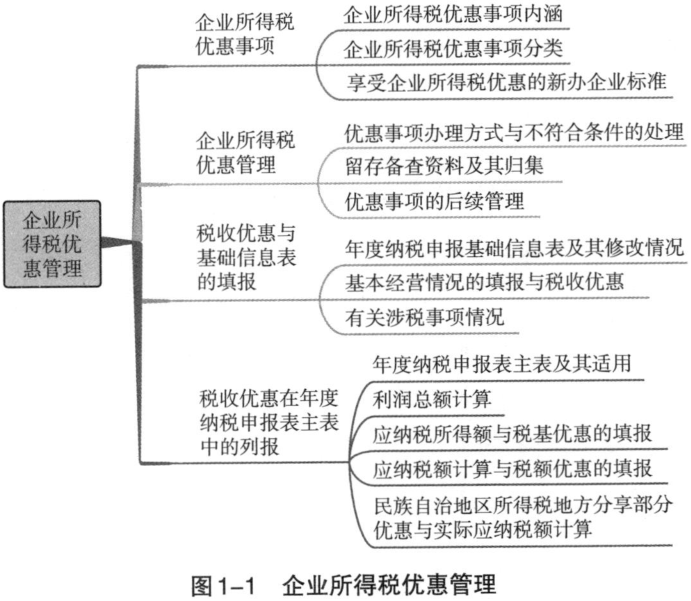

图1–1　企业所得税优惠管理

第一节　企业所得税优惠事项

一、企业所得税优惠事项内涵

税收优惠是税法的重要组成部分。税收优惠作为一般性税法条款的例外规定，通过减轻特定纳税人的税收负担，达到鼓励或支持的政策目的。企业所得税优惠的指导思想，集中体现在《中华人民共和国企业所得税法》（以下简称《企业所得税法》）第二十五条，即国家对重点扶持和鼓励发展的产业和项目，给予企业所得税优惠。《企业所得税法》规定的税收优惠的具体办法，由国务院规定。根据国民经济和社会发展的需要，或者由于突发事件等原因给企业经营活动造成重大影响的，国务院可以制定企业所得税专项优惠政策，报全国人民代表大会常务委员会备案。

企业所得税优惠政策是国家根据国民经济持续、健康、稳定发展需要和宏观经济调控总体目标制定的税收激励措施。企业所得税优惠政策事项（以下简称“优惠事项”）是指，《企业所得税法》规定的优惠事项，以及国务院和民族自治地方根据《企业所得税法》授权制定的企业所得税优惠事项。包括免税收入、减计收入、加计扣除、加速折旧（摊销）、所得减免、抵扣应纳税所得额、减低税率、税额抵免等。

优惠事项的名称、政策概述、主要政策依据、主要留存备查资料、享受优惠时间、后续管理要求等，参见国家税务总局编制的《企业所得税优惠事项管理目录（2017年版）》（以下简称《目录》）。

2017年版《目录》的主要变化有：一是统一了优惠事项的项目名称，实现了优惠事项名称在《目录》《减免税政策代码目录》《中华人民共和国企业所得税年度纳税申报表（A类）》等不同文件中的统一，方便企业查询和使用；二是对优惠事项进行了调整和补充，同时对政策概述、主要政策依据等内容进行了完善，对主要留存备查资料进行了细化；三是增加了“后续管理要求”项目，明确了优惠事项后续管理的有关要求。

二、企业所得税优惠事项分类

（一）免税收入

《企业所得税法》首次引入“免税收入”这一概念，将国债利息收入、符合条件的居民企业之间的股息红利等权益性投资收益和符合条件的非营利组织收入等确定为企业所得税的免税收入。

（二）减计收入

企业综合利用资源，生产符合国家产业政策规定的产品所取得的收入，涉农利息和保费收入，铁路建设债券利息收入等，可以在计算应纳税所得额时减计收入。

（三）加计扣除

对企业安置残疾人员及国家鼓励安置的其他就业人员所支付的工资和开发新技术、新产品、新工艺发生的研究开发费用，可以在计算应纳税所得额时加计扣除。

（四）加速折旧或摊销

企业的固定资产由于技术进步等原因，确需加速折旧的，可以缩短折旧年限或者采取加速折旧的方法。

企事业单位购进软件，凡符合固定资产或无形资产确认条件的，可以按照固定资产或无形资产进行核算，其折旧或摊销年限可以适当缩短，最短可为2年。

集成电路生产企业的生产性设备，其折旧年限可以适当缩短，最短可为3年。

对所有行业企业持有的单位价值不超过5 000元的固定资产，允许一次性计入当期成本费用并在税前扣除。企业在2018年1月1日至2023年12月31日期间新购进的设备、器具，单位价值不超过500万元的，允许一次性计入当期成本费用并在计算应纳税所得额时扣除，不再分年度计算折旧等。

（五）所得减免

企业从事农、林、牧、渔业项目的所得，可以免征、减征企业所得税；企业从事国家重点扶持的公共基础设施项目投资经营的所得，从事符合条件的环境保护、节能节水项目的所得，符合条件的技术转让所得等，《企业所得税法》予以一定期限内减免所得额优惠。

（六）抵扣应纳税所得额

创业投资企业从事国家需要重点扶持和鼓励的创业投资，合伙人通过合伙制创业投企业投资等，可以按投资额的一定比例抵扣应纳税所得额。

（七）降低税率

减低税率是给予符合规定的企业以较低税率的税收优惠。按其优惠方式可分为直接降低税率和间接降低税率。

《企业所得税法》规定，对国家需要重点扶持的高新技术企业，减按15%的税率征收企业所得税；对符合条件的小型微利企业，减按20%的税率征收企业所得税；对符合条件的技术先进型服务企业减按15%的税率征收企业所得税。

（八）减免所得税

动漫企业自主开发、生产动漫产品，定期减免企业所得税；符合条件的软件、集成电路企业，定期减免企业所得税；符合条件的集成电路封装、测试企业，定期减免企业所得税；符合条件的集成电路关键专用材料生产企业、集成电路专用设备生产企业，定期减免企业所得税；经营性文化事业单位转制为企业的，免征企业所得税；符合条件的生产和装配伤残人员专门用品企业，免征企业所得税；民族自治地方的自治机关对本民族自治地方的企业应缴纳的企业所得税中属于地方分享的部分，可以决定减征或者免征等。

（九）税额抵免

企业购置用于环境保护、节能节水、安全生产等专用设备的投资额，可以按一定比例实行税额抵免。

三、享受企业所得税优惠的新办企业标准

关于享受企业所得税定期减税或免税的新办企业的认定标准问题，《财政部国家税务总局关于享受企业所得税优惠政策的新办企业认定标准的通知》（财税〔2006〕1号）规定，享受企业所得税定期减税或免税的新办企业标准为如下几点：

（1）按照国家法律、法规以及有关规定在工商行政（现为市场监督管理）主管部门办理设立登记，新注册成立的企业。

（2）新办企业的权益性出资人（股东或其他权益投资方）实际出资中固定资产、无形资产等非货币性资产的累计出资额占新办企业注册资金的比例一般不得超过25%。

其中，新办企业的注册资金为企业在工商行政主管部门登记的实收资本或股本。非

货币性资产包括建筑物、机器、设备等固定资产，以及专利权、商标权、非专利技术等无形资产。新办企业的权益性投资人以非货币性资产进行出资的，经有资质的会计（审计、税务）事务所进行评估的，以评估后的价值作为出资金额；未经评估的，由纳税人提供同类资产或类似资产当日或最近月份的市场价格，由主管税务机关核定。

新办企业在享受企业所得税定期减税或免税优惠政策期间，从权益性投资人及其关联方累计购置的非货币性资产超过注册资金25%的，将不再享受相关企业所得税减免税政策优惠。

第二节　企业所得税优惠管理

一、优惠事项办理方式与不符合条件的处理

（一）企业所得税优惠事项办理方式

企业享受企业所得税优惠事项采取“自行判别、申报享受、相关资料留存备查”的办理方式。企业应当根据经营情况以及相关税收规定自行判断是否符合优惠事项规定的条件，符合条件的可以按照《目录》列示的时间自行计算减免税额，并通过填报企业所得税纳税申报表享受税收优惠。同时，按照规定归集和留存相关资料备查。

税务机关应当严格按照规定的方式管理优惠事项，严禁擅自改变优惠事项的管理方式。

自2017年度企业所得税汇算清缴起，企业在年度纳税申报及享受优惠事项前无须再履行备案手续、报送“企业所得税优惠事项备案表”“汇总纳税企业分支机构已备案优惠事项清单”和享受优惠所需要的相关资料，原备案资料全部作为留存备查资料保留在企业，以备税务机关后续核查时根据需要提供。

（二）不符合优惠条件的处理

企业享受优惠事项后发现其不符合优惠事项规定条件的，应当依法及时自行调整并补缴税款及滞纳金。

二、留存备查资料及其归集

留存备查资料，是指与企业享受优惠事项有关的合同、协议、凭证、证书、文

件、账册、说明等资料。留存备查资料分为主要留存备查资料和其他留存备查资料两类。主要留存备查资料由企业按照《目录》列示的资料清单准备，其他留存备查资料由企业根据享受优惠事项情况自行补充准备，以助于税务机关在后续管理时能够作出准确判断。

企业对优惠事项留存备查资料的真实性、合法性承担法律责任。

（一）归集时间与保留时间

企业享受优惠事项的，应当在完成年度汇算清缴后，将留存备查资料归集齐全并整理完成，以备税务机关核查。

企业留存备查资料应从企业享受优惠事项当年的企业所得税汇算清缴期结束次日起保留10年。

留存备查资料是企业自行判断是否符合相关优惠事项规定条件的直接依据，企业应当在年度纳税申报前全面归集、整理并认真研判。在企业完成汇算清缴后，留存备查资料应当归集和整理完毕，以备税务机关核查。例如，企业享受《目录》第1项优惠事项，并在2022年4月30日完成2021年度企业所得税纳税申报和缴纳税款，其应在4月30日同步将第1项（国债利息收入免征企业所得税）优惠事项的留存备查资料归集和整理完毕。分支机构以及被汇总纳税的非居民企业机构、场所按照规定可独立享受优惠事项的，完成汇算清缴后，除需要将留存备查资料应当归集和整理完毕外，还须将留存的备查资料清单报送总机构汇总。例如，企业设在西部地区的分支机构享受《目录》第63项（设在西部地区的鼓励类产业企业减按15%的税率征收企业所得税）优惠事项，该分支机构在2021年4月30日完成2020年度企业所得税纳税申报和缴纳税款，其应在4月30日同步将第63项优惠事项的留存备查资料归集和整理完毕，并将备查资料清单报送总机构汇总。

（二）按优惠事项或者项目归集

企业同时享受多项优惠事项或者享受的优惠事项按照规定分项目进行核算的（如研发费用加计扣除等），应当按照优惠事项或者项目分别归集留存备查资料。

（三）总分机构与机构场所的归集

设有非法人分支机构的居民企业以及实行汇总纳税的非居民企业机构、场所享受优惠事项的，由居民企业的总机构及汇总纳税的主要机构、场所负责统一归集并留存备查资料。分支机构以及被汇总纳税的非居民企业机构、场所按照规定可独立享受优惠事项的，由分支机构以及被汇总纳税的非居民企业机构、场所负责归集并留存备查资料，同时分支机构以及被汇总纳税的非居民企业机构、场所应当在完成年度汇算清缴后将留存的备查资料清单送总机构以及汇总纳税的主要机构、场所汇总。

由于我国企业所得税实行法人所得税制，因此跨地区经营汇总纳税企业享受优惠事项的，应当由总机构负责统一归集并留存相关备查资料，但是分支机构按照规定可以独立享受优惠事项的，则由分支机构负责归集并留存相关备查资料。例如，设在西部地区的鼓励类产业企业减按15%的税率征收企业所得税优惠事项，当设在西部地区的分支机构符合规定条件而享受优惠事项的，由该分支机构负责归集并留存相关备查资料，并同时将其留存备查资料的清单提供总机构汇总。

三、优惠事项的后续管理

企业享受优惠事项后，税务机关将适时开展后续管理。在后续管理时，企业应当根据税务机关管理服务的需要，按照规定的期限和方式提供留存备查资料，以证实享受优惠事项符合条件。其中，享受集成电路生产企业、集成电路设计企业、软件企业、重点软件企业和集成电路设计企业等优惠事项的企业，应当在完成年度汇算清缴后，按照《目录》“后续管理要求”项目中列示的清单向税务机关提交资料。

企业未能按照税务机关要求提供留存备查资料，或者提供的留存备查资料与实际生产经营情况、财务核算情况、相关技术领域、产业、目录、资格证书等不符，无法证实符合优惠事项规定条件的，或者存在弄虚作假情况的，税务机关将依法追缴其已享受的企业所得税优惠，并按照《税收征收管理法》等相关规定处理。

税务机关应当采取税收风险管理、稽查、纳税评估等后续管理方式，对企业享受税收优惠情况进行核查。税务机关发现企业预缴申报享受某项税收优惠存在疑点的，应当进行风险提示。必要时，可以提前进行核查。对于不符合税收优惠政策条件的优惠事项，企业已经申报享受税收优惠的，应当予以调整。

税务机关对企业享受优惠事项开展后续管理时，企业应当予以配合并按照税务机关规定的期限和方式提供留存备查资料。其中，按照《财政部 国家税务总局 发展改革委 工业和信息化部关于软件和集成电路产业企业所得税优惠政策有关问题的通知》（财税〔2016〕49号）的有关规定，享受软件和集成电路产业优惠事项的，提交资料时间不得超过本年度汇算清缴期。例如，企业享受《目录》第45项优惠事项，在2021年4月30日完成2020年度企业所得税纳税申报和缴纳税款，其应在4月30日同步将留存备查资料归集和整理完毕，并在2021年5月31日前按照第45项优惠事项“后续管理要求”项目中列示的资料清单向税务机关提交相关资料。

第三节　税收优惠与基础信息表的填报

一、年度纳税申报基础信息表及其修改情况

（一）企业所得税年度纳税申报基础信息表

纳税人在企业所得税年度纳税申报时，应当向税务机关申报或者报告与确定应纳税额相关的信息，并填报“企业所得税年度纳税申报基础信息表”（A000000，见表1–1），该表包括基本经营情况、有关涉税事项情况、主要股东及分红情况三部分内容。

表1–1　A000000　　企业所得税年度纳税申报基础信息表

基本经营情况（必填项目）			
101纳税申报企业类型（填写代码）		102分支机构就地纳税比例（%）	
103资产总额（填写平均值，单位：万元）		104从业人数（填写平均值，单位：人）	
105所属国民经济行业（填写代码）		106从事国家限制或禁止行业	□是□否
107适用会计准则或会计制度（填写代码）		108采用一般企业财务报表格式（2019年版）	□是□否
109小型微利企业	□是 □否	110上市公司	是（□境内　□境外）　□否
有关涉税事项情况（存在或者发生下列事项时必填）			
201从事股权投资业务	□是	202存在境外关联交易	□是
203境外所得信息：203–1选择采用的境外所得抵免方式		□分国（地区）不分项　□不分国（地区）不分项	
203境外所得信息：203–2新增境外直接投资信息		□是（产业类别：□旅游业□现代服务业□高新技术产业）	
204有限合伙制创业投资企业的法人合伙人	□是	205创业投资企业	□是
206技术先进型服务企业类型（填写代码）		207非营利组织	□是
208软件、集成电路企业类型（填写代码）		209集成电路生产项目类型	□130纳米 □65纳米 □28纳米

续表

210科技型中小企业	210-1__年（申报所属期年度）入库编号1		210-2入库时间1	
	210-3__年（所属期下一年度）入库编号2		210-4入库时间2	
211高新技术企业申报所属期年度有效的高新技术企业证书	211-1证书编号1		211-2发证时间1	
	211-3证书编号2		211-4发证时间2	
212重组事项税务处理方式	□一般性□特殊性	213重组交易类型（填写代码）		
214重组当事方类型（填写代码）		215政策性搬迁开始时间		__年__月
216发生政策性搬迁且停止生产经营无所得年度	□是	217政策性搬迁损失分期扣除年度		□是
218发生非货币性资产对外投资递延纳税事项	□是	219非货币性资产对外投资转让所得递延纳税年度		□是
220发生技术成果投资入股递延纳税事项	□是	221技术成果投资入股递延纳税年度		□是
222发生资产（股权）划转特殊性税务处理事项	□是	223债务重组所得递延纳税年度		□是
224研发支出辅助账样式	□2015版　□2021版　□自行设计			

主要股东及分红情况（必填项目）

股东名称	证件种类	证件号码	投资比例（%）	当年（决议日）分配的股息、红利等权益性投资收益金额	国籍（注册地址）
其余股东合计	—	—			—

（二）“企业所得税年度纳税申报基础信息表”修改情况

2021年12月31日，《国家税务总局关于企业所得税年度汇算清缴有关事项的公告》（国家税务总局公告2021年第34号）对“企业所得税年度纳税申报基础信息表”进行如下修订：

一是将“203-2海南自由贸易港新增境外直接投资信息”调整为“203-2新增境外直接投资信息”，适用于在海南自由贸易港等特定地区设立的旅游业、现代服务业、高新技术产业企业填报享受新增境外直接投资免税政策的相关信息。

二是根据《国家发展改革委等五部门关于做好享受税收优惠政策的集成电路企业或项目、软件企业清单制定工作有关要求的通知》（发改高技〔2021〕413号），调整“软件、集成电路企业类型代码表”。

三是根据《国家税务总局关于进一步落实研发费用加计扣除政策有关问题的公告》（国家税务总局公告2021年第28号），新增“224研发支出辅助账样式”，用于填报企业适用的研发支出辅助账样式类型。

二、基本经营情况的填报与税收优惠

表A000000的基本经营情况部分所列项目为纳税人必填（必选）内容。与企业所得税优惠相关的基本经营情况中的项目主要有：101纳税申报企业类型（填写代码）、103资产总额（填写平均值，单位：万元）、104从业人数（填写平均值，单位：人）、105所属国民经济行业（填写代码）、106从事国家限制或禁止行业、109小型微利企业等。

（一）纳税申报企业类型

表A000000“101纳税申报企业类型”：纳税人根据申报所属期年度的企业经营方式情况，从“跨地区经营企业类型代码表”（见表1-2）中选择相应的代码填入本项。

表1-2　跨地区经营企业类型代码表

代码	类型		
	大类	中类	小类
100	非跨地区经营企业		
210	跨地区经营企业总机构	总机构（跨省）——适用《跨地区经营汇总纳税企业所得税征收管理办法》	
220		总机构（跨省）——不适用《跨地区经营汇总纳税企业所得税征收管理办法》	
230		总机构（省内）	
311	跨地区经营企业分支机构	需进行完整年度纳税申报	分支机构（须进行完整年度申报并按比例纳税）
312			分支机构（须进行完整年度申报但不就地缴纳）

代码说明如下：

“非跨地区经营企业”：纳税人未跨地区设立不具有法人资格分支机构的，为非跨地区经营企业。

“总机构（跨省）——适用《跨地区经营汇总纳税企业所得税征收管理办法》”。纳税人为《国家税务总局关于印发〈跨地区经营汇总纳税企业所得税征收管理办法〉的公告》（国家税务总局公告2012年第57号发布、国家税务总局公告2018年第31号修改）规定的跨省、自治区、直辖市和计划单列市设立不具有法人资格分支机构的跨地区经营汇总纳税企业的总机构。

“总机构（跨省）——不适用《跨地区经营汇总纳税企业所得税征收管理办法》”：纳税人为《跨地区经营汇总纳税企业所得税征收管理办法》第二条规定的不适用该办法的跨地区经营汇总纳税企业的总机构。根据该办法第二条的规定，居民企业在中国境内跨地区（指跨省、自治区、直辖市和计划单列市，下同）设立不具有法人资格分支机构的，该居民企业为跨地区经营汇总纳税企业（以下简称汇总纳税企业），除另有规定外，其企业所得税征收管理适用该办法。国有邮政企业（包括中国邮政集团公司及其控股公司和直属单位）、中国工商银行股份有限公司、中国农业银行股份有限公司、中国银行股份有限公司、国家开发银行股份有限公司、中国农业发展银行、中国进出口银行、中国投资有限责任公司、中国建设银行股份有限公司、中国建银投资有限责任公司、中国信达资产管理股份有限公司、中国石油天然气股份有限公司、中国石油化工股份有限公司、海洋石油天然气企业［包括中国海洋石油总公司、中海石油（中国）有限公司、中海油田服务股份有限公司、海洋石油工程股份有限公司］、中国长江电力股份有限公司等企业缴纳的企业所得税（包括滞纳金、罚款）为中央收入，全额上缴中央国库，其企业所得税征收管理不适用该办法。铁路运输企业所得税征收管理不适用该办法。

“总机构（省内）”：纳税人为仅在同一省、自治区、直辖市和计划单列市内设立不具有法人资格分支机构的跨地区经营汇总纳税企业的总机构。

“分支机构（须进行完整年度申报并按比例纳税）”：纳税人为根据相关政策规定须进行完整年度申报并按比例就地缴纳企业所得税的跨地区经营企业的分支机构。

根据《国家税务总局关于中国石油天然气股份有限公司 中国石油化工股份有限公司企业所得税征管问题的通知》（国税函〔2010〕623号）的规定，中国石油天然气股份有限公司（以下简称“中石油”）、中国石油化工股份有限公司（以下简称“中石化”）下属具有独立法人资格的子公司应按照企业所得税法的有关规定，向所在地主管税务机关申报并计算缴纳企业所得税；上述子公司下设的不具有法人资格的分支机构，由该子公司汇总申报并计算缴纳企业所得税，不就地预缴。中石油、中石化下属不具有法人资格的二级分支机构企业所得税的申报方式及就地预缴比例，按照《国家税务总局关于中国石油天然气股份有限公司、中国石油化工股份有限公司缴纳企业所得税问题的通知》（国税函〔2009〕573号）第一条的规定执行（即中石油、中石化所属分支机构就地预缴企业所得税的比例，暂维持不变）。三级以下分支机构不就地申报、预缴企业所得税。中石油、中石化实行就地预缴的二级分支机构购置用于环境保护、节能节水、安全生产等专用设备的投资额，符合企业所得税法规定的抵免企业所得税条件的，应先用该分支机构就地预缴的税款进行抵免，不足部分在总部抵免。

"分支机构（须进行完整年度申报但不就地缴纳）"：纳税人为根据相关政策规定须进行完整年度申报但不就地缴纳所得税的跨地区经营企业的分支机构。

（二）小型微利企业信息

1.资产总额

"103资产总额"：纳税人填报资产总额的全年季度平均值，单位为万元，保留小数点后2位。具体计算公式如下：

季度平均值=（季初值+季末值）÷2

全年季度平均值=全年各季度平均值之和 ÷4

年度中间开业或者终止经营活动的，以其实际经营期作为一个纳税年度确定上述相关指标。

2.从业人数

"104从业人数"：纳税人填报从业人数的全年季度平均值，单位为人。从业人数是指与企业建立劳动关系的职工人数和企业接受的劳务派遣用工人数之和，依据和计算方法同"103资产总额"。

小型微利企业条件中"从业人数"的统计方法与高新技术企业认定中的"职工人数"，以及软件与集成电路企业优惠条件中"职工总数"的统计方法不同，前者按照全年的季度平均值确定，后者按照月平均职工总数确定。

3.所属国民经济行业

"105所属国民经济行业"：按照《国民经济行业分类》标准，纳税人填报所属的国民经济行业明细代码。

4.从事国家限制或禁止行业

"106从事国家限制或禁止行业"：纳税人从事行业为国家限制和禁止行业的，选择“是”；其他选择“否”。

按照现行税法规定，从事国家限制和禁止行业的企业，不得享受小型微利企业优惠，也不能享受资源综合利用减计收入、民族自治地方的企业地方分享企业所得税等优惠。

5. 小型微利企业

“109小型微利企业”：纳税人符合小型微利企业普惠性所得税减免政策条件的，选择“是”，其他选择“否”。

自2021年1月1日至2022年12月31日，根据《财政部 税务总局关于实施小微企业和个体工商户所得税优惠政策的公告》（财政部　税务总局公告2021年第12号）第一条的规定，对小型微利企业年应纳税所得额不超过100万元的部分，在《财政部 税务总局关于实施小微企业普惠性税收减免政策的通知》（财税〔2019〕13号）第二条规定的优惠政策基础上，再减半征收企业所得税。

根据财税〔2019〕13号文件第二条的规定，对小型微利企业年应纳税所得额不超过100万元的部分，减按25%计入应纳税所得额，按20%的税率缴纳企业所得税；对年应纳税所得额超过100万元但不超过300万元的部分，减按50%计入应纳税所得额，按20%的税率缴纳企业所得税。

小型微利企业是指从事国家非限制和禁止行业，且同时符合年度应纳税所得额不超过300万元、从业人数不超过300人、资产总额不超过5 000万元三个条件的企业。

从业人数，包括与企业建立劳动关系的职工人数和企业接受的劳务派遣用工人数。从业人数和资产总额指标，应按企业全年的季度平均值确定。具体计算公式如下：

季度平均值=（季初值+季末值）÷2

全年季度平均值=全年各季度平均值之和 ÷4

年度中间开业或者终止经营活动的，以其实际经营期作为一个纳税年度确定上述相关指标。

三、有关涉税事项情况

表A000000“有关涉税事项情况”部分所列项目为条件必填（必选）内容，当纳税人存在或发生所列事项时，必须填报。纳税人未填报的，视同不存在或未发生相关事项。与享受企业所得税优惠相关的有关涉税事项情况项目主要有：203境外所得信息，204有限合伙制创业投资企业的法人合伙人，205创业投资企业，206技术先进型服务企业类型（填写代码），207非营利组织，208软件、集成电路企业类型（填写代码），209集成电路生产项目类型，210科技型中小企业、211高新技术企业申报所属期年度有效的高新技术企业证书和224研发支出辅助账样式等项目。

（一）从事股权投资业务

表A000000“201从事股权投资业务”：纳税人从事股权投资业务的（包括集团公司总部、创业投资企业等），选择“是”。

填报此项目信息会涉及“投资收益纳税调整明细表”（A105030）与业务招待费的填报与调整。根据《国家税务总局关于贯彻落实企业所得税法若干税收问题的通知》（国税函〔2010〕79号）第八条的规定，对从事股权投资业务的企业（包括集团公司总部、创业投资企业等），其从被投资企业所分配的股息、红利以及股权转让收入，可以按规定的比例计算业务招待费扣除限额。

（二）境外所得信息

根据《财政部 税务总局关于完善企业境外所得税收抵免政策问题的通知》（财税〔2017〕84号）的规定，企业可以选择按国（地区）别分别计算（即“分国（地区）不分项”），或者不按国（地区）别汇总计算（即“不分国（地区）不分项”）其来源于境外的应纳税所得额，并按照财税〔2009〕125号文件第八条规定的税率，分别计算其可抵免境外所得税税额和抵免限额。上述方式一经选择，5年内不得改变。

表A000000“203境外所得信息”：填报纳税人与来源于中国境外所得的相关信息。

1. “203-1选择采用的境外所得抵免方式”：纳税人适用境外所得税收抵免政策，且根据《财政部 国家税务总局关于企业境外所得税收抵免有关问题的通知》（财税〔2009〕125号）、财税〔2017〕84号文件规定选择按国（地区）别分别计算其来源于境外的应纳税所得额，即“分国（地区）不分项”的，选择“分国（地区）不分项”；纳税人适用境外所得税收抵免政策，且根据财税〔2009〕125号、财税〔2017〕84号文件规定选择不按国（地区）别汇总计算其来源于境外的应纳税所得额，即“不分国（地区）不分项”的，选择“不分国（地区）不分项”。境外所得抵免方式一经选择，5年内不得变更。

2. “203-2新增境外直接投资信息”：填报纳税人符合享受境外所得免征企业所得税优惠政策条件的相关信息。本项目由在海南自由贸易港等特定地区设立的旅游业、现代服务业、高新技术产业且新增境外直接投资的企业填报。"产业类别"填报纳税人经营的产业类别，按"旅游业""现代服务业""高新技术产业"选择填报。

（三）创业投资企业与其法人合伙人

1.有限合伙制创业投资企业的法人合伙人

表A000000"204有限合伙制创业投资企业的法人合伙人"：纳税人投资于有限合伙制创业投资企业且为其法人合伙人的，选择"是"。本项目中的有限合伙制创业投资企业的法人合伙人是指符合《中华人民共和国合伙企业法》（中华人民共和国主席令第五十五号）、《创业投资企业管理暂行办法》（国家发展和改革委员会令第39号）、《外商投资创业投资企业管理规定》（外经贸部 科技部 工商总局 税务总局 外汇管理局令2003年第2号发布，商务部令2015年第2号修改）、《私募投资基金监督管理暂行办法》（证监会令第105号）关于创业投资基金的特别规定等规定的创业投资企业法人合伙人。有限合伙制创业投资企业的法人合伙人无论是否享受企业所得税优惠政策，均应填报本项。

此项信息会涉及"纳税调整项目明细表"（A105000）第41行"（五）合伙企业法人合伙人分得的应纳税所得额"的填报与调整。本项选择"是"的，自动选择"抵扣应纳税所得额明细表"（A107030）。

2.创业投资企业

表A000000"205创业投资企业"：纳税人为创业投资企业的，选择"是"。本项目中的创业投资企业是指依照《创业投资企业管理暂行办法》和《外商投资创业投资企业管理规定》《私募投资基金监督管理暂行办法》关于创业投资基金的特别规定等规定，在中国境内设立的专门从事创业投资活动的企业或其他经济组织。创业投资企业无论是否享受企业所得税优惠政策，均应填报本项。

此项信息与创业投资企业投资抵扣应纳税所得额优惠相关。本项选择"是"的，自动选择"抵扣应纳税所得额明细表"（A107030）。

（四）享受优惠的企业类型

1.技术先进型服务企业类型

表A000000"206技术先进型服务企业类型"：纳税人为经认定的技术先进型服务企业的，从"技术先进型服务企业类型代码表"（见表1-3）中选择相应的代码填报本项。本项目中的经认定的技术先进型服务企业是指符合《财政部 税务总局 商务部 科技部 国家发展改革委关于将技术先进型服务企业所得税政策推广至全国实施的通知》（财税〔2017〕79号）、《财政部 税务总局 商务部 科技部 国家发展改革委关于将服务贸易创新发展试点地区技术先进型服务企业所得税政策推广至全国实施的通知》（财税〔2018〕44号）等文件规定的企业。经认定的技术先进型服务企业无论是否享受企业所得税优惠政策，均应填报本项。

填报该项则放开表A107040第19行“十九、技术先进型服务企业（服务外包类）减按15%的税率征收企业所得税”和第20行“二十、技术先进型服务企业（服务贸易类）减按15%的税率征收企业所得税”允许填报。

表1–3　　技术先进型服务企业类型代码表

代码	类型	
	大类	小类
110	服务外包类	信息技术外包服务（ITO）
120		技术性业务流程外包服务（BPO）
130		技术性知识流程外包服务（KPO）
210	服务贸易类	计算机和信息服务
220		研究开发和技术服务
230		文化技术服务
240		中医药医疗服务

2. 非营利组织

表A000000“207非营利组织”：纳税人为非营利组织的，选择“是”。此项与符合条件的非营利组织的收入免征所得税优惠相关。

需要说明的是，这是大口径的非营利组织概念。填报该行则放开“免税、减计收入及加计扣除优惠明细表”（A107010）第9行“（三）符合条件的非营利组织的收入免征企业所得税”允许填报。

3. 软件与集成电路企业类型

“208软件、集成电路企业类型”：适用纳税人根据“企业所得税年度纳税申报基础信息表”（A000000）“208软件、集成电路企业类型”填报的企业类型和实际经营情况，从“软件、集成电路企业类型代码表”（见表1–4）“代码”列中选择相应代码填报。软件、集成电路企业若符合相关企业所得税优惠政策条件的，无论是否享受企业所得税优惠，均应填报本项，且仅可从中选择一项填列。

表1–4　　　　软件、集成电路企业类型代码表

<table>
<tr><th rowspan="2">代码</th><th colspan="2">类型</th></tr>
<tr><th>大类</th><th>中类</th></tr>
<tr><td>110</td><td rowspan="7">100集成电路生产企业</td><td>线宽小于0.8微米（含）的企业（延续到期）</td></tr>
<tr><td>120</td><td>线宽小于0.25微米的企业（延续到期）</td></tr>
<tr><td>130</td><td>投资额超过80亿元的企业（延续到期）</td></tr>
<tr><td>131</td><td>投资额超过150亿元的企业（延续到期）</td></tr>
<tr><td>140</td><td>线宽小于130纳米（含）的企业</td></tr>
<tr><td>151</td><td>线宽小于65纳米（含）的企业</td></tr>
<tr><td>160</td><td>线宽小于28纳米（含）的企业</td></tr>
<tr><td>240</td><td rowspan="2">200集成电路设计企业</td><td>集成电路设计企业</td></tr>
<tr><td>250</td><td>重点集成电路设计企业</td></tr>
<tr><td>330</td><td rowspan="2">300软件企业</td><td>软件企业</td></tr>
<tr><td>340</td><td>重点软件企业</td></tr>
<tr><td>400</td><td colspan="2">集成电路封装、测试（含封装测试）企业</td></tr>
<tr><td>500</td><td colspan="2">集成电路材料（含关键专用材料）企业</td></tr>
<tr><td>600</td><td colspan="2">集成电路装备（含专用设备）企业</td></tr>
</table>

代码说明：

“集成电路生产企业”：符合《财政部 国家税务总局 发展改革委 工业和信息化部关于软件和集成电路产业企业所得税优惠政策有关问题的通知》（财税〔2016〕49号）、《财政部 税务总局 国家发展改革委 工业和信息化部关于集成电路生产企业有关企业所得税政策问题的通知》（财税〔2018〕27号）、《财政部 税务总局 发展改革委 工业和信息化部关于促进集成电路和软件产业高质量发展企业所得税政策的公告》（2020年第45号）、《国家发展改革委等五部门关于做好享受税收优惠政策的集成电路企业或项目、软件企业清单制定工作有关要求的通知》（发改高技〔2021〕413号）等文件规定的集成电路生产企业。具体说明如下：

（1）“线宽小于0.8微米（含）的企业”是指可以享受第一年至第二年免征企业所得税，第三年至第五年按照25%的法定税率减半征收企业所得税优惠政策的集成电路线宽小于0.8微米（含）的集成电路生产企业。

（2）“线宽小于0.25微米的企业”是指可以享受第一年至第五年免征企业所得税，第六年至第十年按照25%的法定税率减半征收企业所得税优惠政策的集成电路线宽小于0.25微米的集成电路生产企业。

（3）“投资额超过80亿元的企业”是指可以享受第一年至第五年免征企业所得税，第六年至第十年按照25%的法定税率减半征收企业所得税优惠政策的投资额超过80亿元的集成电路生产企业。

（4）“投资额超过150亿元的企业”是指可以享受第一年至第五年免征企业所得税，第六年至第十年按照25%的法定税率减半征收企业所得税优惠政策的投资额超过150亿元的集成电路生产企业。

（5）“线宽小于130纳米（含）的企业”是指可以享受第一年至第二年免征企业所得税，第三年至第五年按照25%的法定税率减半征收企业所得税优惠政策的集成电路线宽小于130纳米（含）的集成电路生产企业。

（6）“线宽小于65纳米（含）的企业”是指可以享受第一年至第五年免征企业所得税，第六年至第十年按照25%的法定税率减半征收企业所得税优惠政策的集成电路线宽小于65纳米（含）的集成电路生产企业。

（7）“线宽小于28纳米（含）的企业”是指可以享受第一年至第十年免征企业所得税优惠政策的集成电路线宽小于28纳米（含）的集成电路生产企业。

“集成电路设计企业”：符合《财政部 国家税务总局 发展改革委 工业和信息化部关于软件和集成电路产业企业所得税优惠政策有关问题的通知》（财税〔2016〕49号）、《财政部 税务总局关于集成电路设计和软件产业企业所得税政策的公告》（2019年第68号）、《财政部 税务总局关于集成电路设计企业和软件企业2019年度企业所得税汇算清缴适用政策的公告》（财政部 税务总局公告2020年第29号）、《财政部 税务总局 发展改革委 工业和信息化部关于促进集成电路和软件产业高质量发展企业所得税政策的公告》（财政部 税务总局 发展改革委 工业和信息化部公告2020年第45号）、工业和信息化部 国家发展改革委 财政部 国家税务总局公告2021年第9号等文件规定的集成电路设计企业、重点集成电路设计企业。具体说明如下：

（1）“集成电路设计企业”是指可以享受第一年至第二年免征企业所得税，第三年至第五年按照25%的法定税率减半征收企业所得税优惠政策的集成电路设计企业。

（2）“重点集成电路设计企业”是指在国家发展改革委、工业和信息化部等相关部门发布的清单内，可以享受第一年至第五年免征企业所得税、接续年度减按10%的税率征收企业所得税优惠政策的国家鼓励的重点集成电路设计企业。

“软件企业”：符合《财政部 国家税务总局 发展改革委 工业和信息化部关于软件和集成电路产业企业所得税优惠政策有关问题的通知》（财税〔2016〕49号）、《财

政部 税务总局关于集成电路设计和软件产业企业所得税政策的公告》（财政部 税务总局公告2019年第68号）、《财政部 税务总局关于集成电路设计企业和软件企业2019年度企业所得税汇算清缴适用政策的公告》（财政部 税务总局公告2020年第29号）、《财政部 税务总局 发展改革委 工业和信息化部关于促进集成电路和软件产业高质量发展企业所得税政策的公告》（财政部 税务总局 发展改革委 工业和信息化部公告2020年第45号）、工业和信息化部 国家发展改革委 财政部 国家税务总局公告2021年第10号等文件规定的软件企业、重点软件企业。具体说明如下：

①“软件企业”是指可以享受第一年至第二年免征企业所得税，第三年至第五年按照25%的法定税率减半征收企业所得税优惠政策的符合条件的软件企业。

②“重点软件企业”是指在国家发展改革委、工业和信息化部等相关部门发布的清单内，可以享受第一年至第五年免征企业所得税、接续年度减按10%的税率征收企业所得税优惠政策的国家鼓励的重点软件企业。

“集成电路封装、测试（含封装测试）企业”：符合《财政部 国家税务总局 发展改革委 工业和信息化部关于进一步鼓励集成电路产业发展企业所得税政策的通知》（财税〔2015〕6号）、《财政部 税务总局 发展改革委 工业和信息化部关于促进集成电路和软件产业高质量发展企业所得税政策的公告》（财政部 税务总局 发展改革委 工业和信息化部公告2020年第45号）文件规定可以享受企业所得税优惠政策的集成电路封装、测试（含封装测试）企业。

“集成电路材料（含关键专用材料）企业”：符合《财政部 国家税务总局 发展改革委 工业和信息化部关于进一步鼓励集成电路产业发展企业所得税政策的通知》（财税〔2015〕6号）、《财政部 税务总局 发展改革委 工业和信息化部关于促进集成电路和软件产业高质量发展企业所得税政策的公告》（财政部 税务总局 发展改革委 工业和信息化部公告2020年第45号）文件规定可以享受企业所得税优惠政策的材料（含集成电路关键专用材料）生产企业。

“集成电路装备（含专用设备）企业”：符合《财政部 国家税务总局 发展改革委 工业和信息化部关于进一步鼓励集成电路产业发展企业所得税政策的通知》（财税〔2015〕6号）、《财政部 税务总局 发展改革委 工业和信息化部关于促进集成电路和软件产业高质量发展企业所得税政策的公告》（财政部 税务总局 发展改革委 工业和信息化部公告2020年第45号）文件规定可以享受企业所得税优惠政策的集成电路装备（含专用设备）企业。

4.集成电路生产项目类型

表A000000“209集成电路生产项目类型”：纳税人投资集成电路线宽小于130纳

米或集成电路线宽小于65纳米或投资额超过150亿元的集成电路生产项目，项目符合《财政部 税务总局 国家发展改革委 工业和信息化部关于集成电路生产企业有关企业所得税政策问题的通知》（财税〔2018〕27号）等文件规定的税收优惠政策条件，且按照项目享受企业所得税优惠政策的，应填报本项。纳税人投资线宽小于130纳米的集成电路生产项目的，选择“130纳米”；投资线宽小于65纳米或投资额超过150亿元的集成电路生产项目的，选择“65纳米”；同时投资上述两类项目的，可同时选择“130纳米”和“65纳米”。

纳税人既符合“208软件、集成电路企业类型”项目又符合“209集成电路生产项目类型”项目填报条件的，应当同时填报。

5.科技型中小企业

表A000000“210科技型中小企业”：纳税人根据申报所属期年度和申报所属期下一年度取得的科技型中小企业入库登记编号情况，填报本项目下的“210-1”“210-2”“210-3”“210-4”。例如，纳税人在进行2021年度企业所得税汇算清缴纳税申报时，“210-1____（申报所属期年度）入库编号”首先应当填列“2021（申报所属期年度）入库编号”，“210-3____（所属期下一年度）入库编号”首先应当填列“2022（所属期下一年度）入库编号”。若纳税人在2021年1月1日至2021年12月31日之间取得科技型中小企业入库登记编号的，将相应的“编号”及“入库时间”分别填入“210-1”和“210-2”项目中；若纳税人在2022年1月1日至2021年度汇算清缴纳税申报日之间取得科技型中小企业入库登记编号的，将相应的“编号”及“入库时间”分别填入“210-3”和“210-4”项目中。纳税人符合上述填报要求的，无论是否享受企业所得税优惠政策，均应填报本项。

6.申报所属期年度有效的高新技术企业证书

表A000000“211高新技术企业申报所属期年度有效的高新技术企业证书”。纳税人根据申报所属期年度拥有的有效期内的高新技术企业证书情况，填报本项目下的“211-1”“211-2”“211-3”“211-4”。在申报所属期年度，如企业同时拥有两个高新技术企业证书，则两个证书情况均应填报。例如，纳税人2019年10月取得高新技术企业证书，有效期3年，2021年再次参加认定并于2021年11月取得新高新技术企业证书的，纳税人在进行2021年度企业所得税汇算清缴纳税申报时，应将两个证书的“编号”及“发证时间”分别填入“211-1”“211-2”“211-3”“211-4”项目中。纳税人符合上述填报要求的，无论是否享受企业所得税优惠政策，均应填报本项。

（五）研发支出辅助账样式

表A000000“224研发支出辅助账样式”：按照《国家税务总局关于企业研究开发费用税前加计扣除政策有关问题的公告》（国家税务总局公告2015年第97号）、《国家税务总局关于进一步落实研发费用加计扣除政策有关问题的公告》（国家税务总局公告2021年第28号）文件规定，纳税人选择使用2015版研发支出辅助账样式及其优化版（如上海市2018优化版研发支出辅助账样式）的，选择“2015版”；纳税人选择2021版研发支出辅助账样式，选择“2021版”；纳税人自行设计研发支出辅助账样式的，选择“自行设计”。

第四节　税收优惠在年度纳税申报表主表中的列报

一、年度纳税申报表主表及其适用

（一）主表的适用范围

“中华人民共和国企业所得税年度纳税申报表（A类）”（A100000，如表1-5所示）为企业所得税年度纳税申报表的主表，纳税人应当根据《企业所得税法》及其实施条例、相关税收政策，以及国家统一会计制度（企业会计准则、小企业会计准则、企业会计制度、事业单位会计准则和民间非营利组织会计制度等）的规定，计算填报利润总额、应纳税所得额和应纳税额等有关项目。

表A100000是在纳税人会计利润总额的基础上，加减纳税调整等金额后计算出“纳税调整后所得”。会计与税法的差异（包括收入类、扣除类、资产类等差异）通过“纳税调整项目明细表”（A105000）集中填报。

纳税人在计算企业所得税应纳税所得额及应纳税额时，会计处理与税收规定不一致的，应当按照税收规定计算。税收规定不明确的，在没有明确规定之前，暂按国家统一会计制度计算。

2021年底税务总局修改后的该表包括利润总额计算、应纳税所得额计算、应纳税额计算与实际应纳税额计算四部分。

表1-5　A100000　中华人民共和国企业所得税年度纳税申报表（A类）

行次	类别	项　　目	金　额
1	利润总额计算	一、营业收入（填写A101010\101020\103000）	
2		减：营业成本（填写A102010\102020\103000）	
3		减：税金及附加	
4		减：销售费用（填写A104000）	
5		减：管理费用（填写A104000）	
6		减：财务费用（填写A104000）	
7		减：资产减值损失	
8		加：公允价值变动收益	
9		加：投资收益	
10		二、营业利润（1-2-3-4-5-6-7+8+9）	
11		加：营业外收入（填写A101010\101020\103000）	
12		减：营业外支出（填写A102010\102020\103000）	
13		三、利润总额（10+11-12）	
14	应纳税所得额计算	减：境外所得（填写A108010）	
15		加：纳税调整增加额（填写A105000）	
16		减：纳税调整减少额（填写A105000）	
17		减：免税、减计收入及加计扣除（填写A107010）	
18		加：境外应税所得抵减境内亏损（填写A108000）	
19		四、纳税调整后所得（13-14+15-16-17+18）	
20		减：所得减免（填写A107020）	
21		减：弥补以前年度亏损（填写A106000）	
22		减：抵扣应纳税所得额（填写A107030）	
23		五、应纳税所得额（19-20-21-22）	
24	应纳税额计算	税率（25%）	
25		六、应纳所得税额（23×24）	
26		减：减免所得税额（填写A107040）	
27		减：抵免所得税额（填写A107050）	
28		七、应纳税额（25-26-27）	
29		加：境外所得应纳所得税额（填写A108000）	
30		减：境外所得抵免所得税额（填写A108000）	
31		八、实际应纳所得税额（28+29-30）	

续表

行次	类别	项目	金额
32	应纳税额计算	减：本年累计实际已缴纳的所得税额	
33		九、本年应补（退）所得税额（31-32）	
34		其中：总机构分摊本年应补（退）所得税额（填写A109000）	
35		财政集中分配本年应补（退）所得税额（填写A109000）	
36		总机构主体生产经营部门分摊本年应补（退）所得税额（填写A109000）	
37	实际应纳税额计算	减：民族自治地区企业所得税地方分享部分：（□ 免征 □ 减征:减征幅度__%）	
38		十、本年实际应补（退）所得税额（33-37）	

（二）修改情况

1. 增加行次

为便利民族自治地区企业所得税地方分享部分减免优惠政策计算，将该事项由“减免所得税优惠明细表”（A107040）调整至“中华人民共和国企业所得税年度纳税申报表（A类）”（A100000），并增加第38行“本年实际应补（退）所得税额”，用于计算享受优惠政策后实际应纳所得税额，即2021年12月31日税务总局修订后的“中华人民共和国企业所得税年度纳税申报表（A类）”（A100000）新增第四部分“实际应纳税额计算”。

2. 明确填报规则

为与《财政部关于修订印发2019年度一般企业财务报表格式的通知》（财会〔2019〕6号）规定衔接，修订“利润总额计算”部分的填报说明，明确采用一般企业财务报表格式（2019年版）的纳税人相关项目的填报规则；规范分支机构（须进行完整年度纳税申报且按比例纳税）第31行“实际应纳所得税额”的填报规则；根据附表的调整情况，对表间关系进行了相应调整。

3. 调整行次顺序

为使纳税人最大限度享受所得税税前弥补亏损政策（有限定期限）和抵扣应纳税所得额优惠政策（无限定期限），按照有利于纳税人原则，2017年版“中华人民共和国企业所得税年度纳税申报表”（A100000）将原2014年版A100000第21行“抵扣应纳税所得额”与第22行“弥补以前年度亏损”的行次顺序进行对调。调整后，纳税人先用纳税调整后所得弥补以前年度亏损，再用弥补以前年度亏损后的余额抵扣可抵扣的应纳税所得额。

在2014年版主表A100000中，第21行为“减：抵扣应纳税所得额”，第22行为“减：弥补以前年度亏损”，这在一定程度上引起了是先弥补亏损后享受抵扣应纳税所得额，还是先享受抵扣应纳税所得额优惠后弥补以前年度亏损的争议。

为提高政策的确定性，2017年版表A100000调整了上述行次的顺序，即将“减：弥补以前年度亏损”调到“减：抵扣应纳税所得额”之前。这就进一步明确了纳税人可以先弥补以前年度亏损，再用余下的所得享受抵扣应纳税所得额优惠。

（三）企业所得税的计算步骤

现行的企业所得税年度纳税申报表主表采用间接法计算应纳税所得额，再计算应纳税额、境外所得抵免所得税额，最后计算出实际应纳税额。具体步骤如下：

第一步，计算利润总额。

现行企业所得税年度纳税申报表第一部分“利润总额的计算”按照企业会计准则原“利润表”的格式设计、计算确定会计利润总额。

第二步，计算境内所得应纳税所得额。

在企业会计利润总额的基础上，减去“境外所得”，加或减纳税调整额，再减去“免税、减计收入及加计扣除”优惠，加“境外应税所得抵减境内亏损”后计算出“纳税调整后所得”。会计与税法的差异（包括收入类、扣除类、资产类等永久性和暂时性差异）通过“纳税调整项目明细表”集中体现。

在此基础上，享受所得减免优惠、弥补以前年度亏损、抵扣应纳税所得额优惠后，计算出境内所得应纳税所得额。

第三步，计算境内所得应纳税额。

应纳税所得额乘以法定税率25%得到应纳所得税额，在应纳所得税额的基础上，减去“减免所得税额”和“抵免所得税额”计算出境内所得的应纳税额。

第四步，计算境外所得应补税额

从境内外所得的利润总额中扣除的境外所得，首先可选择用于弥补境内当年亏损（表A100000第18行“加：境外应税所得抵减境内亏损”）和境内以前年度亏损后的余额，按规定计算境外所得应纳所得税额，减去境外所得抵免所得税额，计算出境外所得应补税额。

第五步，计算境内外实际应纳所得税额和应补（退）所得税额。

境内所得应纳税额（表A100000第28行“应纳税额”）加上境外所得应补的所得税额，计算出境内外所得实际应纳所得税额。再扣除累计实际已预缴的所得税额后，计算出“本年应补（退）所得税额”［即境外所得应补所得税额与境内所得应补

（退）税额之和]。

第六步，计算实际应纳税额。

本年应补（退）所得税额，减去“民族自治地区企业所得税地方分享部分”后，得到“本年实际应补（退）所得税额”。

（四）汇算清缴多缴税款应办理退税

自2021年度起，根据《国家税务总局关于企业所得税年度汇算清缴有关事项的公告》（国家税务总局公告2021年第34号）第二条的规定，纳税人在纳税年度内预缴企业所得税税款超过汇算清缴应纳税款的，纳税人应及时申请退税，主管税务机关应及时按有关规定办理退税，不再抵缴其下一年度应缴企业所得税税款。

二、利润总额计算

“利润总额计算”中的项目，按照国家统一会计制度规定计算填报。实行企业会计准则、小企业会计准则、企业会计制度的纳税人，其数据直接取自“利润表”（另有说明的除外）；实行事业单位会计准则的纳税人，其数据取自“收入支出表”；实行民间非营利组织会计制度的纳税人，其数据取自“业务活动表”；实行其他国家统一会计制度的纳税人，根据该表项目进行分析填报。

表A100000第1–13行参照国家统一会计制度规定填写。本部分未设“研发费用”“其他收益”“资产处置收益”等项目，对于已执行《财政部关于修订印发2019年度一般企业财务报表格式的通知》（财会〔2019〕6号）的纳税人，在“利润表”中归集的“研发费用”通过“期间费用明细表”（A104000）第19行“十九、研究费用”的管理费用相应列次填报；在“利润表”中归集的“其他收益”“资产处置收益”“信用减值损失”“净敞口套期收益”项目则无须填报，同时第10行“二、营业利润”不执行“第10行=第1–2–3–4–5–6–7+8+9行”的表内关系，按照“利润表”“营业利润”项目直接填报。

根据财会〔2019〕6号文件印发的一般企业财务报表格式，利润总额的计算公式如下：

净利润（净亏损）=利润总额–所得税费用

利润总额=营业利润+营业外收入–营业外支出

营业利润=营业收入–营业成本–税金及附加–期间费用–研发费用–资产减值损失＋公允价值变动收益（减损失）+其他收益+投资收益+资产处置收益（减损失）

不过，现行企业所得税年度纳税申报表“利润总额计算”部分仍按原企业会计准则利润表格式设置。现行企业所得税年度纳税申报表中利润总额计算公式如下：

利润总额=营业利润+营业外收入-营业外支出

营业利润=营业收入-营业成本-税金及附加-期间费用-资产减值损失＋公允价值变动收益（减损失）+投资收益

利润表中新增“资产处置收益”行项目，反映企业出售划分为持有待售的非流动资产（金融工具、长期股权投资和投资性房地产除外）或处置组时确认的处置利得或损失，以及处置未划分为持有待售的固定资产、在建工程、生产性生物资产及无形资产而产生的处置利得或损失。债务重组中因处置非流动资产产生的利得或损失和非货币性资产交换产生的利得或损失也包括在该项目内。该项目应根据在损益类科目新设置的“资产处置损益”科目的发生额分析填列；如为处置损失，以“-”号填列。

利润表中新增“其他收益”行项目，反映计入其他收益的政府补助等。该项目应根据在损益类科目新设置的“其他收益”科目的发生额分析填列。

三、应纳税所得额与税基优惠的填报

（一）应纳税所得额的计算

企业所得税应纳所得税额的计算依据是应纳税所得额。根据《企业所得税法》第5条的规定，企业每一纳税年度的收入总额，减除不征税收入、免税收入、各项扣除以及允许弥补的以前年度亏损后的余额，为应纳税所得额。用公式表示为：

应纳税所得额=收入总额-不征税收入-免税收入-各项扣除-允许弥补的以前年度亏损

上述公式表明，企业的不征税收入、免税收入不再应用于弥补以前年度亏损，企业因此实实在在得到了“优惠”；同时也表明，企业的收入总额包含不征税收入和免税收入。

（二）确定应纳税所得额的一般原则

1.权责发生制

（1）权责发生制是企业会计基础。

《企业会计准则——基本准则》（2006年2月15日财政部令第33号公布，自2007年1月1日起施行。2014年7月23日根据《财政部关于修改〈企业会计准则——基本准则〉的决定》修改。以下简称“基本准则”）第九条规定，企业应当以权责发生制为基础进行会计确认、计量和报告。权责发生制基础要求，凡当期已经实现的收入和已经发生或应当负担的费用，无论款项是否收付，都应当作为当期的收入和费用，计入利润表；凡是不属于当期的收入和费用，即使款项已在当期收付，也不应当作为当期的收入和费用。

收付实现制是与权责发生制相对应的一种会计基础，它是以收到或支付的现金作为确认收入和费用的依据。

《行政单位会计制度》（财库〔2013〕218号）第九条规定，行政单位会计核算一般采用收付实现制，特殊经济业务和事项应当按照该制度的规定采用权责发生制核算。

《事业单位会计准则》（财政部令第72号）第九条规定，事业单位会计核算一般采用收付实现制；部分经济业务或者事项采用权责发生制核算的，由财政部在会计制度中具体规定。

由此可见，行政事业单位的会计核算采用权责发生制的，由财政部在相关会计制度中规定，而企业会计则采用权责发生制。

（2）权责发生制是计算应纳税所得额的基本原则。

《企业所得税法实施条例》第九条规定，企业应纳税所得额的计算，以权责发生制为原则，属于当期的收入和费用，不论款项是否收付，均作为当期的收入和费用；不属于当期的收入和费用，即使款项已经在当期收付，均不作为当期的收入和费用。该条例和国务院财政、税务主管部门另有规定的除外。

可见，权责发生制是企业计算应纳税所得额的基本原则，但不是唯一的原则。《企业所得税法实施条例》和国务院财政、税务主管部门另有规定的可以例外。例如，房地产开发企业预收售房款需要根据预计计税毛利率计算毛利额，计入当期应纳税所得额计算缴纳企业所得税等。

（3）权责发生制原则与税前扣除的真实性原则并不矛盾。

真实性是企业所得税税前扣除的基本前提，除税法规定的研究开发费用和安置残疾人员及国家鼓励安置的其他就业人员所支付的工资等，可以实行加计扣除外，一项费用只有确属已经实际发生，才可以在税前扣除。

但是，这里的实际发生，并非指“实际支付”，某些尚未支付但确属企业当期应该负担的费用，只要企业能够提供适当的凭据，就可以认定其已经真实发生，当期可以税前扣除。相反，即使是当期实际支付的费用，如果不属于当期应该承担的费用，也不是企业当期已发生的费用，当期税前不得扣除。

由此可见，税前扣除的真实性原则与权责发生制原则是一致的。

2. 税法优先原则

（1）会计与税法的适度分离。

制定税法的主要目的是保证国家财政收入，对经济和社会发展进行调控，公平税负、公平竞争，保证纳税人权益。而制定原则中最重要的一点就是财政原则，保证税收任务完成。通过公平税负为企业创造平等竞争的外部环境，并运用税收这一经济杠杆调节经济活动的运行。

然而，财务会计报告的目标是向财务会计报告使用者提供与企业财务状况、经营成果和现金流量等有关的会计信息，反映企业管理层受托责任的履行情况，有助于财务会计报告使用者作出经济决策。

可见，会计的目标主要是为了真实、完整地反映企业的财务状况、经营成果和现金流量，财政部制定企业会计准则根本点在于让企业的投资者、债权人及社会公众等了解企业资产的真实性与盈利的可能性。会计准则（制度）与税法的制定主体不同、目标不同，内容就不可能完全相同。

（2）会计与税法差异的协调。

会计与税法具有体系不同、制定两套体系的主体不同、目标之间存在本质区别等差异。使得会计准则（制度）在收入、费用和损失的确认、计量标准与企业所得税法的规定之间，产生并长期存在着一系列的差异，这是必须认真对待的会计与税务问题。

但是，我们不能因此割裂会计与税法之间的内在联系：会计核算是税收征纳的必要基础和条件，查账征收仍是主要的税收征收方式。

企业在会计核算时，应当按照国家统一会计制度的规定，对各项会计要素进行确认、计量、记录和报告。按照会计准则（制度）规定的标准进行会计处理，与税法规定的税务处理不一致的，不得调整会计账簿记录和会计报表相关项目的金额。企业在计算当期应交企业所得税时，应在按照会计准则（制度）计算的利润总额的基础上，按企业所得税法的相关规定调整为应纳税所得额，并据以计算当期应交企业所得税。

（3）税法优先原则。

根据《企业所得税法》第二十一条的规定，在计算应纳税所得额时，企业财务、会计处理办法与税收法律、行政法规的规定不一致的，应当依照税收法律、行政法规的规定计算。

根据现行“中华人民共和国企业所得税年度纳税申报表（A 类）”填报说明的规定，企业在计算应纳税所得额及应纳所得税时，企业财务、会计处理办法与税法规定不一致的，应当按照税法规定计算。税法规定不明确的，在没有明确规定之前，暂按企业财务、会计规定计算。

在处理税法与会计关系上，我国采用的是“纳税调整体系”，即在计算应纳税所得额时，《企业所得税法》有明确规定的，按税法规定执行；税法没有明确规定的，一般可按国家统一的财务会计制度规定执行；税法与财务会计制度规定不一致的，按会计制度（准则）规定进行会计处理，纳税时按税法规定进行纳税调整。

有关税前扣除规定与企业实际会计处理之间的协调问题，《国家税务总局关于企业所得税应纳税所得额若干税务处理问题的公告》（国家税务总局公告2012年第15号）进一步明确，根据《企业所得税法》第二十一条的规定，对企业依据财务会计制度规定，并在财务会计处理上实际已确认的支出，凡没有超过《企业所得税法》和有关税收法规规定的税前扣除范围和标准（如折旧年限的选择等）的，可按企业实际会计处理确认的支出，在企业所得税前扣除，计算其应纳税所得额。这主要是为了减少会计与税法差异的调整，便于税收征管。

（三）直接法与间接法

应纳税所得额的计算方法有两种：一种是直接根据《企业所得税法》第五条有关应纳税所得额的规定计算；另一种是在企业会计核算的利润总额的基础上，调整税法与会计的差异，扣减税基优惠和弥补以前年度亏损等后，计算出境内所得的应纳税所得额，进而计算应纳税额。前者通常称为直接法，后者通常称为间接法。

1. 直接法

在应纳税所得额计算的直接法下，企业直接根据企业所得税法律、法规的规定确定收入总额，并从收入总额中扣除依据税法规定确定的不征税收入、免税收入、各项扣除以及允许弥补的以前年度亏损，以其余额为应纳税所得额。

在直接法下，企业应纳税所得额的计算与企业的会计核算相分离，需要企业在现行会计核算体系之外，另建一套所得税会计，来核算应纳税所得额。企业一方面需要依照财务会计制度计算利润总额，另一方面还要依据税法规定核算应纳税所得额，工作量自然会增大。现实工作中很少有企业这样做。

2. 间接法

在应纳税所得额计算的间接法下，企业依据财务会计制度的规定核算利润总额，然后对同一业务或事项在财务会计处理规定与税法规定之间的差异进行纳税调整，再减除允许弥补的以前年度的亏损等后，以其余额确定应纳税所得额。其计算公式如下：

应纳税所得额=纳税调整后所得-所得减免-弥补以前年度亏损-抵扣应纳税所得额

纳税调整后所得=利润总额-境外所得+纳税调整增加额-纳税调整减少额-免税、减计收入及加计扣除+境外应税所得抵减境内亏损

在间接法下，企业应纳税所得额的确定以企业财务会计核算的利润总额为基础，在此基础上，企业依照企业所得税法律、法规的规定对利润总额进行纳税调整，间接计算应纳税所得额。与直接法相比，工作量较小。

为便于企业所得税征管，减轻企业所得税纳税人申报的工作量，现行“企业所得税年度纳税申报表（A类）”就采用间接法确定应纳税所得额的设计思路，因此，这种方法又被称为报表法。

现行“企业所得税年度纳税申报表（A类）”第二部分应纳税所得额的计算，是在企业根据国家统一会计制度核算的利润总额的基础上，扣除境外所得，加（减）纳税调整增加（减少）额，减除免税、减计收入及加计扣除，再加上境外应税所得抵减境内亏损后计算出纳税调整后所得。再扣减所得减免、弥补以前年度亏损，并享受抵扣应纳税所得额优惠后得出应纳税所得额。会计与税法的差异通过纳税调整明细表集中体现。

（四）境外所得的填报

“应纳税所得额计算”和“应纳税额计算”中的项目，除根据主表逻辑关系计算以外，还通过附表相应栏次填报。

表A100000第14行“境外所得”。填报已计入利润总额以及按照税法相关规定已在“纳税调整项目明细表”（A105000）进行纳税调整的境外所得金额。该行根据“境外所得纳税调整后所得明细表”（A108010）填报。即：表A100000第14行=表A108010第14列合计-第11列合计。

这里的境外所得，既不是境外的税前所得也不是境外的税后所得，而是境外税前所得减去间接负担的所得税，或等于境外的税后所得加上直接缴纳的所得税（含直接缴纳的所得税和预提税，不含间接负担的所得税）。

根据主表A100000第14行的填报说明，“表A108010第14列-第11列=主表A100000第14行”。表A108010第14列包含表A108010第3列，而表A108010第3列又含受控外国企业视同分配的利润，既然是视同分配，实际上并未分配，企业不可能计入利润总额里。而主表A100000第14行是将境外所得减掉的，造成并未计入利润总额却又通过本行将其减掉的不妥。将受控外国企业视同分配的利润同时填报至

“纳税调整项目明细表”（A105000）第44行第3列“特别纳税调整应税所得”调增金额。因为该数字并没有体现在企业的利润总额里，所以应通过填报表A105000的第44行第3列“特别纳税调整应税所得”调增金额，把这一项加入应纳税所得额中，这样先减后加，从申报表的逻辑上就讲得通了。而受控外国企业视同分配的利润应缴的所得税通过表A108000进入主表第29行。

如果将来企业实际取得该分配的利润时，应作纳税调减处理。因为实际取得时是不纳税的。

（五）加速折旧/摊销与一次性扣除的填报

固定资产加速折旧与一次性扣除优惠、无形资产加速摊销与一次性扣除优惠，是通过填报“纳税调整项目明细表”（A105000）及其附表“资产折旧、摊销及纳税调整明细表”（A105080）享受的。在企业所得税年度纳税申报表主表中，填入第15行“纳税调整增加额”和第16行“纳税调整减少额”中。

表A100000第15行“纳税调整增加额”。填报纳税人会计处理与税收规定不一致，进行纳税调整增加的金额。该行根据“纳税调整项目明细表”（A105000）“调增金额”列填报。即：表A100000第15行=表A105000第46行第3列。

表A100000第16行“纳税调整减少额”。填报纳税人会计处理与税收规定不一致，进行纳税调整减少的金额。该行根据“纳税调整项目明细表”（A105000）“调减金额”列填报。即：表A100000第16行=表A105000第46行第4列。

（六）免税、减计收入及加计扣除的填报

表A100000第17行“免税、减计收入及加计扣除”。填报属于税收规定免税收入、减计收入、加计扣除金额。该行根据“免税、减计收入及加计扣除优惠明细表”（A107010）填报。即：表A100000第17行=表A107010第31行。

免税、减计收入及加计扣除优惠，不考虑当年是否亏损，实实在在地享受了优惠。

（七）境外应税所得抵减境内亏损

表A100000第18行“境外应税所得抵减境内亏损”。当纳税人选择不用境外所得抵减境内亏损时，填报0；当纳税人选择用境外所得抵减境内亏损时，填报境外所得抵减当年度境内亏损的金额。用境外所得弥补以前年度境内亏损的，还须填报“企业所得税弥补亏损明细表”（A106000）和“境外所得税收抵免明细表”（A108000）。

当境内当年纳税调整后有所得时（当A100000第13-14+15-16-17行≥0），不须用境外所得抵减境内亏损，表A100000第18行填0。

当境内当年纳税调整后为亏损（当A100000第13–14+15–16–17<0）且境外有所得（且表A108000第5列合计行≥0），选择用境外所得抵减境内亏损时（表A108000第6列合计行>0时），表A100000第18行填“境外应纳税所得”合计与境内当年亏损额的孰小值（第18行=表A108000第5列合计行与表A100000第13–14+15–16–17行绝对值的孰小值）。

当境内当年亏损（当A100000第13–14+15–16–17<0）且境外应纳税所得额合计大于零（表A108000第5列合计行≥0），但不选择用境外所得抵减境内亏损时（表A108000第6列合计行=0），表A100000第18行填0。

不过，根据《企业所得税法》第十七条的规定，企业在汇总计算缴纳企业所得税时，其境外营业机构的亏损不得抵减境内营业机构的盈利。

（八）纳税调整后所得

表A100000第19行“纳税调整后所得”。填报纳税人经过纳税调整、税收优惠、境外所得计算后的所得额。

纳税调整后所得=利润总额–境外所得+纳税调整增加额–纳税调整减少额–免税、减计收入及加计扣除+境外应税所得抵减境内亏损

结合表A106000及表A107020的填报说明，本行“纳税调整后所得”为负数的金额，即为可以向以后年度结转的可弥补的亏损数。本行为正数，且本行减第20行（该行永远大于等于0）后可用于弥补以前年度亏损。

从纳税调整后所得的计算过程看，一是“纳税调整后所得”是境内纳税调整后所得加上境外应税所得弥补境内当年亏损后的金额；二是不征税收入和免税收入全额享受优惠，不考虑当年是否有足够的利润，且不征税收入和免税收入不得弥补当年及以前年度亏损，在计算亏损时将其剔除；三是加计扣除允许全额享受优惠，即使企业亏损也可以享受加计扣除优惠；四是在当年企业亏损时，减计收入仍可以享受减计优惠；五是境外应税所得可以弥补境内当年亏损和以前年度亏损，不过这是纳税人的选择权，纳税人既可以用境外应税所得弥补境内亏损，也可以放弃弥补。

（九）所得减免的填报

表A100000第20行“所得减免”。填报属于税收规定的所得减免金额。该行根据“所得减免优惠明细表”（A107020）填报。

当本年境内亏损时（第19行≤0时），不享受所得减免优惠（第20行填报0），不论当年所得减免项目是亏损还是盈利。

当本年境内有所得时（当第19行>0时），第20行“所得减免”填“所得减免优惠明细表”中“减免所得额”合计与“纳税调整后所得”两者的孰小值。即应在“纳税调整后所得”金额范围内享受“所得减免”优惠。

根据表A107020的填报说明可知，本行不可能为负数。本行填报的是项目优惠，某一个项目的收入减去相应的成本费用等扣除后的所得，主要指《企业所得税法》第二十七条（企业的下列所得，可以免征、减征企业所得税：从事农、林、牧、渔业项目的所得；从事国家重点扶持的公共基础设施项目投资经营的所得；从事符合条件的环境保护、节能节水项目的所得；符合条件的技术转让所得）以及一些专项优惠如实施清洁发展机制项目，符合条件的节能服务公司实施合同能源管理项目等。

表A100000第20行“所得减免”与第26行“减免所得税额”的区别在于前者填的是项目所得减免，第26行填的是企业的全部应纳税所得额因税率优惠等原因减免的所得税额。表A100000第20行与第17行的“免税收入”区别在于第17行是指毛收入（而不是所得），不计入应纳税所得额。

另外，根据表A107020的填报说明及表间关系可知表A100000第19行-第20行的结果不可能为负数，至多以减至0为限。

（十）抵扣应纳税所得额的填报

表A100000第22行“抵扣应纳税所得额”：填报根据税收规定应抵扣的应纳税所得额。本行根据“抵扣应纳税所得额明细表”（A107030）填报。即：表A100000第22行=表A107030第15行第1列。

从主表A100000第20行、21行、22行的行次顺序看，纳税调整后所得先减去“所得减免”优惠，再弥补以前年度亏损之后，才享受“抵扣应纳税所得额”优惠。

（十一）应纳税所得额

表A100000第23行“应纳税所得额”。按照19-20-21-22计算填报金额。按照上述行次顺序计算结果为负数的，本行按0填报。

应纳税所得额=纳税调整后所得-所得减免-弥补以前年度亏损-抵扣应纳税所得额

四、应纳税额计算与税额优惠的填报

（一）应纳税额的计算公式

应纳所得税额=应纳税所得额×法定税率（25%）

应纳税额＝应纳所得税额－减免所得税额－抵免所得税额

实际应纳所得税额＝应纳税额＋境外所得应纳所得税额－境外所得抵免所得税额

本年应补（退）的所得税额＝实际应纳所得税额－本年累计实际已预缴所得税额

（二）税率与应纳税额的填报

1.税率

表A100000第24行“税率”。填报税法规定的税率25%。

对于高新技术企业享受15%低税率优惠，符合条件的小型微利企业享受普惠性优惠（包括应纳税所得额不超过100万元的部分再减半优惠），符合条件的技术先进型服务企业享受15%低税率优惠等企业，本行仍填25%法定税率。该类低税率优惠转化为税额优惠填入第26行“减免所得税额”中。

2应纳所得税额

表A100000第25行“应纳所得税额”。填报第23×24行金额。即：

应纳所得税额＝应纳税所得额 × 税率

（三）减免所得税额的填报

表A100000第26行“减免所得税额”：填报纳税人按税收规定实际减免的企业所得税额。该行根据“减免所得税优惠明细表”（A107040）填报。即：表A100000第26行＝表A107040第33行。

减免所得税额是指企业的全部应纳税所得额（不分项目）享受的税收优惠，如小型微利企业和高新技术企业等优惠和其他专项规定的税率式优惠等。

（四）抵免所得税额的填报

表A100000第27行“抵免所得税额”：填报企业当年的应纳所得税额中抵免的金额。该行根据“税额抵免优惠明细表”（A107050）填报。即：表A100000第27行＝表A107050第7行第11列。且表A107050第7行第11列≤表A100000第25-26行。

由此可见，当企业有减免所得税额优惠，也有抵免所得税额优惠时，先享受减免后享受抵免优惠。

根据填报说明，主表A100000第29行扣除第30行后的境外应补所得税，不用于境内专用设备投资抵免。

（五）应纳税额与境外所得应纳所得税额

1.应纳税额

表A100000第28行“应纳税额”。填报第25-26-27行金额。即：应纳税额＝应

纳所得税额－减免所得税额－抵免所得税额

2.境外所得应纳所得税额

表A100000第29行“境外所得应纳所得税额”。填报纳税人来源于中国境外的所得，按照我国税收规定计算的应纳所得税额。该行根据“境外所得税收抵免明细表”（A108000）填报。即：表A100000第29行＝表A108000合计行第9列。

表A100000第30行“境外所得抵免所得税额”。填报纳税人来源于中国境外所得依照中国境外税收法律以及相关规定应缴纳并实际缴纳（包括视同已实际缴纳）的企业所得税性质的税款（准予抵免税款）。该行根据“境外所得税收抵免明细表”（A108000）填报。即：表A100000第30行＝表A108000合计行第19列。

境外所得限额抵免的计算思路如下：

首先，分境内、境外所得分别计算纳税。

在主表A100000第13行“利润总额”中包含境内外利润总额（境外所得体现在投资收益中或境外收入、成本费用体现在账中）的基础上，通过主表第14行“减：境外所得”（先填附表A108010，再进入主表第14行，即附表A108010第14行－附表A108010第11行＝主表第14行），将已计入利润总额的境外所得减掉后计算境内所得应纳税额。再通过主表第15行“纳税调整增加额”（先填附表A105000的第28行“境外所得分摊的共同支出”），将应由境外所得负担而已在本年损益中列支的共同支出部分进行调增，进而将境内、境外所得分开计算应纳（补）税额。

其次，选择用境外所得弥补境内亏损。

主表A00000第18行“加：境外应税所得抵减境内亏损”（先填写A108000第6列合计，然后将弥补境内当年亏损的部分填入主表第18行），用一部分境外所得弥补境内当年亏损。再用一部分境外所得弥补境内以前年度亏损，填入主表A00000第21行“减：弥补以前年度亏损”。

再次，单独计算境内外所得和应纳税额。

主表A100000第28行之前，计算的是境内所得的应纳税额。

在此基础上，通过主表第29行“加：境外所得应纳所得税额”（A108000第9列合计＝主表A100000第29行），计算境外所得应纳税额。通过主表第30行“减：境外所得抵免所得税额”（A108000第19列合计＝主表第30行），减去境外所得抵免金额，从而计算出境外所得在当年实际应补税款。

境外所得应纳所得税额的计算过程如下：

第一，计算境外税前所得。

境外税前所得＝境外税后所得＋直接缴纳的所得税额＋间接负担的所得税额

＋享受税收饶让抵免税额

第二，计算境外所得纳税调整后所得。

境外所得纳税调整后所得=境外税前所得+境外分支机构收入与支出纳税调整额
－境外分支机构调整分摊扣除的有关成本费用
（或境外所得对应调整的相关成本费用支出）

第三，计算境外应纳税所得额。

境外应纳税所得额=境外所得纳税调整后所得－弥补境外以前年度亏损
（有实际亏损额和非实际亏损额之分）

第四，计算抵减境内亏损后的境外应纳税所得额。

抵减境内亏损后的境外应纳税所得额=境外应纳税所得额－抵减境内亏损

第五，计算境外所得应纳所得税额。

境外所得应纳所得税额=抵减境内亏损后的境外应纳税所得额×税率

（六）实际应纳所得税额与已缴纳的所得税额

1.实际应纳所得税额

表A100000第31行“实际应纳所得税额”。填报第28+29–30行金额。其中，跨地区经营企业类型为“分支机构（须进行完整年度申报并按比例纳税）”的纳税人，填报（第28+29–30行）×“分支机构就地纳税比例”金额。即：表A100000第31行=第28+29–30行。其中，跨地区经营企业类型为“分支机构（须进行完整年度申报并按比例纳税）”的纳税人，第31行=（第28+29–30行）×表A000000“102分支机构就地纳税比例”。

此处与中石油、中石化分支机构无关，仅指部分省份存在的参照中石油、中石化申报模式管理的汇总纳税企业。中石油、中石化须进行完整年度申报并按比例纳税的分支机构的主表计算顺序维持不变，仍然为：

第28行“应纳所得税额”=应纳税所得额×税率×分支机构就地纳税比例–减免所得税额（即A107040减免所得税额×分支机构就地纳税比例）–抵免所得税额

2.本年累计实际已缴纳的所得税额

表A100000第32行“本年累计实际已缴纳的所得税额”。填报纳税人按照税收规定本纳税年度已在月（季）度累计预缴的所得税额，包括按照税收规定的特定业务已预缴（征）的所得税额，建筑企业总机构直接管理的跨地区设立的项目部按规定向项目所在地主管税务机关预缴的所得税额。

本年累计实际已缴纳的所得税额，是指截止填报申报表时止，已预缴的税款所属期为汇缴年度的企业所得税之和。

根据《国家税务总局关于跨地区经营建筑企业所得税征收管理问题的通知》(国税函〔2010〕156号)的规定，建筑企业总机构直接管理的跨地区设立的项目部，应按项目实际经营收入的0.2%按月或按季由总机构向项目所在地预分企业所得税，并由项目部向所在地主管税务机关预缴。

3.本年应补（退）的所得税额

表A100000第33行“本年应补（退）的所得税额”。填报第31–32行金额。即：表A100000第33行=第31–32行。

4.总机构分摊本年应补（退）所得税额

表A100000第34行“总机构分摊本年应补（退）所得税额”。填报汇总纳税的总机构按照税收规定在总机构所在地分摊本年应补（退）所得税额。该行根据“跨地区经营汇总纳税企业年度分摊企业所得税明细表”(A109000)填报。即：表A100000第34行=表A109000第12+16行。即：总机构分摊本年应补（退）的所得税额+境外所得抵免后的应纳所得税额=(表A100000第31行“实际应纳所得税–第29行“境外所得应纳所得税额”+第30行“境外所得抵免所得税额”–本年累计已预分、已分摊所得税)×25%+第29行“境外所得应纳所得税”–本表第30行“境外所得抵免所得税额”。

这就是说，境外所得应补税额不用于境内分支机构的分配，在总机构所在地入库。因此，表A100000第34行除了填按规定应参加分配的总额的25%外，还要加上境外所得在境内补缴的企业所得税。

5.财政集中分配本年应补（退）所得税额

表A100000第35行“财政集中分配本年应补（退）所得税额”。填报汇总纳税的总机构按照税收规定财政集中分配本年应补（退）所得税款。该行根据“跨地区经营汇总纳税企业年度分摊企业所得税明细表”(A109000)填报。即：表A100000第35行=表A109000第13行[(表A100000第31行“实际应纳所得税”–第29行“境外所得应纳所得税额”+第30行“境外所得抵免所得税额”–本年累计已预分、已分摊所得税)×25%)]。

6.总机构主体生产经营部门分摊本年应补（退）所得税额

表A100000第36行“总机构主体生产经营部门分摊本年应补（退）所得税额”。填报汇总纳税的总机构所属的具有主体生产经营职能的部门按照税收规定应分摊的本年应补（退）所得税额。该行根据“跨地区经营汇总纳税企业年度分摊企业所得税明细表”(A109000)填报。即：表A100000第36行=表A109000第15行[(表A100000第31行“实际应纳所得税”–第29行“境外所得应纳所得税额”+第30行

“境外所得抵免所得税额”－本年累计已预分、已分摊所得税）×50%×总机构主体生产经营部门分摊比例]。

五、民族自治地区企业所得税地方分享部分优惠与实际应纳税额计算

（一）民族自治地方的企业减免地方分享企业所得税优惠

根据《财政部 国家税务总局关于贯彻落实国务院关于实施企业所得税过渡优惠政策有关问题的通知》（财税〔2008〕21号）的规定，民族自治地方的自治机关对本民族自治地方的企业应缴纳的企业所得税中属于地方分享的部分，可以决定减征或者免征。自治州、自治县决定减征或者免征的，须报省、自治区、直辖市人民政府批准。

民族自治地方，是指依照《中华人民共和国民族区域自治法》的规定，实行民族区域自治的自治区、自治州、自治县。

对民族自治地方内国家限制和禁止行业的企业，不得减征或者免征企业所得税。

民族自治地方的自治机关对本民族自治地方的企业应缴纳的企业所得税中属于地方分享的部分减征或免征，属于预缴享受优惠事项。享受优惠的主要留存备查资料，由省税务机关规定。

（二）民族自治地区企业所得税地方分享部分减免税的填报

2021年12月31日税务部局新修订后的“企业所得税年度纳税申报表”新增第四部分，包括第37行“减：民族自治地区企业所得税地方分享部分：□ 免征 □ 减征：减征幅度____%）”和第38行“十、本年实际应补（退）所得税额”两行内容。

1.表A100000第37行“减：民族自治地区企业所得税地方分享部分：□ 免征 □ 减征:减征幅度____%）”

根据《企业所得税法》《民族区域自治法》《财政部 国家税务总局关于贯彻落实国务院关于实施企业所得税过渡优惠政策有关问题的通知》（财税〔2008〕21号）等规定，实行民族区域自治的自治区、自治州、自治县的自治机关对本民族自治地方的企业应缴纳的企业所得税中属于地方分享的部分，可以决定减征或免征，自治州、自治县决定减征或者免征的，须报省、自治区、直辖市人民政府批准。

纳税人填报该行次时，根据享受政策的类型选择“免征”或“减征”，二者必选其一。选择“免征”是指免征企业所得税税收地方分享部分；选择“减征:减征幅度____%”是指减征企业所得税税收地方分享部分。此时须填写“减征幅度”，减征幅

度填写范围为1至100，表示企业所得税税收地方分享部分的减征比例。例如，地方分享部分减半征收，则选择“减征”，并在“减征幅度”后填写“50%”。

企业类型为“非跨地区经营企业”的，本行填报“实际应纳所得税额”×40%×减征幅度－本年度预缴申报累计已减免的地方分享部分减免金额的余额。企业类型为“跨地区经营汇总纳税企业总机构”的，本行填报“跨地区经营汇总纳税企业年度分摊企业所得税明细表”（A109000）第20行“总机构因民族地方优惠调整分配金额”的金额。

2.表A100000第38行“十、本年实际应补（退）所得税额”

填报纳税人当期实际应补（退）的所得税额。企业类型为“非跨地区经营企业”的，本行填报第33–37行金额。企业类型为“跨地区经营汇总纳税企业总机构”的，本行填报“跨地区经营汇总纳税企业年度分摊企业所得税明细表”（A109000）第21行“八、总机构本年实际应补（退）所得税额”的金额。

（三）跨地区经营汇总纳税享受优惠的申报

为便于跨地区经营汇总纳税企业更精准享受民族自治地区企业所得税地方分享部分减免优惠政策，2021年12月31日，国家税务总局发布的《关于企业所得税年度汇算清缴有关事项的公告》（国家税务总局公告2021年第34号）附件，在“跨地区经营汇总纳税企业年度分摊企业所得税明细表”（A109000，如表1–6所示）中增加第18行“总机构应享受民族地方优惠金额”、第19行“总机构全年累计已享受民族地方优惠金额”、第20行“总机构因民族地方优惠调整分配金额”、第21行“八、总机构本年实际应补（退）所得税额”，纳税人可根据实际情况，填写相关行次。

表1–6　A109000 跨地区经营汇总纳税企业年度分摊企业所得税明细表

行次	项目	金额
1	一、实际应纳所得税额	
2	减：境外所得应纳所得税额	
3	加：境外所得抵免所得税额	
4	二、用于分摊的本年实际应纳所得税额（1–2+3）	
5	三、本年累计已预分、已分摊所得税额（6+7+8+9）	
6	（一）总机构直接管理建筑项目部已预分所得税额	
7	（二）总机构已分摊所得税额	
8	（三）财政集中已分配所得税额	
9	（四）分支机构已分摊所得税额	
10	其中：总机构主体生产经营部门已分摊所得税额	

续表

行次	项目	金额
11	四、本年度应分摊的应补（退）的所得税额（4-5）	
12	（一）总机构分滩本年应补（退）的所得税额（11×总机构分摊比例）	
13	（二）财政集中分配本年应补（退）的所得税额（11×财政集中分配比例）	
14	（三）分支机构分摊本年应补（退）的所得税额（11×分支机构分摊比例）	
15	其中：总机构主体生产经营部门分摊本年应补（退）的所得税额（11×总机构主体生产经营部门分摊比例）	
16	五、境外所得抵免后的应纳所得税额（2-3）	
17	六、总机构本年应补（退）所得税额（12+13+15+16）	
18	七、总机构应享受民族地方优惠金额［（7+10+12+15+16）×40%×减征幅度］	
19	总机构全年累计已享受民族地方优惠金额	
20	总机构因民族地方优惠调整分配金额（18-19）	
21	八、总机构本年实际应补（退）所得税额（17-20）	

1.第18行“总机构应享受民族地方优惠金额”。填报按照税收规定在总机构所在地应享受的民族自治地区企业所得税地方分享部分优惠金额。本行填报第7+10+12+15+16行×40%×减征幅度。

2.第19行“总机构全年累计已享受民族地方优惠金额”。填报总机构所在地本年预缴申报累计已减免的民族自治地区企业所得税地方分享部分的金额。

3.第20行“总机构因民族地方优惠调整分配金额”。填报总机构所在地年度因优惠须调整的民族自治地区企业所得税地方分享部分的分配金额。本行填报第18-19行金额。

4.第21行“总机构本年实际应补（退）所得税额”。填报总机构本年实际应补（退）的所得税额。本行填报第17-20行金额。

第二章

免税收入

《企业所得税法》首次引入“免税收入”这一概念，它是指对企业的某些收入免予征税，即允许企业在计算应纳税所得额时将这些收入从收入总额中减除。本章主要阐述免税收入优惠政策、相关案例与税收风险识别及应对，具体内容如图2–1所示。

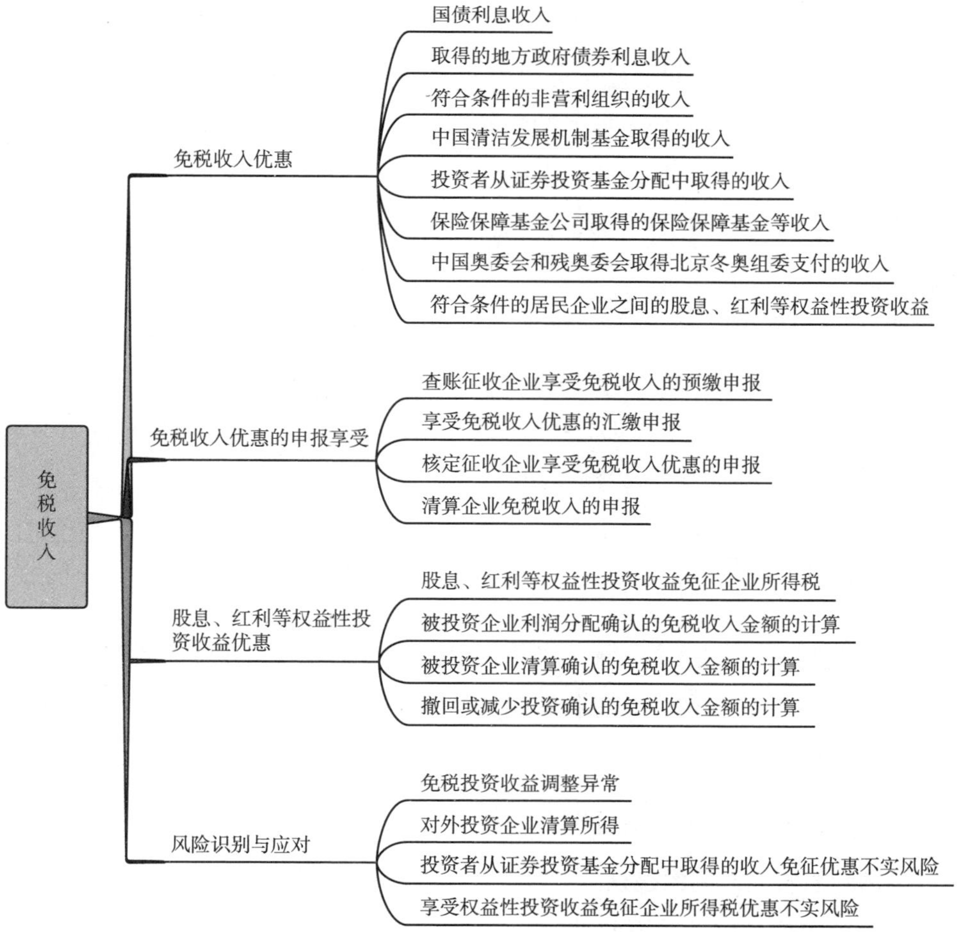

图2–1 免税收入优惠

第一节　免税收入优惠

免税收入与不征税收入不是同一个概念，前者属于税收优惠，而不征税收入则不属于税收优惠。企业所得税免税收入优惠项目主要包括企业取得的下列收入：（1）国债利息收入免征企业所得税；（2）符合条件的居民企业之间的股息、红利等权益性投资收益免征企业所得税（具体包括：一般股息红利等权益性投资收益免征企业所得税、内地居民企业通过沪港通投资且连续持有H股满12个月取得的股息红利所得免征企业所得税、内地居民企业通过深港通投资且连续持有H股满12个月取得的股息红利所得免征企业所得税、居民企业持有创新企业CDR取得的股息红利所得免征企业所得税、符合条件的永续债利息收入免征企业所得税）；（3）符合条件的非营利组织的收入免征企业所得税；（4）中国清洁发展机制基金取得的收入免征企业所得税；（5）投资者从证券投资基金分配中取得的收入免征企业所得税；（6）取得的地方政府债券利息收入免征企业所得税；（7）中国保险保障基金有限责任公司取得的保险保障基金等收入免征企业所得税；（8）中国奥委会取得北京冬奥组委支付的收入免征企业所得税；（9）中国残奥委会取得北京冬奥组委分期支付的收入免征企业所得税。

此外，在中国境内设立机构、场所的非居民企业从居民企业取得与该机构、场所有实际联系的股息、红利等权益性投资收益也免征企业所得税。

需要说明的是，企业取得的各项免税收入所对应的各项成本费用，除另有规定外，可以在计算企业应纳税所得额时扣除。

一、国债利息收入

根据《企业所得税法》第二十六条第一项、《企业所得税法实施条例》第八十二条以及《国家税务总局关于企业国债投资业务企业所得税处理问题的公告》（2011年第36号）的规定，企业持有国务院财政部门发行的国债取得的利息收入免征企业所得税。

（一）国债利息收入的税务处理

1.国债利息收入时间的确认

企业投资国债从国务院财政部门（以下简称“发行者”）取得的国债利息收入，

应以国债发行时约定应付利息的日期，确认利息收入的实现。

企业转让国债，应在国债转让收入确认时确认利息收入的实现。

2. 国债利息收入金额的计算

企业到期前转让国债，或者从非发行者处投资购买的国债，其持有期间尚未兑付的国债利息收入，按以下公式计算确定：

国债利息收入＝国债金额×（适用年利率÷365）×持有天数 （1）

上述公式中的“国债金额”，按国债发行面值或发行价格确定；“适用年利率”按国债票面年利率或折合年收益率确定；如企业不同时间多次购买同一品种国债的，“持有天数”可按平均持有天数计算确定。

3. 免税的国债利息收入

企业取得的国债利息收入，免征企业所得税。具体按以下规定执行：

企业从发行者直接投资购买的国债持有至到期，其从发行者取得的国债利息收入，全额免征企业所得税。

企业到期前转让国债、或者从非发行者投资购买的国债，其按上述公式（1）计算的国债利息收入，免征企业所得税。

（二）国债转让收入的税务处理

1. 国债转让收入时间的确认

企业转让国债应在转让国债合同、协议生效的日期，或者国债移交时确认转让收入的实现。

企业投资购买国债，到期兑付的，应在国债发行时约定的应付利息的日期，确认国债转让收入的实现。

2. 国债转让收益（损失）的计算

企业转让或到期兑付国债取得的价款，减除其购买国债成本，并扣除其持有期间按照规定［国债利息收入＝国债金额×（适用年利率÷365）×持有天数］计算的国债利息收入以及交易过程中相关税费后的余额，为企业转让国债收益（损失）。计算公式为：

转让国债收益（损失）＝转让或到期兑付国债取得的价款－国债成本－国债利息收入－相关税费

3. 国债转让收益（损失）应按规定纳税（扣除）

企业转让国债，应作为转让财产，其取得的收益（损失）应作为企业应纳税所得额计算纳税（按规定税前扣除）。

（三）国债成本的税务处理

通过支付现金方式取得的国债，以买入价和支付的相关税费为成本；通过支付现金以外的方式取得的国债，以该资产的公允价值和支付的相关税费为成本。

企业在不同时间购买同一品种国债的，其转让时的成本计算方法，可在先进先出法、加权平均法、个别计价法中选用一种。计价方法一经选用，不得随意改变。

（四）转让国债免税利息计算案例

【例2–1】甲企业多次购买A国债，分别为2021年1月1日以1 010万元购买面值1 000万元、2021年2月1日以305万元购买面值300万元、2021年3月1日以2 040万元购买面值2 000万元。

2021年5月1日转让面值1 500万元A国债，取得2 000万元收入，转让过程中发生手续费50万元；A国债票面年利率4%，到期时间为2023年10月30日。

要求：计算转让国债所得与国债利息收入。

【解析】如果企业不同时间多次购买同一品种国债的，“持有天数”可按平均持有天数计算确定。其转让时的成本计算方法，可在先进先出法、加权平均法、个别计价法中选用一种。计价方法一经选用，不得随意改变。

2021年5月1日，转让的面值1 500万元的国债持有天数=（120+89+60）÷3=90（天）

假设该企业按先进先出法确定转让成本，转让成本=1 010+305+2 040×（200/2 000）=1 519（万元）

国债利息收入=国债金额×（适用年利率÷365）×持有天数=1 500×（4%÷365）×90=14.79（万元）

国债转让收入=企业转让或到期兑付国债取得的价款–购买国债成本–国债利息收入–交易过程中相关税费=2 000–1 519–14.79–50=416.21（万元）

（五）主要留存备查资料

企业持有国务院财政部门发行的国债取得的利息收入免征企业所得税，属于预缴享受优惠事项。纳税人须将下列主要资料留存备查：

（1）国债净价交易交割单；

（2）购买、转让国债的证明，包括持有时间、票面金额、利率等相关材料；

（3）应收利息（投资收益）科目明细账或按月汇总表；

（4）减免税计算过程的说明。

（六）税会差异纳税调整与国债利息免税

执行企业会计准则的纳税人，国债投资的利息收入按权责发生制原则确认利息收入的金额和时间。而企业所得税处理时，企业投资国债从国务院财政部门取得的国债利息收入，应以国债发行时约定应付利息的日期，确认利息收入的实现。企业转让国债，应在国债转让收入确认时确认利息收入的实现。

执行小企业会计准则的企业，其取得的国债利息收入的确认时间与企业所得税一致，在约定收取利息的日期确认利息收入。

企业取得的国债利息，作为利息收入构成收入总额，但持有国务院财政部门发行的国债利息收入作为免税收入处理，并且按合同约定的收取利息时间确认企业所得税收入。

持有期间，会计上一般按照权责发生制确认利息收入，而企业所得税处理时未按权责发生制原则确认利息收入的，在年度纳税申报时，企业通过“未按权责发生制确认收入纳税调整明细表”（A105020）将会计上确定的利息收入进行调整。

到期兑付或转让国债取得收入时，企业所得税上要按持有期间应取得的国债利息收入计入应纳税所得额，但由于在持有期间会计上已经按权责发生制确认了部分利息收入，并按税收规定进行了纳税调整，因此在到期兑付或转让国债取得利息收入年度进行企业所得税年度纳税申报时，应先通过“未按权责发生制确认收入纳税调整明细表”（A105020），将会计上确认的利息收入进行调整，如符合免税收入条件，再通过“免税、减计收入及加计扣除优惠明细表”（A107010）进行免税收入申报。

（七）国债利息税会差异与免税案例

【例2-2】 2021年1月1日，A公司购买当日发行的某支国债，到期日是2022年12月31日，国债票面金额1 000万元，年利率5%，到期一次还本付息。该公司执行企业会计准则。

要求：分析说明相关财税处理与纳税申报。

【解析】

会计上按权责发生制原则，2021年确认利息收入为：1 000×5%=50（万元），2022年确认利息收入50万元。

税收上如仅从收入确认时间看，应全部在2020年确认100万元利息收入，然后考虑其是免税收入。

因此，2021年要通过“未按权责发生制确认收入纳税调整明细表”（A105020）

进行调减50万元。2022年，先通过“未按权责发生制确认收入纳税调整明细表”（A105020）进行调增50万元，使其应纳税所得额中利息收入变为100万元，然后再通过表A107010进行免税收入申报，在该表第2行填入100万元即可，如表2-1、表2-2、表2-3、表2-4、表2-5所示。

表2-1　A105020　未按权责发生制确认收入纳税调整明细表（2021年）[①]

行次	项目	合同金额（交易金额）	账载金额		税收金额		纳税调整金额
			本年	累计	本年	累计	
		1	2	3	4	5	6（4-2）
1	一、跨期收取的租金、利息、特许权使用费收入（2+3+4）	500 000	500 000	500 000	0	0	-500 000
2	（一）租金						
3	（二）利息	500 000	500 000	500 000	0	0	-500 000
4	（三）特许权使用费						
5	二、分期确认收入（6+7+8）						
6	（一）分期收款方式销售货物收入						
7	（二）持续时间超过12个月的建造合同收入						
8	（三）其他分期确认收入						
9	三、政府补助递延收入（10+11+12）						
10	（一）与收益相关的政府补助						
11	（二）与资产相关的政府补助						
12	（三）其他						
13	四、其他未按权责发生制确认收入						
14	合计（1+5+9+13）	500 000	500 000	500 000	0	0	-500 000

① 企业进行企业所得税汇算清缴纳税申报时，由于提交的整套纳税申报表的封面已注明“金额单位：人民币（列至角分）”，因此，每个申报表除另有说明外不再标注金额单位。

表2-2　A105000　　纳税调整项目明细表（2021年）

行次	项　目	账载金额	税收金额	调增金额	调减金额
		1	2	3	4
1	一、收入类调整项目（2+3+4+5+6+7+8+10+11）	*	*		500 000
2	（一）视同销售收入（填写A105010）	*			*
3	（二）未按权责发生制原则确认的收入（填写A105020）	500 000	0		500 000
4	（三）投资收益（填写A105030）				
5	（四）按权益法核算长期股权投资对初始投资成本调整确认收益	*	*	*	

表2-3　A105020　　未按权责发生制确认收入纳税调整明细表（2022年）

行次	项　目	合同金额（交易金额）	账载金额		税收金额		纳税调整金额
			本年	累计	本年	累计	
		1	2	3	4	5	6（4-2）
1	一、跨期收取的租金、利息、特许权使用费收入（2+3+4）	1 000 000	500 000	1 000 000	1 000 000	1 000 000	500 000
2	（一）租金						
3	（二）利息	1 000 000	500 000	1 000 000	1 000 000	1 000 000	500 000
4	（三）特许权使用费						
5	二、分期确认收入（6+7+8）						
6	（一）分期收款方式销售货物收入						
7	（二）持续时间超过12个月的建造合同收入						
8	（三）其他分期确认收入						
9	三、政府补助递延收入（10+11+12）						
10	（一）与收益相关的政府补助						
11	（二）与资产相关的政府补助						
12	（三）其他						
13	四、其他未按权责发生制确认收入						
14	合计（1+5+9+13）	1 000 000	500 000	1 000 000	1 000 000	1 000 000	500 000

表2-4　105000　　纳税调整项目明细表（2022年）

行次	项目	账载金额	税收金额	调增金额	调减金额
		1	2	3	4
1	一、收入类调整项目（2+3+4+5+6+7+8+10+11）	*	*	500 000	
2	（一）视同销售收入（填写A105010）	*			*
3	（二）未按权责发生制原则确认的收入（填写A105020）	500 000	1 000 000	500 000	
4	（三）投资收益（填写A105030）				
5	（四）按权益法核算长期股权投资对初始投资成本调整确认收益	*	*	*	

表2-5　A107010　　免税、减计收入及加计扣除优惠明细表（2022年）

行次	项目	金额
1	一、免税收入（2+3+6+7+…+16）	1 000 000
2	（一）国债利息收入免征企业所得税	1 000 000
3	（二）符合条件的居民企业之间的股息、红利等权益性投资收益免征企业所得税（填写A107011）	
17	二、减计收入（18+19+23+24）	
25	三、加计扣除（26+27+28+29+30）	
31	合计（1+17+25）	1 000 000

最后，将相关数据填入主表，如表2-6所示。

表2-6　A100000　　中华人民共和国企业所得税年度纳税申报表（A类）（2022年）

行次	类别	项目	金额
13		三、利润总额（10+11-12）	500 000
14	应纳税所得额计算	减：境外所得（填写A108010）	
15		加：纳税调整增加额（填写A105000）	500 000
16		减：纳税调整减少额（填写A105000）	
17		减：免税、减计收入及加计扣除（填写A107010）	1 000 000
18		加：境外应税所得抵减境内亏损（填写A108000）	
19		四、纳税调整后所得（13-14+15-16-17+18）	1 000 000
20		减：所得减免（填写A107020）	
21		减：弥补以前年度亏损（填写A106000）	
22		减：抵扣应纳税所得额（填写A107030）	
23		五、应纳税所得额（19-20-21-22）	

上述填表的办法，其思路是先对国债利息收入在确认时间上的税会差异进行纳税调整，然后再对其免税收入部分通过表A107010进行申报。

二、取得的地方政府债券利息收入

（一）地方政府债券利息收入免征企业所得税

地方政府债券是指经国务院批准同意，以省、自治区、直辖市、计划单列市政府为发行和偿还主体的债券。

《财政部 国家税务总局关于地方政府债券利息所得免征所得税问题的通知》（财税〔2011〕76号）规定，对企业和个人取得的2009年、2010年和2011年发行的地方政府债券利息所得，免征企业所得税和个人所得税。

《财政部 国家税务总局关于地方政府债券利息免征所得税问题的通知》（财税〔2013〕5号）规定，对企业和个人取得的2012年及以后年度发行的地方政府债券利息收入，免征企业所得税和个人所得税。

（二）主要留存备查资料

企业取得的地方政府债券利息收入（所得）免征企业所得税，属于预缴享受优惠事项。纳税人须将如下主要资料留存备查：

（1）购买地方政府债券证明，包括持有时间、票面金额、利率等相关材料；

（2）应收利息（投资收益）科目明细账或按月汇总表；

（3）减免税计算过程的说明。

三、符合条件的非营利组织的收入

（一）符合条件的非营利组织的收入免征企业所得税

1.非营利组织免税收入范围

根据《企业所得税法》第二十六条第四项、《企业所得税法实施条例》第八十四条、第八十五条以及《财政部 国家税务总局关于非营利组织企业所得税免税收入问题的通知》（财税〔2009〕122号）的规定，非营利组织的下列收入为免税收入：

（1）接受其他单位或者个人捐赠的收入；

（2）除《企业所得税法》第七条规定的财政拨款以外的其他政府补助收入，但不包括因政府购买服务取得的收入；

（3）按照省级以上民政、财政部门规定收取的会费；

（4）不征税收入和免税收入孳生的银行存款利息收入；

（5）财政部、国家税务总局规定的其他收入。

符合条件的非营利组织的收入为免税收入，不包括非营利组织从事营利性活动取得的收入，但国务院财政、税务主管部门另有规定的除外。

2.符合条件的非营利组织应符合的条件

根据《财政部 国家税务总局关于非营利组织免税资格认定管理有关问题的通知》（财税〔2018〕13号）第一条的规定，依据规定认定的符合条件的非营利组织，必须同时满足以下条件：

（1）依照国家有关法律法规设立或登记的事业单位、社会团体、基金会、社会服务机构、宗教活动场所、宗教院校以及财政部、税务总局认定的其他非营利组织；

（2）从事公益性或者非营利性活动；

（3）取得的收入除用于与该组织有关的、合理的支出外，全部用于登记核定或者章程规定的公益性或者非营利性事业；

（4）财产及其孳息不用于分配，但不包括合理的工资薪金支出；

（5）按照登记核定或者章程规定，该组织注销后的剩余财产用于公益性或者非营利性目的，或者由登记管理机关采取转赠给与该组织性质、宗旨相同的组织等处置方式，并向社会公告；

（6）投入人对投入该组织的财产不保留或者享有任何财产权利，这里所称投入人是指除各级人民政府及其部门外的法人、自然人和其他组织；

（7）工作人员工资福利开支控制在规定的比例内，不变相分配该组织的财产，其中：工作人员平均工资薪金水平不得超过税务登记所在地的地市级（含地市级）以上地区的同行业同类组织平均工资水平的2倍，工作人员福利按照国家有关规定执行；

（8）对取得的应纳税收入及其有关的成本、费用、损失应与免税收入及其有关的成本、费用、损失分别核算。

经省级（含省级）以上登记管理机关批准设立或登记的非营利组织，凡符合规定条件的，应向其所在地省级税务主管机关提出免税资格申请，并提供规定的相关材料；经地市级或县级登记管理机关批准设立或登记的非营利组织，凡符合规定条件的，分别向其所在地的地市级或县级税务主管机关提出免税资格申请，并提供规定的相关材料。

财政、税务部门按照上述管理权限，对非营利组织享受免税的资格联合进行审核确认，并定期予以公布。

3.申请享受免税资格的非营利组织须报送的材料

申请享受免税资格的非营利组织，须报送以下材料：

（1）申请报告；

（2）事业单位、社会团体、基金会、社会服务机构的组织章程或宗教活动场所、宗教院校的管理制度；

（3）非营利组织注册登记证件的复印件；

（4）上一年度的资金来源及使用情况、公益活动和非营利性活动的明细情况；

（5）上一年度的工资薪金情况专项报告，包括薪酬制度、工作人员整体平均工资薪金水平、工资福利占总支出比例、重要人员工资薪金信息（至少包括工资薪金水平排名前10的人员）；

（6）具有资质的中介机构鉴证的上一年度财务报表和审计报告；

（7）登记管理机关出具的事业单位、社会团体、基金会、社会服务机构、宗教活动场所、宗教院校上一年度符合相关法律法规和国家政策的事业发展情况或非营利性活动的材料；

（8）财政、税务部门要求提供的其他材料。

当年新设立或登记的非营利组织须提供上述第（1）项至第（3）项规定的材料及第（4）项、第（5）项规定的申请当年的材料，不须提供第（6）项、第（7）项规定的材料。

4.免税资格有效期与复审

非营利组织免税优惠资格的有效期为5年。非营利组织应在免税优惠资格期满后6个月内提出复审申请，不提出复审申请或复审不合格的，其享受免税优惠的资格到期自动失效。

非营利组织免税资格复审，按照初次申请免税优惠资格的规定办理。

5.纳税申报

非营利组织必须按照《税收征收管理法》及其实施细则等有关规定，办理税务登记，按期进行纳税申报。取得免税资格的非营利组织应按照规定向主管税务机关办理免税手续，免税条件发生变化的，应当自发生变化之日起15日内向主管税务机关报告；不再符合免税条件的，应当依法履行纳税义务；未依法纳税的，主管税务机关应当予以追缴。取得免税资格的非营利组织注销时，剩余财产处置违反规定的（即按照登记核定或者章程规定，该组织注销后的剩余财产用于公益性或者非营利性目的，或者由登记管理机关采取转赠给与该组织性质、宗旨相同的组织等处置方式，并向社会公告），主管税务机关应追缴其应纳企业所得税款。

有关部门在日常管理过程中，发现非营利组织享受优惠年度不符合规定的免税条件的，应提请核准该非营利组织免税资格的财政、税务部门，由其进行复核。

核准非营利组织免税资格的财政、税务部门根据规定的管理权限，对非营利组织的免税优惠资格进行复核，复核不合格的，相应年度不得享受税收优惠政策。

6.非营利组织资格的取消

已认定的享受免税优惠政策的非营利组织有下述情形之一的，应自该情形发生年度起取消其资格：

（1）登记管理机关在后续管理中发现非营利组织不符合相关法律法规和国家政策的；

（2）在申请认定过程中提供虚假信息的；

（3）纳税信用等级为税务部门评定的C级或D级的；

（4）通过关联交易或非关联交易和服务活动，变相转移、隐匿、分配该组织财产的；

（5）被登记管理机关列入严重违法失信名单的；

（6）从事非法政治活动的。

因上述第（1）项至第（5）项规定的情形被取消免税优惠资格的非营利组织，财政、税务部门自其被取消资格的次年起一年内不再受理该组织的认定申请；因上述第（6）项规定的情形被取消免税优惠资格的非营利组织，财政、税务部门将不再受理该组织的认定申请。

被取消免税优惠资格的非营利组织，应当依法履行纳税义务；未依法纳税的，主管税务机关应当自其存在取消免税优惠资格情形的当年起予以追缴。

7.主要留存备查资料

符合条件的非营利组织的收入免征企业所得税，属于预缴享受的优惠事项。纳税人需要留存备查的主要资料有：

（1）非营利组织免税资格有效认定文件或其他相关证明；

（2）非营利组织认定资料；

（3）当年资金来源及使用情况、公益活动和非营利活动的明细情况；

（4）当年工资薪金情况专项报告，包括薪酬制度、工作人员整体平均工资薪金水平、工资福利占总支出比例、重要人员工资薪金信息（至少包括工资薪金水平排名前十的人员）；

（5）当年财务报表；

（6）登记管理机关出具的事业单位、社会团体、基金会、社会服务机构、宗教活动场所、宗教院校当年符合相关法律法规和国家政策的事业发展情况或非营利活动的材料；

（7）应纳税收入及其有关的成本、费用、损失，与免税收入及其有关的成本、费用、损失分别核算的情况说明；

（8）取得各类免税收入的情况说明；

（9）各类免税收入的凭证。

（二）符合规定的科技企业孵化器和大学科技园收入免征企业所得税

根据《财政部 国家税务总局关于科技企业孵化器税收政策的通知》（财税〔2016〕89号）第二条的规定，符合非营利组织条件的科技企业孵化器的收入，按照《企业所得税法》及其实施条例和有关税收政策规定享受企业所得税优惠政策。

《财政部 国家税务总局关于国家大学科技园税收政策的通知》（财税〔2016〕98号）第二条规定，符合非营利组织条件的国家大学科技园的收入，按照《企业所得税法》及其实施条例和有关税收政策规定享受企业所得税优惠政策。

四、中国清洁发展机制基金取得的收入

（一）中国清洁发展机制基金取得的规定收入免征企业所得税

根据《财政部 国家税务总局关于中国清洁发展机制基金及清洁发展机制项目实施企业有关企业所得税若干优惠政策问题的通知》（财税〔2009〕30号）的规定，中国清洁发展机制基金取得的下列收入，免征企业所得税：

（1）CDM项目温室气体减排量转让收入上缴国家的部分；

（2）国际金融组织赠款收入；

（3）基金资金的存款利息收入、购买国债的利息收入；

（4）国内外机构、组织和个人的捐赠收入。

（二）主要留存备查资料

中国清洁发展机制基金取得的收入免征企业所得税，属于预缴享受优惠事项，需要留存备查的主要资料由省税务机关规定。

五、投资者从证券投资基金分配中取得的收入

（一）投资者从证券投资基金分配中取得的收入暂不征收企业所得税

根据《财政部 国家税务总局关于企业所得税若干优惠政策的通知》（财税

〔2008〕1号）第二条第二项的规定，对投资者从证券投资基金分配中取得的收入，暂不征收企业所得税。

（二）主要留存备查资料

对投资者从证券投资基金分配中取得的收入暂不征收企业所得税，属于预缴享受优惠事项。纳税人需要留存备查的主要资料有：

（1）购买证券投资基金记账凭证；

（2）证券投资基金分配公告；

（3）免税的分配收入明细账及按月汇总表。

六、保险保障基金公司取得的保险保障基金等收入

（一）保险保障基金公司取得的保险保障基金等收入免征企业所得税

根据《财政部 税务总局关于延长部分税收优惠政策执行期限的公告》（2021年第6号）、《财政部 税务总局关于保险保障基金有关税收政策问题的通知》（财税〔2018〕41号，自2018年1月1日起至2023年12月31日止执行）和《财政部 国家税务总局关于保险保障基金有关税收政策问题的通知》（财税〔2016〕10号，自2015年1月1日起至2017年12月31日止执行）的规定，对中国保险保障基金有限责任公司（以下简称“保险保障基金公司”）根据《保险保障基金管理办法》取得的下列收入，免征企业所得税：

1.境内保险公司依法缴纳的保险保障基金；

2.依法从撤销或破产保险公司清算财产中获得的受偿收入和向有关责任方追偿所得，以及依法从保险公司风险处置中获得的财产转让所得；

3.接受捐赠收入；

4.银行存款利息收入；

5.购买政府债券、中央银行、中央企业和中央级金融机构发行债券的利息收入；

6.国务院批准的其他资金运用取得的收入。

（二）主要留存备查资料

中国保险保障基金有限责任公司取得的保险保障基金等收入免征企业所得税，属于预缴享受优惠事项，纳税人需要留存备查的主要资料由省税务机关规定。

七、中国奥委会和残奥委会取得北京冬奥组委支付的收入

（一）中国奥委会取得北京冬奥组委支付的收入免征企业所得税

根据《财政部 税务总局 海关总署关于北京2022年冬奥会和冬残奥会税收政策的通知》（财税〔2017〕60号）第二条第四项的规定，对按中国奥委会、主办城市签订的《联合市场开发计划协议》和中国奥委会、主办城市、国际奥委会签订的《主办城市合同》规定，中国奥委会取得的由北京冬奥组委分期支付的收入、按比例支付的盈余分成收入免征企业所得税。

（二）中国残奥委会取得北京冬奥组委支付的收入免征企业所得税

根据《财政部 税务总局 海关总署关于北京2022年冬奥会和冬残奥会税收政策的通知》（财税〔2017〕60号）的规定，对中国残奥委会根据《联合市场开发计划协议》取得的由北京冬奥组委分期支付的收入免征企业所得税。

（三）主要留存备查资料

中国奥委会和中国残奥委会取得的由北京冬奥组委支付的收入免征企业所得税属于预缴享受优惠事项，主要留存备查资料由省税务机关规定。

八、符合条件的居民企业之间的股息、红利等权益性投资收益

符合条件的居民企业之间的股息、红利等权益性投资收益，是指居民企业直接投资于其他居民企业取得的投资收益。符合条件的居民企业之间的股息、红利等权益性投资收益免征企业所得税，具体包括：一般股息红利等权益性投资收益免征企业所得税、内地居民企业通过沪港通投资且连续持有H股满12个月取得的股息红利所得免征企业所得税、内地居民企业通过深港通投资且连续持有H股满12个月取得的股息红利所得免征企业所得税、居民企业持有创新企业CDR取得的股息红利所得免征企业所得税、符合条件的永续债利息收入免征企业所得税。具体内容详见本章第三节。

第二节　股息、红利等权益性投资收益优惠

一、股息、红利等权益性投资收益免征企业所得税

（一）符合条件的股息、红利等权益性投资收益免征企业所得税

1.政策规定

由于股息、红利是从被投资企业税后利润中分配的，如果将股息、红利全额并入投资企业的应税收入中征收企业所得税，会出现对同一经济来源所得的重复征税，特别是经过的投资层次越多，融资结构越复杂，重复征税程度越严重。因此，消除企业间股息、红利的经济性重复征税，是防止税收政策扭曲投资方式和融资结构、保持税收中性的必然要求，也是世界各国的普遍做法。

为此，《企业所得税法》第二十六条第二项和《企业所得税法实施条例》第十七条、第八十三条规定，符合条件的居民企业之间的股息、红利等权益性投资收益，免征企业所得税。符合条件的居民企业之间的股息、红利等权益性投资收益，是指居民企业直接投资于其他居民企业取得的投资收益。

企业购买股票，并不以股息、红利收入为主要投资目的，其主要目的是从二级市场获得投机收益，这不应成为税收优惠鼓励的目标。因而，《企业所得税法》及其实施条例规定，免征企业所得税的股息、红利等权益性投资收益，不包括连续持有居民企业公开发行并上市流通的股票不足12个月取得的投资收益。

2008年1月1日以后，居民企业之间分配属于2007年度及以前年度的累积未分配利润而形成的股息、红利等权益性投资收益均可列为免税收入，按照规定免征企业所得税。

2.非境内注册居民企业权益性投资收益的免税

非境内注册居民企业从中国境内其他居民企业取得的股息、红利等权益性投资收益，按照规定作为其免税收入。非境内注册居民企业的投资者从该居民企业分得的股息红利等权益性投资收益，属于来源于中国境内的所得，应当征收企业所得税；该权益性投资收益中属于符合条件的居民企业之间的股息、红利等权益性投资收益的部分，可作为收益人的免税收入。

3.主要留存备查资料

符合条件的居民企业直接投资于其他居民企业取得的权益性投资收益免征企业所得税，属于预缴享受优惠事项。享受优惠后，纳税人应将如下主要资料留存备查：

（1）被投资企业的最新公司章程（企业在证券交易市场购买上市公司股票获得股权的，提供相关记账凭证、本公司持股比例以及持股时间超过12个月的情况说明）；

（2）被投资企业股东会（或股东大会）利润分配决议或公告、分配表；

（3）被投资企业进行清算所得税处理的，留存被投资企业填报的加盖主管税务机关受理章的"中华人民共和国清算所得税申报表"及附表三"剩余财产计算和分配明细表"复印件；

（4）投资收益、应收股利科目明细账或按月汇总表。

（二）通过沪港通投资且连续持有H股满12个月取得的股息红利所得

1.政策规定

根据《财政部 国家税务总局 证监会关于沪港股票市场交易互联互通机制试点有关税收政策的通知》（财税〔2014〕81号）的规定，对内地企业投资者通过沪港通（沪港股票市场交易互联互通机制试点的简称）投资香港联交所上市股票取得的股息红利所得，计入其收入总额，依法计征企业所得税。其中，内地居民企业连续持有H股满12个月取得的股息红利所得，依法免征企业所得税。

香港联合交易所有限公司（简称"香港联交所"）上市H股公司应向中国证券登记结算有限责任公司（以下简称"中国结算"）提出申请，由中国结算向H股公司提供内地企业投资者名册，H段公司对内地企业投资者不代扣股息红利所得税款，应纳税款由企业自行申报缴纳。

内地企业投资者自行申报缴纳企业所得税时，对香港联交所非H股上市公司已代扣代缴的股息红利所得税，可依法申请税收抵免。

对内地企业投资者通过沪港通投资香港联交所上市股票取得的转让差价所得，计入其收入总额，依法征收企业所得税。

2.主要留存备查资料

对内地企业投资者通过沪港通投资香港联交所上市股票取得的股息红利所得，计入其收入总额，依法计征企业所得税。其中，内地居民企业连续持有H股满12个月取得的股息红利所得，依法免征企业所得税。该项优惠属于预缴享受优惠事项，享受优惠后，纳税人须将如下主要资料留存备查：

（1）相关记账凭证、本公司持股比例以及持股时间超过12个月的情况说明；

（2）被投资企业股东会（或股东大会）利润分配决议或公告、分配表；

（3）投资收益、应收股利科目明细账或按月汇总表。

（三）通过深港通投资且连续持有H股满12个月取得的股息红利所得

1.政策规定

根据《财政部 国家税务总局 证监会关于深港股票市场交易互联互通机制试点有关税收政策的通知》（财税〔2016〕127号）的规定，对内地企业投资者通过深港通（深港股票市场交易互联互通机制试点的简称）投资香港联合交易所有限公司（以下简称“香港联交所”）上市股票取得的股息红利所得，计入其收入总额，依法计征企业所得税。其中，内地居民企业连续持有H股满12个月取得的股息红利所得，依法免征企业所得税。

香港联交所上市H股公司应向中国证券登记结算有限责任公司（以下简称“中国结算”）提出申请，由中国结算向H股公司提供内地企业投资者名册，H股公司对内地企业投资者不代扣股息红利所得税款，应纳税款由企业自行申报缴纳。

内地企业投资者自行申报缴纳企业所得税时，对香港联交所非H股上市公司已代扣代缴的股息红利所得税，可依法申请税收抵免。

对内地企业投资者通过深港通投资香港联交所上市股票取得的转让差价所得，计入其收入总额，依法征收企业所得税。

2.主要留存备查资料

内地居民企业连续持有H股满12个月取得的股息红利所得，依法免征企业所得税。属于预缴享受优惠事项，主要留存备查资料有：

（1）相关记账凭证、本公司持股比例以及持股时间超过12个月的情况说明；

（2）被投资企业董事会（或股东大会）利润分配决议。

（四）持有创新企业CDR取得的股息红利所得免征企业所得税

《财政部 税务总局 证监会关于创新企业境内发行存托凭证试点阶段有关税收政策的公告》（财政部 税务总局 证监会公告2019年第52号）第二条规定：

1.对企业投资者转让创新企业境内发行存托凭证（以下称创新企业CDR）取得的差价所得和持有创新企业CDR取得的股息红利所得，按转让股票差价所得和持有股票的股息红利所得政策规定征免企业所得税。

2.对公募证券投资基金（封闭式证券投资基金、开放式证券投资基金）转让创新企业CDR取得的差价所得和持有创新企业CDR取得的股息红利所得，按公募证券投资基金税收政策规定暂不征收企业所得税。

3.对合格境外机构投资者（QFII）、人民币合格境外机构投资者（RQFII）转让创新企业CDR取得的差价所得和持有创新企业CDR取得的股息红利所得，视同转让或持有据以发行创新企业CDR的基础股票取得的权益性资产转让所得和股息红利所得征免企业所得税。

所称创新企业CDR，是指符合《国务院办公厅转发证监会关于开展创新企业境内发行股票或存托凭证试点若干意见的通知》（国办发〔2018〕21号）规定的试点企业，以境外股票为基础证券，由存托人签发并在中国境内发行，代表境外基础证券权益的证券。所称试点开始之日，是指首只创新企业CDR取得国务院证券监督管理机构的发行批文之日。

表A107010第7行“居民企业持有创新企业CDR取得的股息红利所得免征企业所得税”：根据《财政部 税务总局 证监会关于创新企业境内发行存托凭证试点阶段有关税收政策的公告》（2019年第52号）等相关税收政策规定，居民企业持有创新企业CDR取得的股息红利所得，按表A107011第12行第17列金额填报。

（五）符合条件的永续债利息收入免征企业所得税

永续债是指经国家发展改革委员会、中国人民银行、中国银行保险监督管理委员会、中国证券监督管理委员会核准，或经中国银行间市场交易商协会注册、中国证券监督管理委员会授权的证券自律组织备案，依照法定程序发行、附赎回（续期）选择权或无明确到期日的债券，包括可续期企业债、可续期公司债、永续债务融资工具（含永续票据）、无固定期限资本债券等。

1.永续债可以适用股息、红利企业所得税政策

根据《财政部 税务总局关于永续债企业所得税政策问题的公告》（财政部 税务总局公告2019年第64号）第1条的规定，企业发行的永续债，可以适用股息、红利企业所得税政策，即：投资方取得的永续债利息收入属于股息、红利性质，按照现行企业所得税政策相关规定进行处理，其中，发行方和投资方均为居民企业的，永续债利息收入可以适用企业所得税法规定的居民企业之间的股息、红利等权益性投资收益免征企业所得税规定；同时发行方支付的永续债利息支出不得在企业所得税税前扣除。

2.符合条件的永续债可以按照债券利息适用所得税政策

根据财政部 税务总局公告2019年第64号文件第2条的规定，企业发行符合规定条件的永续债，也可以按照债券利息适用企业所得税政策，即：发行方支付的永续债利息支出准予在其企业所得税税前扣除；投资方取得的永续债利息收入应当依法纳税。

符合规定条件的永续债，是指符合下列条件中5条（含）以上的永续债：

（1）被投资企业对该项投资具有还本义务；

（2）有明确约定的利率和付息频率；

（3）有一定的投资期限；

（4）投资方对被投资企业净资产不拥有所有权；

（5）投资方不参与被投资企业日常生产经营活动；

（6）被投资企业可以赎回，或满足特定条件后可以赎回；

（7）被投资企业将该项投资计入负债；

（8）该项投资不承担被投资企业股东同等的经营风险；

（9）该项投资的清偿顺序位于被投资企业股东持有的股份之前。

3.永续债的税收处理方法的适用

企业发行永续债，应当将其适用的税收处理方法在证券交易所、银行间债券市场等发行市场的发行文件中向投资方予以披露。

发行永续债的企业对每一永续债产品的税收处理方法一经确定，不得变更。企业对永续债采取的税收处理办法与会计核算方式不一致的，发行方、投资方在进行税收处理时须作出相应纳税调整。

对于永续债的会计账务处理，应按照《企业会计准则》及《关于印发〈永续债相关会计处理的规定〉的通知》（财会〔2019〕2号）有关规定执行，无论永续债发行方确定永续债的会计分类是权益工具还是金融负债，均不影响对该税收政策的适用，例如，发行方即使将永续债确定为权益工具，也可选择按债券利息适用企业所得税政策。同时发行永续债的企业对每一永续债产品的税收处理方法一经确定，不得变更。企业对永续债采取的税收处理办法与会计核算方式不一致的，发行方、投资方在进行税收处理时须作出相应纳税调整。

4.符合条件的永续债利息收入免征企业所得税的填报

表A107010第8行“符合条件的永续债利息收入免征企业所得税”：填报根据财政部 税务总局公告2019年第64号等相关税收政策规定，居民企业取得的可以适用企业所得税法规定的居民企业之间的股息、红利等权益性投资收益免征企业所得税规定的永续债利息收入，按表A107011第13行第17列金额填报。

（六）免税收入优惠的申报

符合条件的居民企业之间的股息、红利等权益性投资收益免征企业所得税优惠涉及的主要表单有：“免税、减计收入及加计扣除优惠明细表”（A107010）第3行到第8行、“符合条件的居民企业之间的股息、红利等权益性投资收益优惠明细表”（A107011，见表2-7）和主表A100000第17行（免税、减计收入和加计扣除）。

表A107011系二级附表，是一级附表A107010的附表，通过表A107010填入主表A100000中的第17行（免税、减计收入及加计扣除）。

表2-7　A107011　符合条件的居民企业之间的股息、红利等权益性投资收益优惠明细表

行次						被投资企业利润分配确认金额		被投资企业清算确认金额			撤回或减少投资确认金额						合计
	被投资企业	被投资企业统一社会信用代码（纳税人识别号）	投资性质	投资成本	投资比例	被投资企业做出利润分配或转股决定时间	依决定归属于本公司的股息、红利等权益性投资收益金额	分得的被投资企业清算剩余资产	被清算企业累计未分配利润和累计盈余公积应享有部分	应确认的股息所得	从被投资企业撤回或减少投资取得的资产	减少投资比例	收回初始投资成本	取得资产中超过收回初始投资成本部分	撤回或减少投资应享有被投资企业累计未分配利润和累计盈余公积	应确认的股息所得	
	1	2	3	4	5	6	7	8	9	10（8与9孰小）	11	12	13（4×12）	14（11−13）	15	16（14与15孰小）	17（7+10+16）
1																	
2																	
3																	
4																	
5																	
6																	
7																	
8	合计																
9	其中：直接投资或非H股票投资																
10	股票投资——沪港通H股																
11	股票投资——深港通H股																
12	创新企业CDR																
13	永续债																

“符合条件的居民企业之间的股息、红利等权益性投资收益优惠明细表”（A107011）填报说明：

本表适用于享受符合条件的居民企业之间的股息、红利等权益性投资收益优惠的纳税人填报。纳税人根据《企业所得税法》及其实施条例、《财政部 国家税务总局关于企业清算业务企业所得税处理若干问题的通知》（财税〔2009〕60号）、《财政部 国家税务总局关于执行企业所得税优惠政策若干问题的通知》（财税〔2009〕69号）、《国家税务总局关于贯彻落实企业所得税法若干税收问题的通知》（国税函〔2010〕79号）、《国家税务总局关于企业所得税若干问题的公告》（2011年第34号）、《财政部 国家税务总局 证监会关于沪港股票市场交易互联互通机制试点有关税收政策的通知》（财税〔2014〕81号）、《财政部 国家税务总局 证监会关于深港股票市场交易互联互通机制试点有关税收政策的通知》（财税〔2016〕127号）、《财政部 税务总局 证监会关于创新企业境内发行存托凭证试点阶段有关税收政策的公告》（2019年第52号）、《财政部 税务总局关于永续债企业所得税政策问题的公告》（2019年第64号）等相关税收政策规定，填报本年发生的符合条件的居民企业之间的股息、红利（包括H股）等权益性投资收益优惠情况，不包括连续持有居民企业公开发行并上市流通的股票不足12个月取得的投资收益。

一、有关项目填报说明

（一）行次填报

1.行次根据被投资企业名称和投资性质填报，可以根据情况增加。

2.第8行“合计”：填报第1+2+…+7行的第17列合计金额，若增行，根据增行后的情况合计。

3.第9行“其中：直接投资或非H股票投资”：填报第1+2…+7行中，“投资性质”列选择“（1）直接投资”或“（2）股票投资（不含H股）”的行次，第17列合计金额。

4.第10行“股票投资——沪港通H股”：填报第1+2…+7行中，“投资性质”列选择“（3）股票投资（沪港通H股投资）”的行次，第17列合计金额。

5.第11行“股票投资——深港通H股”：填报第1+2…+7行中，“投资性质”列选择“（4）股票投资（深港通H股投资）”的行次，第17列合计金额。

6.第12行“创新企业CDR”：填报第1+2…+7行中，“投资性质”列选择“（5）创新企业CDR”的行次，第17列合计金额。

7.第13行“永续债”：填报第1+2…+7行中，“投资性质”列选择“（6）永续债”的行次，第17列合计金额。

（二）列次填报

1. 第1列“被投资企业”：填报被投资企业名称。

2. 第2列“被投资企业统一社会信用代码（纳税人识别号）”：填报被投资企业工商等部门核发的纳税人统一社会信用代码。未取得统一社会信用代码的，填报税务机关核发的纳税人识别号。

3. 第3列“投资性质”：按选项填报：（1）直接投资；（2）股票投资（不含H股）；（3）股票投资（沪港通H股投资）；（4）股票投资（深港通H股投资）；（5）创新企业CDR；（6）永续债。

符合财税〔2014〕81号文件第1条第4项第1目规定，享受沪港通H股股息红利免税政策的企业，选择“（3）股票投资（沪港通H股投资）”。

符合财税〔2016〕127号文件第1条第4项第1目规定，享受深港通H股股息红利免税政策的企业，选择“（4）股票投资（深港通H股投资）”。

符合《财政部 税务总局 证监会关于创新企业境内发行存托凭证试点阶段有关税收政策的公告》（2019年第52号）第2条第1款规定，享受对持有创新企业CDR取得的股息红利所得按规定免征企业所得税的，选择“（5）创新企业CDR”。

符合《财政部 税务总局关于永续债企业所得税政策问题的公告》（2019年第64号）第1条规定，享受永续债利息收入免征企业所得税的企业，选择“（6）永续债”。

4. 第4列“投资成本”：填报纳税人投资于被投资企业的计税成本。

5. 第5列“投资比例”：填报纳税人投资于被投资企业的股权比例。若购买公开发行股票的，此列可不填报。

6. 第6列“被投资企业做出利润分配或转股决定时间”：填报被投资企业做出利润分配或转股决定的时间。

7. 第7列“依决定归属于本公司的股息、红利等权益性投资收益金额”：填报纳税人按照投资比例或者其他方法计算的，实际归属于本公司的股息、红利等权益性投资收益金额。若被投资企业将股权（票）溢价所形成的资本公积转为股本的，不作为投资方企业的股息、红利收入，投资方企业也不得增加该项长期投资的计税基础。

8. 第8列“分得的被投资企业清算剩余资产”：填报纳税人分得的被投资企业清算后的剩余资产。

9. 第9列“被清算企业累计未分配利润和累计盈余公积应享有部分”：填报被清算企业累计未分配利润和累计盈余公积中本企业应享有的金额。

10. 第10列“应确认的股息所得”：填报第8列与第9列孰小值。

11. 第11列“从被投资企业撤回或减少投资取得的资产”：填报纳税人从被投资企业撤回或减少投资时取得的资产。

12. 第12列“减少投资比例”：填报纳税人撤回或减少的投资额占投资方在被投资企业持有总投资比例。

13. 第13列“收回初始投资成本”：填报第4×12列的金额。

14. 第14列“取得资产中超过收回初始投资成本部分”：填报11—13列的余额。

15. 第15列“撤回或减少投资应享有被投资企业累计未分配利润和累计盈余公积”：填报被投资企业累计未分配利润和累计盈余公积按减少实收资本比例计算的部分。

16. 第16列“应确认的股息所得”：填报第14列与第15列孰小值。

17. 第17列“合计”：填报第7+10+16列的合计金额。

二、表内、表间关系

（一）表内关系

1. 第13列＝第4×12列。

2. 第14列＝第11–13列。

3. 第17列＝第7+10+16列。

4. 第10列＝第8列与第9列孰小值。

5. 第16列＝第14列与第15列孰小值。

6. 第8行（“合计”行）＝第1+2+⋯+7行第17列合计。

7. 第9行（“直接投资或非H股票投资”合计行）＝第1+2+⋯+7行中，各行第3列选择“（1）直接投资”或“（2）股票投资（不含H股）”的行次第17列合计金额。

8. 第10行（“股票投资——沪港通H股”合计行）＝第1+2+⋯+7行中，各行第3列选择“（3）股票投资（沪港通H股投资）”的行次第17列合计金额。

9. 第11行（“股票投资——深港通H股”合计行）＝第1+2⋯+7行中，各行第3列选择“（4）股票投资（深港通H股投资）”的行次第17列合计金额。

10. 第12行（“创新企业CDR”合计行）＝第1+2⋯+7行中，“投资性质”列选择“（5）创新企业CDR”的行次第17列合计金额。

11. 第13行（“永续债”合计行）＝第1+2⋯+7行中，“投资性质”列选择“（6）永续债”的行次第17列合计金额。

（二）表间关系

1. 第8行第17列＝表A107010第3行。

2. 第9行第17列＝表A107010第4行。

3. 第10行第17列＝表A107010第5行。

4. 第11行第17列＝表A107010第6行。

5. 第12行第17列＝表A107010第7行。

6. 第13行第17列＝表A107010第8行。

现行企业所得税年度纳税申报表填报说明，将2014年版表A107011“依决定归属于本公司的股息、红利等权益性投资收益金额”列“填报纳税人按照投资比例计算的归属于本公司的股息、红利等权益性投资收益金额”，修改为“填报纳税人按照投资比例或者其他方法计算的，实际归属于本公司的股息、红利等权益性投资收益金额”。

将2014年版表A107011“减少投资比例”列“填报纳税人撤回或减少的投资额占被投资企业的股权比例”，修改为“填报纳税人撤回或减少的投资额占投资方在被投资企业持有总投资比例”。

二、被投资企业利润分配确认的免税收入金额的计算

（一）符合条件的股息、红利等权益性投资收益收入的确认

根据《企业所得税法》第十七条的规定，股息、红利等权益性投资收益，除国务院财政、税务主管部门另有规定外，按照被投资方作出利润分配决定的日期确认收入的实现。

根据《国家税务总局关于贯彻落实企业所得税法若干税收问题的通知》（国税函〔2010〕79号）第四条“关于股息、红利等权益性投资收益收入确认问题”的进一步规定，企业权益性投资取得股息、红利等收入，应以被投资企业股东会或股东大会作出利润分配或转股决定的日期，确定收入的实现。

被投资企业将股权（票）溢价所形成的资本公积转为股本的，不作为投资方企业的股息、红利收入，投资方企业也不得增加该项长期投资的计税基础。

（二）股权转让所得的确认和计算

企业转让股权收入，应于转让协议生效且完成股权变更手续时，确认收入的实现。转让股权收入扣除为取得该股权所发生的成本后，为股权转让所得。企业在计算股权转让所得时，不得扣除被投资企业未分配利润等股东留存收益中按该项股权所可能分配的金额。

根据《国家税务总局关于企业重组业务企业所得税征收管理若干问题的公告》

（2015年第48号）的规定，关联企业之间发生股权收购，转让合同（协议）生效后12个月内尚未完成股权变更手续的，应以转让合同（协议）生效日为重组日。

三、被投资企业清算确认的免税收入金额的计算

企业清算的所得税处理，是指企业在不再持续经营，发生结束自身业务、处置资产、偿还债务以及向所有者分配剩余财产等经济行为时，对清算所得、清算所得税、股息分配等事项的处理。

（一）清算期间作为一个纳税年度

企业所得税按纳税年度计算。纳税年度自公历1月1日起至12月31日止。企业在一个纳税年度中间开业，或者终止经营活动，使该纳税年度的实际经营期不足12个月的，应当以其实际经营期为一个纳税年度。企业依法清算时，应当以清算期间作为一个纳税年度。

企业在年度中间终止经营活动的，应当自实际经营终止之日起60日内，向税务机关办理当期企业所得税汇算清缴。企业应当在办理注销登记前，就其清算所得向税务机关申报并依法缴纳企业所得税。

企业清算时，应当以整个清算期间作为一个纳税年度，依法计算清算所得及其应纳所得税。企业应当自清算结束之日起15日内，向主管税务机关报送“中华人民共和国企业清算所得税纳税申报表”，结清税款。企业未按照规定的期限办理纳税申报或者未按照规定期限缴纳税款的，应根据《税收征收管理法》的相关规定对其加收滞纳金。进入清算期的企业应对清算事项报主管税务机关备案。

（二）清算所得

清算所得，是指企业的全部资产可变现价值或者交易价格减除资产净值、清算费用以及相关税费等后的余额。

也就是说，企业的全部资产可变现价值或交易价格，减除资产的计税基础、清算费用、相关税费，加上债务清偿损益等后的余额，为清算所得。企业应将整个清算期作为一个独立的纳税年度计算清算所得。

（三）企业清算的所得税处理内容

企业清算的所得税处理包括以下内容：

（1）全部资产均应按可变现价值或交易价格，确认资产转让所得或损失；

（2）确认债权清理、债务清偿的所得或损失；

（3）改变持续经营核算原则，对预提或待摊性质的费用进行处理；

（4）依法弥补亏损，确定清算所得；

（5）计算并缴纳清算所得税；

（6）确定可向股东分配的剩余财产、应付股息等。

（四）剩余资产的处理

企业全部资产的可变现价值或交易价格减除清算费用、职工的工资、社会保险费用和法定补偿金，结清清算所得税、以前年度欠税等税款，清偿企业债务，按规定计算可以向所有者分配的剩余资产。

投资方企业从被清算企业分得的剩余资产，其中相当于从被清算企业累计未分配利润和累计盈余公积中应当分得的部分，应当确认为股息所得；剩余资产减除上述股息所得后的余额，超过或者低于投资成本的部分，应当确认为投资资产转让所得或者损失。

也就是说，被清算企业的法人股东分得的剩余资产的金额，其中相当于被清算企业累计未分配利润和累计盈余公积中按该股东所占股份比例计算的部分，应确认为股息所得；剩余资产减除股息所得后的余额，超过或低于股东投资成本的部分，应确认为股东的投资转让所得或损失。

被清算企业的股东从被清算企业分得的资产应按可变现价值或实际交易价格确定计税基础。

（五）分得清算资产处理案例

【例2–3】2018年5月8日，A公司向甲企业投资1 000万元，占甲企业30%股份，能够控制甲企业，作为长期股权投资，按成本法核算。2021年甲企业进行清算，清算结束时甲企业未分配利润和盈余公积3 000万元，A公司分得清算剩余资产2 500万元。

要求：

（1）计算应确认为企业所得税免税收入的股息所得金额。

（2）如果收回清算剩余资产1 300万元，应如何进行财税处理？

（3）如果收回清算剩余资产800万元，应如何进行财税处理？

【解析】

1.会计处理

A公司取得清算剩余资产：

借：银行存款	2 500	
贷：长期股权投资		1 000

投资收益 1 500

2.税务处理

清算时，首先根据3 000万元累计留存收益按分配比例确认股息：

3 000×30%=900（万元），此为免税收入（如表2–8、表2–9、表2–10所示）。

再按照分回剩余财产2 500万元剔除股息900万元后的余额1 600万元，与投资成本比较，确认投资转让所得：1 600–1 000=600（万元）。

3.如果A公司收回清算剩余资产1 300万元的处理：

（1）会计处理：

借：银行存款 1 300

贷：长期股权投资 1 000

投资收益 300

（2）税务处理：

清算时，首先根据被投资企业累计留存收益按投资比例确认股息：

3 000×30%=900（万元），此为免税收入。

再按照分回剩余财产1 300万元剔除股息收入900万元后的余额400万元，与投资成本比较，确认投资转让损失600万元。

会计处理时收回剩余资产1300万元，如果扣除股息红利900万元，剩余财产转让收入为400万元，扣除投资成本1000万元后，转让股权损失也为600万元。因此，财产转让损失税会无差异。申报表的填报如表2–11、表2–12、2–13、表2–14、表2–15所示。

4.如果A公司收回清算剩余资产800万元的处理

（1）会计处理：

借：银行存款 800

投资收益 200

贷：长期股权投资——成本 1 000

（2）税务处理：

首先，根据被清算企业累计未分配利润和累计盈余公积中，按分配比例计算应确认的金额：3 000×30%=900（万元）；其次，与分回剩余资产全额800万元比较，按照孰小值确定为股息红利收入。投资成本1 000万元，形成税法上的损失。

会计处理时收回剩余资产800万元，全部确认为股息红利，分得的剩余财产扣除股息红利所得后为0，投资成本1 000万元，形成转让股权损失。因此，财产转让损失税会无差异。相关申报表的填报如表2–16、表2–17、表2–18、表2–19和表2–20所示。

表2-8 A107011 符合条件的居民企业之间的股息、红利等权益性投资收益优惠明细表

单位：万元

行次	被投资企业	被投资企业统一社会信用代码（纳税人识别号）	投资性质	投资成本	投资比例	被投资企业利润分配确认金额		被投资企业清算确认金额			撤回或减少投资确认金额						合计
						被投资企业做出利润分配或转股决定时间	依决定归属于本公司的股息、红利等权益性投资收益金额	分得的被投资企业清算剩余资产	被清算企业累计未分配利润和累计盈余公积应享有部分	应确认的股息所得	从被投资企业撤回或减少投资取得的资产	减少投资比例	收回初始投资成本	取得资产中超过收回初始投资成本部分	撤回或减少投资应享有被投资企业累计未分配利润和累计盈余公积	应确认的股息所得	
	1	2	3	4	5	6	7	8	9	10（8与9孰小）	11	12	13（4×12）	14（11－13）	15	16（14与15孰小）	17（7+10+16）
1	甲公司	***	直接投资	1000	30%			2500	900	900							900
2																	
3																	
4																	
5																	
6																	
7																	
8	合计																900
9	其中：直接投资或非H股票投资																900
10	股票投资——沪港通H股																
11	股票投资——深港通H股																
12	创新企业CDR																
13	永续债																

表2-9 A107010 免税、减计收入及加计扣除优惠明细表

单位：万元

行次	项 目	金额
1	一、免税收入（2+3+9+…+16）	900
2	（一）国债利息收入免征企业所得税	
3	（二）符合条件的居民企业之间的股息、红利等权益性投资收益免征企业所得税（4+5+6+7+8）	900
4	1.一般股息红利等权益性投资收益免征企业所得税（填写A107011）	900
5	2.内地居民企业通过沪港通投资且连续持有H股满12个月取得的股息红利所得免征企业所得税（填写A107011）	
6	3.内地居民企业通过深港通投资且连续持有H股满12个月取得的股息红利所得免征企业所得税（填写A107011）	
7	4.居民企业持有创新企业CDR取得的股息红利所得免征企业所得税（填写A107011）	
8	5.符合条件的永续债利息收入免征企业所得税（填写A107011）	
9	（三）符合条件的非营利组织的收入免征企业所得税	
10	（四）中国清洁发展机制基金取得的收入免征企业所得税	
11	（五）投资者从证券投资基金分配中取得的收入免征企业所得税	
12	（六）取得的地方政府债券利息收入免征企业所得税	
13	（七）中国保险保障基金有限责任公司取得的保险保障基金等收入免征企业所得税	
14	（八）中国奥委会取得北京冬奥组委支付的收入免征企业所得税	
15	（九）中国残奥委会取得北京冬奥组委分期支付的收入免征企业所得税	
16	（十）其他	
17	二、减计收入（18+19+23+24）	
25	三、加计扣除（26+27+28+29+30）	
31	合计（1+17+25）	900

表2-10 A100000 中华人民共和国企业所得税年度纳税申报表（A类） 单位：万元

行次	类别	项 目	金 额
1		一、营业收入（填写A101010\101020\103000）	
2		减：营业成本（填写A102010\102020\103000）	
3		减：税金及附加	
4		减：销售费用（填写A104000）	
5		减：管理费用（填写A104000）	
6		减：财务费用（填写A104000）	
7	利润总额计算	减：资产减值损失	
8		加：公允价值变动收益	
9		加：投资收益	1 500
10		二、营业利润（1-2-3-4-5-6-7+8+9）	
11		加：营业外收入（填写A101010\101020\103000）	
12		减：营业外支出（填写A102010\102020\103000）	
13		三、利润总额（10+11-12）	1 500
14		减：境外所得（填写A108010）	
15		加：纳税调整增加额（填写A105000）	
16		减：纳税调整减少额（填写A105000）	
		减：免税、减计收入及加计扣除（填写A107010）	900
18	应纳税所得额计算	加：境外应税所得抵减境内亏损（填写A108000）	
19		四、纳税调整后所得（13-14+15-16-17+18）	600
20		减：所得减免（填写A107020）	
21		减：弥补以前年度亏损（填写A106000）	
22		减：抵扣应纳税所得额（填写A107030）	
23		五、应纳税所得额（19-20-21-22）	
24		税率（25%）	
25		六、应纳所得税额（23×24）	
26		减：减免所得税额（填写A107040）	
27		减：抵免所得税额（填写A107050）	
28		七、应纳税额（25-26-27）	
29		加：境外所得应纳所得税额（填写A108000）	
30		减：境外所得抵免所得税额（填写A108000）	
31	应纳税额计算	八、实际应纳所得税额（28+29-30）	
32		减：本年累计实际已缴纳的所得税额	
33		九、本年应补（退）所得税额（31-32）	
34		其中：总机构分摊本年应补（退）所得税额（填写A109000）	
35		财政集中分配本年应补（退）所得税额（填写A109000）	
36		总机构主体生产经营部门分摊本年应补（退）所得税额（填写A109000）	

表2-11　A107011　　符合条件的居民企业之间的股息、红利等权益性投资收益优惠明细表

单位：万元

行次	被投资企业	被投资企业统一社会信用代码（纳税人识别号）	投资性质	投资成本	投资比例	被投资企业利润分配确认金额		被投资企业清算确认金额			撤回或减少投资确认金额						合计
						被投资企业做出利润分配或转股决定时间	依决定归属于本公司的股息、红利等权益性投资收益金额	分得的被投资企业清算剩余资产	被清算企业累计未分配利润和累计盈余公积应享有部分	应确认的股息所得	从被投资企业撤回或减少投资取得的资产	减少投资比例	收回初始投资成本	取得资产中超过收回初始投资成本部分	撤回或减少投资应享有被投资企业累计未分配利润和累计盈余公积	应确认的股息所得	
	1	2	3	4	5	6	7	8	9	10（8与9孰小）	11	12	13（4×12）	14（11-13）	15	16（14与15孰小）	17（7+10+16）
1	甲公司	***	直接投资	1 000	30%			1 300	900	900							900
2																	
3																	
4																	
5																	
6																	
7																	
8	合计																900
9	其中：直接投资或非H股票投资																900
10	股票投资——沪港通H股																
11	股票投资——深港通H股																
12	创新企业CDR																
13	永续债																

表2-12 A107010 免税、减计收入及加计扣除优惠明细表

单位：万元

行次	项 目	金额
1	一、免税收入（2+3+9+…+16）	900
2	（一）国债利息收入免征企业所得税	
3	（二）符合条件的居民企业之间的股息、红利等权益性投资收益免征企业所得税（4+5+6+7+8）	900
4	1.一般股息红利等权益性投资收益免征企业所得税（填写A107011）	900
5	2.内地居民企业通过沪港通投资且连续持有H股满12个月取得的股息红利所得免征企业所得税（填写A107011）	
6	3.内地居民企业通过深港通投资且连续持有H股满12个月取得的股息红利所得免征企业所得税（填写A107011）	
7	4.居民企业持有创新企业CDR取得的股息红利所得免征企业所得税（填写A107011）	
8	5.符合条件的永续债利息收入免征企业所得税（填写A107011）	
9	（三）符合条件的非营利组织的收入免征企业所得税	
10	（四）中国清洁发展机制基金取得的收入免征企业所得税	
11	（五）投资者从证券投资基金分配中取得的收入免征企业所得税	
12	（六）取得的地方政府债券利息收入免征企业所得税	
13	（七）中国保险保障基金有限责任公司取得的保险保障基金等收入免征企业所得税	
14	（八）中国奥委会取得北京冬奥组委支付的收入免征企业所得税	
15	（九）中国残奥委会取得北京冬奥组委分期支付的收入免征企业所得税	
16	（十）其他	
17	二、减计收入（18+19+23+24）	
25	三、加计扣除（26+27+28+29+30）	
31	合计（1+17+25）	900

表2-13　A105090　　资产损失税前扣除及纳税调整明细表　　单位：万元

行次	项　目	资产损失直接计入本年损益金额	资产损失准备金核销金额	资产处置收入	赔偿收入	资产计税基础	资产损失的税收金额	纳税调整金额
		1	2	3	4	5	6（5-3-4）	7
1	一、现金及银行存款损失		*					
2	二、应收及预付款项坏账损失							
5	三、存货损失							
6	其中：存货盘亏、报废、损毁、变质或被盗损失							
7	四、固定资产损失							
8	其中：固定资产盘亏、丢失、报废、损毁或被盗损失							
9	五、无形资产损失							
10	其中：无形资产转让损失							
11	无形资产被替代或超过法律保护期限形成的损失							
12	六、在建工程损失		*					
13	其中：在建工程停建、报废损失		*					
14	七、生产性生物资产损失							
15	其中：生产性生物资产盘亏、非正常死亡、被盗、丢失等产生的损失							
16	八、债权性投资损失（17+23）							
17	（一）金融企业债权性投资损失（18+22）							
23	（二）非金融企业债权性投资损失							
24	九、股权（权益）性投资损失	600		400	0	1 000	600	900
25	其中：股权转让损失							
26	十、通过各种交易场所、市场买卖债券、股票、期货、基金以及金融衍生产品等发生的损失							
27	十一、打包出售资产损失							
28	十二、其他资产损失							
29	合计（1+2+5+7+9+12+14+16+23+25+26+27+28）	600		400	0	1 000	600	900
30	其中：分支机构留存备查的资产损失							

表2-14 A105000 纳税调整项目明细表

单位：万元

行次	项目	账载金额	税收金额	调增金额	调减金额
		1	2	3	4
1	一、收入类调整项目（2+3+…8+10+11）	*	*		
4	（三）投资收益（填写A105030）				
5	（四）按权益法核算长期股权投资对初始投资成本调整确认收益	*	*	*	
6	（五）交易性金融资产初始投资调整	*	*		*
31	三、资产类调整项目（32+33+34+35）	*	*		0
32	（一）资产折旧、摊销（填写A105080）				
33	（二）资产减值准备金		*		
34	（三）资产损失（填写A105090）	600	600		0
35	（四）其他				
46	合计（1+12+31+36+44+45）	*	*		0

表2-15　A100000　　中华人民共和国企业所得税年度纳税申报表（A类）

单位：万元

行次	类别	项　　目	金额
1	利润总额计算	一、营业收入（填写A101010\101020\103000）	
2		减：营业成本（填写A102010\102020\103000）	
3		减：税金及附加	
4		减：销售费用（填写A104000）	
5		减：管理费用（填写A104000）	
6		减：财务费用（填写A104000）	
7		减：资产减值损失	
8		加：公允价值变动收益	
9		加：投资收益	300
10		二、营业利润（1-2-3-4-5-6-7+8+9）	
11		加：营业外收入（填写A101010\101020\103000）	
12		减：营业外支出（填写A102010\102020\103000）	
13		三、利润总额（10+11-12）	300
14	应纳税所得额计算	减：境外所得（填写A108010）	
15		加：纳税调整增加额（填写A105000）	
16		减：纳税调整减少额（填写A105000）	
17		减：免税、减计收入及加计扣除（填写A107010）	900
18		加：境外应税所得抵减境内亏损（填写A108000）	
19		四、纳税调整后所得（13-14+15-16-17+18）	-600
20		减：所得减免（填写A107020）	
21		减：弥补以前年度亏损（填写A106000）	
22		减：抵扣应纳税所得额（填写A107030）	
23		五、应纳税所得额（19-20-21-22）	
24	应纳税额计算	税率（25%）	
25		六、应纳所得税额（23×24）	
26		减：减免所得税额（填写A107040）	
27		减：抵免所得税额（填写A107050）	
28		七、应纳税额（25-26-27）	
29		加：境外所得应纳所得税额（填写A108000）	
30		减：境外所得抵免所得税额（填写A108000）	
31		八、实际应纳所得税额（28+29-30）	
32		减：本年累计实际已缴纳的所得税额	
33		九、本年应补（退）所得税额（31-32）	
34		其中：总机构分摊本年应补（退）所得税额（填写A109000）	
35		财政集中分配本年应补（退）所得税额（填写A109000）	
36		总机构主体生产经营部门分摊本年应补（退）所得税额（填写A109000）	

表2-16　A107011　**符合条件的居民企业之间的股息、红利等权益性投资收益优惠明细表**　单位：万元

行次	被投资企业	被投资企业统一社会信用代码（纳税人识别号）	投资性质	投资成本	投资比例	被投资企业利润分配确认金额		被投资企业清算确认金额			撤回或减少投资确认金额						合计
						被投资企业做出利润分配或转股决定时间	依决定归属于本公司的股息、红利等权益性投资收益金额	分得的被投资企业清算剩余资产	被清算企业累计未分配利润和累计盈余公积应享有部分	应确认的股息所得	从被投资企业撤回或减少投资取得的资产	减少投资比例	收回初始投资成本	取得资产中超过收回初始投资成本部分	撤回或减少投资应享有被投资企业累计未分配利润和累计盈余公积	应确认的股息所得	
	1	2	3	4	5	6	7	8	9	10（8与9孰小）	11	12	13（4×12）	14（11−13）	15	16（14与15孰小）	17（7+10+16）
1	甲公司	***	直接投资	1 000	30%			800	900	800							800
2																	
3																	
4																	
5																	
6																	
7																	
8	合计																800
9	其中：直接投资或非H股票投资																800
10	股票投资——沪港通H股																
11	股票投资——深港通H股																
12	创新企业CDR																
13	永续债																

表2-17　A107010　免税、减计收入及加计扣除优惠明细表

单位：万元

行次	项　目	金额
1	一、免税收入（2+3+9+…+16）	800
2	（一）国债利息收入免征企业所得税	
3	（二）符合条件的居民企业之间的股息、红利等权益性投资收益免征企业所得税（4+5+6+7+8）	800
4	1.一般股息红利等权益性投资收益免征企业所得税（填写A107011）	800
5	2.内地居民企业通过沪港通投资且连续持有H股满12个月取得的股息红利所得免征企业所得税（填写A107011）	
6	3.内地居民企业通过深港通投资且连续持有H股满12个月取得的股息红利所得免征企业所得税（填写A107011）	
7	4.居民企业持有创新企业CDR取得的股息红利所得免征企业所得税（填写A107011）	
8	5.符合条件的永续债利息收入免征企业所得税（填写A107011）	
9	（三）符合条件的非营利组织的收入免征企业所得税	
10	（四）中国清洁发展机制基金取得的收入免征企业所得税	
11	（五）投资者从证券投资基金分配中取得的收入免征企业所得税	
12	（六）取得的地方政府债券利息收入免征企业所得税	
13	（七）中国保险保障基金有限责任公司取得的保险保障基金等收入免征企业所得税	
14	（八）中国奥委会取得北京冬奥组委支付的收入免征企业所得税	
15	（九）中国残奥委会取得北京冬奥组委分期支付的收入免征企业所得税	
16	（十）其他	
17	二、减计收入（18+19+23+24）	
25	三、加计扣除（26+27+28+29+30）	
31	合计（1+17+25）	800

表2-18 A105090

资产损失税前扣除及纳税调整明细表

单位：万元

行次	项目	资产损失直接计入本年损益金额	资产损失准备金核销金额	资产处置收入	赔偿收入	资产计税基础	资产损失的税收金额	纳税调整金额
		1	2	3	4	5	6（5-3-4）	7
1	一、现金及银行存款损失		*					
2	二、应收及预付款项坏账损失							
5	三、存货损失							
6	其中：存货盘亏、报废、损毁、变质或被盗损失							
7	四、固定资产损失							
8	其中：固定资产盘亏、丢失、报废、损毁或被盗损失							
9	五、无形资产损失							
10	其中：无形资产转让损失							
11	无形资产被替代或超过法律保护期限形成的损失							
12	六、在建工程损失		*					
13	其中：在建工程停建、报废损失		*					
14	七、生产性生物资产损失							
15	其中：生产性生物资产盘亏、非正常死亡、被盗、丢失等产生的损失							
16	八、债权性投资损失（17+23）							
17	（一）金融企业债权性投资损失（18+22）							

续表

行次	项　　目	资产损失直接计入本年损益金额	资产损失准备金核销金额	资产处置收入	赔偿收入	资产计税基础	资产损失的税收金额	纳税调整金额
		1	2	3	4	5	6（5-3-4）	7
23	（二）非金融企业债权性投资损失							
24	九、股权（权益）性投资损失	1 000	0		0	1 000	1 000	0
25	其中：股权转让损失							
26	十、通过各种交易场所、市场买卖债券、股票、期货、基金以及金融衍生产品等发生的损失							
27	十一、打包出售资产损失							
28	十二、其他资产损失							
29	合计（1+2+5+7+9+12+14+16+23+25+26+27+28）	1 000	0	0	0	1 000	1 000	0
30	其中：分支机构留存备查的资产损失							

表2-19　A105000　　**纳税调整项目明细表**　　单位：万元

行次	项　　目	账载金额	税收金额	调增金额	调减金额
		1	2	3	4
1	一、收入类调整项目（2+3+…8+10+11）	*	*		
4	（三）投资收益（填写A105030）				
5	（四）按权益法核算长期股权投资对初始投资成本调整确认收益	*	*	*	
6	（五）交易性金融资产初始投资调整	*	*		*
31	三、资产类调整项目（32+33+34+35）	*	*		0
32	（一）资产折旧、摊销（填写A105080）				
33	（二）资产减值准备金		*		
34	（三）资产损失（填写A105090）	1 000	1 000		0
35	（四）其他				
46	合计（1+12+31+36+44+45）	*	*		0

表2-20　A100000　　中华人民共和国企业所得税年度纳税申报表（A类）

单位：万元

行次	类别	项　目	金额
1	利润总额计算	一、营业收入（填写A101010\101020\103000）	
2		减：营业成本（填写A102010\102020\103000）	
3		减：税金及附加	
4		减：销售费用（填写A104000）	
5		减：管理费用（填写A104000）	
6		减：财务费用（填写A104000）	
7		减：资产减值损失	
8		加：公允价值变动收益	
9		加：投资收益	-200
10		二、营业利润（1-2-3-4-5-6-7+8+9）	
11		加：营业外收入（填写A101010\101020\103000）	
12		减：营业外支出（填写A102010\102020\103000）	
13		三、利润总额（10+11-12）	-200
14	应纳税所得额计算	减：境外所得（填写A108010）	
15		加：纳税调整增加额（填写A105000）	
16		减：纳税调整减少额（填写A105000）	
17		减：免税、减计收入及加计扣除（填写A107010）	800
18		加：境外应税所得抵减境内亏损（填写A108000）	
19		四、纳税调整后所得（13-14+15-16-17+18）	-1 000
20		减：所得减免（填写A107020）	
21		减：弥补以前年度亏损（填写A106000）	
22		减：抵扣应纳税所得额（填写A107030）	
23		五、应纳税所得额（19-20-21-22）	

续表

行次	类别	项目	金额
24	应纳税额计算	税率（25%）	
25		六、应纳所得税额（23×24）	
26		减：减免所得税额（填写A107040）	
27		减：抵免所得税额（填写A107050）	
28		七、应纳税额（25-26-27）	
29		加：境外所得应纳所得税额（填写A108000）	
30		减：境外所得抵免所得税额（填写A108000）	
31		八、实际应纳所得税额（28+29-30）	
32		减：本年累计实际已缴纳的所得税额	
33		九、本年应补（退）所得税额（31-32）	
34		其中：总机构分摊本年应补（退）所得税额（填写A109000）	
35		财政集中分配本年应补（退）所得税额（填写A109000）	
36		总机构主体生产经营部门分摊本年应补（退）所得税额（填写A109000）	

四、撤回或减少投资确认的免税收入金额的计算

（一）投资企业撤回或减少投资的税务处理

投资企业从被投资企业撤回或减少投资，其取得的资产中，相当于初始出资的部分，应确认为投资收回；相当于被投资企业累计未分配利润和累计盈余公积按减少实收资本比例计算的部分，应确认为股息所得；其余部分确认为投资资产转让所得。

被投资企业发生的经营亏损，由被投资企业按规定结转弥补；投资企业不得调整降低其投资成本，也不得将其确认为投资损失。

被投资企业清算时投资方企业确认的股息红利与撤回、减少投资时确认的股息红利的区别，主要是顺序不同，清算时先确认股息红利，然后再确认投资资产的转让所得或损失。而撤回、减少投资时是先确认投资资产的收回，再确认股息红利，最后确认投资资产转让所得。

（二）撤回投资税务处理案例

【例2–4】2015年1月，A公司向甲企业投资200万元（持股40%，能够实施控制，作为长期股权按成本法核算）。2021年12月1日，A公司从甲企业撤回全部投资，取得撤回投资款560万元。此时，甲企业所有者权益为：股本500万元，留存收益1 000万元。不考虑其他因素的影响。

要求：进行相关财务与税务处理。

【解析】

（1）会计处理：

借：银行存款　　560

　　贷：长期股权投资——投资成本　　200

　　　　投资收益　　360

（2）税务处理：

首先，确认收回投资成本200万元。

其次，确认企业所得税免税收入的股息、红利等权益性投资收益。

投资企业从被投资企业撤回或减少投资，其取得的资产中相当于被投资企业累计未分配利润和累计盈余公积按减少实收资本比例计算的部分为：1 000×40%=400（万元）；撤回投资款560万元超过收入投资成本部分金额为：560–200=360（万元）；因而，应确认为免税收入的股息所得为360万元（如表2–21所示）。

表2-21 A107011 **符合条件的居民企业之间的股息、红利等权益性投资收益优惠明细表** 单位：万元

行次	被投资企业	被投资企业统一社会信用代码（纳税人识别号）	投资性质	投资成本	投资比例	被投资企业利润分配确认金额		被投资企业清算确认金额			撤回或减少投资确认金额						合计
						被投资企业做出利润分配或转股决定时间	依决定归属于本公司的股息、红利等权益性投资收益金额	分得的被投资企业清算剩余资产	被清算企业累计未分配利润和累计盈余公积应享有部分	应确认的股息所得	从被投资企业撤回或减少投资取得的资产	减少投资比例	收回初始投资成本	取得资产中超过收回初始投资成本部分	撤回或减少投资应享有被投资企业累计未分配利润和累计盈余公积	应确认的股息所得	
	1	2	3	4	5	6	7	8	9	10（8与9孰小）	11	12	13（4×12）	14（11−13）	15	16（14与15孰小）	17（7+10+16）
1	甲公司	***	直接投资	200	40%						560	100%	200	360	400	360	360
2																	
3																	
4																	
5																	
6																	
7																	
8	合计																360
9	其中：直接投资或非H股票投资																360
10	股票投资——沪港通H股																
11	股票投资——深港通H股																
12	创新企业CDR																
13	永续债																

（三）个人终止投资经营收回款项的处理

个人因各种原因终止投资、联营、经营合作等行为，从被投资企业或合作项目、被投资企业的其他投资者以及合作项目的经营合作人取得股权转让收入、违约金、补偿金、赔偿金及以其他名目收回的款项等，均属于个人所得税应税收入，应按照“财产转让所得”项目适用的规定计算缴纳个人所得税。

应纳税所得额的计算公式如下：

应纳税所得额＝个人取得的股权转让收入、违约金、补偿金、赔偿金及以其他名目收回款项合计数－原实际出资额（投入额）及相关税费

这与企业所得税撤回或减少投资的处理不同，企业所得税中先确认投资资产的收回，再确认股息红利，最后确认投资资产转让所得。而个人所得税不区分所得的项目，全部作为财产转让所得处理。

（四）减资业务案例

【例2-5】2021年6月，A公司减少对乙有限公司的投资额100万元（总投资额为400万元，持有40%股权，能够对乙公司实施控制，作为长期股权投资按成本法核算），从甲公司取得银行存款300万元，此时被投资企业累计未分配利润和累计盈余公积合计600万元。

减少的投资额100万元占投资方在被投资企业持有总投资（400万元）的比例为25%。

【解析】

（1）会计处理：

借：银行存款	3 000 000
贷：长期股权投资——投资成本	1 000 000
投资收益	2 000 000

（2）税务处理：

投资企业从被投资企业减少投资，其取得的资产300万元中，相当于初始出资100万元的部分，应确认为投资收回；相当于被投资企业累计未分配利润和累计盈余公积按减少实收资本比例计算的部分：600×25%=150（万元），应确认为股息所得；其余部分：300–100–150=50（万元），确认为投资资产转让所得（如表2-22所示）。

表2-22　A107011　**符合条件的居民企业之间的股息、红利等权益性投资收益优惠明细表**　单位：万元

行次	被投资企业	被投资企业统一社会信用代码（纳税人识别号）	投资性质	投资成本	投资比例	撤回或减少投资确认金额						合计
						从被投资企业撤回或减少投资取得的资产	减少投资比例	收回初始投资成本	取得资产中超过收回初始投资成本部分	撤回或减少投资应享有被投资企业累计未分配利润和累计盈余公积	应确认的股息所得	
	1	2	3	4	5	11	12	13（4×12）	14（11-13）	15	16（14与15孰小）	17（7+10+16）
1	乙有限公司	***	直接投资	400	40%	300	25%	100	200	150	150	150
2												
3												
8	合计											150
9	其中：直接投资或非H股票投资											150
10	股票投资——沪港通H股											
11	股票投资——深港通H股											
12	创新企业CDR											
13	永续债											

（五）权益性投资综合案例

【例2–6】2019年1月8日，A公司以300万元货币资金向甲有限公司投资，持股比例为40%，对甲公司具有重大影响，会计上采用权益法核算，投资时被投资方所拥有的可辨认净资产公允价值1 000万元。

2019年，甲公司实现会计利润500万元。

2020年2月10日，甲公司股东会决定发放现金股利200万元，同时以资本公积转增资本200万元（其中：资本溢价形成的资本公积100万元），2020年度亏损1 500万元。

2021年，甲公司实现利润600万元。

2022年3月，A公司转让持有的甲有限公司股权给B公司，取得转让收入800万元。要求进行相关财税处理，并填报申报表。

请问：如果2022年3月转让股权收入是300万元，应如何进行相关处理？

【解析】

1. 2019年，取得甲公司投资的会计与税务处理。

（1）会计处理：

借：长期股权投资——甲公司（投资成本）　　3 000 000
　　贷：银行存款　　3 000 000

借：长期股权投资——甲公司（投资成本）　　1 000 000
　　贷：营业外收入　　1 000 000

应确认投资收益：500×40%=200（万元）

借：长期股权投资——甲公司（损益调整）　　2 000 000
　　贷：投资收益　　2 000 000

（2）税务处理：

长期股权投资的计税基础为300万元。

权益法核算的长期股权投资，会计上投资成本低于投资时点上被投资企业可辨认净资产公允价值所占份额的差额，计入“营业外收入”的金额，不缴企业所得税，需要调减应纳税所得额。

会计上“权益法”下根据被投资企业实现的会计利润计算确认的投资收益200万元，在当期不缴企业所得税，须调减应纳税所得额（如表2–23所示）。

表2-23　A105000　　纳税调整项目明细表　　单位：万元

行次	项　目	账载金额	税收金额	调增金额	调减金额
		1	2	3	4
1	一、收入类调整项目（2+3+4+5+6+7+8+10+11）	*	*		300
2	（一）视同销售收入（填写A105010）	*			*
3	（二）未按权责发生制原则确认的收入（填写A105020）				
4	（三）投资收益（填写A105030）	200	0		200
5	（四）按权益法核算长期股权投资对初始投资成本调整确认收益	*	*	*	100
6	（五）交易性金融资产初始投资调整	*	*		*

2.持有甲公司投资期间的会计与税务处理

（1）会计处理：

2020年2月，确认应分得的现金股利：200×40%=80（万元）。

借：应收股利——甲公司　　800 000

　　贷：长期股权投资——甲公司（损益调整）　　800 000

收到现金股利时

借：银行存款　　800 000

　　贷：应收股利——甲公司　　800 000

（2）税务处理：

《国家税务总局关于贯彻落实企业所得税法若干税收问题的通知》（国税函〔2010〕79号）规定，企业权益性投资取得股息、红利等收入，应以被投资企业股东会或股东大会作出利润分配或转股决定的日期，确定收入的实现。被投资企业将股权（票）溢价所形成的资本公积转为股本的，不作为投资方企业的股息、红利收入，投资方企业也不得增加该项长期投资的计税基础。因而，应确认股息、红利收入：（200+100）×40%=120（万元），会计上当年确认投资收益0万元，应调增应纳税所得额120万元（如表2-24、表2-25所示）。

长期股权投资的计税基础为：300+100×40%=340（万元）。

符合该条件的居民企业之间的股息、红利收入120万元，属于免税收入。

表2-24 A105030

投资收益纳税调整明细表

单位：万元

行次	项目	持有收益			处置收益							纳税调整金额
		账载金额	税收金额	纳税调整金额	会计确认的处置收入	税收计算的处置收入	处置投资的账面价值	处置投资的计税基础	会计确认的处置所得或损失	税收计算的处置所得	纳税调整金额	
		1	2	3（2-1）	4	5	6	7	8（4-6）	9（5-7）	10（9-8）	11（3+10）
1	一、交易性金融资产											
2	二、可供出售金融资产											
3	三、持有至到期投资											
4	四、衍生工具											
5	五、交易性金融负债											
6	六、长期股权投资	0	120	120								120
7	七、短期投资											
8	八、长期债券投资											
9	九、其他											
10	合计（1+2+3+4+5+6+7+8+9）	0	120	120								120

表2-25 A107011 符合条件的居民企业之间的股息、红利等权益性投资收益优惠明细表

单位：万元

行次	被投资企业	被投资企业统一社会信用代码（纳税人识别号）	投资性质	投资成本	投资比例	被投资企业利润分配确认金额		合计
						被投资企业做出利润分配或转股决定时间	依决定归属于本公司的股息、红利等权益性投资收益金额	
	1	2	3	4	5	6	7	17（7+10+16）
1	甲有限公司		直接投资	300	40%	2020.2.10	120	120
2								
3								
8	合计							120
9	其中：直接投资或非H股票投资							120
10	股票投资——沪港通H股							
11	股票投资——深港通H股							
12	创新企业CDR							
13	永续债							

（3）2020年的会计处理：

2020年末，长期股权投资（甲公司）账面余额为：300+100+200−80=520（万元）。按投资比例应确认的被投资企业亏损：1 500×40%=600（万元）。

借：投资收益　　5 200 000

　　贷：长期股权投资——甲公司（损益调整）　　5 200 000

未确认的超额亏损：600−520=80（万元）。

2021年初应确认的投资收益：600×40%−80=160（万元）。

借：长期股权投资——甲公司（损益调整）　　1 600 000

　　贷：投资收益　　1 600 000

（4）2020年的税务处理：

股息、红利等权益性投资收入为0，应调增应纳税所得额520万元。长期股权投资的计税基础仍为340万元。会计上按权益法核算的投资收益160万元，当年不缴企业所得税，应调减应纳税所得额。合计应调增应纳税所得额：520−160=360（万元）（如表2−26所示）。

3. 2022年，处置投资年度的会计与税务处理。

（1）会计处理：

处置股权的会计处理：

借：银行存款　　800

　　长期股权投资——甲公司（损益调整）　　240

　　贷：长期股权投资——甲公司（投资成本）　　400

　　　　投资收益　　640

（2）税务处理：

长期股权投资处置收入800万元，可扣除的计税基础为340万元，处置收益为460万元。当年会计上确认的投资收益为640万元。应纳税调减应纳税所得额：640−460=180（万元）（如表2−27所示）。

4. 如果转让股权收入是300万元，则：

（1）会计处理：

处置股权的会计处理：

借：银行存款　　3 000 000

　　长期股权投资——甲公司（损益调整）　　2 400 000

　　贷：长期股权投资——甲公司（投资成本）　　4 000 000

　　　　投资收益　　1 400 000

表2-26 A105030 **投资收益纳税调整明细表** 单位：万元

行次	项　目	持有收益			处置收益							纳税调整金额
		账载金额	税收金额	纳税调整金额	会计确认的处置收入	税收计算的处置收入	处置投资的账面价值	处置投资的计税基础	会计确认的处置所得或损失	税收计算的处置所得	纳税调整金额	
		1	2	3（2–1）	4	5	6	7	8（4–6）	9（5–7）	10（9–8）	11（3+10）
1	一、交易性金融资产											
2	二、可供出售金融资产											
3	三、持有至到期投资											
4	四、衍生工具											
5	五、交易性金融负债											
6	六、长期股权投资	–360	0	360								360
7	七、短期投资											
8	八、长期债券投资											
9	九、其他											
10	合计（1+2+3+4+5+6+7+8+9）	–360	0	360								360

表2-27 A105030

投资收益纳税调整明细表

单位：万元

行次	项目	持有收益			处置收益							纳税调整金额
		账载金额	税收金额	纳税调整金额	会计确认的处置收入	税收计算的处置收入	处置投资的账面价值	处置投资的计税基础	会计确认的处置所得或损失	税收计算的处置所得	纳税调整金额	
		1	2	3（2-1）	4	5	6	7	8（4-6）	9（5-7）	10（9-8）	11（3+10）
1	一、交易性金融资产											
5	五、交易性金融负债											
6	六、长期股权投资				800	800	160	340	640	460	-180	-180
10	合计				800	800	160	340	640	460	-180	-180

（2）税务处理：

长期股权投资处置收入300万元，可扣除的计税基础为340万元，处置投资损失40万元。当年会计上确认的投资收益为140万元。应纳税调减应纳税所得额180万元（如表2-28所示）。

表2-28 A105090 资产损失税前扣除及纳税调整明细表 单位：万元

行次	项目	资产损失直接计入本年损益金额	资产损失准备金核销金额	资产处置收入	赔偿收入	资产计税基础	资产损失的税收金额	纳税调整金额
		1	2	3	4	5	6（5-3-4）	7
1	一、现金及银行存款损失		*					
2	二、应收及预付款项坏账损失							
5	三、存货损失							
7	四、固定资产损失							
9	五、无形资产损失							
12	六、在建工程损失		*					
13	其中：在建工程停建、报废损失		*					
14	七、生产性生物资产损失							
15	其中：生产性生物资产盘亏、非正常死亡、被盗、丢失等产生的损失							
16	八、债权性投资损失（17+23）							
24	九、股权（权益）性投资损失	-140	0	300	0	340	40	-180
25	其中：股权转让损失							
26	十、通过各种交易场所、市场买卖债券、股票、期货、基金以及金融衍生产品等发生的损失							
27	十一、打包出售资产损失							
28	十二、其他资产损失							
29	合计（1+2+5+7+9+12+14+16+23+25+26+27+28）	-140	0	300	0	340	40	-180
30	其中：分支机构留存备查的资产损失							

第三节　免税收入优惠的申报享受

一、查账征收企业享受免税收入的预缴申报

企业所得税免税收入优惠，属于预缴享受优惠事项。查账征收企业所得税的企业，预缴申报享受免税收入优惠时，须填报《中华人民共和国企业所得税月（季）度预缴纳税申报表（A类）》（A200000）第7行（减：免税收入、减计收入、所得减免等优惠金额）。

二、享受免税收入优惠的汇缴申报

企业所得税汇算清缴时享受免税收入优惠的，纳税人需要填报主表A100000第17行（免税、减计收入及加计扣除）和“免税、减计收入及加计扣除优惠明细表”（A107010）第一部分。

“免税、减计收入及加计扣除优惠明细表”（A107010，如表2-29所示）适用于享受免税收入、减计收入和加计扣除优惠的纳税人填报。纳税人根据《企业所得税法》及其实施条例和相关税收政策规定，填报本年发生的免税收入、减计收入和加计扣除优惠情况。该表系一级附表，直接与主表A100000中的第17行对接，即将表A107010第31行填入主表A100000第17行“免税、减计收入及加计扣除”中。

表2-29　A107010　　免税、减计收入及加计扣除优惠明细表

行次	项　目	金额
1	一、免税收入（2+3+9+…+16）	
2	（一）国债利息收入免征企业所得税	
3	（二）符合条件的居民企业之间的股息、红利等权益性投资收益免征企业所得税（4+5+6+7+8）	
4	1.一般股息红利等权益性投资收益免征企业所得税（填写A107011）	
5	2.内地居民企业通过沪港通投资且连续持有H股满12个月取得的股息红利所得免征企业所得税（填写A107011）	
6	3.内地居民企业通过深港通投资且连续持有H股满12个月取得的股息红利所得免征企业所得税（填写A107011）	

续表

行次	项　　目	金额
7	4.居民企业持有创新企业CDR取得的股息红利所得免征企业所得税（填写A107011）	
8	5.符合条件的永续债利息收入免征企业所得税（填写A107011）	
9	（三）符合条件的非营利组织的收入免征企业所得税	
10	（四）中国清洁发展机制基金取得的收入免征企业所得税	
11	（五）投资者从证券投资基金分配中取得的收入免征企业所得税	
12	（六）取得的地方政府债券利息收入免征企业所得税	
13	（七）中国保险保障基金有限责任公司取得的保险保障基金等收入免征企业所得税	
14	（八）中国奥委会取得北京冬奥组委支付的收入免征企业所得税	
15	（九）中国残奥委会取得北京冬奥组委分期支付的收入免征企业所得税	
16	（十）其他	
17	二、减计收入（18+19+23+24）	
18	（一）综合利用资源生产产品取得的收入在计算应纳税所得额时减计收入	
19	（二）金融、保险等机构取得的涉农利息、保费减计收入（20+21+22）	
20	1.金融机构取得的涉农贷款利息收入在计算应纳税所得额时减计收入	
21	2.保险机构取得的涉农保费收入在计算应纳税所得额时减计收入	
22	3.小额贷款公司取得的农户小额贷款利息收入在计算应纳税所得额时减计收入	
23	（三）取得铁路债券利息收入减半征收企业所得税	
24	（四）其他（24.1+24.2）	
24.1	1.取得的社区家庭服务收入在计算应纳税所得额时减计收入	
24.2	2.其他	
25	三、加计扣除（26+27+28+29+30）	
26	（一）开发新技术、新产品、新工艺发生的研究开发费用加计扣除（填写A107012）	
27	（二）科技型中小企业开发新技术、新产品、新工艺发生的研究开发费用加计扣除（填写A107012）	
28	（三）企业为获得创新性、创意性、突破性的产品进行创意设计活动而发生的相关费用加计扣除（加计扣除比例____%）	
29	（四）安置残疾人员所支付的工资加计扣除	
30	（五）其他	
31	合计（1+17+25）	

“免税、减计收入及加计扣除优惠明细表”（A107010）填报说明

本表适用于享受免税收入、减计收入和加计扣除优惠的纳税人填报。纳税人根据税法及相关税收政策规定，填报本年发生的免税收入、减计收入和加计扣除优惠情况。

一、有关项目填报说明

1. 第1行“一、免税收入”：填报第2+3+9+10+11+12+13+14+15+16行金额。

2. 第2行“（一）国债利息收入免征企业所得税”：填报纳税人根据《国家税务总局关于企业国债投资业务企业所得税处理问题的公告》（2011年第36号）等相关税收政策规定，持有国务院财政部门发行的国债取得的利息收入。

3. 第3行“（二）符合条件的居民企业之间的股息、红利等权益性投资收益免征企业所得税”：填报“符合条件的居民企业之间的股息、红利等权益性投资收益优惠明细表”（A107011）第8行第17列金额。

4. 第4行“1.一般股息红利等权益性投资收益免征企业所得税”：填报《中华人民共和国企业所得税法实施条例》第八十三条规定的投资收益，不含持有H股、创新企业CDR、永续债取得的投资收益，按表A107011第9行第17列金额填报。

5. 第5行“2.内地居民企业通过沪港通投资且连续持有H股满12个月取得的股息红利所得免征企业所得税”：填报根据《财政部 国家税务总局 证监会关于沪港股票市场交易互联互通机制试点有关税收政策的通知》（财税〔2014〕81号）等相关税收政策规定，内地居民企业连续持有H股满12个月取得的股息红利所得，按表A107011第10行第17列金额填报。

6. 第6行“3.内地居民企业通过深港通投资且连续持有H股满12个月取得的股息红利所得免征企业所得税”：填报根据《财政部 国家税务总局 证监会关于深港股票市场交易互联互通机制试点有关税收政策的通知》（财税〔2016〕127号）等相关税收政策规定，内地居民企业连续持有H股满12个月取得的股息红利所得，按表A107011第11行第17列金额填报。

7. 第7行“居民企业持有创新企业CDR取得的股息红利所得免征企业所得税”：根据《财政部 税务总局 证监会关于创新企业境内发行存托凭证试点阶段有关税收政策的公告》（财政部 税务总局 证监会公告2019年第52号）等相关税收政策规定，居民企业持有创新企业CDR取得的股息红利所得，按表A107011第12行第17列金额填报。

8. 第8行“符合条件的永续债利息收入免征企业所得税”：填报根据《财政部 税务总局关于永续债企业所得税政策问题的公告》（2019年第64号）等相关税收政策

规定，居民企业取得的可以适用企业所得税法规定的居民企业之间的股息、红利等权益性投资收益免征企业所得税规定的永续债利息收入，按表A107011第13行第17列金额填报。

9.第9行“（三）符合条件的非营利组织的收入免征企业所得税”：填报纳税人根据《企业所得税法》及其实施条例、《财政部 国家税务总局关于非营利组织企业所得税免税收入问题的通知》（财税〔2009〕122号）、《财政部 税务总局关于非营利组织免税资格认定管理有关问题的通知》（财税〔2018〕13号）等相关税收政策规定，认定的符合条件的非营利组织，取得的捐赠收入等免税收入，但不包括从事营利性活动所取得的收入。当表A000000“207非营利组织”选择“是”时，本行可以填报，否则不得填报。

10.第10行“（四）中国清洁发展机制基金取得的收入免征企业所得税”：填报中国清洁发展机制基金根据《财政部 国家税务总局关于中国清洁发展机制基金及清洁发展机制项目实施企业有关企业所得税政策问题的通知》（财税〔2009〕30号）等相关税收政策规定，中国清洁发展机制基金取得的CDM项目温室气体减排量转让收入上缴国家的部分，国际金融组织赠款收入，基金资金的存款利息收入，购买国债的利息收入，国内外机构、组织和个人的捐赠收入。

11.第11行“（五）投资者从证券投资基金分配中取得的收入免征企业所得税”：填报纳税人根据《财政部 国家税务总局关于企业所得税若干优惠政策的通知》（财税〔2008〕1号）第二条第二项等相关税收政策规定，投资者从证券投资基金分配中取得的收入。

12.第12行“（六）取得的地方政府债券利息收入免征企业所得税”：填报纳税人根据《财政部 国家税务总局关于地方政府债券利息所得免征所得税问题的通知》（财税〔2011〕76号）、《财政部 国家税务总局关于地方政府债券利息免征所得税问题的通知》（财税〔2013〕5号）等相关税收政策规定，取得的2009年、2010年和2011年发行的地方政府债券利息所得，2012年及以后年度发行的地方政府债券利息收入。

13.第13行“（七）中国保险保障基金有限责任公司取得的保险保障基金等收入免征企业所得税”：填报中国保险保障基金有限责任公司根据《财政部 税务总局关于保险保障基金有关税收政策问题的通知》（财税〔2018〕41号）等相关税收政策规定，按《保险保障基金管理办法》规定取得的境内保险公司依法缴纳的保险保障基金；依法从撤销或破产保险公司清算财产中获得的受偿收入和向有关责任方追偿所得，以及依法从保险公司风险处置中获得的财产转让所得；捐赠所得；银行存款利息收入；购买政府债券、中央银行、中央企业和中央级金融机构发行债券的利息收入；国务院批准的其他资金运用取得的收入。

14. 第14行“（八）中国奥委会取得北京冬奥组委支付的收入免征企业所得税”：根据《财政部 税务总局 海关总署关于北京2022年冬奥会和冬残奥会税收政策的通知》（财税〔2017〕60号）等相关税收政策规定，中国奥委会填报按中国奥委会、主办城市签订的《联合市场开发计划协议》和中国奥委会、主办城市、国际奥委会签订的《主办城市合同》取得的由北京冬奥组委分期支付的收入、按比例支付的盈余分成收入。

15. 第15行“（九）中国残奥委会取得北京冬奥组委分期支付的收入免征企业所得税”：填报根据财税〔2017〕60号等相关税收政策规定，中国残奥委会按照《联合市场开发计划协议》取得的由北京冬奥组委分期支付的收入。

16. 第16行“（十）其他”：填报纳税人享受的本表未列明的其他免税收入税收优惠事项名称、减免税代码及免税收入金额。

31. 第31行“合计”：填报第1+17+25行金额。

二、表内、表间关系

（一）表内关系

1. 第1行＝第2+3+9+10+…+16行。
2. 第3行＝第4+5+6+7+8行。
3. 第17行＝第18+19+23+24行。
4. 第19行＝第20+21+22行。
5. 第24行＝第24.1+24.2行。
6. 第25行＝第26+27+28+29+30行。
7. 第26行和第27行不可同时填报。
8. 第31行＝第1+17+25行。

（二）表间关系

1. 第3行＝表A107011第8行（合计行）第17列。
2. 第4行＝表A107011第9行第17列。
3. 第5行＝表A107011第10行第17列。
4. 第6行＝表A107011第11行第17列。
5. 第7行＝表A107011第12行第17列。
6. 第8行＝表A107011第13行第17列。
7. 当表A000000“210-3”项目未填有入库编号时，第26行＝表A107012第51行。

8.当表A000000“210-3”项目填有入库编号时，第27行=表A107012第51行。
9.第31行=表A100000第17行。

三、核定征收企业享受免税收入优惠的申报

企业所得税免税收入优惠属于预缴享受优惠事项，企业所得税核定征收的企业，在预缴申报时可以享受国债利息收入免征企业所得税、投资者从证券投资基金分配中取得的收入免征企业所得税、取得的地方政府债券利息收入免征企业所得税和符合条件的居民企业之间的股息、红利等权益性投资收益免征企业所得税等。纳税预缴申报时享受上述优惠的，须填报“中华人民共和国企业所得税月（季）度预缴和年度纳税申报表（B类，2018年版）”（B100000）第3行到第9行。

四、清算企业的申报

企业清算享受免税收入优惠的，须填报“中华人民共和国企业清算所得税申报表”第7行“免税收入”。该行填报纳税人清算过程中取得的按税收规定免税收入。

第四节　免税收入风险识别与应对

一、免税投资收益调整异常

（一）识别指标与风险描述

免税投资收益合计>投资收益+长期股权投资持有收益调整金额。
权益法下，可能存在当期持有收益未计入应纳税所得额却享受优惠的风险。

（二）应对指引

充分利用风险管理系统，开展全面的分析工作，结合金税三期综合征管软件中纳税人信息、免税投资收益合计、投资收益、长期股权投资持有收益调整金额等数据，对权益法下可能存在当期持有收益未计入应纳税所得额却享受优惠的风险进行全面分析，再根据情况确定是否需要纳税人提供资料或者开展实地核查，并根据获

取的资料或者实地核查结果进行相应的处理。该项目应对主要包括以下内容：

（1）核查企业基础登记信息和认定信息的准确性。

（2）根据按权益法核算的企业投资收益的证明材料，核实企业投资收益是否符合免税投资收益条件。

（3）存在少缴纳税款情形的，通知纳税人补缴并按规定加收滞纳金。

二、对外投资企业清算所得

（一）识别指标与风险描述

通过第三方信息取得对外投资注册地址含“××省”或××省内地级市、县级名称的，根据纳税人识别号在全省范围内匹配，并将投资金额与被投资企业的税务登记信息中投资比例、投资金额核对，核对出错时提醒。被投资企业（纳税人名称、纳税人识别号）税务登记状态为注销户，请核实是否存在清算所得。

税务登记状态注销户代码>0。

（二）风险应对

充分利用风险管理系统开展全面的分析工作，结合金税三期综合征管软件中纳税人信息、第三方信息取得对外投资注册地址含“××省”或××省内地级市、县级名称的，在全省范围内匹配，并将投资金额与被投资企业的税务登记信息中投资比例、投资金额核对，核对不一致时提醒。被投资企业在税务登记状态为注销户，应核实是否存在清算所得。该项目应对主要包括以下内容：

（1）核查企业基础登记信息和认定信息的准确性；

（2）核查被投资企业清算报告、被投资企业清算所得税申报表、公司剩余财产分配方案；

（3）核实企业是否按规定确认投资所得或损失；

（4）对外省的被投资企业请查询全国企业信用信息公示系统。

三、投资者从证券投资基金分配中取得的收入免征优惠不实风险

（一）识别指标与风险描述

免税收入金额>0。

该指标用于识别企业申报了证券投资基金投资者获得了分配收入暂不征收企业所得税优惠，核查业务事项的真实性。

（二）风险应对

充分利用风险管理系统开展全面的分析工作，结合金税三期综合征管软件中纳税人信息以及第三方情报等数据，对投资者从证券投资基金分配等数据进行分析，并根据获取的资料或者实地检查结果进行相应处理。该指标应对主要包括以下内容：

（1）核查企业基础登记信息和认定信息的准确性；

（2）结合收入核算明细情况、收入来源、对应的成本核算情况等；

（3）核实证券投资基金从证券市场中取得的收入，是否符合暂不征收企业所得税条件；

（4）存在少缴纳税款情形的，通知补缴并按规定加收滞纳金。

四、享受权益性投资收益免征企业所得税优惠不实风险

（一）识别指标与风险描述

表2–28第3行“符合条件的居民企业之间的股息、红利等权益性投资收益免征企业所得税”金额>0，但资产负债表中长期股权投资科目期初与期末均为0。

纳税人享受免税优惠的股息、红利等权益性投资收益是否来源于直接投资的居民企业；确认的投资时间和股息、红利等权益性投资收益收入的时间是否准确。

纳税人确定享受免税收入优惠的股息、红利等权益性投资收益的计算过程和计算结果是否准确，在采用权益法核算时是否进行了纳税调整并准确计算其应纳税所得额和投资收益，是否将股权转让收益计入股息、红利享受优惠政策；纳税人享受免税优惠的股息、红利等权益性投资收益是否包括连续持有其他居民企业公开发行并上市流通的股票不足12个月取得的投资收益。

（二）风险应对

充分利用风险管理系统开展全面的分析工作，结合金税三期综合征管软件中纳税人信息等数据，对纳税人可能存在享受符合条件的居民企业之间的股息、红利等权益性投资收益免征企业所得税优惠风险进行全面分析，再根据情况确定是否需要纳税人提供资料或者开展实地检查，并根据获取的资料或者实地检查结果进行相应的处理。该项目应对策略主要包括以下内容：

（1）核查企业基础登记信息和认定信息的准确性。

（2）纳税人享受免税优惠的股息、红利等权益性投资收益是否来源于直接投资的居民企业；确认的投资时间和股息、红利等权益性投资收益收入的时间是否准确。

（3）纳税人确定享受免税优惠的股息、红利等权益性投资收益的计算过程和计算结果是否准确，在采用权益法核算时是否进行了纳税调整并准确计算其应纳税所得额和投资收益，是否将股权转让收益计入股息、红利享受优惠政策；纳税人享受免税优惠的股息、红利等权益性投资收益是否包括连续持有其他居民企业公开发行并上市流通的股票不足12个月取得的投资收益。

（4）存在少缴纳税款情形的，通知纳税人补缴并按规定加收滞纳金。

（三）风险提示

【纳税人名称】(【纳税人识别号】)，您单位在【年代码】年企业所得税年度纳税申报表A107010第3行金额为【免税收入_符合条件的居民企业之间的股息、红利等权益性投资收益免征企业所得税】元，资产负债表中长期股权投资科目本期为0，两者不相匹配，可能存在少计收入、少缴企业所得税风险。

（四）风险自查

纳税人可主要对以下内容自查：

（1）纳税人是否按照修订后的企业所得税优惠政策事项办理办法要求留存备查资料；留存备查资料是否完整、有效。

（2）纳税人享受免税收入优惠的股息、红利等权益性投资收益是否来源于直接投资的居民企业；确认的投资时间和股息、红利等权益性投资收益收入的时间是否准确。

（3）确定享受免税优惠的股息、红利等权益性投资收益的计算过程和计算结果是否准确，在采用权益法核算时是否进行了纳税调整并准确计算其应纳税所得额和投资收益，是否将股权转让收益计入股息、红利享受优惠政策；纳税人享受免税优惠的股息、红利等权益性投资收益是否包括连续持有其他居民企业公开发行并上市流通的股票不足12个月取得的投资收益。

（4）存在须修改或调整数据的，应更正申报，其中存在少缴纳税款情形的，应补缴少缴税款并按规定加收滞纳金。

第三章

减计收入优惠

减计收入，是企业所得税税基优惠的一种重要方式。本章阐述现行有效的减计收入优惠，主要内容如图3–1所示。

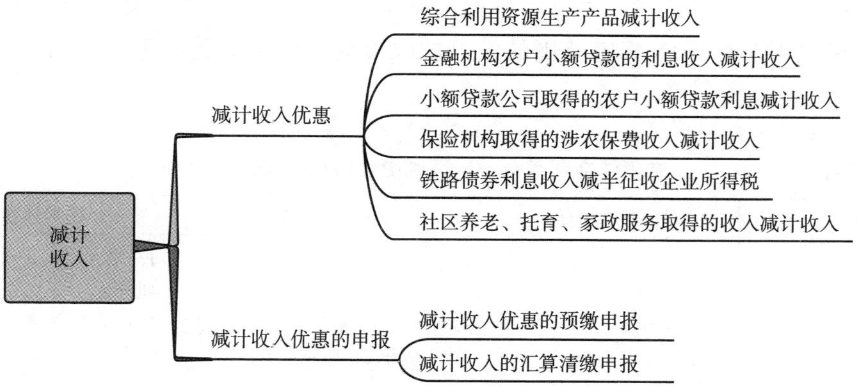

图3–1　减计收入

第一节　减计收入优惠

一、综合利用资源生产产品减计收入

（一）综合利用资源生产产品减计收入优惠

《企业所得税法》第三十三条规定，企业综合利用资源，生产符合国家产业政策规定的产品所取得的收入，可以在计算应纳税所得额时减计收入。

根据《企业所得税法实施条例》第九十九条的规定，减计收入，是指企业以

《资源综合利用企业所得税优惠目录》（见表3-1）规定的资源作为主要原材料，生产国家非限制和禁止并符合国家和行业相关标准的产品取得的收入，减按90%计入收入总额。这里所称“主要原材料”占生产产品材料的比例不得低于《资源综合利用企业所得税优惠目录》规定的标准。

根据《财政部等四部门关于公布〈环境保护、节能节水项目企业所得税优惠目录（2021年版）〉以及〈资源综合利用企业所得税优惠目录（2021年版）〉的公告》（财政部 税务总局 发展改革委 生态环境部公告2021年第36号）第一条的规定，《资源综合利用企业所得税优惠目录（2021年版）》（如表3-1所示）自2021年1月1日起施行。

根据该公告第三条的规定，企业从事资源综合利用属于《财政部 国家税务总局 国家发展改革委关于公布资源综合利用企业所得税优惠目录（2008年版）的通知》（财税〔2008〕117号）中目录规定范围，但不属于《资源综合利用企业所得税优惠目录（2021年版）》规定范围的，可按政策规定继续享受优惠至2021年12月31日止。

表3-1　资源综合利用企业所得税优惠目录（2021年版）

类别	序号	综合利用的资源	生产的产品	技术标准
一、共生、伴生矿产资源	1.1	煤系共生、伴生矿产资源、瓦斯	高岭岩、铝矾土、膨润土，电力、热力及燃气	1.产品原料100%来自所列资源。 2.产品原料来自煤炭开发中的废弃物。 3.产品符合国家和行业标准。
	1.2	黑金属矿、有色金属矿、非金属矿共生、伴生矿产资源	共生、伴生矿产资源产品	1.产品原料100%来自所列资源。 2.共生、伴生矿产资源未达到工业品位。
二、废水（液）、废气、废渣	2.1	煤矸石、煤泥、化工废渣、粉煤灰、尾矿、废石、冶炼渣（钢铁渣、有色冶炼渣、赤泥等）、工业副产石膏、港口航道的疏浚物、江河（渠）道的淤泥淤沙等、风积沙、建筑垃圾、生活垃圾焚烧炉渣	砖（瓦）、电力、热力、煤矸石井下充填开采置换出的呆滞煤量、砌块、新型墙体材料、石膏类制品以及商品粉煤灰、建筑砂石骨料、道路用建筑垃圾再生骨料、再生级配骨料、再生骨料无机混合料、预拌商品混凝土、干混砂浆、预拌砂浆、砂浆预制件、混凝土预制件、盾构土、粒化高炉矿渣、钢渣微粉、微晶玻璃、岩棉、矿渣棉、氧化铝、水泥熟料	1.建材产品原料70%以上来自所列资源。生产其他产品的产品原料100%来自所列资源。 2.用煤矸石、煤泥生产电力、热力产品符合《煤矸石综合利用管理办法》要求。 3.产品符合国家和行业标准。

续表

类别	序号	综合利用的资源	生产的产品	技术标准
二、废水（液）、废气、废渣	2.2	社会回收的废金属（废钢铁、废铜、废铝等）、冶炼渣（钢铁渣、有色冶炼渣、赤泥等）、化工废渣	金属（含稀贵金属）、铁合金料、精矿粉、氯盐（氯化钾、氯化钠等）、硅酸盐及其衍生产品	1.产品原料70%以上来自所列资源。 2.产品符合国家和行业标准。
	2.3	化工、纺织、造纸工业废液及废渣	银、盐、锌、纤维、碱、羊毛脂、聚乙烯醇、硫化钠、亚硫酸钠、硫氰酸钠、硝酸、铁盐、铬盐、木素磺酸盐、乙酸、乙二酸、乙酸钠、盐酸、黏合剂、酒精、香兰素、饲料酵母、肥料、甘油、乙氰	1.产品原料70%以上来自所列资源。 2.产品符合国家和行业标准。
	2.4	制盐液（苦卤）及硼酸废液	氯化钾、硝酸钾、溴素、氯化镁、氢氧化镁、无水硝、石膏、硫酸镁、硫酸钾、肥料	产品原料70%以上来自所列资源。
	2.5	工矿废水、城镇污水污泥	再生水、土地改良剂、有机肥料	1.再生水原料100%来自所列资源。 2.土地改良剂、有机肥料原料80%以上来自所列资源。 3.产品符合《城市污水再生利用》系列国家标准、《再生水水质标准》或相关用途的再生水水质标准。
	2.6	焦炉煤气、转炉煤气、高炉煤气、矿热炉尾气、化工废气、石油（炼油）化工废气、发酵废气、炭黑尾气、二氧化碳、氯化氢废气，生物质合成气	电力、热力、硫磺、硫酸、磷铵、硫铵、脱硫石膏、可燃气、轻烃、氢气、硫酸亚铁、有色金属、二氧化碳（纯度≥99.9%）、干冰、甲醇、合成氨、甲烷、变性燃料乙醇（纯度≥99.5%）、乙醇梭菌蛋白/菌体蛋白（粗蛋白≥80%）、天然气、氯气（含液氯）	1.产品原料100%来自所列资源。 2.乙醇、蛋白产品等符合国家和行业标准。
三、再生资源	3.1	废弃电器电子产品、废旧电池、废感光材料、废灯泡（管）、废旧太阳能光伏板、风电机组	金属（含稀贵金属）、非金属产品	1.产品原料90%以上来自所列资源。 2.产品原料符合《废弃电器电子产品处理目录》。
	3.2	废塑料	塑料制品、塑木（木塑）产品	塑料制品、塑木（木塑）产品 1.产品原料90%以上来自所列资源。 2.产品符合国家和行业标准。

续表

类别	序号	综合利用的资源	生产的产品	技术标准
三、再生资源	3.3	废旧轮胎、废橡胶	再制造轮胎、胶粉、再生橡胶等	1.产品原料70%以上来自所列资源。 2.产品符合国家和行业标准。
	3.4	废弃天然纤维、化学纤维、多种废弃纤维混合物及其制品、废弃聚酯瓶及瓶片	浆粕、纤维纱及织物、无纺布、毡、黏合剂、再生聚酯及其制品、再生纤维、燃料块、复合板材、生态修复材料、工程塑料等	1.生产再生聚酯及其制品的产品原料100%来自所列资源。 2.生产其他产品的产品原料70%以上来自所列资源。
	3.5	农作物秸秆及壳皮（粮食作物秸秆、粮食壳皮、玉米芯等）、林业三剩物、次小薪材、蔗渣、糠醛渣、菌糠、酒糟、粗糟、中药渣、废旧家具、畜禽养殖废弃物、畜禽屠宰废弃物、农产品加工有机废弃物	纤维板、刨花板、细木工板、生物质压块，生物质破碎料、生物天然气、热解燃气、沼气、生物油、电力、热力、生物炭、活性炭、栲胶、水解酒精、纤维素、木质素、木糖、阿拉伯糖、糠醛、土壤调理剂、有机肥、膨化饲料、颗粒饲料、菌棒、纸浆、秸秆浆、纸制品等	1.产品原料70%以上来自所列资源。 2.产品符合国家和行业标准。
	3.6	废生物质油、废弃润滑油	生物柴油、工业级混合油等	1.产品原料90%以上来自所列资源。 2.产品符合国家和行业标准。
	3.7	废玻璃、废玻璃纤维	玻璃熟料、玻璃纤维制品、真空绝热板芯材	1.产品原料90%以上来自所列资源。 2.产品符合国家和行业标准。
	3.8	废旧汽车、废旧办公设备、废旧工业装备、废旧机电设备	通过再制造方式生产的发动机、变速箱、转向器、起动机、发电机、电动机等汽车零部件、办公设备、工业装备、机电设备零部件等	产品符合国家标准。
	3.9	厨余垃圾	厨余垃圾有机肥料、粗油脂、沼气等	1.产品原料80%以上来自所列资源。 2.产品符合国家和行业标准。
	3.10	铸造废砂	再生砂型覆膜砂、低氨覆膜砂、再生砂	1.产品原料70%以上来自所列资源。 2.产品符合国家和行业标准。
	3.11	废纸	纸浆、纸制品	1.产品原料90%以上来自所列资源。 2.产品符合国家和行业标准。

（二）主要留存备查资料

企业以《资源综合利用企业所得税优惠目录》规定的资源作为主要原材料，生产国家非限制和非禁止并符合国家及行业相关标准的产品取得的收入，减按90%计入企业当年收入总额，属于预缴享受优惠事项。享受优惠后，需要留存备查的主要资料有：

（1）企业实际资源综合利用情况（包括综合利用的资源、技术标准、产品名称等）的说明；

（2）综合利用资源生产产品取得的收入核算情况说明。

（三）转请机制

根据财政部 税务总局 发展改革委 生态环境部公告2021年第36号文件第一条的规定，税务机关在后续管理中，如不能准确判定资源综合利用是否属于《资源综合利用企业所得税优惠目录（2021年版）》规定的范围，可提请省级以上（含省级）发展改革和生态环境等部门出具意见。

二、金融机构农户小额贷款利息收入减计收入

（一）金融机构农户小额贷款利息减计收入优惠

根据《财政部 税务总局关于延续支持农村金融发展有关税收政策的通知》（财税〔2017〕44号）的规定，对金融机构农户小额贷款的利息收入，免征增值税。对金融机构农户小额贷款的利息收入，在计算应纳税所得额时，按90%计入收入总额。

（二）主要留存备查资料

对金融机构农户小额贷款的利息收入在计算应纳税所得额时按90%计入收入总额，属于预缴享受优惠事项。享受优惠后需要留存备查的主要资料有：

（1）相关利息收入的核算情况说明；

（2）相关贷款合同。

三、小额贷款公司取得的农户小额贷款利息减计收入

（一）小额贷款公司农户小额贷款利息减计收入优惠

根据《财政部 税务总局关于小额贷款公司有关税收政策的通知》（财税〔2017〕48号）的规定，对经省级金融管理部门（金融办、局等）批准成立的小额贷款公司

取得的农户小额贷款利息收入，在计算应纳税所得额时，按90%计入收入总额。对经省级金融管理部门（金融办、局等）批准成立的小额贷款公司取得的农户小额贷款利息收入，免征增值税。

农户，是指长期（一年以上）居住在乡镇（不包括城关镇）行政管理区域内的住户，还包括长期居住在城关镇所辖行政村范围内的住户和户口不在本地而在本地居住一年以上的住户、国有农场的职工和农村个体工商户。位于乡镇（不包括城关镇）行政管理区域内和在城关镇所辖行政村范围内的国有经济的机关、团体、学校、企事业单位的集体户；有本地户口，但举家外出谋生一年以上的住户，无论是否保留承包耕地均不属于农户。农户以户为统计单位，既可以从事农业生产经营，也可以从事非农业生产经营。农户贷款的判定应以贷款发放时的承贷主体是否属于农户为准。

小额贷款，是指单笔且该农户贷款余额总额在10万元（含本数）以下的贷款。

（二）主要留存备查资料

对经省级金融管理部门（金融办、局等）批准成立的小额贷款公司取得的农户小额贷款利息收入，在计算应纳税所得额时，按90%计入收入总额，属于预缴享受优惠事项。享受优惠后纳税人需要留存备查的主要资料有：

（1）相关利息收入的核算情况说明；

（2）相关贷款合同；

（3）省级金融管理部门（金融办、局等）出具的小额贷款公司准入资格文件。

四、保险机构取得的涉农保费收入减计收入

（一）保险机构取得的涉农保费收入减计收入优惠

根据《财政部 税务总局关于延续支持农村金融发展有关税收政策的通知》（财税〔2017〕44号）的规定，对保险公司为种植业、养殖业提供保险业务取得的保费收入，在计算应纳税所得额时，按90%计入收入总额。

（二）主要留存备查资料

保险机构取得的涉农保费收入在计算应纳税所得额时减计收入属于预缴享受优惠事项。享受优惠后需要留存备查的主要资料有：

（1）相关保费收入的核算情况说明；

（2）相关保险合同。

五、铁路债券利息收入减半征收企业所得税

（一）铁路债券利息减半征收企业所得税优惠

根据《财政部 税务总局关于铁路债券利息收入所得税政策的公告》（2019年第57号）的规定，对企业投资者持有2019—2023年发行的铁路债券取得的利息收入，减半征收企业所得税。对个人投资者持有2019—2023年发行的铁路债券取得的利息收入，减按50%计入应纳税所得额计算征收个人所得税。税款由兑付机构在向个人投资者兑付利息时代扣代缴。铁路债券是指以中国铁路总公司为发行和偿还主体的债券，包括中国铁路建设债券、中期票据、短期融资券等债务融资工具。

根据《财政部 国家税务总局关于铁路债券利息收入所得税政策问题的通知》（财税〔2016〕30号）的规定，对企业投资者持有中国铁路总公司2016—2018年发行的铁路债券取得的利息收入，减半征收企业所得税。对个人投资者持有中国铁路总公司2016—2018年发行的铁路债券取得的利息收入，减按50%计入应纳税所得额计算征收个人所得税。税款由兑付机构在向个人投资者兑付利息时代扣代缴。铁路债券是指以中国铁路总公司为发行和偿还主体的债券，包括中国铁路建设债券、中期票据、短期融资券等债务融资工具。

根据《财政部 国家税务总局关于2014—2015年铁路建设债券利息收入企业所得税政策的通知》（财税〔2014〕2号）的规定，对企业持有2014年和2015年发行的中国铁路建设债券取得的利息收入，减半征收企业所得税。中国铁路建设债券是指经国家发展改革委核准，以中国铁路总公司为发行和偿还主体的债券。

根据《财政部 国家税务总局关于铁路建设债券利息收入企业所得税政策的通知》（财税〔2011〕99号）的规定，对企业持有2011—2013年发行的中国铁路建设债券取得的利息收入，减半征收企业所得税。中国铁路建设债券是指经国家发展改革委核准，以铁道部为发行和偿还主体的债券。

（二）主要留存备查资料

企业持有铁路债券取得的利息收入减半征收企业所得税，属于预缴享受优惠事项。享受优惠后，纳税人需要留存备查的主要资料有：

（1）购买铁路债券证明资料，包括持有时间、票面金额、利率等相关资料；

（2）应收利息（投资收益）科目明细账或按月汇总表；

（3）减免税计算过程的说明。

六、社区养老、托育、家政服务取得的收入减计收入

为支持养老、托育、家政等社区家庭服务业发展,《财政部 税务总局 发展改革委 民政部 商务部 卫生健康委关于养老、托育、家政等社区家庭服务业税费优惠政策的公告》（2019年第76号）规定，为社区提供养老、托育、家政等服务的机构，按照以下规定享受税费优惠政策，自2019年6月1日起执行至2025年12月31日：

（1）提供社区养老、托育、家政服务取得的收入，免征增值税。

（2）提供社区养老、托育、家政服务取得的收入，在计算应纳税所得额时，减按90%计入收入总额。

（3）承受房屋、土地用于提供社区养老、托育、家政服务的，免征契税。

（4）用于提供社区养老、托育、家政服务的房产、土地，免征不动产登记费、耕地开垦费、土地复垦费、土地闲置费；用于提供社区养老、托育、家政服务的建设项目，免征城市基础设施配套费；确因地质条件等原因无法修建防空地下室的，免征防空地下室易地建设费。

为社区提供养老、托育、家政等服务的机构自有或其通过承租、无偿使用等方式取得并用于提供社区养老、托育、家政服务的房产、土地，免征房产税、城镇土地使用税。

这里所称社区是指聚居在一定地域范围内的人们所组成的社会生活共同体，包括城市社区和农村社区。为社区提供养老服务的机构，是指在社区依托固定场所设施，采取全托、日托、上门等方式，为社区居民提供养老服务的企业、事业单位和社会组织。社区养老服务是指为老年人提供的生活照料、康复护理、助餐助行、紧急救援、精神慰藉等服务。

为社区提供托育服务的机构，是指在社区依托固定场所设施，采取全日托、半日托、计时托、临时托等方式，为社区居民提供托育服务的企业、事业单位和社会组织。社区托育服务是指为3周岁（含）以下婴幼儿提供的照料、看护、膳食、保育等服务。

为社区提供家政服务的机构，是指以家庭为服务对象，为社区居民提供家政服务的企业、事业单位和社会组织。社区家政服务是指进入家庭成员住所或医疗机构为孕产妇、婴幼儿、老人、病人、残疾人提供的照护服务，以及进入家庭成员住所提供的保洁、烹饪等服务。

第二节　减计收入优惠的申报

一、减计收入优惠的预缴申报

（一）查账征收企业减计收入的预缴申报

企业所得税减计收入优惠属于预缴可以享受的优惠事项。查账征收企业所得税的企业，预缴申报享受减计收入优惠时，须填报“中华人民共和国企业所得税月（季）度预缴纳税申报表（A类）”（A200000）第7行［减：免税收入、减计收入、所得减免等优惠金额（填写A201010）］。

（二）核定征收企业减计收入的预缴申报

企业所得税减计收入优惠属于预缴享受优惠事项。但“中华人民共和国企业所得税月（季）度预缴和年度纳税申报表（B类，2018年版）”《国家税务总局关于修订〈中华人民共和国企业所得税月（季）度预缴纳税申报表（A类，2018年版）〉等报表的公告》（2020年12号）没有设计相关行次填报相关优惠。因而，企业所得税核定征收的企业，在预缴申报及汇算清缴时均不可以享受减计收入优惠。

二、减计收入的汇算清缴申报

企业所得税减计收入优惠属于预缴可以享受的优惠事项，年终汇算清缴纳税申报时，纳税人需要填报表A100000第17行和表A107010第二部分（减计收入），表A107010第17行“二、减计收入”，填报第18+19+23+24行的合计金额（见表3-2）。

表3-2　A107010　　免税、减计收入及加计扣除优惠明细表

行次	项　目	金　额
1	一、免税收入（2+3+9+…+16）	
17	二、减计收入（18+19+23+24）	
18	（一）综合利用资源生产产品取得的收入在计算应纳税所得额时减计收入	
19	（二）金融、保险等机构取得的涉农利息、保费减计收入（20+21+22）	
20	1.金融机构取得的涉农贷款利息收入在计算应纳税所得额时减计收入	
21	2.保险机构取得的涉农保费收入在计算应纳税所得额时减计收入	

续表

行次	项　目	金　额
22	3.小额贷款公司取得的农户小额贷款利息收入在计算应纳税所得额时减计收入	
23	（三）取得铁路债券利息收入减半征收企业所得税	
24	（四）其他（24.1+24.2）	
24.1	1.取得的社区家庭服务收入在计算应纳税所得额时减计收入	
24.2	2.其他	
25	三、加计扣除（26+27+28+29+30）	
26	（一）开发新技术、新产品、新工艺发生的研究开发费用加计扣除（填写A107012）	
27	（二）科技型中小企业开发新技术、新产品、新工艺发生的研究开发费用加计扣除（填写A107012）	
28	（三）企业为获得创新性、创意性、突破性的产品进行创意设计活动而发生的相关费用加计扣除	
29	（四）安置残疾人员所支付的工资加计扣除	
30	（五）其他	
31	合计（1+17+25）	

相关项目的填报说明：

表A107010　第17行“二、减计收入”：填报第18+19+23+24行金额。

表A107010　第18行“（一）综合利用资源生产产品取得的收入在计算应纳税所得额时减计收入”：填报纳税人综合利用资源生产产品取得的收入总额乘以10%的金额。

表A107010　第19行“（二）金融、保险等机构取得的涉农利息、保费减计收入”：填报金融、保险等机构取得的涉农利息、保费收入减计收入的金额，按第20+21+22行金额填报。

表A107010　第20行“1.金融机构取得的涉农贷款利息收入在计算应纳税所得额时减计收入”：填报纳税人取得农户小额贷款利息收入总额乘以10%的金额。

表A107010　第21行“2.保险机构取得的涉农保费收入在计算应纳税所得额时减计收入”：填报保险公司为种植业、养殖业提供保险业务取得的保费收入总额乘以10%的金额。其中保费收入总额=原保费收入+分保费收入−分出保费。

表A107010　第22行“3.小额贷款公司取得的农户小额贷款利息收入在计算应纳税所得额时减计收入”：填报根据《财政部 税务总局关于小额贷款公司有关税收政策的通知》（财税〔2017〕48号）等相关税收政策规定，经省级金融管理部门（金融办、局等）批准成立的小额贷款公司取得的农户小额贷款利息收入乘以10%的金额。

表A107010　第23行“（三）取得铁路债券利息收入减半征收企业所得税”：填报纳税人根据《财政部 国家税务总局关于铁路建设债券利息收入企业所得税政策的通知》（财税〔2011〕99号）、《财政部 国家税务总局关于2014 2015年铁路建设债券利息收入企业所得税政策的通知》（财税〔2014〕2号）及《财政部 国家税务总局关于铁路债券利息收入所得税政策问题的通知》（财税〔2016〕30号）、《财政部 税务总局关于铁路债券利息收入所得税政策的公告》（2019年第57号）等相关税收政策规定，持有中国铁路建设债券等企业债券取得的利息收入乘以50%的金额。

表A107010　第24行“（四）其他”：根据相关行次计算结果填报。本行=第24.1+24.2行。第24.1行和第24.2行按照以下要求填报：

表A107010　第24.1行“1.取得的社区家庭服务收入在计算应纳税所得额时减计收入”：填报纳税人根据《财政部 税务总局 发展改革委 民政部 商务部 卫生健康委关于养老、托育、家政等社区家庭服务业税费优惠政策的公告》（2019年第76号）等相关税收政策规定，社区养老、托育、家政相关服务的收入乘以10%的金额。

表A107010　第24.2行“2.其他”：填报纳税人享受的本表未列明的其他减计收入的税收优惠事项名称、减免税代码及减计收入金额。

第三节　减计收入风险识别与应对

一、减计收入风险识别与应对

（一）风险识别与风险描述

企业所得税年度纳税申报表附表A107010第17行减计收入金额大于A101010表第2行主营营业收入金额，或者A101020营业收入——其他业务收入的10%。

本指标用于识别企业可能存在减计收入多享受优惠的风险。

（二）风险应对

充分利用风险管理系统开展全面的分析工作，结合金税三期综合征管软件中纳税人信息、企业财务报表信息、企业所得税年度申报表信息，如存在减计收入超过主营业务收入10%的情况，可能存在减计收入多享受优惠的问题。

二、农村小额贷款组织减计收入优惠风险

（一）风险识别与风险描述

表A107010金融、保险等机构取得的涉农利息、保费减计收入>10000可能存在享受金融、保险等机构取得的涉农利息、保费减计收入优惠不实的问题。

（二）风险应对

充分利用风险管理系统开展全面的分析工作，结合金税三期综合征管软件中纳税人信息；企业国标行业；金融、保险等机构取得的涉农利息、保费减计收入等数据，对纳税人可能存在享受金融、保险等机构取得的涉农利息、保费减计收入优惠不实的问题进行全面分析，再根据情况确定是否需要纳税人提供资料或者开展实地核查，并根据获取的资料或者实地核查结果进行相应的处理。该项目应对主要包括以下内容：

（1）核查企业基础登记信息和认定信息的准确性。

（2）金融机构取得的涉农贷款利息收入，核查企业相关利息收入的核算情况说明和相关贷款合同；保险机构取得的涉农保费收入，核查企业相关保费收入的核算情况说明和相关保险合同；小额贷款公司取得的农户小额贷款利息收入，核查企业相关利息收入的核算情况说明、相关贷款合同和省级金融管理部门（金融办、局等）出具的小额贷款公司准入资格文件。

（3）存在少缴纳税款情形的，通知纳税人补缴并按规定加收滞纳金。

第四章

加计扣除优惠

加计扣除，是现行企业所得税中一类重要的政策工具，是税基优惠的一类，包括研发费用加计扣除和安置残疾人员所支付的工资加计扣除。具体内容如图4–1所示。

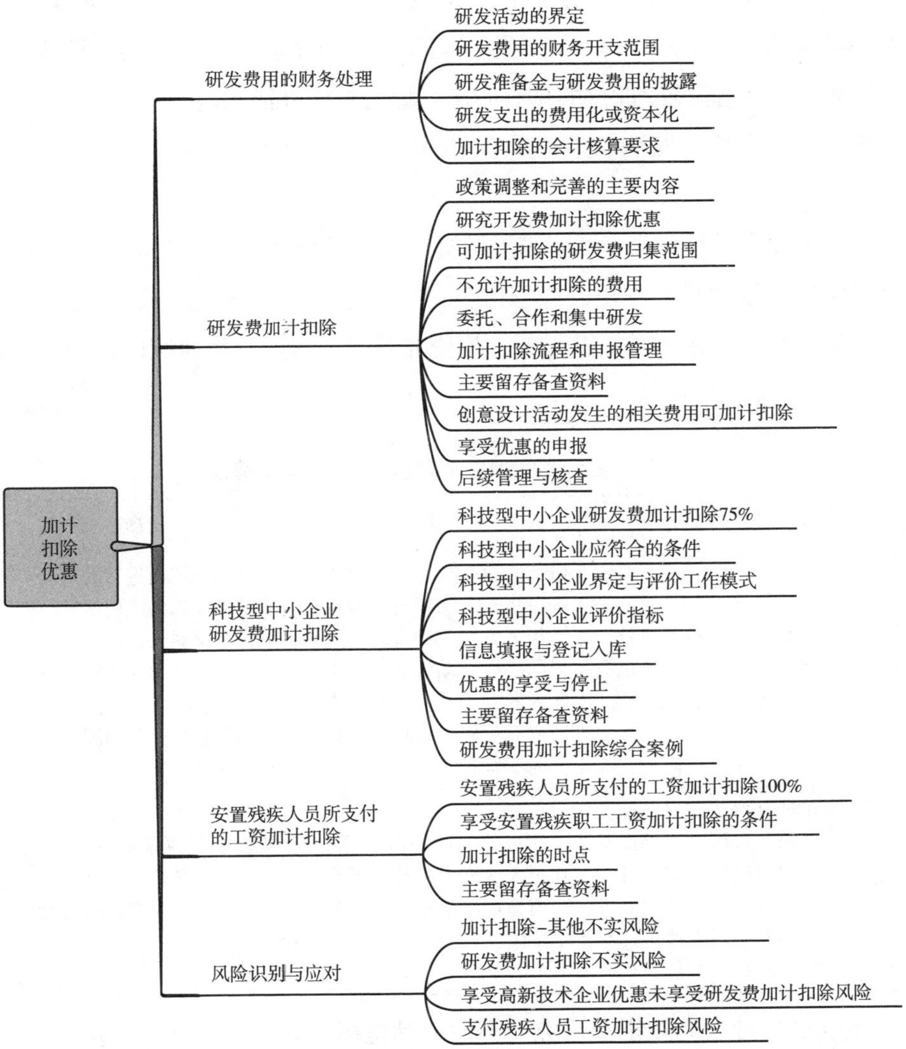

图4–1　加计扣除优惠

第一节　研发费用的财务处理

一、研发活动的界定

厘清研发活动的概念，有助于正确理解和把握研发费用加计扣除政策。而研发活动在科技上、财务上与税收上的表述不完全相同。

研究开发活动简称研发活动，根据《财政部 国家税务总局 科技部关于完善研究开发费用税前加计扣除政策的通知》（财税〔2015〕119号）第一条的规定，是指企业为获得科学与技术新知识，创造性地运用科学技术新知识，或实质性改进技术、产品（服务）、工艺而持续进行的具有明确目标的系统性活动。

在科技上，企业研发活动是指具有明确创新目标、系统组织形式和较强创造性的企业活动。

根据《企业会计准则第6号——无形资产》及其应用指南（2006年版）的规定，企业内部研究开发项目的支出，应当区分研究阶段支出与开发阶段支出。企业应当根据研究与开发的实际情况加以判断，将研究开发项目区分为研究阶段与开发阶段，其定义与特征如表4-1所示。

表4-1　研发活动研究阶段与开发阶段的定义及特征

研发阶段	定义	特征	活动举例
研究阶段	为获取新的科学或技术知识并理解它们而进行的独创性的有计划调查	研究阶段是探索性的，为进一步开发活动进行资料及相关方面的准备，已进行的研究活动将来是否会转入开发、开发后是否会形成无形资产等均具有较大的不确定性	意在获取知识而进行的活动，研究成果或其他知识的应用研究、评价和最终选择，材料、设备、产品、工序系统或服务替代品的研究，新的或经改进的材料、设备、产品、工序系统或服务的可能替代品的配置、设计、评价和最终选择等
开发阶段	在进行商业性生产或使用前，将研究成果或其他知识应用于某项计划或设计，以生产出新的或具有实质性改进的材料、装置、产品等	已完成研究阶段的工作，在很大程度上具备了形成一项新产品或新技术的基本条件	生产前或使用前的原型和模型的设计、建造和测试，不具有商业性生产经济规模的试生产设施的设计、建造和运营等

《企业会计制度》则规定，研究与开发活动是指企业开发新产品、新技术所进行

的活动。研究和开发活动是为了实质性地改进技术、产品和服务，将科研成果转化为质量可靠、成本可行、具有创新性的产品、材料、装置、工艺和服务。

二、研发费用的财务开支范围

根据《财政部关于企业加强研发费用财务管理的若干意见》(财企〔2007〕194号)实行企业化管理的科研事业单位参照执行。企业研发费的纳税扣除，按照财政部、国家税务总局有关规定执行，企业研发费用(即原“技术开发费”)，是指企业在产品、技术、材料、工艺、标准的研究、开发过程中发生的各项费用，包括：

(1)研发活动直接消耗的材料、燃料和动力费用。

(2)企业在职研发人员的工资、奖金、津贴、补贴、社会保险费、住房公积金等人工费用以及外聘研发人员的劳务费用。

(3)用于研发活动的仪器、设备、房屋等固定资产的折旧费或租赁费，以及相关固定资产的运行维护、维修等费用。

(4)用于研发活动的软件、专利权、非专利技术等无形资产的摊销费用。

(5)用于中间试验和产品试制的模具、工艺装备开发及制造费，设备调整及检验费，样品、样机及一般测试手段购置费，试制产品的检验费等。

(6)研发成果的论证、评审、验收、评估以及知识产权的申请费、注册费、代理费等费用。

(7)通过外包、合作研发等方式，委托其他单位、个人或者与之合作进行研发而支付的费用。

(8)与研发活动直接相关的其他费用，包括技术图书资料费、资料翻译费、会议费、差旅费、办公费、外事费、研发人员培训费、培养费、专家咨询费、高新科技研发保险费用等。

企业应当明确研发费用的开支范围和标准，严格审批程序，并按照研发项目或者承担研发任务的单位，设立台账归集核算研发费用。企业依法取得知识产权后，在境内外发生的知识产权维护费、诉讼费、代理费、“打假”及其他相关费用支出，从管理费用据实列支，不应纳入研发费用。企业研发机构发生的各项开支纳入研发费用管理，但同时承担生产任务的，要合理划分研发与生产费用。

企业研发机构，是指按照《国家认定企业技术中心管理办法》(国家发展改革委令第53号)认定的企业技术中心及分中心，企业按照国家有关规定组建的国家(重点、工程)实验室、国家工程(技术)研究中心及其他形式的研发机构，以及企业内部设置的、经当地市级以上有关主管部门认定的研发中心、研究院所，与高等院校及科研机构联合设立的博士后站、中试基地、实验室等。

三、研发准备金与研发费用的披露

企业可以建立研发准备金制度，根据研发计划及资金需求，提前安排资金，确保研发资金的需要，研发费用按实际发生额列入成本（费用）。

企业应当在年度财务会计报告中，按规定披露研发费用相关财务信息，包括研发费用支出规模及其占销售收入的比例，集中收付研发费用情况等。会计师事务所在审计企业年度会计报表时，应当对企业研发费用的使用和管理情况予以关注。

四、研发支出的费用化或资本化

《企业会计准则第6号——无形资产》第七条规定，企业内部研究开发项目的支出，应当区分研究阶段支出与开发阶段支出。

（一）研究阶段支出

研究阶段，是指为获取新的科学或技术知识并理解它们而进行的独创性的有计划调查的过程，主要是指为获取相关知识而进行的活动。

考虑到研究阶段的探索性及其成果的不确定性，企业无法证明其能够带来未来经济利益的无形资产的存在，因此，对于企业内部研究开发项目，研究阶段的有关支出，应当在发生时全部费用化，计入当期损益（管理费用）。

（二）开发阶段支出

开发阶段，是指在进行商业性生产或使用前，将研究成果或其他知识应用于某项计划或设计，以生产出新的或具有实质性改进的材料、装置、产品等，包括生产前或使用前的原型和模型的设计、建造和测试、小试、中试和试生产设施等的过程。

考虑到进入开发阶段的研发项目往往形成成果的可能性较大，因此，如果企业能够证明开发支出符合无形资产的定义及相关确认条件，则可将其确认为无形资产。具体来讲，对于企业内部研究开发项目，开发阶段的支出同时满足了下列条件的才能资本化，确认为无形资产，否则应当计入当期损益（管理费用）。

（1）完成该无形资产以使其能够使用或出售在技术上具有可行性。

（2）具有完成该无形资产并使用或出售的意图。

（3）无形资产产生经济利益的方式，包括能够证明运用该无形资产生产的产品存在市场或无形资产自身存在市场，无形资产将在内部使用的，应当证明其有用性。

（4）有足够的技术、财务资源和其他资源支持，以完成该无形资产的开发，并有能力使用或出售该无形资产。

（5）归属于该无形资产开发阶段的支出能够可靠地计量。

无法区分研究阶段和开发阶段的支出，应当在发生时费用化，计入当期损益（管理费用）。

五、加计扣除的会计核算要求

企业需要关注税法对研发费用会计核算提出的若干要求。

（一）遵照国家统一会计制度

企业应按照国家财务会计制度要求，对研发支出进行会计处理。

企业开展研发活动中实际发生的研发费用形成无形资产的，其税收上资本化的时点应与会计处理保持一致。

（二）设置研发支出辅助账

对享受加计扣除的研发费用，按研发项目设置辅助账，准确归集核算当年可加计扣除的各项研发费用实际发生额。企业在一个纳税年度内进行多项研发活动的，应按照不同研发项目分别归集可加计扣除的研发费用。

具体要求是，研发项目立项时应设置研发支出辅助账，由企业留存备查；企业可参照《国家税务总局关于企业研究开发费用税前加计扣除政策有关问题的公告》（2015年第97号）所附样式，设置研发支出辅助账、编制研发支出辅助账汇总表。

（三）研发与生产经营费用分别核算

企业应对研发费用和生产经营费用分别核算，准确、合理归集各项费用支出，对划分不清的，不得实行加计扣除。

（四）做好部门间协调配合

研发费用的核算需要做大量的准备工作，如研发费用加计扣除政策要求的留存备查资料，涉及公司决议、研发合同、会计账簿、相关科技成果资料等，因此需要企业研发、财务等各职能部门密切配合。如果各部门不能有效配合，导致相关资料、会计凭证不全，记账不完整，会影响到研发费用的核算以及优惠政策的享受。

第二节　研发费加计扣除

根据《企业所得税法》第三十条的规定，企业的下列支出，可以在计算应纳税所得额时加计扣除：（1）开发新技术、新产品、新工艺发生的研究开发费用；（2）安置残疾人员及国家鼓励安置的其他就业人员所支付的工资。

一、政策调整和完善的主要内容

（一）研发费加计扣除政策沿革

2008年1月1日，《企业所得税法》及其实施条例的实施，将研发费用加计扣除优惠政策，以法律形式予以确认。为便于纳税人享受优惠政策，国家税务总局同年发布《企业研究开发费用税前扣除管理办法（试行）》（国税发〔2008〕116号），对研发费用加计扣除政策作出了系统而详细的规定。《国家税务总局关于企业所得税若干税务事项衔接问题的通知》（国税函〔2009〕98号），明确新旧税法衔接问题："企业技术开发费加计扣除部分已形成企业年度亏损，可以用以后年度所得弥补，但结转年限最长不得超过5年。"

2013年初，国家决定在中关村、东湖、张江三个国家自主创新示范区和合芜蚌自主创新综合试验区开展扩大研究开发费用加计扣除范围政策试点。当年9月，在总结中关村国家自主创新示范区试点经验基础上，财政部、国家税务总局发布《关于研究开发费用税前加计扣除有关政策问题的通知》（财税〔2013〕70号），将试点政策推广到全国。

为进一步鼓励企业加大研发投入、有效促进企业研发创新活动，2015年11月，经国务院批准，财政部、国家税务总局和科技部联合下发《关于完善研究开发费用税前加计扣除政策的通知》（财税〔2015〕119号），放宽了享受优惠的企业研发活动及研发费用的范围，大幅减少了研发费用加计扣除口径与高新技术企业认定研发费用归集口径的差异，并首次明确了负面清单制度。《国家税务总局关于企业研究开发费用税前加计扣除政策有关问题的公告》（2015年第97号），简化了研发费用在税务处理中的归集、核算及备案管理，进一步降低了企业享受优惠的门槛。

2017年5月，为进一步鼓励科技型中小企业加大研发费用投入，根据国务院常务会议决定，财政部、国家税务总局、科技部联合印发了《关于提高科技型中小企业研究开发费用税前加计扣除比例的通知》（财税〔2017〕34号），将科技型中小企业享受研发费用加计扣除比例由50%提高到75%。国家税务总局同时下发了《关于提高科技型中小企业研究开发费用税前加计扣除比例有关问题的公告》（2017年第18号），进一步明确政策执行口径，保证优惠政策的贯彻实施。三部门还印发了《科技型中小企业评价办法》，明确了科技型中小企业评价标准和程序。

2017年11月，为进一步做好研发费用加计扣除优惠政策的贯彻落实工作，切实解决政策落实过程中存在的问题，国家税务总局下发了《国家税务总局关于研发费用税前加计扣除归集范围有关问题的公告》（2017年第40号），聚焦研发费用归集范围，完善和明确了部分研发费用执行口径。

根据国务院常务会议有关取消企业委托境外研发费用不得加计扣除限制和提高加计扣除比例到75%的精神，《财政部 税务总局 科技部关于企业委托境外研究开发费用税前加计扣除有关政策问题的通知》（财税〔2018〕64号）规定，自2018年1月1日起，委托境外进行研发活动所发生的费用，按照费用实际发生额的80%计入委托方的委托境外研发费用。委托境外研发费用不超过境内符合条件的研发费用三分之二的部分，可以按规定在企业所得税前加计扣除。《财政部 税务总局 科技部关于提高研究开发费用税前加计扣除比例的通知》（财税〔2018〕99号）规定，企业开展研发活动中实际发生的研发费用，未形成无形资产计入当期损益的，在按规定据实扣除的基础上，在2018年1月1日至2020年12月31日，再按照实际发生额的75%在税前加计扣除；形成无形资产的，在上述期间按照无形资产成本的175%在税前摊销。《财政部 税务总局关于延长部分税收优惠政策执行期限的公告》（2021年第6号）将财税〔2018〕99号文件规定的研发费用加计扣除75%优惠政策执行期限延长至2023年12月31日。

为贯彻落实2021年全国两会精神，《财政部 税务总局关于进一步完善研发费用税前加计扣除政策的公告》（2021年第13号）将制造业企业研发费用加计扣除比例提高到100%。

（二）加计扣除政策调整和完善的主要内容

与2016年以前执行的原研发费用加计扣除政策相比，现行研发费用加计扣除政策的调整完善主要体现在以下几个方面。

1.放宽研发活动适用范围

原来的研发费用加计扣除政策，要求享受优惠的研发活动必须符合《国家重点支持的高新技术领域》和《当前优先发展的高技术产业化重点领域指南》两个目录范围，现改为参照国际通行做法，除规定不适用加计扣除的活动和行业外，其余企业发生的研发活动均可以作为加计扣除的研发活动享受加计扣除优惠。换言之，从操作上以及政策的清晰度方面，由原来的正列举变成了反列举，只要不在排除范围之内，都可以实行加计扣除。

2.进一步扩大研发费用加计扣除范围

除原有允许加计扣除的费用外，将外聘研发人员劳务费、试制产品检验费、专家咨询费、高新科技研发保险费、与研发直接相关的差旅费、会议费以及职工福利费、补充养老保险费、补充医疗保险费等纳入研发费用加计扣除范围，同时放宽原有政策中要求仪器、设备、无形资产等专门用于研发活动的限制。

3.明确创意设计活动相关费用可税前加计扣除

为落实《国务院关于推进文化创意和设计服务与相关产业融合发展的若干意见》（国发〔2014〕10号）的规定精神，明确企业为获得创新性、创意性、突破性的产品进行创意设计活动而发生的相关费用可以税前加计扣除。同时明确了创意设计活动的具体范围。

4.取消委托境外研发不得加计扣除限制

根据2018年4月25日国务院常务会议精神，取消企业委托境外单位研发费用不得加计扣除限制。因而，企业委托境外单位研发所发生的委托研发费用，可按规定加计扣除。

5.简化对研发费用的归集和核算管理

原来企业享受加计扣除优惠政策，必须单独设置研发费用专账，但实际上很多企业可能没有单独设立专账核算，申报的时候往往不符合条件。调整后的政策，只是要求企业在现有会计科目基础上，按照研发支出科目设置辅助账。辅助账比专账简化得多，企业的核算管理更为简便。

6.减少审核程序

原来企业享受加计扣除优惠，必须在企业所得税年度纳税申报时向税务机关提供全部有效证明，税务机关对企业申报的研发项目有异议时，由企业提供科技部门的鉴定意见，增加了企业的工作量，享受优惠的门槛较高。调整后的程序将企业享受加计扣除优惠政策简化为自行申报享受，有关资料由企业留存备查即可。另外，在争议解决机制上也进行了调整，如果税务机关对研发项目有异议，不再由企业找科技部门进行鉴定，而是由税务机关转请科技部门提供鉴定意见。在使企业享受优惠政策的通道方面更便捷、更直接、更高效。

7.提高制造业企业研发费用加计扣除比例到100%

自2021年1月1日起，《财政部 税务总局关于进一步完善研发费用税前加计扣除政策的公告》（2021年第13号）第1条规定，制造业企业开展研发活动中实际发生的研发费用，未形成无形资产计入当期损益的，在按规定据实扣除的基础上，自2021年1月1日起，再按照实际发生额的100%在税前加计扣除；形成无形资产的，自2021年1月1日起，按照无形资产成本的200%在税前摊销。

制造业企业，是指以制造业业务为主营业务，享受优惠当年主营业务收入占收入总额的比例达到50%以上的企业。制造业的范围按照《国民经济行业分类》（GB/T 4574—2017）确定，如国家有关部门更新《国民经济行业分类》，从其规定。收入总额按照《企业所得税法》第六条规定执行。

现行《企业所得税法》及其实施条例、《财政部 国家税务总局 科技部关于完善研究开发费用税前加计扣除政策的通知》（财税〔2015〕119号）、《国家税务总局关于企业研究开发费用税前加计扣除政策有关问题的公告》（2015年第97号）、国家税务总局公告2017年第40号和《财政部 税务总局关于进一步完善研发费用税前加计扣除政策的公告》（2021年第13号）等，就企业享受研发费用加计扣除的范围、税收管理等做了全面系统的规定，形成了税收法律、法规和规范性文件相配套的研发费税前加计扣除制度体系。

二、研究开发费加计扣除优惠

（一）研发费用加计扣除

企业开发新技术、新产品、新工艺发生的研究开发费用，可以在计算应纳税所得额时加计扣除。

研究开发费用的加计扣除简称研发费加计扣除，根据《企业所得税法实施条例》第九十五条的规定，是指企业为开发新技术、新产品、新工艺发生的研究开发费用，未形成无形资产计入当期损益的，在按照规定据实扣除的基础上，按照研究开发费用的50%加计扣除；形成无形资产的，按照无形资产成本的150%摊销。

根据《财政部 海关总署 国家税务总局关于继续实施支持文化企业发展若干税收政策的通知》（财税〔2014〕85号）第四条的规定，对从事文化产业支撑技术等领域的文化企业，按规定认定为高新技术企业的，减按15%的税率征收企业所得税；开发新技术、新产品、新工艺发生的研究开发费用，允许按照税收法律法规的规定，在计算应纳税所得额时加计扣除。文化产业支撑技术等领域的具体范围和认定工作由科技部、财政部、税务总局商中央宣传部等部门另行明确。

研发费用的费用化或资本化处理要根据财务会计核算规定来划分。企业根据财务会计核算和研发项目的实际情况，对发生的研发费用进行费用化或资本化处理的，可按下述方法计算加计扣除：（1）研发费用计入当期损益未形成无形资产的，允许再按其当年研发费用实际发生额的50%，直接抵扣当年的应纳税所得额。（2）研发费用形成无形资产的，按照该无形资产成本的150%在税前摊销。除税法另有规定外，摊销年限不得低于10年。

因此，纳税人应注意分清研究开发费用的费用化和资本化，如果构成无形资产的，则不能在当期全额扣除，要按照无形资产摊销的有关规定处理。

（二）科技型中小企业研发费加计扣除75%优惠

科技型中小企业开展研发活动中实际发生的研发费用，未形成无形资产计入当期损益的，在按规定据实扣除的基础上，在2017年1月1日至2019年12月31日期间，再按照实际发生额的75%在税前加计扣除；形成无形资产的，在上述期间按照无形资产成本的175%在税前摊销。

科技型中小企业开展研发活动实际发生的研发费用，在2019年12月31日以前形成的无形资产，在2017年1月1日至2019年12月31日期间发生的摊销费用，可适用研发费用加计扣除75%优惠政策。

（三）提高研发费用加计扣除比例到75%

为进一步激励企业加大研发投入、支持科技创新，《财政部 税务总局 科技部关于提高研究开发费用税前加计扣除比例的通知》（财税〔2018〕99号）规定，企业开展研发活动中实际发生的研究开发费用（以下简称“研发费用”），未形成无形资产计入当期损益的，在按规定据实扣除的基础上，在2018年1月1日至2020年12月31日期间，再按照实际发生额的75%在税前加计扣除；形成无形资产的，在上述期间按照无形资产成本的175%在税前摊销。

根据《财政部 税务总局关于延长部分税收优惠政策执行期限的公告》（2021年第6号）的规定，《财政部 税务总局 科技部关于提高研 究开发费用税前加计扣除比例的通知》（财税〔2018〕99 号）规定的研发费用加计扣除75%优惠政策的执行期限延长至2023年12月31日。

企业享受研发费用税前加计扣除政策的其他政策口径和管理要求按照《财政部 国家税务总局 科技部关于完善研究开发费用税前加计扣除政策的通知》（财税〔2015〕119号）、《财政部 税务总局 科技部关于企业委托境外研究开发费用税前加计扣除有关政策问题的通知》(财税〔2018〕64号)、《国家税务总局关于企业研究开发费用税前加计扣除政策有关问题的公告》(2015年第97号)和《国家税务总局关于研发费用税前加计扣除归集范围有关问题的公告》(2017年第40号)等文件规定执行。

(四)提高制造业企业研发费加计扣除比例到100%

根据《财政部 税务总局关于进一步完善研发费用税前加计扣除政策的公告》(2021年第13号，自2021年1月1日起执行)第一条的规定，制造业企业开展研发活动中实际发生的研发费用，未形成无形资产计入当期损益的，在按规定据实扣除的基础上，自2021年1月1日起，再按照实际发生额的100%在税前加计扣除；形成无形资产的，自2021年1月1日起，按照无形资产成本的200%在税前摊销。

制造业企业，是指以制造业业务为主营业务，享受优惠当年主营业务收入占收入总额的比例达到50%以上的企业。制造业的范围按照《国民经济行业分类》(GB/T 4574—2017)确定，如国家有关部门更新《国民经济行业分类》，从其规定。收入总额按照《企业所得税法》第六条规定执行。

企业享受研发费用加计扣除政策的其他政策口径和管理要求，按照《财政部 国家税务总局 科技部关于完善研究开发费用税前加计扣除政策的通知》(财税〔2015〕119号)、《财政部 税务总局 科技部关于企业委托境外研究开发费用税前加计扣除有关政策问题的通知》(财税〔2018〕64号)等文件相关规定执行。

研发费用加计扣除比例的修改情况，如图4-2所示。

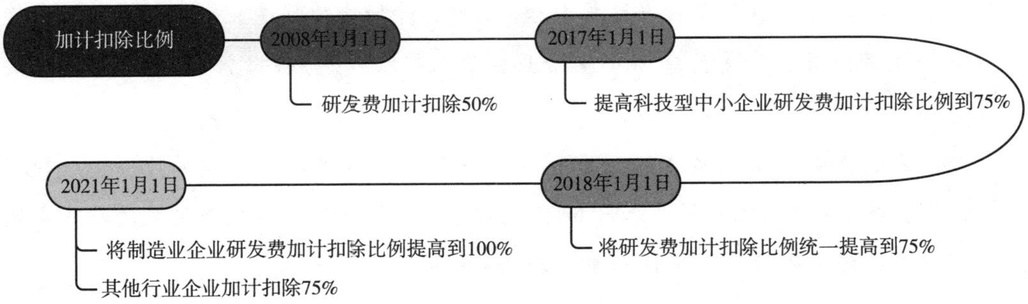

图4-2　研发费加计扣除比例

【例4-1】甲公司是一家化妆品生产企业，2021年发生研发费用100万元，如何计算享受加计扣除优惠？

【解析】制造业企业开展研发活动中实际发生的研发费用，需将研发费用分别进行“费用化”或“资本化”处理，“资本化”的部分将来会形成无形资产，将通过摊销方式计入会计利润，“费用化”部分直接计入当期利润。享受税收优惠政策时，对于未形成无形资产计入当期损益的，在按规定据实扣除的基础上，自2021年1月1日起，再按照实际发生额的100%在税前加计扣除；形成无形资产的，自2021年1月1日起，按照无形资产成本的200%在税前摊销。

假设甲公司2021年发生的研发费用全部费用化，则在据实扣除100万元的基础上，可再在税前加计扣除100万元。如果发生的研发费用全部资本化，100万元将计入无形资产成本，在形成无形资产后，在以后年度按照无形资产成本的200%在税前摊销。

【例4-2】乙公司是一家制造业企业，2020年经研发形成了一项计税基础为100万元的无形资产，2021年可以适用制造业企业研发费用加计扣除政策吗？

【解析】制造业企业按100%加计扣除的新政策，对无形资产的形成时间没有具体要求。对于制造业企业2021年以前形成的无形资产，自2021年1月1日起，可以按照无形资产成本的200%在税前摊销。具体到乙公司，假设该无形资产的计税基础均属于可加计扣除的研发费用范围，分10年摊销，则在2020年按照普惠性研发费用加计扣除政策，可在税前摊销扣除17.5万元，2021年起按照制造业企业研发费用加计扣除政策，可在税前摊销扣除20万元，如果按25%税率，换算成税款，每年多减税6 250元。

【例4-3】丙公司既生产服装，也有咨询服务业务，发生的研发费用可以按100%的比例在税前加计扣除吗？

【解析】企业从事多业经营的现象较为普遍，对于既有制造业，也有其他业务的企业，现行政策采取简化的计算方法进行划分，主要看制造业收入占企业的收入总额能否在50%以上。具体是：享受按100%比例加计扣除的制造业企业，是指以制造业业务为主营业务，享受优惠当年主营业务收入占收入总额的比例达到50%以上的企业。

2021年，如果丙公司生产服装取得的主营业务收入占收入总额的比例达到50%以上，则可按100%的比例计算加计扣除。2022年，如果丙公司生产服装的收入占比达不到50%，仍可以按照75%进行加计扣除。

（五）核定征收企业不可加计扣除

根据财税〔2015〕119号文件第5条第1项的规定，研发费用加计扣除优惠适用于会计核算健全、实行查账征收并能够准确归集研发费用的居民企业。

并不是所有企业都能享受研发费用加计扣除，非居民企业、以核定征收方式缴纳企业所得税的企业以及财务核算健全但不能准确归集研究开发费用的企业，不能享受研发费用税前加计扣除优惠。

（六）创意设计活动可以加计扣除

根据财税〔2015〕119号文件第3条第4项的规定，企业为获得创新性、创意性、突破性的产品进行创意设计活动而发生的相关费用，可按照规定进行税前加计扣除。

创意设计活动，是指多媒体软件、动漫游戏软件开发，数字动漫、游戏设计制作；房屋建筑工程设计（绿色建筑评价标准为三星）、风景园林工程专项设计；工业设计、多媒体设计、动漫及衍生产品设计、模型设计等。

为落实《国务院关于推进文化创意和设计服务与相关产业融合发展的若干意见》（国发〔2014〕10号）的精神，财税〔2015〕119号文件特别规定了企业为获得创新性、创意性、突破性的产品进行创意设计活动而发生的相关费用，可按照规定进行加计扣除。

值得一提的是，"创意设计活动"虽纳入了享受研发费用加计扣除优惠政策的范围，但并不意味着此类"创意设计活动"都是研发活动。

（七）加计扣除可以形成或扩大企业亏损

有关研究开发费加计扣除形成亏损的处理问题，国税函〔2009〕98号文件规定，企业研究开发费加计扣除部分已形成企业年度亏损，可以用以后年度所得弥补，但结转年限最长不得超过5年（作者注：亏损结转弥补年限延长的行业企业，不超过税法规定的亏损结转弥补年限）。

另外，根据企业所得税年度纳税申报表主表的逻辑关系，免税收入、减计收入优惠、加计扣除都可以形成、扩大企业的亏损，形成的企业年度亏损，可以用以后规定年度的所得弥补。

因而，企业发生的研发费用，不论企业当年是盈利还是亏损，都可以加计扣除。

（八）符合条件未享受可追溯3年享受优惠

企业符合财税〔2015〕119号文件规定的研发费用加计扣除条件而在2016年1月1日以后未及时享受该项税收优惠的，可以追溯享受，追溯期限最长为3年。

即从2016年纳税年度开始及以后的纳税年度中，纳税人发生的符合规定可享受加计扣除优惠而未及时享受的研发费用支出，在费用发生年度起3年内可追溯享受。

【例4–4 · 追溯享受税收优惠】A公司在2021年，发现在申报缴纳2019年度企业所得税研发费用加计扣除时，只对“在职”直接从事研发活动人员的工资及“五险一金”做了加计扣除处理，而没有对“外聘”研发人员的劳务费用进行加计扣除。这种处理方法，在2021年可以依据财税〔2015〕119号文件的规定，对此项研发费用进行追溯加计扣除处理。

B公司申报缴纳2015年度企业所得税时，对于研发费用加计扣除事项，只对“在职”直接从事研发活动人员的工资及五险一金进行了加计扣除，按当时的政策对“外聘”研发人员的劳务费用没有加计扣除。这样处理符合2015年度政策规定，不能在2016年及以后年度依据财税〔2015〕119号文件对此项费用追溯税前加计扣除，即在汇算清缴2015年度企业所得税时，仍应按照《企业研究开发费用税前扣除管理办法（试行）》（国税发〔2008〕116号）和《财政部 国家税务总局关于研究开发费用税前加计扣除有关政策问题的通知》（财税〔2013〕70号）的规定执行。

（九）研发费用资本化的时点税收与会计一致

税收上对研发费用资本化的时点没有明确规定，因此，企业开展研发活动中实际发生的研发费用形成无形资产的，其开始资本化的时点与会计处理保持一致。

（十）研发失败也可享受税前加计扣除优惠

首先，企业的研发活动具有一定的风险和不可预测性，既可能成功也可能失败，政策是对研发活动予以鼓励，并非单纯强调结果；其次，失败的研发活动也并不是毫无价值的，在一般情况下的“失败”是指没有取得预期的结果，但可以积累经验，取得其他有价值的成果；最后，许多研发项目的执行是跨年度的，在研发项目执行当年，其发生的研发费用就可以享受加计扣除，不是在项目执行完成并取得最终结果以后才申请加计扣除，在享受加计扣除时实际无法预知研发成果，如强调研发成功才能加计扣除，将极大地增加企业享受优惠的成本，降低政策激励的有效性。

因而，国家税务总局公告2017年第40号明确，失败的研发活动所发生的研发费用可享受税前加计扣除政策。

（十一）加计扣除与其他企业所得税优惠可叠加享受

企业所得税优惠，是指《企业所得税法》规定的优惠事项，以及税法授权国务院和民族自治地方制定的优惠事项。包括免税收入、减计收入、加计扣除、加速折旧、所得减免、抵扣应纳税所得额、减低税率、税额抵免、民族自治地方分享部分减免等。

按照《财政部 国家税务总局关于执行企业所得税优惠政策若干问题的通知》（财税〔2009〕69号）的规定，《企业所得税法》及其实施条例中规定的各项税收优惠，凡企业符合规定条件的，可以同时享受。因此，企业既符合享受研发费用加计扣除政策条件，又符合享受其他优惠政策条件的，可以同时享受有关优惠政策。

三、可加计扣除的研发费归集范围

允许加计扣除的研发费用可以分为人员人工费用、直接投入费用、折旧费用、无形资产摊销、新产品设计费等四项费用，其他相关费用以及财政部和国家税务总局规定的其他费用。

（一）人员人工费用

人员人工费用，指直接从事研发活动人员的工资薪金、基本养老保险费、基本医疗保险费、失业保险费、工伤保险费、生育保险费和住房公积金，以及外聘研发人员的劳务费用。

1. 研发人员

直接从事研发活动人员包括研究人员、技术人员、辅助人员。研究人员是指主要从事研究开发项目的专业人员；技术人员是指具有工程技术、自然科学和生命科学中一个或一个以上领域的技术知识和经验，在研究人员指导下参与研发工作的人员；辅助人员是指参与研究开发活动的技工。外聘研发人员是指与本企业或劳务派遣企业签订劳务用工协议（合同）和临时聘用的研究人员、技术人员、辅助人员。

2. 劳务派遣人员费用

接受劳务派遣的企业按照协议（合同）约定支付给劳务派遣企业，且由劳务派遣企业实际支付给外聘研发人员的工资薪金等费用，属于外聘研发人员的劳务费用。

研发费用加计扣除新政适当拓宽外聘研发人员范围。《国家税务总局关于企业工资薪金和职工福利费等支出税前扣除问题的公告》（2015年第34号）将劳务派遣分为两种形式，并分别适用不同的税前扣除规定：一种是按照协议（合同）约定，直接支付给劳务派遣公司的费用，作为劳务费支出在税前扣除，另一种是直接支付给员工个人的费用，作为工资薪金和职工福利费支出在税前扣除。直接支付给员工个人的工资薪金属于人员人工费用范围，可以加计扣除。考虑到直接支付给员工个人和支付给劳务派遣公司，仅是支付方式不同，并未改变企业劳务派遣用工的实质，为体现税收公平，新政明确外聘研发人员包括与劳务派遣公司签订劳务用工协议（合同）的形式，将按照协议（合同）约定直接支付给劳务派遣公司，且由劳务派遣公司实际支付给研发人员的工资薪金等费用，纳入加计扣除范围。

3.股权激励

允许加计扣除的研发费用中的工资薪金，包括按规定可以在税前扣除的对研发人员股权激励的支出。

由于股权激励支付方式的特殊性，对其能否作为加计扣除的基数有不同理解。鉴于《国家税务总局关于我国居民企业实行股权激励计划有关企业所得税处理问题的公告》（2012年第18号）已明确，符合条件的股权激励支出可以作为工资薪金在税前扣除。工资薪金包括按规定可以在税前扣除的对研发人员股权激励的支出，即符合条件的对研发人员股权激励支出属于可加计扣除范围。需要强调的是，享受加计扣除的股权激励支出，需要符合国家税务总局公告2012年第18号规定的条件。

4.研发人员从事非研发活动的处理

直接从事研发活动的人员、外聘研发人员同时从事非研发活动的，企业应对其人员活动情况做必要记录，并将其实际发生的相关费用按实际工时占比等合理方法在研发费用和生产经营费用间分配，未分配的不得加计扣除。

5.支付兼职人员报酬享受研发费加计扣除优惠问题

企业开展自主研发，研发人员属于外聘人员，该人员还在其他企业兼职，企业发生的此类兼职人员人工费用是否可以享受加计扣除优惠？是否要求企业必须与兼职人员签订劳务用工协议（合同）？

针对上述问题，北京市税务局《企业所得税实务操作政策指引》明确，根据《国家税务总局关于研发费用税前加计扣除归集范围有关问题的公告》（2017年第40号）第一条的规定，外聘研发人员是指与本企业或劳务派遣企业签订劳务用工协议（合同）和临时聘用的研究人员、技术人员、辅助人员。国家税务总局2017年第40号公告未规定外聘研发人员必须是专职人员，也未要求必须与外聘研发人员签订劳务用工协议（合同），因此未签订劳务用工协议（合同）的兼职人员可以享受研发费加计扣除优惠。

（二）直接投入费用

1.直接投入费用的范围

直接投入费用具体包括：

（1）研发活动直接消耗的材料、燃料和动力费用。

（2）用于中间试验和产品试制的模具、工艺装备开发及制造费，不构成固定资产的样品、样机及一般测试手段购置费，试制产品的检验费。

（3）用于研发活动的仪器、设备的运行维护、调整、检验、维修等费用。

（4）通过经营租赁方式租入的用于研发活动的仪器、设备租赁费。

2. 混用仪器、设备租赁费用的处理

以经营租赁方式租入的用于研发活动的仪器、设备，同时用于非研发活动的，企业应对其仪器设备使用情况做必要记录，并将其实际发生的租赁费按实际工时占比等合理方法在研发费用和生产经营费用间分配，未分配的不得加计扣除。

3. 不得加计扣除的材料费用

生产单机、单品的企业，研发活动直接形成产品或作为组成部分形成的产品对外销售，产品所耗用的料、工、费全部计入研发费用加计扣除不符合政策鼓励本意。考虑到材料费用占比较大且易于计量，《国家税务总局关于研发费用税前加计扣除归集范围有关问题的公告》（2017年第40号）第二条第二项规定，企业研发活动直接形成产品或作为组成部分形成的产品对外销售的，研发费用中对应的材料费用不得加计扣除。产品销售与对应的材料费用发生在不同纳税年度且材料费用已计入研发费用的，可在销售当年以对应的材料费用发生额直接冲减当年的研发费用，不足冲减的，结转以后年度继续冲减。

（三）折旧费用

允许加计扣除的研发费用中的折旧费用，是指用于研发活动的仪器、设备的折旧费。对于研发用建筑物的折旧费用，不得加计扣除。

1. 混用仪器、设备折旧费的加计扣除

用于研发活动的仪器、设备，同时用于非研发活动的，企业应对其仪器设备使用情况做必要记录，并将其实际发生的折旧费按实际工时占比等合理方法在研发费用和生产经营费用间分配，未分配的不得加计扣除。

纳税人在对研发与生产经营共用费用，按实际工时占比等合理分配方法分配时，须有平时人员活动及仪器设备使用情况的必要记录。

2. 加速折旧费用的加计扣除

企业用于研发活动的仪器、设备，符合税法规定且选择加速折旧优惠政策的，在享受研发费用税前加计扣除政策时，就税前扣除的折旧部分计算加计扣除。

如果企业2020年购入了价值400万元的研发用仪器设备，会计按10年计算折旧，年折旧额40万元。税务处理享受购入固定资产一次性扣除的优惠，2020年度一次性扣除400万元。企业2020年享受研发费加计扣除时，是按照40万元计算加计扣除，还是按照400万元计算加计扣除？

针对上述享受加速折旧的研发用仪器设备加计扣除问题，北京市税务局《企业所得税实务操作政策指引》（第一期）明确，《国家税务总局关于研发费用税前加计扣除归集范围有关问题的公告》（2017年第40号）第三条第二项规定，“企业用于研发活动的仪器、设备，符合税法规定且选择加速折旧优惠政策的，在享受研发费用税前加计扣除政策时，就税前扣除的折旧部分计算加计扣除”。因此，在享受研发费用税前加计扣除政策时，就税前扣除的400万元折旧额计算加计扣除。

【例4–5·加速折旧与加计扣除的叠加享受案例】甲汽车制造企业于2020年12月购入并投入使用一专门用于研发活动的设备，单位价值1 200万元，会计处理按8年折旧，企业所得税法规定的最低折旧年限为10年，不考虑残值。甲企业对该项设备选择缩短折旧年限的加速折旧方法计算折旧税前扣除，折旧年限缩短为6年。要求：

（1）计算会计折旧额、税前可扣除的折旧额以及可加计扣除的折旧额。

（2）如果会计按4年折旧，计算可以加计扣除的折旧额。

【解析】

1.会计处理按8年计提折旧

2021年，企业会计处理计提折旧额150万元（1 200÷8=150），税收上因享受加速折旧优惠可以扣除的折旧额是200万元（1 200÷6=200），申报研发费用加计扣除时，直接就其税前扣除“仪器、设备折旧费”200万元进行加计扣除200万元（200×100%），不须比较会计、税收折旧孰小，也不需要根据会计折旧年限的变化而调整享受加计扣除的金额，计算方法大为简化。

若该设备6年内用途未发生变化，每年均符合加计扣除政策规定，则企业6年内每年均可直接就其税前扣除“仪器、设备折旧费”200万元进行加计扣除200万元（200×100%）。

2.会计处理按4年计提折旧

如果企业会计处理时按4年计提折旧，则2021年企业会计处理计提折旧额300万元（1 200÷4），税收上可扣除的加速折旧额为200万元（1 200÷6），申报享受研发费用加计扣除时，对其在实际会计处理上已确认的“仪器、设备的折旧费”中未超过税法规定的税前扣除金额200万元可以进行加计扣除200万元（200×100%）。若该设备6年内用途未发生变化，每年均符合加计扣除政策规定，则企业6年内每年均可对其税前扣除的“仪器、设备的折旧费”200万元进行加计扣除200万元。

（四）无形资产摊销

允许加计扣除的研发费用中的无形资产摊销费用，是指用于研发活动的软件、专利权、非专利技术（包括许可证、专有技术、设计和计算方法等）的摊销费用。

1.研发与生产经营混用无形资产的摊销

用于研发活动的无形资产，同时用于非研发活动的，企业应对其无形资产使用情况做必要记录，并将其实际发生的摊销费用按实际工时占比等合理方法在研发费用和生产经营费用间分配，未分配的不得加计扣除。

2.无形资产加速摊销费用的加计扣除

用于研发活动的无形资产，符合税法规定且选择缩短摊销年限的，在享受研发费用税前加计扣除政策时，就税前扣除的摊销部分计算加计扣除。

根据《财政部 国家税务总局关于进一步鼓励软件产业和集成电路产业发展企业所得税政策的通知》(财税〔2012〕27号）的规定，企业外购的软件作为无形资产管理的可以适当缩短摊销年限，最短可为2年（含)。为提高政策的确定性，无形资产缩短摊销年限的摊销归集方法，与固定资产加速折旧的归集方法保持一致，就税前扣除的摊销部分计算加计扣除。

3.海南自贸港企业新购置无形资产一次性扣除与加速摊销

自2020年1月1日起执行至2024年12月31日。根据《财政部 税务总局关于海南自由贸易港企业所得税优惠政策的通知》(财税〔2020〕31号）第三条的规定，对在海南自由贸易港设立的企业，新购置（含自建、自行开发）固定资产或无形资产，单位价值不超过500万元（含）的，允许一次性计入当期成本费用在计算应纳税所得额时扣除，不再分年度计算折旧和摊销；新购置（含自建、自行开发）固定资产或无形资产，单位价值超过500万元的，可以缩短折旧、摊销年限或采取加速折旧、摊销的方法。这里所称固定资产，是指除房屋、建筑物以外的固定资产。

（五）新产品设计费等四项费用

允许计入研发费用加计扣除的新产品设计费、新工艺规程制定费、新药研制的临床试验费、勘探开发技术的现场试验费，是指企业在新产品设计、新工艺规程制定、新药研制的临床试验、勘探开发技术的现场试验过程中发生的与开展该项活动有关的各类费用。

（六）其他相关费用

允许加计扣除的其他相关费用，是指与研发活动直接相关的其他费用，如技术图书资料费、资料翻译费、专家咨询费、高新科技研发保险费，研发成果的检索、分析、评议、论证、鉴定、评审、评估、验收费用，知识产权的申请费、注册费、代理费，差旅费、会议费，职工福利费、补充养老保险费、补充医疗保险费。

此类费用总额不得超过可加计扣除研发费用总额的10%。

1.其他相关费用扣除老政

在2020年12月31日以前，企业在一个纳税年度内进行多项研发活动的，应按照不同研发项目分别归集可加计扣除的研发费用。在计算每个项目其他相关费用的限额时应当按照以下公式计算：

其他相关费用限额＝不含其他相关费用的允许加计扣除的研发费用之和×10%÷（1–10%）

当其他相关费用实际发生数小于限额时，按实际发生数计算税前加计扣除数额；当其他相关费用实际发生数大于限额时，按限额计算税前加计扣除数额。

假设某一研发项目的其他相关费用的限额为X，允许加计扣除的研发费用中的第（一）项至第（五）项费用之和为Y，那么X=（X+Y）×10%，即X=Y×10%÷（1–10%）。

【例4–6·其他相关费用限额计算与填报案例】2020年，制造业企业甲公司进行了两项研发活动A和B，A项目共发生研发费用100万元，其中与研发活动直接相关的其他费用12万元，B项目共发生研发费用100万元，其中与研发活动直接相关的其他相关费用8万元，假设研发活动均符合加计扣除相关规定。

要求：计算可以税前加计扣除的研发费用金额并填报表A107041。

【解析】

A项目其他相关费用限额＝（100–12）×10%÷（1–10%）=9.78（万元）〔而不是100×10%=10（万元）〕，小于实际发生数12万元，则A项目允许加计扣除的研发费用应为：100–12+9.78=97.78（万元）。

B项目其他相关费用限额＝（100–8）×10%÷（1–10%）=10.22（万元）〔而不是100×10%=10（万元）〕，大于实际发生数8万元，则B项目允许加计扣除的研发费用应为100万元。

甲公司2020年可以享受的研发费用加计扣除额为：（97.78+100）×100%=197.78（万元）。

“研发费用加计扣除优惠明细表”（A107012）的填报如表4–2所示（假定人员人工费用为97.78万元，直接投入费用为100万元）。

表4-2　A107012　　研发费用加计扣除优惠明细表

行次	项　目	金额（数量）
1	本年可享受研发费用加计扣除项目数量	2
2	一、自主研发、合作研发、集中研发（3+7+16+19+23+34）	1 977 800
3	（一）人员人工费用（4+5+6）	977 800
4	1.直接从事研发活动人员工资薪金	
5	2.直接从事研发活动人员五险一金	
6	3.外聘研发人员的劳务费用	
7	（二）直接投入费用（8+9+10+11+12+13+14+15）	1 000 000
8	1.研发活动直接消耗材料费用	
9	2.研发活动直接消耗燃料费用	
10	3.研发活动直接消耗动力费用	
11	4.用于中间试验和产品试制的模具、工艺装备开发及制造费	
12	5.用于不构成固定资产的样品、样机及一般测试手段购置费	
13	6.用于试制产品的检验费	
14	7.用于研发活动的仪器、设备的运行维护、调整、检验、维修等费用	
15	8.通过经营租赁方式租入的用于研发活动的仪器、设备租赁费	
16	（三）折旧费用（17+18）	
17	1.用于研发活动的仪器的折旧费	
18	2.用于研发活动的设备的折旧费	
19	（四）无形资产摊销（20+21+22）	
20	1.用于研发活动的软件的摊销费用	
21	2.用于研发活动的专利权的摊销费用	
22	3.用于研发活动的非专利技术（包括许可证、专有技术、设计和计算方法等）的摊销费用	
23	（五）新产品设计费等（24+25+26+27）	
24	1.新产品设计费	
25	2.新工艺规程制定费	
26	3.新药研制的临床试验费	
27	4.勘探开发技术的现场试验费	
28	（六）其他相关费用（29+30+31+32+33）	200 000
29	1.技术图书资料费、资料翻译费、专家咨询费、高新科技研发保险费	
30	2.研发成果的检索、分析、评议、论证、鉴定、评审、评估、验收费用	
31	3.知识产权的申请费、注册费、代理费	

续表

行次	项　目	金额（数量）
32	4.职工福利费、补充养老保险费、补充医疗保险费	
33	5.差旅费、会议费	
34	（七）经限额调整后的其他相关费用	177 800
35	二、委托研发（36+37+39）	
36	（一）委托境内机构或个人进行研发活动所发生的费用	
37	（二）委托境外机构进行研发活动发生的费用	
38	其中：允许加计扣除的委托境外机构进行研发活动发生的费用	
39	（三）委托境外个人进行研发活动发生的费用	
40	三、年度研发费用小计（2+36 × 80%+38）	1 977 800
41	（一）本年费用化金额	1 977 800
42	（二）本年资本化金额	0
43	四、本年形成无形资产摊销额	0
44	五、以前年度形成无形资产本年摊销额	0
45	六、允许扣除的研发费用合计（41+43+44）	1 977 800
46	减：特殊收入部分	0
47	七、允许扣除的研发费用抵减特殊收入后的金额（45−46）	1 977 800
48	减：当年销售研发活动直接形成产品（包括组成部分）对应的材料部分	
49	减：以前年度销售研发活动直接形成产品（包括组成部分）对应材料部分结转金额	
50	八、加计扣除比例（%）	75
51	九、本年研发费用加计扣除总额（47−48−49） × 50	1 483 350
52	十、销售研发活动直接形成产品（包括组成部分）对应材料部分结转以后年度扣减金额（当47−48−49 ≥ 0，本行=0；当47−48−49<0，本行=47−48−49的绝对值）	

2.其他相关费用扣除新政

自2021年度起，根据《国家税务总局关于进一步落实研发费用加计扣除政策有关问题的公告》（国家税务总局公告2021年第28号）第3条“关于其他相关费用限额计算的问题”的规定，企业在一个纳税年度内同时开展多项研发活动的，由原来按照每一研发项目分别计算“其他相关费用”限额，改为统一计算全部研发项目“其他相关费用”限额。

企业按照以下公式计算《财政部 国家税务总局 科技部关于完善研究开发费用税前加计扣除政策的通知》（财税〔2015〕119号）第一条第（一）项“允许加计扣

除的研发费用”第6目规定的“其他相关费用”的限额，其中资本化项目发生的费用在形成无形资产的年度统一纳入计算：

全部研发项目的其他相关费用限额=全部研发项目的人员人工等五项费用之和×10% ÷（1-10%）

“人员人工等五项费用”是指财税〔2015〕119号文件第一条第（一）项“允许加计扣除的研发费用”第1目至第5目费用，包括“人员人工费用”“直接投入费用”“折旧费用”“无形资产摊销”和“新产品设计费、新工艺规程制定费、新药研制的临床试验费、勘探开发技术的现场试验费”。

当“其他相关费用”实际发生数小于限额时，按实际发生数计算税前加计扣除额；当“其他相关费用”实际发生数大于限额时，按限额计算税前加计扣除额。

按现行政策规定，其他相关费用采取限额管理方式，不得超过可加计扣除研发费用总额的10%。国家税务总局公告2015年第97号文件明确按每一项目分别计算其他相关费用限额，对于有多个研发项目的企业，其有些研发项目“其他相关费用”占比不到10%，有些超过10%，不同研发项目的限额不能调剂使用。为进一步减轻企业负担、方便计算，让企业更多地享受优惠，国家税务总局公告2021年第28号将其他相关费用限额的计算方法调整为按全部项目统一计算，不再分项目计算。

【例4-7】甲某公司2021年度有A和B两个研发项目。项目A人员人工等五项费用之和为90万元，其他相关费用为12万元；项目B人员人工等五项费用之和为100万元，其他相关费用为8万元。

要求：计算相关费用限额。

【解析】

1.按照国家税务总局公告2015年第97号的计算方法

项目A的其他相关费用限额为10万元［90×10%÷（1-10%）］，按照孰小原则，可加计扣除的其他相关费用为10万元；

项目B的其他相关费用限额为11.11万元［100×10%÷（1-10%）］，按照孰小原则，可加计扣除的其他相关费用为8万元。两个项目可加计扣除的其他相关费用合计为18万元。

2.按照国家税务总局公告2021年第28号明确的计算方法

两个项目的其他相关费用限额为21.11万元［（90＋100）×10%÷（1-10%）］，可加计扣除的其他相关费用为20万元（12＋8），大于18万元，且仅需计算一次，减轻了工作量。

与原政策相比，研发费用加计扣除政策增加了外聘研发人员的劳务费用、试制产品的检验费、专家咨询费、高新科技研发保险费、与研发相关的差旅费、会议费、职工福利费、补充养老保险费、补充医疗保险费等。但对于研发用房屋的折旧费和租赁费用，仍不允许税前加计扣除。

研发费用税前加计扣除范围新老政策差异情况如表4–3所示。

表4–3　　新老研发费用加计扣除范围差异

序号	项目	加计扣除新政	加计扣除老政		差异分析
	依据	财税〔2015〕119号、国家税务总局公告2017年第40号等	《企业研究开发费用税前扣除管理办法（试行）》（国税发〔2008〕116号）	《关于研究开发费用税前加计扣除有关问题的通知》（财税〔2013〕70号）	
1	人员人工	直接从事研发活动人员的工资薪金、基本养老保险费、基本医疗保险费、失业保险费、工伤保险费、生育保险费和住房公积金，以及外聘研发人员的劳务费用。以及研发人员的股权激励	（三）在职直接从事研发活动人员的工资、薪金、奖金、津贴、补贴	（一）企业依照国务院有关主管部门或者省级人民政府规定的范围和标准为在职直接从事研发活动人员缴纳的基本养老保险费、基本医疗保险费、失业保险费、工伤保险费、生育保险费和住房公积金	新增股权激励支出
2	直接投入	（1）研发活动直接消耗的材料、燃料和动力费用	（二）从事研发活动直接消耗的材料、燃料和动力费用		
		（2）用于中间试验和产品试制的模具、工艺装备开发及制造费，不构成固定资产的样品、样机及一般测试手段购置费，试制产品的检验费	（六）专门用于中间试验和产品试制的模具、工艺装备开发及制造费	（三）不构成固定资产的样品、样机及一般测试手段购置费	取消“专门用于”的限制规定
		（3）用于研发活动的仪器、设备的运行维护、调整、检验、维修等费用，以及通过经营租赁方式租入的用于研发活动的仪器、设备租赁费	（四）专门用于研发活动的仪器、设备的折旧费或租赁费	（二）专门用于研发活动的仪器、设备的运行维护、调整、检验、维修等费用	
3	折旧费用	用于研发活动的仪器、设备的折旧费			
4	无形资产摊销	用于研发活动的软件、专利权、非专利技术（包括许可证、专有技术、设计和计算方法等）的摊销费用	（五）专门用于研发活动的软件、专利权、非专利技术等无形资产的摊销费用		

续表

<table>
<tr><td rowspan="2">序号</td><td>项目</td><td>加计扣除新政</td><td colspan="2">加计扣除老政</td><td rowspan="2">差异分析</td></tr>
<tr><td>依据</td><td>财税〔2015〕119号、国家税务总局公告2017年第40号等</td><td>《企业研究开发费用税前扣除管理办法（试行）》（国税发〔2008〕116号）</td><td>《关于研究开发费用税前加计扣除有关问题的通知》（财税〔2013〕70号）</td></tr>
<tr><td rowspan="2">5</td><td colspan="2" rowspan="2">新产品设计费、新工艺规程制定费、新药研制的临床试验费、勘探开发技术的现场试验费</td><td>（一）新产品设计费、新工艺规程制定费</td><td>（四）新药研制的临床试验费</td><td></td></tr>
<tr><td>（七）勘探开发技术的现场试验费</td><td></td><td></td></tr>
<tr><td rowspan="2">6</td><td rowspan="2">其他相关费用</td><td rowspan="2">与研发活动直接相关的其他费用，如技术图书资料费、资料翻译费、专家咨询费、高新科技研发保险费，研发成果的检索、分析、评议、论证、鉴定、评审、评估、验收费用，知识产权的申请费、注册费、代理费，差旅费、会议费，职工福利费、补充养老保险费、补充医疗保险费。此项费用总额不得超过可加计扣除研发费用总额的10%</td><td>（一）与研发活动直接相关的技术图书资料费、资料翻译费</td><td>（五）研发成果的鉴定费用</td><td>增加专家咨询费、高新科技研发保险费，研发成果的检索、分析、评议、评估，知识产权的申请费、注册费、代理费，差旅费、会议费职工福利费、补充养老保险费、补充医疗保险费等</td></tr>
<tr><td>（八）研发成果的论证、评审、验收费用</td><td></td><td>增加限额10%比例限制</td></tr>
</table>

（七）特殊收入的扣减

企业开展研发活动中实际发生的研发费用可按规定享受加计扣除优惠政策，实际研发中常有已归集计入研发费用，但在当期取得的研发过程中形成的下脚料、残次品、中间试制品等特殊收入，此类收入均为与研发活动直接相关的收入，应冲减可加计扣除的研发费用。

因而，《国家税务总局关于研发费用税前加计扣除归集范围有关问题的公告》（2017年第40号）第七条第二项规定，企业取得研发过程中形成的下脚料、残次品、中间试制品等特殊收入，在计算确认收入当年的加计扣除研发费用时，应从已归集研发费用中扣除。

（八）财政性资金用于研发的处理

根据《企业所得税法实施条例》的规定，企业的不征税收入用于支出所形成的费用或者资产，不得扣除或者计算对应的折旧、摊销扣除。据此，《国家税务总局关于企业研究开发费用税前加计扣除政策有关问题的公告》（2015年第97号）第二条第五项规定，企业取得作为不征税收入处理的财政性资金用于研发活动所形成的费用或无形资产，不得计算加计扣除或摊销。

当然，未作为不征税收入处理的财政性资金用于研发活动所形成的费用或无形资产，可按规定计算加计扣除或摊销扣除。

企业取得的政府补助，会计处理时采用直接冲减研发费用方法且税务处理时未将其确认为应税收入的，应按冲减后的余额计算加计扣除金额。

2016年，财政部修订后的《企业会计准则第16号——政府补助》在总额法的基础上，新增了净额法核算，将政府补助作为相关成本费用扣减。按照《企业所得税法》的相关规定，企业取得的政府补助应确认为收入，计入收入总额。净额法产生了税会差异。企业在税收上将政府补助确认为应税收入，同时增加研发费用，加计扣除应以税前扣除的研发费用为基数。但企业未进行相应调整的，税前扣除的研发费用与会计的扣除金额相同，应以会计上冲减后的余额计算加计扣除金额。比如，某制造业企业当年发生研发支出200万元，取得政府补助50万元，当年会计上的研发费用为150万元，未进行相应的纳税调整，则税前加计扣除金额为：150×100%=150（万元）。

（九）会计、高新技术企业认定和加计扣除口径

研发费用归集有三个口径：一是会计核算口径，由《财政部关于企业加强研发费用财务管理的若干意见》（财企〔2007〕194号）规范；二是高新技术企业认定口径，由《科技部 财政部 国家税务总局关于修订印发〈高新技术企业认定管理工作指引〉的通知》（国科发火〔2016〕195号）规范；三是加计扣除税收规定口径，由财税〔2015〕119号文件和国家税务总局公告2015年第97号、国家税务总局公告2017年第40号等规范。三个研发费用归集口径相比较，存在一定差异（见表4-4所示）。形成差异的主要原因为：

（1）会计口径的研发费用，其主要目的是准确核算研发活动支出，而企业研发活动是企业根据自身生产经营情况自行判断的，除该项活动应属于研发活动外，并无过多限制条件。

（2）高新技术企业认定口径的研发费用，其主要目的是判断企业研发投入强度、科技实力是否达到高新技术企业标准。因此，对人员费用、其他费用等方面有一定的限制。

（3）加计扣除政策口径的研发费用，其主要目的是细化哪些研发费用可以享受加计扣除政策，引导企业加大核心研发投入，因此政策口径最小。可加计扣除范围针对企业核心研发投入，主要包括研发直接投入和相关性较高的费用，对其他相关

费用有一定的比例限制。需要关注的是，允许加计扣除的研发费用范围采取正列举方式，即政策规定中没有列举的项目，不可以享受加计扣除优惠。

表4–4　　研发费用归集口径比较

费用项目	研发费用加计扣除	高新技术企业认定	会计规定	备注
人员人工费用	直接从事研发活动人员的工资薪金、五险一金，以及外聘研发人员的劳务费用	企业科技人员的工资薪金、五险一金，以及外聘科技人员的劳务费用	企业在职研发人员的工资、奖金、津贴、补贴、社会保险费、住房公积金等人工费用以及外聘研发人员的劳务费用	会计核算范围大于税收范围。高新技术企业人员人工费用归集对象是科技人员
直接投入费用	（1）研发活动直接消耗的材料、燃料和动力费用	（1）直接消耗的材料、燃料和动力费用	（1）研发活动直接消耗的材料、燃料和动力费用	
	（2）用于中间试验和产品试制的模具、工艺装备开发及制造费，不构成固定资产的样品、样机及一般测试手段购置费，试制产品的检验费	（2）用于中间试验和产品试制的模具、工艺装备开发及制造费，不构成固定资产的样品、样机及一般测试手段购置费，试制产品的检验费	（2）用于中间试验和产品试制的模具、工艺装备开发及制造费，样品、样机及一般测试手段购置费，试制产品的检验费等	
	（3）用于研发活动的仪器、设备的运行维护、调整、检验、维修等费用，以及通过经营租赁方式租入的用于研发活动的仪器、设备租赁费	（3）用于研究开发活动的仪器、设备的运行维护、调整、检验、检测、维修等费用，以及通过经营租赁方式租入的用于研发活动的固定资产租赁费	（3）用于研发活动的仪器、设备、房屋等固定资产的租赁费，设备调整及检验费，以及相关固定资产的运行维护、维修等费用	房屋租赁费不计入加计扣除范围
折旧费用与长期待摊费用	用于研发活动的仪器、设备的折旧费	用于研究开发活动的仪器、设备和在用建筑物的折旧费。研发设施的改建、改装、装修和修理过程中发生的长期待摊费用	用于研发活动的仪器、设备、房屋等固定资产的折旧费	房屋折旧费不计入加计扣除范围
无形资产摊销	用于研发活动的软件、专利权、非专利技术（包括许可证、专有技术、设计和计算方法等）的摊销费用	用于研究开发活动的软件、知识产权、非专利技术（专有技术、许可证、设计和计算方法等）的摊销费用	用于研发活动的软件、专利权、非专利技术等无形资产的摊销费用	
设计试验等费用	新产品设计费、新工艺规程制定费、新药研制的临床试验费、勘探开发技术的现场试验费	符合条件的设计费用、装备调试费用、试验费用（包括新药研制的临床试验费、勘探开发技术的现场试验费、田间试验费等）		

续表

费用项目	研发费用加计扣除	高新技术企业认定	会计规定	备注
其他相关费用	与研发活动直接相关的其他费用，如技术图书资料费、资料翻译费、专家咨询费、高新科技研发保险费，研发成果的检索、分析、评议、论证、鉴定、评审、评估、验收费用，知识产权的申请费、注册费、代理费，差旅费、会议费，职工福利费、补充养老保险费、补充医疗保险费。此项费用总额不得超过可加计扣除研发费用总额的10%	与研究开发活动直接相关的其他费用，包括技术图书资料费、资料翻译费、专家咨询费、高新科技研发保险费，研发成果的检索、论证、评审、鉴定、验收费用，知识产权的申请费、注册费、代理费，会议费、差旅费、通信费等。此项费用一般不得超过研究开发总费用的20%，另有规定的除外	与研发活动直接相关的其他费用，包括技术图书资料费、资料翻译费、会议费、差旅费、办公费、外事费、研发人员培训费、培养费、专家咨询费、高新科技研发保险费用等；研发成果的论证、评审、验收、评估以及知识产权的申请费、注册费、代理费等费用	加计扣除政策及高新技术企业研发费用范围中对其他相关费用总额有比例限制

四、不允许加计扣除的费用

（一）不允许税前扣除的费用和支出不得加计扣除

法律、行政法规和国务院财税主管部门规定不允许企业所得税前扣除的费用和支出项目不得计算加计扣除。

（二）无形资产中不属于加计扣除范围的项目摊销时不得加计扣除

研发费用的核算无论是计入当期损益还是形成无形资产，可加计扣除的研发费用都应属于规定可加计扣除的范围，已计入无形资产但不属于允许加计扣除研发费用范围的，企业摊销时不得计算加计扣除。

（三）不适用税前加计扣除政策的活动

研发费用加计扣除政策有两个负面清单，一个是研发活动负面清单，另一个是行业负面清单。凡是上述两个负面清单之外的研发活动和行业企业均允许研发费用加计扣除。

下列活动不适用税前加计扣除政策：

（1）企业产品（服务）的常规性升级。

（2）对某项科研成果的直接应用，如直接采用公开的新工艺、材料、装置、产品、服务或知识等。

（3）企业在商品化后为顾客提供的技术支持活动。

（4）对现存产品、服务、技术、材料或工艺流程进行的重复或简单改变。

（5）市场调查研究、效率调查或管理研究。

（6）作为工业（服务）流程环节或常规的质量控制、测试分析、维修维护。

（7）社会科学、艺术或人文学方面的研究。

为加深对研发活动的理解和准确把握，根据研发活动的定义，财税〔2015〕119号文件将企业发生的一般性的知识性、技术性活动如产品（服务）的常规性升级，对某项科研成果的直接应用，社会科学、艺术或人文方面的研究等七项活动排除在研发活动之外。由于此类活动不属于税收意义上的研发活动，因而此类活动所发生的支出不适用研发费用加计扣除优惠政策。

上述所列举的七类活动，仅是采取反列举的方法，对什么活动属于研发活动所做的有助于理解和把握的说明，并不意味着上述七类活动以外的活动都属于研发活动。企业开展的可适用研发费用加计扣除政策的活动，通常须符合税法有关研发活动的基本定义等相关条件。

（四）不适用税前加计扣除政策的行业

1. 不适用税前加计扣除政策的行业

不适用税前加计扣除政策的行业有：

（1）烟草制造业。

（2）住宿和餐饮业。

（3）批发和零售业。

（4）房地产业。

（5）租赁和商务服务业。

（6）娱乐业。

（7）财政部和国家税务总局规定的其他行业。

上述行业以《国民经济行业分类》为准，并随之更新。

2. 不适用税前加计扣除政策行业企业的判定

不适用税前加计扣除政策行业的企业，是指以规定行业业务为主营业务，其研发费用发生当年的主营业务收入占企业按《企业所得税法》第六条规定计算的收入总额减除不征税收入和投资收益的余额50%（不含）以上的企业。

有关不适用加计扣除政策行业的判定问题，《国家税务总局关于企业研究开发费用税前加计扣除政策有关问题的公告》（2015年第97号）第四条进一步规定，不适用税前加计扣除政策行业的企业，是指以财税〔2015〕119号文件所列行业业务为主营业务，其研发费用发生当年的主营业务收入占企业按《企业所得税法》第六条规定计算的收入总额减除不征税收入和投资收益的余额50%（不含）以上的企业。也就是说，企业主营业务所属行业不属于负面清单所列示的行业，该企业发生的符合条件的研发费可以享受研发费加计扣除优惠。

3. 税务登记行业与实际不符的税务处理

企业税务登记中的行业为批发和零售业，但其实际主营业务为技术服务业，关于该企业能否享受研发费加计扣除税收优惠问题，北京市税务局《企业所得税实务操作政策指引》明确，根据财税〔2015〕119号文件的规定，应以企业实际主营业务判断企业所属行业是否属于负面清单列示的行业，对于企业税务登记中的行业属于负面清单列示行业而实际主营业务不是负面清单列示行业的，该企业可以享受研发费加计扣除政策，但须根据实际主营业务调整税务登记中的所属行业。

4. 事业单位是否可以享受研发费加计扣除优惠问题

按照《企业所得税法》第三十条的规定，企业开发新技术、新产品、新工艺发生的研究开发费用可以在计算应纳税所得额时加计扣除。《企业所得税法》第三条规定，“依法在中国境内成立的企业，包括依照中国法律、行政法规在中国境内成立的企业、事业单位、社会团体以及其他取得收入的组织”。

因此，北京市税务局《企业所得税实务操作政策指引》明确，事业单位属于企业所得税纳税人，因此其开展研发活动发生的研究开发费，可以按相关规定享受加计扣除优惠。

五、委托、合作和集中研发

（一）研发活动的形式

企业研发活动一般分为自主研发、委托研发、合作研发、集中研发以及以上方式的组合。不同类型的研发活动对研发费用归集的要求不尽相同，企业在享受加计扣除优惠时要注意区分。

自主研发，是指企业主要依靠自己的资源，独立进行研发，并在研发项目的主要方面拥有完全独立的知识产权。

（二）委托研发

委托研发，是指被委托单位或机构基于企业委托而研发的项目。企业以支付报酬的形式获得被委托单位或机构的成果。

《财政部 国家税务总局 科学技术部关于完善研究开发费用税前加计扣除政策的

通知》(财税〔2015〕119号)第二条第一项规定，企业委托外部机构或个人进行研发活动所发生的费用，按照费用实际发生额的80%计入委托方研发费用并计算加计扣除，受托方不得再进行加计扣除。委托外部研究开发费用实际发生额应按照独立交易原则确定。委托方与受托方存在关联关系的，受托方应向委托方提供研发项目费用支出明细情况。《国家税务总局关于企业研究开发费用税前加计扣除政策有关问题的公告》(2015年第97号)第三条“委托研发”进一步规定，企业委托外部机构或个人开展研发活动发生的费用，可按规定税前扣除；加计扣除时按照研发活动发生费用的80%作为加计扣除基数。委托个人研发的，应凭个人出具的发票等合法有效凭证在税前加计扣除。根据2018年4月25日国务院常务会议精神，取消企业委托境外机构研发费用不得加计扣除限制。因而，企业委托境外机构研发所发生的委托研发费用，可按规定加计扣除。《财政部 税务总局 科技部关于企业委托境外研究开发费用税前加计扣除有关政策问题的通知》(财税〔2018〕64号)第一条规定，委托境外(指境外机构)进行研发活动所发生的费用，按照费用实际发生额的80%计入委托方的委托境外研发费用。委托境外研发费用不超过境内符合条件的研发费用三分之二的部分，可以按规定在企业所得税前加计扣除。

委托研发情形下，考虑到涉及商业秘密等原因，除受托方与委托方存在关联关系情况外，委托方加计扣除时不再需要提供研发项目的费用支出明细情况。委托方与受托方存在关联关系的，受托方应向委托方提供研发项目费用支出明细情况。实际执行中往往错误地将提供研发费用支出明细情况理解为委托关联方研发的须执行不同的加计扣除政策，导致各地理解和执行不一。提供研发支出明细情况的目的是判断关联方交易是否符合独立交易原则。因此，委托关联方和委托非关联方开展研发活动，其加计扣除的口径是一致的。为避免歧义，在保证委托研发加计扣除的口径不变的前提下，《国家税务总局关于研发费用税前加计扣除归集范围有关问题的公告》(2017年第40号)第七条第五项对相关表述进行了解释，明确国家税务总局公告2015年第97号第三条所称“研发活动发生费用”是指委托方实际支付给受托方的费用。无论委托方是否享受研发费用税前加计扣除政策，受托方均不得加计扣除。

委托方委托关联方开展研发活动的，受托方须向委托方提供研发过程中实际发生的研发项目费用支出明细情况。

针对委托研发加计扣除额的计算问题，北京市税务局《企业所得税实务操作政策指引》(第一期)明确，在委托研发中，要求受托关联方提供研发支出明细情况的目的是判断该交易是否符合独立交易原则，并不是要求委托方根据受托方的研发支出确认委托方的研发支出。因此，在享受加计扣除优惠时，对于符合独立交易原则的委托研发支出，委托方按照实际发生额的80%计入研发费用并计算加计扣除。

（三）委托研发案例

【例4-8】2021年，A企业（制造业企业）委托其境内关联企业B企业研发，该研发符合研发费用加计扣除的相关条件。A企业支付给B企业委托研发费用100万元。B企业实际发生费用90万元，其中按可加计扣除口径归集的费用为85万元，利润10万元。

要求：计算A企业可加计扣除的研发费用金额。

【解析】2021年，A企业可加计扣除的金额为：

$$100 \times 80\% \times 100\%=80（万元）$$

B企业应向A企业提供实际发生费用90万元的明细情况。

年终汇算清缴时按规定填报“研发费用加计扣除优惠明细表”（A107012）如表4-5所示。

表4-5　A107012　　研发费用加计扣除优惠明细表

行次	项　　目	金额（数量）
1	本年可享受研发费用加计扣除项目数量	1
2	一、自主研发、合作研发、集中研发（3+7+16+19+23+34）	
35	二、委托研发（36+37+39）	1 000 000
36	（一）委托境内机构或个人进行研发活动所发生的费用	1 000 000
37	（二）委托境外机构进行研发活动发生的费用	
38	其中：允许加计扣除的委托境外机构进行研发活动发生的费用	
39	（三）委托境外个人进行研发活动发生的费用	
40	三、年度研发费用小计（2+36×80%+38）	800 000
41	（一）本年费用化金额	800 000
42	（二）本年资本化金额	
43	四、本年形成无形资产摊销额	
44	五、以前年度形成无形资产本年摊销额	
45	六、允许扣除的研发费用合计（41+43+44）	800 000
46	减：特殊收入部分	
47	七、允许扣除的研发费用抵减特殊收入后的金额（45-46）	800 000

续表

行次	项　目	金额（数量）
48	减：当年销售研发活动直接形成产品（包括组成部分）对应的材料部分	
49	减：以前年度销售研发活动直接形成产品（包括组成部分）对应材料部分结转金额	
50	八、加计扣除比例（%）	100
51	九、本年研发费用加计扣除总额（47–48–49）×50	800 000
52	十、销售研发活动直接形成产品（包括组成部分）对应材料部分结转以后年度扣减金额（当47–48–49≥0，本行=0；当47–48–49<0，本行=47–48–49的绝对值）	

（四）委托境外研发

1.委托境外研发的加计扣除

自2018年1月1日起，根据《财政部 税务总局 科技部关于企业委托境外研究开发费用税前加计扣除有关政策问题的通知》（财税〔2018〕64号）第一条的规定，委托境外（指境外机构）进行研发活动所发生的费用，按照费用实际发生额的80%计入委托方的委托境外研发费用。委托境外研发费用不超过境内符合条件的研发费用三分之二的部分，可以按规定在企业所得税前加计扣除。

上述费用实际发生额应按照独立交易原则确定。委托方与受托方存在关联关系的，受托方应向委托方提供研发项目费用支出明细情况。

委托境外进行研发活动应签订技术开发合同，并由委托方到科技行政主管部门进行登记。相关事项按技术合同认定登记管理办法及技术合同认定规则执行。

根据财税〔2018〕64号第六条的规定，这里所称委托境外进行研发活动不包括委托境外个人进行的研发活动。

在2018年以前，根据《财政部 国家税务总局 科学技术部关于完善研究开发费用税前加计扣除政策的通知》（财税〔2015〕119号）第二条规定，企业委托境外机构或个人进行研发活动所发生的费用，不得加计扣除。《国家税务总局关于企业研究开发费用税前加计扣除政策有关问题的公告》（2015年第97号）第三条也规定，企业委托境外研发所发生的费用不得加计扣除，其中受托研发的境外机构是指依照外国和地区（含港澳台）法律成立的企业和其他取得收入的组织。受托研发的境外个人是指外籍（含港澳台）个人。

2.加计扣除口径与管理要求

委托境外研发费用加计扣除其他政策口径和管理要求按照《财政部 国家税务总

局 科技部关于完善研究开发费用税前加计扣除政策的通知》（财税〔2015〕119号）、《财政部 税务总局 科技部关于提高科技型中小企业研究开发费用税前加计扣除比例的通知》（财税〔2017〕34号）、《国家税务总局关于企业研究开发费用税前加计扣除政策有关问题的公告》（2015年第97号）等文件规定执行。

3. 研发费用资本化金额计入“境内符合条件的研发费用”计算基数问题

委托境外进行研发活动所发生的费用，按照费用实际发生额的80%计入委托方的委托境外研发费用。委托境外研发费用不超过境内符合条件的研发费用三分之二的部分，可以按规定在企业所得税前加计扣除。其中，未形成无形资产的部分：用于计算三分之二限额的基数“境内符合条件的研发费用”是否包括已资本化的研发费用问题，北京市税务局《企业所得税实务操作政策指引》（第一期）明确，境内符合条件的研发费用既包括费用化的研发费用，也包括资本化的研发费用，因此，用于计算三分之二限额的基数“境内符合条件的研发费用”包括资本化的研发费用。

（五）合作研发

1. 合作研发

合作研发，是指立项企业通过契约的形式与其他企业对同一项目的不同领域分别投入资金、技术、人力等，共同完成研发项目。

根据财税〔2015〕119号文件第三条第二项的规定，企业共同合作开发的项目，由合作各方就自身实际承担的研发费用分别计算加计扣除。

企业共同合作研发的项目，由合作各方按照“企业（合作）研究开发项目计划书”和经登记的“技术开发（合作）合同”分项目设置“合作研发‘研发支出’辅助账”，就自身实际承担的研发费用按照会计核算要求分项目核算，并按照研发费用归集范围分别计算加计扣除。

2. 委托研发与合作研发项目的合同须经科技主管部门登记

委托研发、合作研发的合同须经科技主管部门登记。未申请认定登记和未予登记的技术合同，不得享受研发费用加计扣除优惠政策。

《国家税务总局 科技部关于加强企业研发费用加计扣除政策贯彻落实工作的通知》（税总发〔2017〕106号）规定，各级税务部门和科技部门要简化管理方式，优化操作流程，确保政策落地。优化委托研发与合作研发项目合同登记管理方式，坚持“实质重于形式”的原则。凡研发项目合同具备技术合同登记的实质性要素，仅在形式上与技术合同示范文本存在差异的，也应予以登记，不得要求企业重新按照技术合同示范文本进行修改报送。

3.委托研发与合作研发的区别

有些大型的研究开发项目，往往不是企业自身独立完成，需要与其他单位进行合作。由于委托研发和合作研发适用的加计扣除政策不一致，为了准确享受优惠，纳税人需要明确研发项目是委托研发，还是合作研发。

委托研发，是指被委托人基于他人委托而开发的项目。委托人以支付报酬的形式获得被委托人的研发成果的所有权。委托项目的特点是研发经费由委托人支付，项目成果必须体现委托人的意志和实现委托人的使用目的。

合作研发是指研发立项企业通过契约的形式与其他企业对项目的某一个关键领域分别投入资金、技术、人力，共同参与产生智力成果的创作活动，共同完成研发项目。合作研发共同完成的知识产权，其归属由合同约定，如果合同没有约定的，由合作各方共同所有。可以享受研发费用加计扣除优惠政策的合作方应该拥有合作研发项目成果的所有权。合作各方应直接参与研发活动，而非仅提供咨询、物质条件或其他辅助性活动。

除了委托指向的具体技术指标、研发时间和合同的常规条款外，还有一条关于知识产权的归属问题，或规定双方共有，或规定一方拥有。只有委托方部分或全部拥有时，才可按照委托研发享受加计扣除政策。若知识产权最后属于受托方，则不能按照委托研发享受加计扣除政策。

合作开发在合同中应注明，双方分别投入、各自承担费用、知识产权双方共有或各自拥有自己的研究成果的知识产权。

（六）集中研发

集中研发，是指企业集团根据生产经营和科技开发的实际情况，对技术要求高、投资数额大、单个企业难以独立承担，或者研发力量集中在企业集团，由企业集团统筹管理研发的项目进行集中开发。

1.财务上集团集中收付研发费用

对技术要求高、投资数额大、单个企业难以独立承担的研发项目，或者研发力量集中在集团公司、由其统筹管理集团研发活动的，集团公司可以在所属全资及控股企业范围内集中使用研发费用。

集团公司集中使用的研发费用总额，原则上不超过集团合并会计报表年营业收入的2%。使用后的年末余额连续3年超过当年集中总额20%或者出现赤字的，集团公司应当调整集中的标准。

集团公司集中使用研发费用的，应当按照权责利一致等原则，确定研发费用集中收付方式以及研发成果的分享办法，维护所属全资及控股企业的合法权益。

2. 税法上的集团集中研发

财税〔2015〕119号文件第三条第三项规定，企业集团根据生产经营和科技开发的实际情况，对技术要求高、投资数额大，需要集中研发的项目，其实际发生的研发费用，可以按照权利和义务相一致、费用支出和收益分享相配比的原则，合理确定研发费用的分摊方法，在受益成员企业间进行分摊，由相关成员企业分别计算加计扣除。

3. 企业集团集中研发的研发费用分摊的关联申报

企业集团根据生产经营和科技开发的实际情况，对集中研发项目按照规定归集的可加计扣除的研发费用，按照权利和义务相一致、费用支出和收益分享相配比的原则，合理确定研发费用的分摊方法，在受益成员企业间进行分摊，由相关成员企业分别计算加计扣除。

企业集团应将集中研发项目的协议或合同、集中研发项目研发费用决算表，集中研发项目费用分摊明细情况表和实际分享收益比例等资料提供给相关成员企业。协议或合同应明确参与各方在该研发项目中的权利和义务、费用分摊方法等内容。

根据《国家税务总局关于完善关联申报和同期资料管理有关事项的公告》（2016年第42号）的规定，企业集团开发、应用无形资产及确定无形资产所有权归属的整体战略，包括主要研发机构所在地和研发管理活动发生地及其主要功能、风险、资产和人员情况等应在主体文档中披露。

六、加计扣除流程和申报管理

享受研发费用加计扣除优惠政策需要注意如下关键资料和程序：

（1）企业所得税年度纳税申报前准备好留存备查资料；

（2）在企业所得税年度纳税申报表中填报研发费用加计扣除优惠附表及相关行次。

（一）研发项目无须事先通过科技部门鉴定或立项

自2016年1月1日起，企业申报享受研发费用加计扣除优惠，无须事前通过科技部门鉴定。企业自主研发的项目，须经过企业有权部门审核立项。也就是说，不须经过科技部门和税务部门进行立项备案，只须企业内部有决策权的部门，如董事会等作出决议即可。政府及相关部门支持的重点项目，根据政府部门立项管理的相关要求，须科技部门备案的特殊情况除外，但税务部门对自主研发项目没有登记的硬性要求。

委托研发及合作研发的项目立项则需要科技部门登记。根据《技术合同认定管理办法》(国科发政字〔2000〕63号)第六条的规定，未申请认定登记和未予登记的技术合同，不得享受国家对有关促进科技成果转化规定的税收、信贷和奖励等方面的优惠政策；国家税务总局公告2015年第97号规定，委托及合作研发的，须提供经科技行政主管部门登记的委托、合作研究开发项目的合同留存备查。因此，经科技行政主管部门登记的委托、合作研发项目合同是享受研发费用加计扣除的留存备查资料之一。

（二）对研发项目有异议的由税务机关转请科技部门鉴定

《科技部 财政部 国家税务总局关于进一步做好企业研发费用加计扣除政策落实工作的通知》(国科发政〔2017〕211号)规定，税务部门事中、事后对企业享受加计扣除优惠的研发项目有异议的，应及时通过县(区)级科技部门将项目资料送地市级(含)以上科技部门进行鉴定；由省直接管理的县/市，可直接由县级科技部门进行鉴定。鉴定部门在收到税务部门的鉴定需求后，应及时组织专家进行鉴定，并在规定时间内通过原渠道将鉴定意见反馈至税务部门。鉴定时，应由3名以上相关领域的产业、技术、管理等专家参加。企业承担省部级(含)以上科研项目的，以及以前年度已鉴定的跨年度研发项目，不再需要鉴定。

这与研发费用加计扣除旧的政策的规定不同，在2016年以前，《企业研究开发费用税前扣除管理办法(试行)》(国税发〔2008〕116号)第十三条规定，主管税务机关对企业申报的研究开发项目有异议的，可要求企业提供政府科技部门的鉴定意见书。这样的规定增加了企业的工作量和享受优惠难度。

七、创意设计活动发生的相关费用可加计扣除

根据《国家税务总局关于企业研发费用税前加计扣除政策有关问题的公告》(2015年第97号)和《国家税务总局关于研发费用税前加计扣除归集范围有关问题的公告》(2017年第40号)的规定，企业为获得创新性、创意性、突破性的产品进行创意设计活动而发生的相关费用，可以按照规定进行税前加计扣除。创意设计活动是指多媒体软件、动漫游戏软件开发，数字动漫、游戏设计制作；房屋建筑工程设计(绿色建筑评价标准为三星)、风景园林工程专项设计；工业设计、多媒体设计、动漫及衍生产品设计、模型设计等。

八、主要留存备查资料

（一）预缴享受优惠的留存备查资料

自2021年1月1日起，根据《财政部 税务总局关于进一步完善研发费用税前加计扣除政策的公告》（2021年第13号）第二条的规定，企业预缴申报当年第3季度（按季预缴）或9月份（按月预缴）企业所得税时，可以自行选择就当年上半年研发费用享受加计扣除优惠政策，采取“自行判别、申报享受、相关资料留存备查”办理方式。符合条件的企业可以自行计算加计扣除金额，填报“中华人民共和国企业所得税月（季）度预缴纳税申报表（A类）”享受税收优惠，并根据享受加计扣除优惠的研发费用情况（上半年）填写“研发费用加计扣除优惠明细表”（A107012）。“研发费用加计扣除优惠明细表”（A107012）与相关政策规定的其他资料一并留存备查。

（二）汇算清缴享受优惠的留存备查资料

纳税人申报享受开发新技术、新产品、新工艺发生的研究开发费用加计扣除优惠，需要准备的主要留存备查资料有：

（1）自主、委托、合作研究开发项目计划书和企业有权部门关于自主、委托、合作研究开发项目立项的决议文件；

（2）自主、委托、合作研究开发专门机构或项目组的编制情况和研发人员名单；

（3）经科技行政主管部门登记的委托、合作研究开发项目的合同；

（4）从事研发活动的人员（包括外聘人员）和用于研发活动的仪器、设备、无形资产的费用分配说明（包括工作使用情况记录及费用分配计算证据材料）；

（5）集中研发项目研发费决算表、集中研发项目费用分摊明细情况表和实际分享收益比例等资料；

（6）“研发支出”辅助账及汇总表；

（7）企业如果已取得地市级（含）以上科技行政主管部门出具的鉴定意见，应作为资料留存备查。

（三）委托境外研发的主要留存备查资料

财税〔2018〕64号第三条规定，企业应在年度申报享受优惠时，按照《国家税务总局关于发布修订后的〈企业所得税优惠政策事项办理办法〉的公告》（2018年第23号）的规定办理有关手续，并留存备查以下资料：

（1）企业委托研发项目计划书和企业有权部门立项的决议文件；

（2）委托研究开发专门机构或项目组的编制情况和研发人员名单；

（3）经科技行政主管部门登记的委托境外研发合同；

（4）“研发支出”辅助账及汇总表；

（5）委托境外研发银行支付凭证和受托方开具的收款凭据；

（6）当年委托研发项目的进展情况等资料。

企业如果已取得地市级（含）以上科技行政主管部门出具的鉴定意见，应作为资料留存备查。

企业对委托境外研发费用以及留存备查资料的真实性、合法性承担法律责任。

（四）创意设计活动研发费加计扣除留存备查资料

企业享受为获得创新性、创意性、突破性的产品进行创意设计活动而发生的相关费用加计扣除优惠事项。需要准备的主要留存备查资料有：

（1）创意设计活动相关合同；

（2）创意设计活动相关费用核算情况的说明。

九、享受优惠的申报

（一）预缴申报时加计扣除优惠的享受

《财政部 税务总局关于进一步完善研发费用税前加计扣除政策的公告》（2021年第13号）第二条规定，企业预缴申报当年第3季度（按季预缴）或9月份（按月预缴）企业所得税时，可以自行选择就当年上半年研发费用享受加计扣除优惠政策，采取“自行判别、申报享受、相关资料留存备查”办理方式。

符合条件的企业可以自行计算加计扣除金额，填报“中华人民共和国企业所得税月（季）度预缴纳税申报表（A类）”享受税收优惠，并根据享受加计扣除优惠的研发费用情况（上半年）填写“研发费用加计扣除优惠明细表”（A107012）。“研发费用加计扣除优惠明细表”（A107012）与相关政策规定的其他资料一并留存备查。

企业办理第3季度或9月份预缴申报时，未选择享受研发费用加计扣除优惠政策的，可在次年办理汇算清缴时统一享受。

（二）2021年预缴享受加计扣除优惠的申报

根据《国家税务总局关于进一步落实研发费用加计扣除政策有关问题的公告》（2021年第28号）第1条“关于2021年度享受研发费用加计扣除政策问题”的规定，

企业2021年10月份预缴申报第3季度（按季预缴）或9月份（按月预缴）企业所得税时，可以自主选择就前三季度研发费用享受加计扣除优惠政策。对10月份预缴申报期未选择享受优惠的，可以在2022年办理2021年度企业所得税汇算清缴时统一享受。

企业享受研发费用加计扣除政策采取“真实发生、自行判别、申报享受、相关资料留存备查”的办理方式，由企业依据实际发生的研发费用支出，自行计算加计扣除金额，填报“中华人民共和国企业所得税月（季）度预缴纳税申报表（A类）”享受税收优惠，并根据享受加计扣除优惠的研发费用情况（前三季度）填写“研发费用加计扣除优惠明细表”（A107012）。“研发费用加计扣除优惠明细表”（A107012）与政策规定的其他资料一并留存备查。

企业享受此项优惠实行“真实发生、自行判别、申报享受、相关资料留存备查”方式，依据实际发生的研发费用支出，按税收政策规定在预缴申报表中直接填写前三季度的加计扣除金额，准备前三季度的研发支出辅助账和“研发费用加计扣除优惠明细表”（A107012）等留存备查。企业在10月份预缴申报期没有选择享受优惠的，可以在次年5月底前办理汇算清缴时享受。

（三）加计扣除优惠涉及的主要表单

企业享受加计扣除优惠，在企业所得税年度纳税申报时，须填报主表A100000第17行“减：免税、减计收入及加计扣除”、“免税、减计收入及加计扣除优惠明细表”（A107010，如表4-6所示）“三、加计扣除”部分第25行到28行、“研发费加计扣除优惠明细表”（A107012）。

表4-6　A107010　　免税、减计收入及加计扣除优惠明细表

行次	项　目	金额
1	一、免税收入（2+3+6+7+…+16）	
17	二、减计收入（18+19+23+24）	
25	三、加计扣除（26+27+28+29+30）	
26	（一）开发新技术、新产品、新工艺发生的研究开发费用加计扣除（填写A107012）	
27	（二）科技型中小企业开发新技术、新产品、新工艺发生的研究开发费用加计扣除（填写A107012）	
28	（三）企业为获得创新性、创意性、突破性的产品进行创意设计活动而发生的相关费用加计扣除（加计扣除比例____%）	
29	（四）安置残疾人员所支付的工资加计扣除	
30	（五）其他	
31	合计（1+17+25）	

相关项目填报说明：

表A107010第25行“三、加计扣除”：填报第26+27+28+29+30行的合计金额。

表A107010第26行“（一）开发新技术、新产品、新工艺发生的研究开发费用加计扣除”：当表A000000“210–3”项目未填有入库编号时，填报表A107012第51行金额。本行与第27行不可同时填报。

表A107010第27行“（二）科技型中小企业开发新技术、新产品、新工艺发生的研究开发费用加计扣除”：当表A000000“210–3”项目填有入库编号时，填报表A107012第51行金额。本行与第26行不可同时填报。

表A107010第28行“（三）企业为获得创新性、创意性、突破性的产品进行创意设计活动而发生的相关费用加计扣除”：填报纳税人根据《财政部 国家税务总局 科技部关于完善研究开发费用税前加计扣除政策的通知》（财税〔2015〕119号）第二条第四项规定，为获得创新性、创意性、突破性的产品进行创意设计活动而发生的相关费用按照规定进行税前加计扣除的金额。纳税人填报本行时，根据有关政策规定填报加计扣除比例。

表A107010第29行“（四）安置残疾人员所支付的工资加计扣除”：填报纳税人根据《财政部 国家税务总局关于安置残疾人员就业有关企业所得税优惠政策问题的通知》（财税〔2009〕70号）等相关税收政策规定安置残疾人员的，按照支付给残疾职工工资的100%加计扣除的金额。

表A107010第30行“（五）其他”：填报纳税人享受的本表未列明的其他加计扣除的税收优惠事项名称、减免税代码及加计扣除的金额。

表A107010第31行“合计”：填报第1+17+25行金额。

（四）加计扣除优惠相关申报表单的修改情况

2021年12月31日，《国家税务总局关于企业所得税年度汇算清缴有关事项的公告》（国家税务总局公告2021年第34号）修订后的企业所得税年度纳税申报表有关加计扣除优惠表单的修改情况主要包括如下内容：

一是根据《国家税务总局关于进一步落实研发费用加计扣除政策有关问题的公告》（国家税务总局公告2021年第28号），在“企业所得税年度纳税申报基础信息表”（A000000）中新增“224研发支出辅助账样式”，用于填报企业适用的研发支出辅助账样式类型。

二是根据《财政部 税务总局关于进一步完善研发费用税前加计扣除政策的公告》（财政部 税务总局2021年第13号），在“免税、减计收入及加计扣除优惠明细表”（A107010）第28行“（三）企业为获得创新性、创意性、突破性的产品进行创意设计活动而发生的相关费用加计扣除”增加“（加计扣除比例____%）”，供纳税人根据有关政策规定填报适用的加计扣除比例。

三是根据国家税务总局公告2021年第28号，调整“其他相关费用”限额计算公式。依照辅助账设立的不同样式，调整“研发费用加计扣除优惠明细表”（A107012）表内行次计算规则。

（五）研发费用加计扣除优惠明细表及其填报

“研发费用加计扣除优惠明细表”（A107012，如表4-7所示）适用于享受研发费用加计扣除优惠（含结转）的纳税人填报。纳税人根据税收政策规定，填报本年发生的研发费用加计扣除优惠情况及以前年度结转情况。

凡是当年度享受研发费用加计扣除优惠的纳税人以及存在有关结转情况的纳税人均应填报该表。该表不再要求纳税人按照研发项目逐一填报，但是为了保持必要的管理，设置第1行“本年可享受研发费用加计扣除项目数量”填报行次，纳税人仅须填写本年研发项目中可享受研发费用加计扣除优惠政策的项目数量。

该表应当根据税收政策规定填报。作为不征税收入处理的财政性资金用于研发的部分等应按规定扣除，并填报扣除后的金额。其他费用、委托研发活动所发生的费用应按规定计算限额并调整。研发活动与生产活动共同支出的相关费用应按规定分摊计算后填报。

表4-7　A107012　　研发费用加计扣除优惠明细表

行次	项　　目	金额（数量）
1	本年可享受研发费用加计扣除项目数量	
2	一、自主研发、合作研发、集中研发（3+7+16+19+23+34）	
3	（一）人员人工费用（4+5+6）	
4	1.直接从事研发活动人员工资薪金	
5	2.直接从事研发活动人员五险一金	
6	3.外聘研发人员的劳务费用	
7	（二）直接投入费用（8+9+10+11+12+13+14+15）	
8	1.研发活动直接消耗材料费用	
9	2.研发活动直接消耗燃料费用	
10	3.研发活动直接消耗动力费用	
11	4.用于中间试验和产品试制的模具、工艺装备开发及制造费	

续表

行次	项　　目	金额（数量）
12	5.用于不构成固定资产的样品、样机及一般测试手段购置费	
13	6.用于试制产品的检验费	
14	7.用于研发活动的仪器、设备的运行维护、调整、检验、维修等费用	
15	8.通过经营租赁方式租入的用于研发活动的仪器、设备租赁费	
16	（三）折旧费用（17+18）	
17	1.用于研发活动的仪器的折旧费	
18	2.用于研发活动的设备的折旧费	
19	（四）无形资产摊销（20+21+22）	
20	1.用于研发活动的软件的摊销费用	
21	2.用于研发活动的专利权的摊销费用	
22	3.用于研发活动的非专利技术（包括许可证、专有技术、设计和计算方法等）的摊销费用	
23	（五）新产品设计费等（24+25+26+27）	
24	1.新产品设计费	
25	2.新工艺规程制定费	
26	3.新药研制的临床试验费	
27	4.勘探开发技术的现场试验费	
28	（六）其他相关费用（29+30+31+32+33）	
29	1.技术图书资料费、资料翻译费、专家咨询费、高新科技研发保险费	
30	2.研发成果的检索、分析、评议、论证、鉴定、评审、评估、验收费用	
31	3.知识产权的申请费、注册费、代理费	
32	4.职工福利费、补充养老保险费、补充医疗保险费	
33	5.差旅费、会议费	
34	（七）经限额调整后的其他相关费用	
35	二、委托研发（36+37+39）	
36	（一）委托境内机构或个人进行研发活动所发生的费用	
37	（二）委托境外机构进行研发活动发生的费用	
38	其中：允许加计扣除的委托境外机构进行研发活动发生的费用	
39	（三）委托境外个人进行研发活动发生的费用	
40	三、年度研发费用小计（2+36×80%+38）	
41	（一）本年费用化金额	
42	（二）本年资本化金额	
43	四、本年形成无形资产摊销额	

续表

行次	项　目	金额（数量）
44	五、以前年度形成无形资产本年摊销额	
45	六、允许扣除的研发费用合计（41+43+44）	
46	减：特殊收入部分	
47	七、允许扣除的研发费用抵减特殊收入后的金额（45-46）	
48	减：当年销售研发活动直接形成产品（包括组成部分）对应的材料部分	
49	减：以前年度销售研发活动直接形成产品（包括组成部分）对应材料部分结转金额	
50	八、加计扣除比例（%）	
51	九、本年研发费用加计扣除总额（47-48-49）×50	
52	十、销售研发活动直接形成产品（包括组成部分）对应材料部分结转以后年度扣减金额（当47-48-49≥0，本行=0；当47-48-49<0，本行=47-48-49的绝对值）	

“研发费用加计扣除优惠明细表”（A107012）填报说明

本表适用于享受研发费用加计扣除优惠（含结转）政策的纳税人填报。纳税人根据税法、《财政部 国家税务总局 科技部关于完善研究开发费用税前加计扣除政策的通知》（财税〔2015〕119号）、《国家税务总局关于企业研究开发费用税前加计扣除政策有关问题的公告》（国家税务总局公告2015年第97号）、《科技部 财政部 国家税务总局关于印发〈科技型中小企业评价办法〉的通知》（国科发政〔2017〕115号）、《国家税务总局关于提高科技型中小企业研究开发费用税前加计扣除比例有关问题的公告》（国家税务总局公告2017年第18号）、《国家税务总局关于研发费用税前加计扣除归集范围有关问题的公告》（国家税务总局公告2017年第40号）、《财政部 税务总局关于企业委托境外研究开发费用税前加计扣除有关政策问题的通知》（财税〔2018〕64号）、《财政部 税务总局 科技部关于提高研究开发费税前加计扣除比例的通知》（财税〔2018〕99号）、《财政部 税务总局关于延长部分税收优惠政策执行期限的公告》（财政部 税务总局公告2021年第6号）、《财政部 税务总局关于进一步完善研发费用税前加计扣除政策的公告》（2021年第13号）、《国家税务总局关于进一步落实研发费用加计扣除政策有关问题的公告》（国家税务总局2021年第28号）等相关税收政策规定，填报本年发生的研发费用加计扣除优惠情况及结转情况。

一、有关项目填报说明

纳税人根据研发支出辅助账样式选择填报不同行次，当纳税人使用“2021版研发支出辅助账样式”或者使用自行设计研发支出辅助账样式时，第3行“（一）人员人工费用”、第7行“（二）直接投入费用”、第16行“（三）折旧费用”、第19行

“（四）无形资产摊销”、第23行“（五）新产品设计费等”、第28行“（六）其他相关费用”等行次下的明细行次无须填报，上述行次不执行规定的表内计算关系。

1.第1行“本年可享受研发费用加计扣除项目数量”：填报纳税人本年研发项目中可享受研发费用加计扣除优惠政策的项目数量。

2.第2行“一、自主研发、合作研发、集中研发”：填报第3+7+16+19+23+34行金额。

3.第3行“（一）人员人工费用”：填报第4+5+6行金额。

直接从事研发活动的人员、外聘研发人员同时从事非研发活动的，填报按实际工时占比等合理方法分配的用于研发活动的相关费用。

4.第4行“1.直接从事研发活动人员工资薪金”：填报纳税人直接从事研发活动人员，包括研究人员、技术人员、辅助人员的工资、薪金、奖金、津贴、补贴以及按规定可以在税前扣除的对研发人员股权激励的支出。

5.第5行“2.直接从事研发活动人员五险一金”：填报纳税人直接从事研发活动人员，包括研究人员、技术人员、辅助人员的基本养老保险费、基本医疗保险费、失业保险费、工伤保险费、生育保险费和住房公积金。

6.第6行“3.外聘研发人员的劳务费用”：填报与纳税人或劳务派遣企业签订劳务用工协议（合同）的外聘研发人员的劳务费用，以及临时聘用的研究人员、技术人员、辅助人员的劳务费用。

7.第7行“（二）直接投入费用”：填报第8+9+10+11+12+13+14+15行金额。

8.第8行“1.研发活动直接消耗材料费用”：填报纳税人研发活动直接消耗的材料费用。

9.第9行“2.研发活动直接消耗燃料费用”：填报纳税人研发活动直接消耗的燃料费用。

10.第10行“3.研发活动直接消耗动力费用”：填报纳税人研发活动直接消耗的动力费用。

11.第11行“4.用于中间试验和产品试制的模具、工艺装备开发及制造费”：填报纳税人研发活动中用于中间试验和产品试制的模具、工艺装备开发及制造的费用。

12.第12行“5.用于不构成固定资产的样品、样机及一般测试手段购置费”：填报纳税人研发活动中用于不构成固定资产的样品、样机及一般测试手段购置费用。

13.第13行“6.用于试制产品的检验费”：填报纳税人研发活动中用于试制产品的检验费。

14.第14行“7.用于研发活动的仪器、设备的运行维护、调整、检验、维修等费用”：填报纳税人用于研发活动的仪器、设备的运行维护、调整、检验、维修等费用。

15. 第15行“8. 通过经营租赁方式租入的用于研发活动的仪器、设备租赁费”：填报纳税人经营租赁方式租入的用于研发活动的仪器、设备租赁费。以经营租赁方式租入的用于研发活动的仪器、设备，同时用于非研发活动的，填报按实际工时占比等合理方法分配的用于研发活动的相关费用。

16. 第16行“（三）折旧费用”：填报第17+18行金额。

用于研发活动的仪器、设备，同时用于非研发活动的，填报按实际工时占比等合理方法分配的用于研发活动的相关费用。纳税人用于研发活动的仪器、设备，符合税收规定且选择加速折旧优惠政策的，在享受研发费用税前加计扣除政策时，按照税前扣除的折旧口径填报。

17. 第17行“1. 用于研发活动的仪器的折旧费”：填报纳税人用于研发活动的仪器的折旧费。

18. 第18行“2. 用于研发活动的设备的折旧费”：填报纳税人用于研发活动的设备的折旧费。

19. 第19行“（四）无形资产摊销”：填报第20+21+22行金额。用于研发活动的无形资产，同时用于非研发活动的，填报按实际工时占比等合理方法在研发费用和生产经营费用间分配的用于研发活动的相关费用。纳税人用于研发活动的无形资产，符合税收规定且选择加速摊销优惠政策的，在享受研发费用税前加计扣除政策时，按照税前扣除的摊销口径填报。

20. 第20行“1. 用于研发活动的软件的摊销费用”：填报纳税人用于研发活动的软件的摊销费用。

21. 第21行“2. 用于研发活动的专利权的摊销费用”：填报纳税人用于研发活动的专利权的摊销费用。

22. 第22行“3. 用于研发活动的非专利技术（包括许可证、专有技术、设计和计算方法等）的摊销费用”：填报纳税人用于研发活动的非专利技术（包括许可证、专有技术、设计和计算方法等）的摊销费用。

23. 第23行“（五）新产品设计费等”：填报第24+25+26+27行金额。新产品设计费、新工艺规程制定费、新药研制的临床试验费、勘探开发技术的现场试验费等由辅助生产部门提供的，填报按照一定的分配标准分配给研发项目的金额。

24. 第24行“1. 新产品设计费”：填报纳税人研发活动中发生的新产品设计费。

25. 第25行“2. 新工艺规程制定费”：填报纳税人研发活动中发生的新工艺规程

制定费。

26.第26行“3.新药研制的临床试验费”：填报纳税人研发活动中发生的新药研制的临床试验费。

27.第27行“4.勘探开发技术的现场试验费”：填报纳税人研发活动中发生的勘探开发技术的现场试验费。

28.第28行“（六）其他相关费用”：填报第29+30+31+32+33行金额。

29.第29行“1.技术图书资料费、资料翻译费、专家咨询费、高新科技研发保险费”：填报纳税人研发活动中发生的技术图书资料费、资料翻译费、专家咨询费、高新科技研发保险费。

30.第30行“2.研发成果的检索、分析、评议、论证、鉴定、评审、评估、验收费用”：填报纳税人研发活动中发生的研发成果的检索、分析、评议、论证、鉴定、评审、评估、验收费用。

31.第31行“3.知识产权的申请费、注册费、代理费”：填报纳税人研发活动中发生的知识产权的申请费、注册费、代理费。

32.第32行“4.职工福利费、补充养老保险费、补充医疗保险费”：填报纳税人研发活动人员发生的职工福利费、补充养老保险费、补充医疗保险费。

33.第33行“5.差旅费、会议费”：填报纳税人研发活动发生的差旅费、会议费。

34.第34行“（七）经限额调整后的其他相关费用”：填报第28行与其他相关费用限额的孰小值。其他相关费用限额按以下公式计算：

其他相关费用限额＝第3+7+16+19+23行×10%/（1−10%）。

35.第35行“二、委托研发”：填报第36+37+39行金额。

36.第36行“（一）委托境内机构或个人进行研发活动所发生的费用”：填报纳税人研发项目委托境内机构或个人进行研发活动所发生的费用。

37.第37行“（二）委托境外机构进行研发活动发生的费用”：填报纳税人研发项目委托境外机构进行研发活动所发生的费用。

38.第38行“允许加计扣除的委托境外机构进行研发活动发生的费用”：填报纳税人按照税收规定允许加计扣除的委托境外机构进行研发活动发生的研发费用。

39.第39行“（三）委托境外个人进行研发活动发生的费用”：填报纳税人委托境外个人进行研发活动发生的费用。本行不参与加计扣除优惠金额的计算。

40.第40行“三、年度研发费用小计”：填报第2行+第36行×80%+第38行金额。

41.第41行“（一）本年费用化金额”：填报纳税人研发活动本年费用化部分

金额。

42. 第42行“（二）本年资本化金额”：填报纳税人研发活动本年结转无形资产的金额。

43. 第43行“四、本年形成无形资产摊销额”：填报纳税人研发活动本年形成无形资产的摊销额。

44. 第44行“五、以前年度形成无形资产本年摊销额”：填报纳税人研发活动以前年度形成无形资产本年摊销额。

45. 第45行“六、允许扣除的研发费用合计”：填报第41+43+44行金额。

46. 第46行“特殊收入部分”：填报纳税人已归集计入研发费用，但在当期取得的研发过程中形成的下脚料、残次品、中间试制品等特殊收入。

47. 第47行“七、允许扣除的研发费用抵减特殊收入后的金额”：填报第45–46行金额。

48. 第48行“当年销售研发活动直接形成产品（包括组成部分）对应的材料部分”：填报纳税人当年销售研发活动直接形成产品（包括组成部分）对应的材料部分金额。

49. 第49行“以前年度销售研发活动直接形成产品（包括组成部分）对应材料部分结转金额”：填报纳税人以前年度销售研发活动直接形成产品（包括组成部分）对应材料部分结转金额。

50. 第50行“八、加计扣除比例”：根据有关政策规定填报。

51. 第51行“九、本年研发费用加计扣除总额”：填报第（47–48–49）行×第50行的金额，当第47–48–49行<0时，本行填报0。

52. 第52行“十、销售研发活动直接形成产品（包括组成部分）对应材料部分结转以后年度扣减金额”：当第47–48–49行≥0时，填报0；当第47–48–49行<0时，填报第47–48–49行金额的绝对值。

二、表内、表间关系

（一）表内关系

1. 第2行＝第3+7+16+19+23+34行。

2. 第3行＝第4+5+6行。当表A000000“224研发支出辅助账样式”填报“2021版”或“自行设计”时，不执行本规则。

3. 第7行＝第8+9+10+11+12+13+14+15行。当表A000000“224研发支出辅助账样式”填报“2021版”或“自行设计”时，不执行本规则。

4. 第16行＝第17+18行。当表A000000“224研发支出辅助账样式”填报“2021

版”或“自行设计”时，不执行本规则。

5. 第19行=第20+21+22行。当表A000000“224研发支出辅助账样式”填报“2021版”或“自行设计”时，不执行本规则。

6. 第23行=第24+25+26+27行。当表A000000“224研发支出辅助账样式”填报“2021版”或“自行设计”时，不执行本规则。

7. 第28行=第29+30+31+32+33行。当表A000000“224研发支出辅助账样式”填报“2021版”或“自行设计”时，不执行本规则。

8. 第34行=第28行与第3+7+16+19+23行×10%/（1−10%）的孰小值。

9. 第35行=第36+37+39行。

10. 第40行=第2行+第36行×80%+第38行。

11. 第45行=第41+43+44行。

12. 第47行=第45−46行。

13. 第51行=（第47−48−49行）×第50行，当第47−48−49行<0时，本行=0。

14. 当第47−48−49行≥0时，第52行=0；当第47−48−49行<0时，第52行=第46−47−48行金额的绝对值。

（二）表间关系

1. 当表A000000“210−3”项目未填有入库编号时，第51行=表A107010第26行。

2. 当表A000000“210−3”项目填有入库编号时，第51行=表A107010第27行。

十、后续管理与核查

（一）税前扣除或加计扣除额的调整

企业研发费用各项目的实际发生额归集不准确、汇总额计算不准确的，税务机关有权对其税前扣除额或加计扣除额进行合理调整。

（二）加强后续管理与核查

税务部门应加强研发费用加计扣除优惠政策的后续管理，定期开展核查，年度核查面不得低于20%。

税务机关应加强对享受研发费用加计扣除优惠企业的后续管理和监督检查。每年汇算清缴期结束后应开展核查，核查面不得低于享受该优惠企业户数的20%。省级税务机关可根据实际情况制定具体核查办法或工作措施。

（三）税务核查与享受研发费加计扣除的关系

《国家税务总局关于进一步做好企业研究开发费用税前加计扣除政策贯彻落实工作的通知》（税总函〔2016〕685号）明确要求，各级税务机关在落实加计扣除优惠政策时，应以核实企业享受2016年度优惠的有关情况为基准，原则上不核实以前年度有关情况。如企业以前年度存在或发现存在涉税问题，应按相关规定另行处理，不得影响企业享受2016年度加计扣除优惠政策。

十一、研发费用加计扣除财税处理案例

【例4–9】

（一）基本情况

A公司（主营业务不属于财税〔2015〕119号文件规定的负面清单内行业）自主立项、自行研发一项新技术，项目名称为××研究，项目编号为RD1。2020年1至3月为新技术的研究阶段，2020年4至12月为新技术的开发阶段，并于12月底申请到专利交付使用，且开发阶段支出均满足资本化条件（为简便计算，不考虑增值税因素）。

（二）相关业务的会计处理

1.研究阶段（1—3月）

（1）1月，购买专门用于研发的设备，价款600 000元，采用直线法计提折旧，预计使用年限10年，残值率为0，月折旧额为5 000元。

（2）2月支付用于该项目的模具制造费50 000元。

（3）2月采购原材料300 000元，燃料100 000元；RD1耗用原材料200 000元，燃料50 000元。

（4）2月，租赁专用于研发的设备一台，每月租金5 000元，租期一年。

（5）3月支付用于研发的设备运行维护费1 000元。

（6）3月购买项目所需图书资料费5 000元，支付资料翻译费1 000元，支付研发人员培训费10 000元。

（7）在职直接从事研发人员的工资合计200 000元；外聘研发人员劳务费用合计100 000元。

（8）公司自有办公楼用于RD1项目，1—3月折旧额合计20 000元。

（9）用于RD1研发项目的无形资产摊销费合计20 000元。

（10）结转研究阶段费用化支出。

2. 开发阶段（4—12月）

（11）在职直接从事研发的人员工资合计1 000 000元；外聘研发人员劳务费用合计500 000元。

（12）采购原材料800 000元，辅助材料200 000元；RD1耗用原材料600 000元，辅助材料100 000元。

（13）支付研发试制产品的检验费2 000元。

（14）支付用于该项目的模具制造费100 000元。

（15）1月所购买设备4—12月计提折旧45 000元。

（16）1月所租赁设备4—12月租金合计45 000元。

（17）公司自有办公楼4—12月计提折旧60 000元。

（18）用于RD1项目的无形资产摊销费合计50 000元。

（19）购买项目所需图书资料费8 000元，资料翻译费2 000元，办公费5 000元。

（20）12月RD1验收合格，支付评估验收费10 000元，支付专利注册费5 000元。

（21）12月结转无形资产资本化支出。

（22）采取直线法按10年对该专利进行摊销。

3. 可加计扣除研究开发费用的归集

（1）费用化研发支出。A公司RD1项目2020年的费用化研发支出中，不符合财税〔2015〕119号文件规定而不适用加计扣除的费用包括：

①研究阶段计提办公楼折旧费20 000元；

②3月支出研发人员培训费10 000元。

其他相关费用支出6 000元，未超过限额，可全额计算加计扣除。

费用化支出中可加计扣除的研发费合计647 000元。

（2）资本化研发支出。A公司2020年的资本化研发支出中，不符合财税〔2015〕119号文件规定而不适用加计扣除的费用包括：

①开发阶段计提办公楼折旧费60 000元；

②3月支出办公费5 000元。

其他相关费用支出25 000元，未超过限额，可全额计算加计扣除。

资本化支出中可加计扣除的研发费合计2 467 000元。

（三）享受研发费用加计扣除政策的申报

A公司RD1项目2020年允许加计扣除的费用化支出为647 000元，可按规定享受加计扣除优惠政策，项目加计扣除额为：647 000×75%=485 250（元）。

形成无形资产的资本化支出合计2 532 000元，剔除不允许加计扣除的费用后，可加计摊销的资本化研发支出为1 233 500元，2020年12月的摊销额为20 558.34元，计算加计摊销额为15 418.76元。

故2020年度汇算清缴中，A公司RD1项目本年研发费用加计扣除（摊销）额合计500 668.76元，申报享受加计扣除政策合计可减少应纳税额83 444.79元（按25%法定税率计算）。

要求根据上述资料：

（1）进行相关的财税处理；

（2）计算可加计扣除费用化支出和资本化支出。

【解析】

1.购买设备

借：固定资产——设备　　600 000

　贷：银行存款　　600 000

计提2—3月设备折旧费

借：研发支出——RD1——费用化支出——固定资产——设备折旧费

　　10 000

　贷：累计折旧　　10 000

2. 2月支付用于该项目的模具制造费50 000元。

支付模具制造费

借：研发支出——RD1——费用化支出——中间试验费——模具制造费

　　50 000

　贷：银行存款　　50 000

3. 2月采购原材料300 000元，燃料100 000元；RD1耗用原材料200 000元，燃料50 000元。

采购材料、燃料

借：原材料——材料　　300 000

　　——燃料　　100 000

　贷：银行存款　　400 000

研发耗用材料、燃料：

借：研发支出——RD1——费用化支出——材料　　250 000

　贷：原材料——材料　　200 000

　　——燃料　　50 000

4. 2月，租赁专用于研发的设备一台，每月租金5 000元，租期一年。

支出2—3月研发设备租赁费

借：研发支出——RD1——费用化支出——固定资产——设备租赁费

10 000

贷：银行存款 10 000

5. 3月支付用于研发的设备运行维护费1 000元。

支付设备运行维护费

借：研发支出——RD1——费用化支出——固定资产——设备运行维护费

1 000

贷：库存现金 1 000

6. 3月购买项目所需图书资料费5 000元，支付资料翻译费1 000元，支付研发人员培训费10 000元。

支付研发活动其他相关费用：

借：研发支出——RD1——费用化支出——其他相关费用——资料费

5 000

——RD1——费用化支出——其他相关费用——翻译费

1 000

——RD1——费用化支出——其他相关费用——培训费

10 000

贷：银行存款 16 000

7.在职直接从事研发人员的工资合计200 000元；外聘研发人员劳务费用合计100 000元。

计提在职研发人员人工费：

借：研发支出——RD1——费用化支出——人员人工——工资 200 000

贷：应付职工薪酬——工资 200 000

支付在职研发人员人工费：

借：应付职工薪酬——工资 200 000

贷：银行存款 200 000

计提外聘研发人员劳务费：

借：研发支出——RD1——费用化支出——人员人工——外聘人员劳务费

100 000

贷：应付职工薪酬——工资 100 000

支付外聘研发人员劳务费：

借：应付职工薪酬——工资 100 000

　　贷：银行存款 100 000

8.公司自有办公楼用于RD1项目，1—3月折旧额合计20 000元。

计提1—3月办公楼折旧费

借：研发支出——RD1——费用化支出——固定资产——房屋折旧费 20 000

　　贷：累计折旧 20 000

9.用于RD1研发项目的无形资产摊销费合计20 000元。

计提1—3月研发用无形资产（××专利）摊销

借：研发支出——RD1——费用化支出——无形资产摊销——××专利 20 000

　　贷：累计摊销 20 000

10.结转研究阶段费用化支出。

结转费用化支出

借：管理费用 677 000

　　贷：研发支出——RD1——费用化支出 677 000

（四）开发阶段（4—12月）

11.在职直接从事研发人员的工资合计1 000 000元；外聘研发人员劳务费用合计500 000元。

计提在职研发人员人工费：

借：研发支出——RD1——资本化支出——人员人工——工资 1 000 000

　　贷：应付职工薪酬——工资 1 000 000

支付在职研发人员人工费：

借：应付职工薪酬——工资 1 000 000

　　贷：银行存款 1 000 000

12.采购原材料800 000元，辅助材料200 000元；RD1耗用原材料600 000元，辅助材料100 000元。

采购材料、辅助材料：

借：原材料——材料 800 000

　　　　——辅助材料 200 000

　　贷：银行存款 1 000 000

研发耗用材料、辅助材料：

借：研发支出——RD1——资本化支出——原材料——材料　　700 000

　　贷：原材料——材料　　600 000

　　　　——辅助材料　　100 000

13. 支付研发试制产品的检验费2 000元。

支付试制产品检验费：

借：研发支出——RD1——资本化支出——中间试验费——试制产品检验费

2 000

　　贷：银行存款　　2 000

14. 支付用于该项目的模具的制造费100 000元。

支付模具制造费：

借：研发支出——RD1——资本化支出——中间试验费——模具制造费

100 000

　　贷：银行存款　　100 000

15.1月所购买设备4—12月计提折旧45 000元。

计提4—12月设备折旧费：

借：研发支出——RD1——资本化支出——固定资产——设备折旧费

45 000

　　贷：累计折旧　　45 000

16.1月所租赁设备4—12月租金合计45 000元。

支付4—12月研发设备租赁费：

借：研发支出——RD1——资本化支出——固定资产——设备租赁费

45 000

　　贷：银行存款　　45 000

17. 公司自有办公楼4—12月计提折旧60 000元。

计提4—12月办公楼折旧费：

借：研发支出——RD1——资本化支出——固定资产——房屋折旧费

60 000

　　贷：累计折旧　　60 000

18. 用于RD1项目的无形资产摊销费合计50 000元。

计提4—12月无形资产（××专利权）摊销：

借：研发支出——RD1——资本化支出——无形资产摊销——××专利

50 000

贷：累计摊销 50 000

19.购买项目所需图书资料费8 000元，资料翻译费2 000元，办公费5 000元。

支付研发活动其他相关费用：

借：研发支出——RD1——资本化支出——其他相关费用——资料费 8 000

——RD1——资本化支出——其他相关费用——翻译费 2 000

——RD1——资本化支出——其他相关费用——办公费 5 000

贷：银行存款 15 000

20.12月RD1验收合格，支付评估验收费10 000元，专利注册费5 000元。

支付研发活动其他相关费用：

借：研发支出——RD1——资本化支出——其他相关费用——评估验收费 10 000

——RD1——资本化支出——其他相关费用——专利注册费 5 000

贷：银行存款 15 000

21.12月结转无形资产资本化支出。

结转资本化支出：

借：无形资产——自创专利 2 532 000

贷：研发支出——RD1——资本化支出 2 532 000

22.采取直线法按10年对该专利进行摊销。

12月摊销该自创专利权：

借：管理费用 21 100

贷：无形资产摊销——自创专利 21 100

第三节 科技型中小企业研发费加计扣除

为进一步激励中小企业加大研发投入、支持科技创新，2017年4月19日，国务院常务会议决定，将科技型中小企业研发费用税前加计扣除比例由50%提高至75%。

根据国务院决定，2017年5月2日，财政部、税务总局和科技部下发了《关于提高科技型中小企业研究开发费用税前加计扣除比例的通知》（财税〔2017〕34号），对提高科技型中小企业研究开发费用税前加计扣除比例问题进行了明确。2017年5月4日，科技部、财政部、税务总局联合发布了《关于印发〈科技型中小企业评价办法〉的通知》（国科发政〔2017〕115号），明确了科技型中小企业的条件和管理办法。为进一步明确政策执行口径、保证优惠政策的贯彻实施，国家税务总局发布了《关于提高科技型中小企业研究开发费用税前加计扣除比例有关问题的公告》（2017年第18号）。

一、科技型中小企业研发费加计扣除75%

（一）科技型中小企业研发费加计扣除75%优惠

科技型中小企业开展研发活动中实际发生的研发费用，未形成无形资产计入当期损益的，在按规定据实扣除的基础上，在2017年1月1日至2019年12月31日期间，再按照实际发生额的75%在税前加计扣除；形成无形资产的，在上述期间按照无形资产成本的175%在税前摊销。

科技型中小企业开展研发活动实际发生的研发费用，在2019年12月31日以前形成的无形资产，在2017年1月1日至2019年12月31日期间发生的摊销费用，可适用研发费用加计扣除75%优惠政策。

自2020年1月1日起，科技型中小企业发生的符合规定的研究开发费用，可以按照《财政部 税务总局 科技部关于提高研究开发费用税前加计扣除比例的通知》（财税〔2018〕99号）和《财政部 税务总局关于延长部分税收优惠政策执行期限的公告》（2021年第6号）的规定，加计扣除75%。

自2021年1月1日起，符合条件的制造业企业中的科技型中小企业发生的研发费用，可以按照《财政部 税务总局关于进一步完善研发费用税前加计扣除政策的公告》（2021年第13号）的规定享受加计扣除100%。

（二）科技型中小企业研发费加计扣除口径

科技型中小企业享受研发费用税前加计扣除政策的其他政策口径按照《财政部 国家税务总局 科技部关于完善研究开发费用税前加计扣除政策的通知》（财税〔2015〕119号）等规定执行。

科技型中小企业享受研发费用税前加计扣除政策的其他政策口径和管理事项仍按照《国家税务总局关于企业研究开发费用税前加计扣除政策有关问题的公告》

（2015年第97号）、《企业所得税优惠政策事项办理办法》（国家税务总局公告2018年第23号）和《国家税务总局关于研发费用税前加计扣除归集范围有关问题的公告》（2017年第40号）的规定执行。

考虑到提高科技型中小企业研发费用税前加计扣除比例政策执行期限为3年，而无形资产摊销涉及多个年度，为提高政策的确定性和可操作性，财税〔2017〕34号文件明确科技型中小企业开展研发活动中实际发生的研发费用形成无形资产的，在2017年1月1日至2019年12月31日期间按照无形资产成本的175%在税前摊销。

为便于理解和把握，国家税务总局公告2017年第18号对形成无形资产并适用财税〔2017〕34号文件规定优惠政策的情形作了进一步明确，即：2019年12月31日以前形成的无形资产，包括在2017年以前年度及2017年1月1日至2019年12月31日期间形成的无形资产、在2017年1月1日至2019年12月31日期间发生的摊销费用，均可以适用财税〔2017〕34号规定的提高加计扣除比例的优惠政策。比如，某科技型中小企业在2016年1月通过研发形成无形资产，计税基础为100万元，摊销年限为10年。假设其计税基础所归集的研发费用均属于允许加计扣除的范围，则其在2016年度按照原有规定可税前摊销15（10×150%）万元，2017、2018、2019年度每年可税前摊销17.5（100÷10×175%）万元。再如，某科技型中小企业在2018年1月通过研发形成无形资产，计税基础为100万元，摊销年限为10年。假设其计税基础所归集的研发费用均属于允许加计扣除的范围，则其在2018、2019年度每年均可税前摊销17.5（100/10×175%）万元。

二、科技型中小企业应符合的条件

科技型中小企业须同时满足以下条件。

（一）境内注册居民企业

科技型中小企业须同时满足的第一个条件，是在中国境内（不包括港、澳、台地区）注册的居民企业。

对于非居民企业和境外注册中资控股居民企业，不能享受科技型中小企业研究开发费用加计扣除75%优惠。

（二）职工总数、销售收入与资产总额

科技型中小企业须同时满足的第二个条件，是职工总数不超过500人、年销售收入不超过2亿元、资产总额不超过2亿元。

这里的企业职工总数包括企业在职、兼职和临时聘用人员。在职人员通过企业是否签订了劳动合同或缴纳社会保险费来鉴别，兼职、临时聘用人员全年须在企业累计工作6个月以上。

企业销售收入为主营业务与其他业务收入之和。资产总额应以企业上一年度会计报表期末数为准。

企业职工总数、科技人员数均按照全年季平均数计算。

季平均数=（季初数+季末数）÷2

全年季平均数=全年各季平均数之和 ÷4

当年注册的企业，以其实际经营期作为一个会计年度确定相关指标。

（三）产品和服务不属禁止、限制和淘汰类

科技型中小企业须同时满足的第三个条件，为企业提供的产品和服务不属于国家规定的禁止、限制和淘汰类。

（四）安全生产、环境保护与诚信

科技型中小企业须同时满足的第四个条件，为企业在填报上一年及当年内未发生重大安全、重大质量事故和严重环境违法、科研严重失信行为，且企业未列入经营异常名录和严重违法失信企业名单。

（五）综合评价得分

科技型中小企业须同时满足的第五个条件，为企业根据科技型中小企业评价指标进行综合评价所得分值不低于60分，且科技人员指标得分不得为0分。

这里所讲的企业科技人员，是指企业直接从事研发和相关技术创新活动，以及专门从事上述活动管理和提供直接服务的人员，包括在职、兼职和临时聘用人员，兼职、临时聘用人员全年须在企业累计工作6个月以上。

（六）可直接确认为科技型中小企业的特定条件

根据《科技型中小企业评价办法》第八条的规定，符合上述第（一）至（四）项条件的企业，若同时符合下列条件中的一项，则可直接确认符合科技型中小企业条件：

（1）企业拥有仍在有效期内的高新技术企业资格证书。

（2）企业近五年内获得过国家级科技奖励，并在获奖单位中排在前三名。

（3）企业拥有经认定的省部级以上研发机构。

省部级以上研发机构包括国家（省、部）重点实验室、国家（省、部）工程

技术研究中心、国家（省、部）工程实验室、国家（省、部）工程研究中心、国家（省、部）企业技术中心、国家（省、部）国际联合研究中心等。

（4）企业近五年内主导制定过国际标准、国家标准或行业标准。

企业主导制定国际标准、国家标准或行业标准是指企业在国家标准化委员会、工业和信息化部、国际标准化组织等主管部门的相关文件中排名起草单位前五名。这里的近五年包括填报当年。

三、科技型中小企业界定与评价工作模式

科技型中小企业，根据《科技型中小企业评价办法》第二条的规定，是指依托一定数量的科技人员从事科学技术研究开发活动，取得自主知识产权并将其转化为高新技术产品或服务，从而实现可持续发展的中小企业。

科技型中小企业评价工作采取企业自主评价、省级科技管理部门组织实施、科技部服务监督的工作模式，坚持服务引领、放管结合、公开透明的原则。

科技部负责建设“全国科技型中小企业信息服务平台”（以下简称“服务平台”）和“全国科技型中小企业信息库”（以下简称“信息库”）。

企业可根据该办法进行自主评价，并按照自愿原则到服务平台填报企业信息，经公示无异议的，纳入信息库。

具体流程是：

（1）企业自主评价，并在线填报“科技型中小企业信息表”。

（2）省级科技管理部门组织有关单位对企业填报的“科技型中小企业信息表”内容是否完整进行确认。内容不完整的，在服务平台上通知企业补正。

（3）信息完整且符合条件的，由省级科技管理部门在服务平台公示10个工作日。

（4）公示无异议的企业，纳入信息库并在服务平台公告；有异议的，由省级科技管理部门组织有关单位进行核实处理。

（5）省级科技管理部门为入库企业赋予科技型中小企业入库登记编号。

取得科技型中小企业入库登记编号的企业即为科技型中小企业，可享受科技型中小企业研发费用75%加计扣除优惠政策。

四、科技型中小企业评价指标

根据《科技型中小企业评价办法》，科技型中小企业评价指标具体包括科技人

员、研发投入、科技成果三类，满分100分。

（一）科技人员指标

科技人员指标（满分20分），按科技人员数占企业职工总数的比例分档评价。

A. 30%（含）以上（20分） B. 25%（含）—30%（16分）

C. 20%（含）—25%（12分） D. 15%（含）—20%（8分）

E. 10%（含）—15%（4分） F. 10%以下（0分）

（二）研发投入指标

研发投入指标（满分50分），企业从（1）（2）两项指标中选择一个指标进行评分。

1. 按企业研发费用总额占销售收入总额的比例分档评价。

A. 6%（含）以上（50分） B. 5%（含）—6%（40分）

C. 4%（含）—5%（30分） D. 3%（含）—4%（20分）

E. 2%（含）—3%（10分） F. 2%以下（0分）

2. 按企业研发费用总额占成本费用支出总额的比例分档评价。

A. 30%（含）以上（50分） B. 25%（含）—30%（40分）

C. 20%（含）—25%（30分） D. 15%（含）—20%（20分）

E. 10%（含）—15%（10分） F. 10%以下（0分）

（三）科技成果指标

科技成果指标（满分30分），按企业拥有的在有效期内的与主要产品（或服务）相关的知识产权类别和数量（知识产权应没有争议或纠纷）分档评价。

A. 1项及以上Ⅰ类知识产权（30分） B. 4项及以上Ⅱ类知识产权（24分）

C. 3项Ⅱ类知识产权（18分） D. 2项Ⅱ类知识产权（12分）

E. 1项Ⅱ类知识产权（6分） F. 没有知识产权（0分）

知识产权采用分类评价，其中，发明专利、植物新品种、国家级农作物品种、国家新药、国家一级中药保护品种、集成电路布图设计专有权按Ⅰ类评价；实用新型专利、外观设计专利、软件著作权按Ⅱ类评价。

五、信息填报与登记入库

（一）信息填报与公示公告

企业可对照科技型中小企业评价办法自主评价是否符合科技型中小企业条件，

认为符合条件的，可自愿在服务平台上注册登记企业基本信息，在线填报“科技型中小企业信息表”。

各省级科技管理部门组织有关单位对企业填报的“科技型中小企业信息表”内容是否完整进行确认。内容不完整的，在服务平台上通知企业补正。信息完整且符合条件的，由省级科技管理部门在服务平台公示10个工作日。

公示无异议的企业，纳入信息库并在服务平台公告；有异议的，由省级科技管理部门组织有关单位进行核实处理。

（二）登记编号的赋予与查询

省级科技管理部门为入库企业赋予科技型中小企业入库登记编号（以下简称“登记编号”）。

有关单位可通过服务平台查验企业的登记编号。

（三）信息更新

已入库企业应在每年3月底前通过服务平台对“科技型中小企业信息表”中的信息进行更新，并对本企业是否仍符合科技型中小企业条件进行自主评价，仍符合条件的，由省级科技管理部门按《科技型中小企业评价办法》第十条和第十一条的规定程序办理。

（四）更名与重大变化处理

已入库企业发生更名或与规定的条件有关的重大变化的，应在三个月内通过服务平台填报变化情况。

（五）登记编号的撤销

已入库企业有下列行为之一的，由省级科技管理部门撤销其行为发生年度登记编号并在服务平台上公告：

（1）企业发生重大变化，不再符合规定条件的；

（2）存在严重弄虚作假行为的；

（3）发生科研严重失信行为的；

（4）发生重大安全、重大质量事故或有严重环境违法行为的；

（5）被列入经营异常名录和严重违法失信企业名单的；

（6）未按期更新“科技型中小企业信息表”信息的。

（六）监督检查与抽查

科技部根据工作需要对省级科技管理部门管理工作进行监督检查。省级科技管理部门对已入库企业进行抽查，对经抽查或审核确认企业不符合条件的，由省级科技管理部门按照《科技型中小企业评价办法》第十四条的规定处理。

六、优惠的享受与停止

（一）优惠的开始享受

企业在汇算清缴期内按照规定取得科技型中小企业登记编号的，其汇算清缴年度可享受研发费加计扣除75%的优惠政策。企业按规定更新信息后不再符合条件的，其汇算清缴年度不得享受科技型中小企业研发费加计扣除75%的优惠政策。但仍可以享受一般企业加计扣除优惠。

（二）撤销登记编号的不得享受优惠

因不符合科技型中小企业条件而被科技部门撤销登记编号的企业，相应年度不得享受科技型中小企业研发费加计扣除75%的优惠政策，但仍可以享受一般企业研发费用加计扣除优惠。

享受规定的提高科技型中小企业研发费加计扣除比例到75%优惠政策的主体是科技型中小企业，因此，能否符合科技型中小企业条件是享受优惠政策的前提。按照《科技型中小企业评价办法》的规定，科技型中小企业经公示确认并取得登记编号表明其符合科技型中小企业条件，相应地，不符合科技型中小企业条件而被科技部门撤销登记编号的企业，相应年度不得享受规定的优惠政策，已享受的应补缴相应年度的税款。

按照《科技型中小企业评价办法》，科技型中小企业是否符合条件，主要依据其上一年度数据进行判断，因此，科技型中小企业经公示并取得入库登记编号说明其上一年度符合科技型中小企业的条件。其中包括两种情况：一是企业上一年度没有取得入库登记编号，本年新取得入库登记编号的；二是上一年度已取得入库登记编号，本年更新信息后仍符合条件从而又取得入库登记编号的。由此，综合考虑财税〔2017〕34号文件和《科技型中小企业评价办法》相关规定的有效衔接问题，国家税务总局公告2017年第18号明确企业在汇算清缴期内按照《科技型中小企业评价办法》第十条至第十二条规定取得科技型中小企业入库登记编号的，其汇算清缴年度可享受财税〔2017〕34号文件规定的研发费用加计扣除75%优惠政策。企业按《科技型中小企业评价办法》第十二条规定更新信息后不再符合条件的，其汇算清缴年度不得享受规定的优惠政策。

比如，某科技型中小企业在2019年5月取得入库登记编号，2019年5月正值2018年度汇算清缴期间，因此，该企业可以在2018年度享受财税〔2017〕34号文件规定的优惠政策；如该企业2020年3月底前更新信息后仍符合条件，可以在2019年度享受研发费用加计扣除75%的优惠政策；如该企业2020年3月底前更新信息后不符合条件，则该企业在2019年度不得享受研发费用加计扣除75%的优惠政策。

七、主要留存备查资料

科技型中小企业开发新技术、新产品、新工艺发生的研究开发费用加计扣除，属于汇算清缴才可享受的优惠事项，享受优惠后纳税人需要准备的主要留存备查资料有：

（1）自主、委托、合作研究开发项目计划书和企业有权部门关于自主、委托、合作研究开发项目立项的决议文件；

（2）自主、委托、合作研究开发专门机构或项目组的编制情况和研发人员名单；

（3）经科技行政主管部门登记的委托、合作研究开发项目的合同；

（4）从事研发活动的人员（包括外聘人员）和用于研发活动的仪器、设备、无形资产的费用分配说明（包括工作使用情况记录及费用分配计算证据材料）；

（5）集中研发项目研发费决算表、集中研发项目费用分摊明细情况表和实际分享收益比例等资料；

（6）“研发支出”辅助账及汇总表；

（7）企业已取得的地市级（含）以上科技行政主管部门出具的鉴定意见；

（8）科技型中小企业取得的入库登记编号证明资料。

八、研发费用加计扣除综合案例

【案例4–10】A公司为一家从事生物药品研发与制造的高新技术企业，2021年度对甲、乙、丙三个研发项目进行研发，其中，甲项目为自主研发，乙项目委托中国境内某药科大学进行研发，丙项目委托香港某研发机构研发。

甲自主研发项目共计支出166万元，相关明细情况如下：

（1）2021年3月支付研发人员工资45万元、“五险一金”15万元，支付研发人员的职工教育经费5万元，发生研发人员的职工福利费4万元；

（2）研发消耗的直接材料、燃料和动力费用20万元，用于研发活动的仪器租赁费5万元，与研发活动有关的房屋租赁费10万元；

（3）研发中心办公用房折旧费19万元，研发设备折旧费用10万元；

（4）支付新药研制的临床试验费用15万元；

（5）与研发活动直接相关的技术图书资料费、资料翻译费合计18万元。

2021年7月10日，甲项目有60万元研发支出由“研发支出——资本化支出”转入“无形资产”科目（按10年摊销），其余106万元均已作为当年费用化支出。

支付乙项目委托研发费用150万元，最终项目研发失败。

支付丙项目委托研发费用180万元（全部为费用化支出）。

另外，A公司2021年度销售研发过程中形成的下脚料取得收入15万元，以前年度B自主研发项目形成的无形资产每年摊销金额40万元。以上金额均不考虑增值税。

要求：计算可加计扣除的研发费用中的其他相关费用金额和研发费用加计扣除额。

【解析】

1.甲自主研发项目

职工薪酬中的职工教育经费5万元、与研发活动有关的房屋租赁费10万元、办公用房折旧费19万元，不得加计扣除。研发失败发生的研发费用可以加计扣除。研发人员的职工福利费4万元属于其他相关费用。

除其他相关费用外的允许加计扣除的研发费用为：

166-（5+10+19）-（4+18）=110（万元）

允许加计扣除的其他相关费用限额：

110÷（1-10%）×10%=12.2222（万元），小于实际发生的其他相关费用22万元（18+4），应按限额扣除。

因而，A公司2021年甲项目允许享受加计扣除优惠的研发费总额：

110+12.2222=122.2222（万元）

由于会计上按60万元作为资本化支出并结转无形资产，其余106万元费用化处理计入管理费用，因此，应按比例计算允许加计扣除的资本化金额和费用化金额。

允许加计扣除的资本化金额：122.2222×60/166=44.1767（万元）

允许加计扣除的费用化金额：122.2222×106/166=78.0455（万元）

2021年度无形资产摊销金额=44.1767÷10÷12×6+40=42.2088（万元）

2.委托研发

自2018年1月1日起，委托境外进行研发活动所发生的费用，按照费用实际发生额的80%计入委托方的委托境外研发费用。

委托境外研发费用不超过境内符合条件的研发费用三分之二的部分，可按规定在企业所得税前加计扣除。

境内研发费用的2/3：（12.2222+150×80%）×2/3=161.4815（万元）

委托境外研发费用的80%为：180×80%=144（万元），小于境内研发费用的2/3，因而，委托研发的加计扣除基数：

150×80%+144=264（万元）

3.年度可加计扣除的研发费用小计：

122.2222+ 264 =386.2222（万元）

其中，本年费用化金额：78.0455+264=342.0455（万元）

本年资本化金额为：44.1767万元。

4.无形资产摊销额42.2088万元，其中，

本年形成无形资产摊销额：44.1767÷10÷12×6=2.2088（万元）

以前年度形成的无形资产摊销额：40万元。

5.本年允许扣除的研发费用合计：

78.0455+264+2.2088+40=384.2543（万元）。

6.扣减特殊收入后的允许加计扣除的研发费用：

研发过程中形成的下脚料收入15万元，应从当期研发费用中扣除。扣除特殊收入后金额为：384.2543−15=369.2543（万元）。

7.本年研发费用加计扣除总额：

369.2543×100%=369.2543（万元）。

如表4−8所示。

表4−8　A107012　　　研发费用加计扣除优惠明细表

行次	项　　目	金额/数量
1	本年可享受研发费用加计扣除项目数量	3
2	一、自主研发、合作研发、集中研发（3+7+16+19+23+34）	122.2222
3	（一）人员人工费用（4+5+6）	60
4	1.直接从事研发活动人员工资薪金	45
5	2.直接从事研发活动人员五险一金	15
6	3.外聘研发人员的劳务费用	
7	（二）直接投入费用（8+9+10+11+12+13+14+15）	25
8	1.研发活动直接消耗材料费用	20
9	2.研发活动直接消耗燃料费用	

续表

行次	项目	金额/数量
10	3.研发活动直接消耗动力费用	
11	4.用于中间试验和产品试制的模具、工艺装备开发及制造费	
12	5.用于不构成固定资产的样品、样机及一般测试手段购置费	
13	6.用于试制产品的检验费	
14	7.用于研发活动的仪器、设备的运行维护、调整、检验、维修等费用	
15	8.通过经营租赁方式租入的用于研发活动的仪器、设备租赁费	5
16	（三）折旧费用（17+18）	10
17	1.用于研发活动的仪器的折旧费	
18	2.用于研发活动的设备的折旧费	10
19	（四）无形资产摊销（20+21+22）	
20	1.用于研发活动的软件的摊销费用	
21	2.用于研发活动的专利权的摊销费用	
22	3.用于研发活动的非专利技术（包括许可证、专有技术、设计和计算方法等）的摊销费用	
23	（五）新产品设计费等（24+25+26+27）	15
24	1.新产品设计费	
25	2.新工艺规程制定费	
26	3.新药研制的临床试验费	15
27	4.勘探开发技术的现场试验费	
28	（六）其他相关费用（29+30+31+32+33）	22
29	1.技术图书资料费、资料翻译费、专家咨询费、高新科技研发保险费	18
30	2.研发成果的检索、分析、评议、论证、鉴定、评审、评估、验收费用	
31	3.知识产权的申请费、注册费、代理费	
32	4.职工福利费、补充养老保险费、补充医疗保险费	4
33	5.差旅费、会议费	
34	（七）经限额调整后的其他相关费用	12.2222
35	二、委托研发（36+37+39）	330
36	（一）委托境内机构或个人进行研发活动所发生的费用	150
37	（二）委托境外机构进行研发活动发生的费用	180
38	其中：允许加计扣除的委托境外机构进行研发活动发生的费用	144
39	（三）委托境外个人进行研发活动发生的费用	
40	三、年度研发费用小计（2+36×80%+38）	386.2222
41	（一）本年费用化金额	342.0455

续表

行次	项　　目	金额/数量
42	（二）本年资本化金额	44.1767
43	四、本年形成无形资产摊销额	2.2088
44	五、以前年度形成无形资产本年摊销额	40
45	六、允许扣除的研发费用合计（41+43+44）	384.2543
46	减：特殊收入部分	15
47	七、允许扣除的研发费用抵减特殊收入后的金额（45-46）	369.2543
48	减：当年销售研发活动直接形成产品（包括组成部分）对应的材料部分	
49	减：以前年度销售研发活动直接形成产品（包括组成部分）对应材料部分结转金额	
50	八、加计扣除比例（%）	100
51	九、本年研发费用加计扣除总额（47-48-49）×50	369.2543
52	十、销售研发活动直接形成产品（包括组成部分）对应材料部分结转以后年度扣减金额（当47-48-49≥0，本行=0；当47-48-49<0，本行=47-48-49的绝对值）	

第四节　安置残疾人员所支付的工资加计扣除

一、安置残疾人员所支付的工资加计扣除100%

《企业所得税法》第三十条规定，企业安置残疾人员及国家鼓励安置的其他就业人员所支付的工资，可以在计算应纳税所得额时加计扣除。根据《企业所得税法实施条例》第九十六条的规定，企业安置残疾人员所支付的工资的加计扣除，是指企业安置残疾人员的，在按照支付给残疾职工工资据实扣除的基础上，按照支付给残疾职工工资的100%加计扣除。残疾人员的范围适用《中华人民共和国残疾人保障法》的有关规定。

企业安置国家鼓励安置的其他就业人员所支付的工资的加计扣除办法，由国务院另行规定。

二、享受安置残疾职工工资加计扣除的条件

企业享受安置残疾职工工资100%加计扣除应同时具备如下条件：

（1）依法与安置的每位残疾人签订了1年以上（含1年）的劳动合同或服务协议，并且安置的每位残疾人在企业实际上岗工作。

（2）为安置的每位残疾人按月足额缴纳了企业所在区县人民政府根据国家政策规定的基本养老保险、基本医疗保险、失业保险和工伤保险等社会保险。

（3）定期通过银行等金融机构向安置的每位残疾人实际支付了不低于企业所在区县适用的经省级人民政府批准的最低工资标准的工资。

（4）具备安置残疾人上岗工作的基本设施。

对没有给残疾职工缴纳社会保险费的，不能享受工资加计扣除的优惠。

三、加计扣除的时点

（一）残疾职工工资的加计扣除时点

企业就支付给残疾职工的工资，在进行企业所得税预缴申报时，允许据实计算扣除；在年度终了进行企业所得税年度申报和汇算清缴时，再依照规定计算加计扣除。

与其他税收优惠以及亏损弥补的原理不同，安置残疾人所支付的工资在年度中间预缴所得税时，允许据实扣除，在年度终了进行企业所得税年度汇算清缴时，再依照税法规定享受加计扣除优惠。

（二）汇算清缴才能享受的优惠事项

下列企业所得税优惠事项在年度汇算清缴时才能享受，季（月）度预缴时不能享受优惠：

（1）购置用于环境保护、节能节水、安全生产等专用设备的投资额按一定比例实行税额抵免；

（2）安置残疾人员及国家鼓励安置的其他就业人员所支付的工资加计扣除；

（3）创业投资企业按投资额的一定比例抵扣应纳税所得额；

（4）有限合伙制创业投资企业法人合伙人按投资额的一定比例抵扣应纳税所得额；

（5）受灾地区的促进就业企业限额减征企业所得税；

（6）支持和促进重点群体创业就业企业限额减征企业所得税；

（7）扶持自主就业退役士兵创业就业企业限额减征企业所得税；

（8）（存在税会差异）固定资产或购入软件等可以加速折旧或摊销（六大行业、

四个领域固定资产加速折旧或一次性扣除除外）。

四、主要留存备查资料

企业安置残疾人员的，在按照支付给残疾职工工资据实扣除的基础上，按照支付给残疾职工工资的100%加计扣除优惠，属于汇算清缴才可以享受的优惠事项。享受优惠后，纳税人需要准备的主要留存备查资料有：

（1）为安置的每位残疾人按月足额缴纳了企业所在区县人民政府根据国家政策规定的基本养老保险、基本医疗保险、失业保险和工伤保险等社会保险证明资料；

（2）通过非现金方式支付工资薪酬的证明；

（3）安置残疾职工名单及其“残疾人证”或“残疾军人证”；

（4）与残疾人员签订的劳动合同或服务协议。

第五节　加计扣除风险识别与应对

一、加计扣除——其他项目不实风险

（一）识别指标与风险描述

企业所得税年度纳税申报表附表A107010第30行“其他”金额>0。

本指标识别纳税人申报“加计扣除——其他”，存在业务事项的真实性风险。

（二）风险应对

充分利用风险管理系统开展全面的分析工作，结合金税三期综合征管软件中企业所得税年度纳税申报表附表“免税、减计收入及加计扣除优惠明细表”（A107010）第30行“加计扣除——其他”行次等数据，对其他加计扣除优惠进行全面分析，再根据情况确定是否需要纳税人提供资料或者开展实地检查，并根据获取的资料或者实地检查结果进行相应处理。该项目应对主要包括以下内容：

（1）核查企业基础登记信息和认定信息的准确性。

（2）核查是否符合加计扣除的行业条件。

（3）核查加计扣除的项目名称、项目及金额是否符合税法加计扣除的规定。

（4）核查加计扣除金额计算是否准确。

（5）存在少缴纳税款情形的，通知纳税人补缴并按规定加收滞纳金。

二、研发费加计扣除不实风险

（一）识别指标与风险描述

1.研发活动直接消耗材料、燃料、动力费用/自主研发、合作研发、集中研发金额≥70%，且本年研发费用加计扣除总额≥200万元；

2.人员人工费用/自主研发、合作研发、集中研发金额≥70%，且本年研发费用加计扣除总额≥300万元；

3.变动幅度=[（本年人员人工费用/本年自主研发、合作研发、集中研发金额）-（上年人员人工费用/上年自主研发、合作研发、集中研发金额）]/（上年人员人工费用/上年自主研发、合作研发、集中研发金额）≥50%或≤-50%，且本年研发费用加计扣除总额≥200万元；

4.折旧费用/自主研发、合作研发、集中研发金额≥30%，且本年研发费用加计扣除总额≥100万元；

5.本年研发费用加计扣除总额>0，且税务登记行业大类=住宿和餐饮业、批发和零售业、房地产业、租赁和商务服务业，或者税务登记行业小类=烟草制造业、娱乐业；

6.税务登记行业门类≠信息传输、软件和信息技术服务业、科学研究和技术服务业，且人员人工费用/（工资薪金支出账载金额+各类基本社会保障性缴款账载金额+住房公积金账载金额）≥80%，且本年研发费用加计扣除总额≥200万元；

7.本年研发费用加计扣除额合计≥500万元；

8.表A107012“研发费用加计扣除明细表”第50行“八、加计扣除比例”填100%，而表A000000中“105所属国民经济行业（填写代码）”不是制造业企业。

（二）风险应对

1.案头审核

（1）核实金税三期系统中企业所得税年度纳税申报表、财务报表是否填报完整；

（2）核实金税三期中企业所得税年度纳税申报表、财务报表等数据是否与风险识别信息一致。

2.询问约谈资料要求（报送资料）

（1）提供研究开发项目计划书和研究开发项目立项的决议文件；

（2）提供研究开发专门机构或项目组的编制情况和研发人员名单；

（3）提供经科技行政主管部门登记的委托、合作研究开发项目的合同；

（4）提供从事研发活动的人员（包括外聘人员）和用于研发活动的仪器、设备、无形资产的费用分配说明（包括工作使用情况记录及费用分配计算证据材料）；

（5）提供集中研发项目研发费决算表、费用分摊明细情况表和实际分享收益比例等资料；

（6）提供“研发支出”辅助账及汇总表；

（7）提供企业可能已取得的地市级（含）以上科技行政主管部门出具的鉴定意见。

3. 核查内容

（1）核查企业研发费加计扣除优惠事项的留存备查资料是否齐全。

（2）核查企业是否属于不适用税前加计扣除政策的行业。

（3）核查企业开展的研发活动是否属于不适用税前加计扣除政策的活动。

（4）核查企业人员人工费用、材料、燃料、动力费用、折旧费用、租赁费及相关固定资产的运行维护、维修等费用的分摊、归集是否准确。

（5）核查企业无形资产计税基础是否准确。

（6）核查企业其他相关费用的归集和计算是否准确。

（7）核查企业委托研发、合作研发的合同是否在科技行政主管部门登记，委托研发的票据、支出明细是否齐全，委托研发加计扣除计算是否准确。

根据《技术合同认定登记管理办法》（国科发政字〔2000〕63号）第六条规定，未申请认定登记和未予登记的技术合同，不得享受国家对有关促进科技成果转化规定的税收、信贷和奖励等方面的优惠政策。据此，涉及委托、合作研究开发的合同需经科技主管部门登记，该资料作为企业留存备查资料。

（8）核查企业是否存在取得作为不征税收入处理的财政性资金用于研发活动所形成的费用，或无形资产计算加计扣除或摊销的情形。

（9）核查企业上年度与本年度研发费用金额是否有较大波动、是否存在年度税负差。

税务机关对企业享受加计扣除优惠的研发项目有异议的，可以依据争议解决办法，转请科技行政主管部门出具鉴定意见后处理。

三、享受高新技术企业优惠未享受研发费加计扣除风险

（一）识别指标与风险描述

“企业所得税年度纳税申报基础信息表”（A000000）“211高新技术企业申报所

属期年度有效的高新技术企业证书”不为空，但附表A107012第51行本年研发费用加计扣除额小于1万元或为空。

本指标用于识别可能存在认定的高新技术企业不符合规定条件，或研发费用加计扣除优惠未充分享受等风险。

（二）风险应对

充分利用风险管理系统开展全面的分析工作，结合金税三期综合征管软件中纳税人信息，通过查询企业财务报表信息、企业所得税年度纳税申报表信息、企业高新技术企业认定信息，如存在企业认定为高新技术企业却未填报研发费加计扣除的情况，可能存在认定的高新技术企业不符合条件，或研发费用加计扣除优惠未充分享受的问题，该项目应对主要包括以下内容：

（1）核查企业基础登记信息和认定信息的准确性。

（2）核实企业高新技术企业认定信息是否正确。

（3）核实企业研发费支出情况。

（4）如企业确属高新技术企业却未填报研发费加计扣除，通知纳税人享受税收优惠政策。

四、支付残疾人员工资加计扣除

（一）识别指标与风险描述

支付残疾人员工资加计扣除>0。

本指标识别纳税人申报安置残疾人员所支付工资加计扣除企业所得税税收优惠，存在业务事项的真实性风险。

（二）风险应对

充分利用风险管理系统开展全面的分析工作，结合金税三期综合征管软件中支付残疾人员工资加计扣除等数据，对支付残疾人员工资加计扣除进行全面分析，再根据情况确定是否需要纳税人提供资料或者开展实地检查，并根据获取的资料或者实地检查结果进行相应的处理。该项目应对主要包括以下内容：

（1）核查企业基础登记信息和认定信息的准确性。

（2）核查残疾职工花名册及残疾人证，核查残疾人员的范围是否符合《中华人民共和国残疾人保障法》的有关规定。

（3）核查残疾职工工作岗位安排表。

（4）核查与残疾职工签订的劳动合同或服务协议（副本）。

（5）核查为残疾职工缴纳社会保险费缴费记录。

（6）核查企业职工工资表及支付工资凭证。

（7）核查残疾人是否真正在企业上岗工作，是否存在虚挂人员多列工资的情形，核查收入总额与工资支出的占比是否符合经营常规。

（8）存在少缴纳税款情形的，通知纳税人补缴并按规定加收滞纳金。

第五章

加速折旧与摊销

第一节　固定资产折旧

固定资产加速折旧与摊销是一类重要的税基优惠，包括固定资产加速折旧、固定资产一次性扣除，无形资产加速摊销、无形资产一次性扣除等。本章主要内容如图5-1所示。

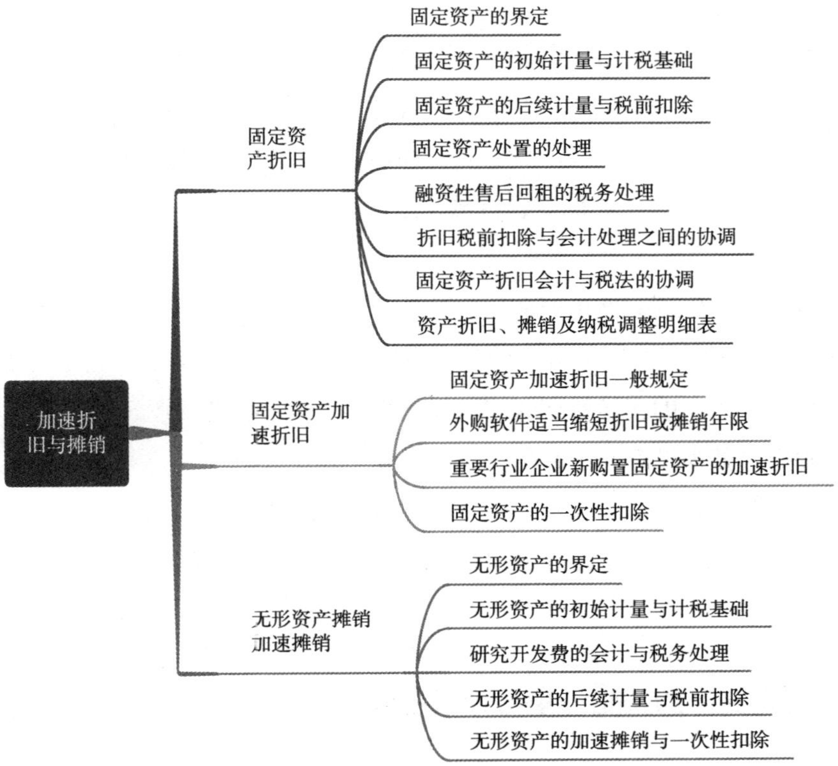

图5-1　固定资产加速折旧与摊销

一、固定资产的界定

（一）会计处理

根据《企业会计准则第4号——固定资产》（以下简称“固定资产准则”）的规定，固定资产是指同时具有下列特征的有形资产：

（1）为生产商品、提供劳务、出租或者经营管理而持有；

（2）使用寿命超过一个会计年度。

使用寿命是指企业使用固定资产的预计期间，或者该固定资产所能生产产品或提供劳务的数量。

出租固定资产是指以经营租赁方式出租的机器设备类固定资产，不包括以经营租赁方式出租的不动产，后者属于企业会计准则上的投资性房地产，不属于企业会计准则所界定的固定资产。会计上固定资产也不包括生物资产。

此外，根据《企业会计准则应用指南——会计科目和主要账务处理》的规定，“固定资产”科目核算企业持有的固定资产原价。建造承包商的临时设施，以及企业购置计算机硬件所附带的、未单独计价的软件，也通过“固定资产”科目核算。

（二）税务处理

现行税制对固定资产的界定，在不同的税种税法中有不同的表述。

根据《企业所得税法实施条例》第五十七条的规定，固定资产，是指企业为生产产品、提供劳务、出租或者经营管理而持有的、使用时间超过12个月的非货币性资产，包括房屋、建筑物、机器、机械、运输工具以及其他与生产经营活动有关的设备、器具、工具等。

固定资产准则强调“使用寿命超过一个会计年度”，而《企业所得税法》表述为“使用时间超过12个月”。前者指的是“有形资产”，后者指的是“非货币性资产”。《企业所得税法》中的固定资产含“以经营租赁方式出租的房屋、建筑物”，而在企业会计准则中称其为投资性房地产，而不称其为固定资产。

根据《增值税暂行条例实施细则》第二十一条的规定，固定资产，是指使用期限超过12个月的机器、机械、运输工具以及其他与生产经营有关的设备、工具、器具等。

二、固定资产的初始计量与计税基础

固定资产的初始计量，是指确定固定资产的取得成本。会计上，固定资产应当按照成本进行初始计量。

（一）外购的固定资产

根据固定资产准则的规定，外购固定资产的成本，包括购买价款、相关税费、使固定资产达到预定可使用状态前所发生的可归属于该项资产的运输费、装卸费、安装费和专业人员服务费等。以一笔款项购入多项没有单独标价的固定资产，应当按照各项固定资产公允价值比例对总成本进行分配，分别确定各项固定资产的成本。

对增值税一般纳税人购进（包括接受捐赠、实物投资）或自制（包括扩建、安装）固定资产发生的进项税额，如果允许抵扣的，不再构成固定资产的成本。

购买固定资产的价款超过正常信用条件延期支付，实质上具有融资性质的，固定资产的成本以购买价款的现值为基础确定。实际支付的价款与购买价款的现值之间的差额，除按照《企业会计准则第17号——借款费用》（以下简称“借款费用准则”）应予资本化的以外，应当在信用期间内计入当期损益（财务费用）。

《小企业会计准则》则规定，固定资产应当按照成本进行计量。外购固定资产的成本包括：购买价款、相关税费、运输费、装卸费、保险费、安装费等，但不含按照税法规定可以抵扣的增值税进项税额。以一笔款项购入多项没有单独标价的固定资产，应当按照各项固定资产或类似资产的市场价格或评估价值比例对总成本进行分配，分别确定各项固定资产的成本。

而外购的固定资产，以购买价款和支付的相关税费以及直接归属于使该资产达到预定用途发生的其他支出为计税基础。

【例5-1】2×19年1月1日，甲上市公司从乙公司购入一台需要安装的设备。合同约定采用分期付款方式支付价款。设备款90万元，首期款15万元于2×19年1月1日支付，余款在2×19年至2×23年5年内平均支付，每年的付款日期均为12月31日。

2×19年1月1日，设备如期运抵甲公司并开始安装，发生运杂费和相关税费16万元，用银行存款付讫。2×19年12月31日，设备达到预定可使用状态，发生安装费4万元。已用银行存款付讫。假定折现率为10%，不考虑增值税。

要求：进行相关的会计处理与纳税调整。

【解析】

（1）购买价款的现值：15+15×（P/A，10%，5）=15+15×3.7908=15+56.862=71.862（万元）。

会计处理：

借：在建工程　　718 620

未确认融资费用　181 380

贷：长期应付款　900 000

税务处理：在建工程的计税基础为90万元。

2×19年1月1日，支付首付款15万元：

借：长期应付款　150 000

贷：银行存款　150 000

2×19年1月1日支付运杂费及相关税费16万元：

借：在建工程　160 000

贷：银行存款　160 000

税务处理：支付的运杂费及相关税费16万元，增加在建工程的计税基础，新的累计计税基础为106万元。

（2）确定未确认融资费用分摊额。

日 期	分期付款额	确认的融资费	应付本金减少额	应付本金余额
①	②	③=期初⑤×10%	④=②-③	期末⑤=期初⑤-④
2×19.1.1				568 620.00
2×19.12.31	150 000	56 862.00	93 138.00	475 482.00
2×20.12.31	150 000	47 548.20	102 451.80	373 030.20
2×21.12.31	150 000	37 303.02	112 696.98	260 333.22
2×22.12.31	150 000	26 033.32	123 966.68	136 366.54
2×23.12.31	150 000	13 633.46[①]	136 366.54	0
合 计	750 000			

（3）设备安装期间，未确认融资费用的分摊额符合资本化条件，计入固定资产成本。

2×19年12月31日，会计处理：

借：在建工程　56 862

贷：未确认融资费用　56 862

支付价款时：

借：长期应付款　150 000

贷：银行存款　150 000

支付安装费时：

借：在建工程　40 000

① 由于计算造成误差。

贷：银行存款 40 000

固定资产成本：71.862+16+5.6862+4=97.5482（万元）。

借：固定资产 975 482

贷：在建工程 975 482

税务处理：支付的安装费4万元，增加固定资产的计税基础，新的计税基础为110万元；而会计成本为97.5482万元，会计账面价值小于计税基础产生可抵扣暂时性差异。以后使用固定资产期间税法折旧大于会计折旧的金额，应当分期调减应纳税所得额。

（4）由于2×19年12月该设备已经达到预定可使用状态，2×20—2×23年未确认融资费用的分摊不再符合资本化条件，应计入当期损益。

2×20年底，会计处理为：

借：财务费用 47 548.2

贷：未确认融资费用 47 548.2

借：长期应付款 150 000

贷：银行存款 150 000

税务处理：由于固定资产计税基础大于账面价值的金额，已通过固定资产折旧方式获得扣除，因此，未确认融资费用转入财务费用科目的金额不得重复扣除。

2×21年底会计处理为：

借：财务费用 37 303.02

贷：未确认融资费用 37 303.02

借：长期应付款 150 000

贷：银行存款 150 000

2×22年底财务处理为：

借：财务费用 26 033.32

贷：未确认融资费用 26 033.32

借：长期应付款 150 000

贷：银行存款 150 000

2×23年底财务处理为：

借：财务费用 13 633.46

贷：未确认融资费用 13 633.46

借：长期应付款 150 000

贷：银行存款 150 000

（二）自行建造固定资产

1. 会计处理

根据固定资产准则的规定，自建固定资产的成本，由建造该项资产达到预定可使用状态前所发生的必要支出构成。包括工程用物资成本、人工成本、缴纳的相关税费、应予资本化的借款费用以及应分摊的间接费用等。

《小企业会计准则》规定，自行建造固定资产的成本，由建造该项资产在竣工决算前发生的支出（含相关的借款费用）构成。小企业在建工程在试运转过程中形成的产品、副产品或试车收入冲减在建工程成本。

2. 税务处理

自行建造的固定资产，以竣工结算前发生的支出为计税基础；改建的固定资产，除租入固定资产的改建支出与固定资产大修理支出作为长期待摊费用，按照规定摊销扣除外，以改建过程中发生的改建支出增加计税基础。

企业会计准则上自建固定资产的成本归集到固定资产达到预定可使用前为止；而税务上的计税基础归集到竣工结算为止。

（三）盘盈的固定资产

1. 会计处理

固定资产准则规定，盘盈的固定资产作为前期差错处理，在按管理权限报经批准处理后，通过“以前年度损益调整”科目核算。而原会计制度规定，盘盈的固定资产在盘点当期入账，同时增加当期的营业外收入。

盘亏的固定资产，通过“待处理财产损溢——待处理固定资产损溢”科目核算，盘亏造成的损失通过“营业外支出”科目核算，计入当期损益。

《小企业会计准则》规定，盘盈固定资产的成本，应当按照同类或者类似固定资产的市场价格或评估价值，扣除按照该项固定资产新旧程度估计的折旧后的余额确定。

2. 税务处理

盘盈的固定资产，以同类固定资产的重置完全价值为计税基础。在税务上计入盘盈当期的“收入总额”。

（四）融资租入固定资产

1. 会计处理

融资租赁，是指实质上转移了与资产所有权有关的全部风险和报酬的租赁。

根据《小企业会计准则》的规定，融资租入的固定资产的成本，应当按照租赁合同约定的付款总额和在签订租赁合同过程中发生的相关税费等确定。

2. 税务处理

《企业所得税法实施条例》第五十八条第三项规定，融资租入的固定资产，以租赁合同约定的付款总额和承租人在签订租赁合同过程中发生的相关费用为计税基础，租赁合同未约定付款总额的，以该资产的公允价值和承租人在签订租赁合同过程中发生的相关费用为计税基础。

以融资租赁方式租入固定资产发生的租赁费支出，按照规定构成融资租入固定资产价值的一部分应当提取折旧费用，分期扣除。

税法上融资租入的固定资产的计税基础与企业会计准则上该资产的入账价值存在差异，须进行纳税调整。在会计上未计入资产成本的未确认融资费用，因其实际已经包含在计税基础中，按规定应当以折旧的方式在固定资产的使用期限内分期扣除，不得在税前直接扣除，应调增应纳税所得额。

（五）其他方式取得的固定资产

通过捐赠、投资、非货币性资产交换、债务重组等方式取得的固定资产，以该资产的公允价值和支付的相关税费为计税基础。

改建的固定资产，除已足额提取折旧的固定资产的改建支出和租入固定资产的改建支出外，以改建过程中发生的改建支出增加计税基础。

根据《小企业会计准则》的规定，投资者投入固定资产的成本，应当按照评估价值和相关税费确定。

（六）固定资产投入使用后计税基础的调整

《国家税务总局关于贯彻落实企业所得税法若干税收问题的通知》（国税函〔2010〕79号）规定，企业固定资产投入使用后，由于工程款项尚未结清未取得全额发票的，可暂按合同规定的金额计入固定资产计税基础计提折旧，待发票取得后进行调整。但该项调整应在固定资产投入使用后12个月内进行。

（七）全民所得制改制资产

根据《国家税务总局关于全民所有制企业公司制改制企业所得税处理问题的公告》（国家税务总局公告2017年第34号）的规定，全民所有制企业改制为国有独资公司或者国有全资子公司，属于财税〔2009〕59号文件第四条规定的“企业发生其他法律形式简单改变”的，可依照以下规定进行企业所得税处理：改制中资产评估增值不计入应纳税所得额；资产的计税基础按其原有计税基础确定；资产增值部分的折旧或者摊销不得在税前扣除。全民所有制企业资产评估增值相关材料应由改制后的企业留存备查。

三、固定资产的后续计量与税前扣除

（一）折旧范围

1.会计计提折旧的范围

固定资产应当按月计提折旧，并根据用途计入相关资产的成本或者当期损益。固定资产准则规定，除已提足折旧仍继续使用的固定资产和单独计价入账的土地外，企业应对所有固定资产计提折旧。

折旧，是指在固定资产使用寿命内，按照确定的方法对应计折旧额进行的系统分摊。应计折旧额，是指应当计提折旧的固定资产的原价扣除其预计净残值后的金额。已计提减值准备的固定资产，还应当扣除已计提的固定资产减值准备累计金额。预计净残值，是指假定固定资产预计使用寿命已满并处于使用寿命终了时的预期状态，企业目前从该项资产处置中获得的扣除预计处置费用后的金额。

《小企业会计准则》第二十九条也有如下类似的规定：小企业应当对所有固定资产计提折旧，但已提足折旧仍继续使用的固定资产和单独计价入账的土地不得计提折旧。固定资产的折旧费应当根据固定资产的受益对象计入相关资产成本，或者当期损益。

2.税法折旧的范围

根据《企业所得税法》第十一条的规定，在计算应纳税所得额时，企业按照规定计算的固定资产折旧，准予扣除。下列固定资产不得计算折旧扣除：

（1）房屋、建筑物以外未投入使用的固定资产；

（2）以经营租赁方式租入的固定资产；

（3）以融资租赁方式租出的固定资产；

（4）已足额提取折旧仍继续使用的固定资产；

（5）与经营活动无关的固定资产；

（6）单独估价作为固定资产入账的土地；

（7）其他不得计算折旧扣除的固定资产。

3.差异分析

《企业所得税法》不允许对所有固定资产都计提折旧。而固定资产准则规定，只要是本企业拥有的固定资产，不论使用与否，一律要计提折旧。企业会计准则要求只要固定资产在企业账上，不管是否使用，只要没有提足折旧的，一律允许计提折旧。

但税法不同，支出税前扣除一定要和收入相关，固定资产根本没有使用，不产生经济效益，不产生收入，这个支出也不能承认，所以不能扣除。

（二）折旧方法

1. 会计折旧方法

固定资产准则规定，企业应当根据与固定资产有关的经济利益的预期实现方式，合理选择折旧方法。可选方法包括：年限平均法、工作量法、双倍余额递减法和年数总和法等。折旧方法一经确定，不得随意变更。

而《小企业会计准则》规定，小企业应当按照年限平均法（即直线法，下同）计提折旧。小企业的固定资产由于技术进步等原因，确须加速折旧的，可以采用双倍余额递减法和年数总和法。小企业应当根据固定资产的性质和使用情况，并考虑税法的规定，合理确定固定资产的使用寿命和预计净残值。固定资产的折旧方法、使用寿命、预计净残值一经确定，不得随意变更。

2. 税法折旧方法

《企业所得税法实施条例》第五十九条规定，固定资产按照直线法计算的折旧，准予扣除。

企业的固定资产由于技术进步等原因确须加速折旧的，《企业所得税法》规定可以缩短折旧年限或者采取加速折旧的方法。

（三）折旧年限

1. 会计折旧年限的确定

企业应当根据固定资产的性质和使用情况，合理确定固定资产的使用寿命和预计净残值。使用寿命、预计净残值一经确定，不得随意变更。但符合会计准则规定的除外。企业应当自固定资产投入使用月份的次月起计算折旧；停止使用的固定资产，应当自停止使用月份的次月起停止计算折旧。

企业应当根据企业会计准则规定并结合实际情况，制定固定资产目录，包括每类或每项固定资产的使用寿命、预计净残值、折旧方法等，并编制成册，经股东大会或董事会、经理（厂长）会议或类似机构批准，按照规定报送有关各方备案。

固定资产目录一经确定不得随意变更。如须变更，仍应履行上述程序，并按《企业会计准则第28号——会计政策、会计估计变更和差错更正》处理。

企业至少应当于每年年度终了，对固定资产的使用寿命、预计净残值和折旧方法进行复核。使用寿命预计数与原先估计数有差异的，应当调整固定资产使用寿命。预计净残值预计数与原先估计数有差异的，应当调整预计净残值。与固定资产有关的经济利益预期实现方式有重大改变的，应当改变固定资产折旧方法。固定资产使用寿命、预计净残值和折旧方法的改变应当作为会计估计变更。

2. 税法最低折旧年限

根据《企业所得税法实施条例》第六十条的规定，除国务院财政、税务主管部门另有规定外，固定资产计算折旧的最低年限如下：

（1）房屋、建筑物，为20年；

（2）飞机、火车、轮船、机器、机械和其他生产设备，为10年；

（3）与生产经营活动有关的器具、工具、家具等，为5年；

（4）飞机、火车、轮船以外的运输工具，为4年；

（5）电子设备，为3年。

此外，根据《财政部 国家税务总局关于进一步鼓励软件产业和集成电路产业发展企业所得税政策的通知》（财税〔2012〕27号）的规定，对集成电路生产企业的生产性设备，折旧年限可适当缩短，最短可以为3年；对企事业单位购进软件，折旧或摊销年限可适当缩短，最短可为2年。

（四）固定资产预计净残值的调整

《企业所得税法》规定，企业应当根据固定资产的性质和使用情况，合理确定固定资产的预计净残值。固定资产的预计净残值一经确定，不得变更。可见，税法与会计对预计净残值的变更，有不同的规定，税法禁止变更预计净残值；而会计准则规定是，一经确定不得随意变更。

与原《内资企业所得税暂行条例》相比，《企业所得税法》及其实施条例取消了净残值率为5%的统一规定。

根据《国家税务总局关于企业所得税若干税务事项衔接问题的通知》（国税函〔2009〕98号）的规定，《企业所得税法》实施前已投入使用的固定资产，企业已按原税法规定预计净残值并计提的折旧，不做调整。《企业所得税法》实施后，对此类继续使用的固定资产，可以重新确定其残值，并就其尚未计提折旧的余额，根据税法规定的折旧年限减去已经计提折旧的年限后的剩余年限，按照《企业所得税法》规定的折旧方法计算折旧。《企业所得税法》实施后，固定资产原确定的折旧年限不违背新税法规定原则的，也可以继续执行。

（五）房屋、建筑物固定资产改扩建的处理

企业对房屋、建筑物固定资产在未足额提取折旧前进行改扩建的，如属于推倒重置的，该资产原值减除提取折旧后的净值，应并入重置后的固定资产计税成本，并在该固定资产投入使用后的次月起，按照税法规定的折旧年限，一并计提折旧；如属于提升功能、增加面积的，该固定资产的改扩建支出，并入该固定资产计税基础，并从改扩建完工投入使用后的次月起，重新按税法规定的该固定资产折旧年限计提折旧，如该改扩建后的固定资产尚可使用的年限低于税法规定的最低年限的，可以按尚可使用的年限计提折旧。

四、固定资产处置的处理

《小企业会计准则》规定，处置固定资产，处置收入扣除其账面价值、相关税费和清理费用后的净额，应当计入营业外收入或营业外支出。盘亏固定资产发生的损失应当计入营业外支出。

固定资产的账面价值，是指固定资产原价（成本）扣减累计折旧后的金额。

企业发生固定资产盘亏时，按盘亏固定资产净值，借记“待处理财产损溢——待处理固定资产损益”账户，按已计提的累计折旧，借记“累计折旧”账户，按固定资产原价，贷记“固定资产”账户。报经批准转销后，转入“营业外支出”账户借方。

对于盘盈或盘亏的财产物资，须在年终结账前处理完毕。会计期末，待处理财产损溢账户无余额。

企业固定资产损失的税前扣除，需要符合《企业所得税法》规定的相关扣除条件，并履行相关申报义务。资产损失的相关证明材料由企业留存备查。

五、融资性售后回租的税务处理

融资性售后回租业务，是指承租方以融资为目的将资产出售给经批准从事融资租赁业务的企业后，又将该项资产从该融资租赁企业租回的行为。融资性售后回租业务中承租方出售资产时，资产所有权以及与资产所有权有关的全部报酬和风险并未完全转移。

（一）企业所得税处理

根据《国家税务总局关于融资性售后回租业务中承租方出售资产行为有关税收问题的公告》（2010年第13号）第二条的规定，根据现行《企业所得税法》及有关收入确定规定，融资性售后回租业务中，承租人出售资产的行为，不确认为销售收入，对融资性租赁的资产，仍按承租人出售前原账面价值作为计税基础计提折旧。租赁期间，承租人支付的属于融资利息的部分，作为企业财务费用在税前扣除。

（二）增值税处理

1.承租方出租资产

根据国家税务总局公告2010年第13号第一条的规定，融资性售后回租业务中承租方出售资产的行为，不属于增值税征收范围，不征收增值税。

承租方可以选择商品与服务分类编码“606融资性售后回租承租方出售资产”不征增值税，开具增值税普通发票。

2.出租方从事融资性售后回租

纳税人从事融资性售后回租业务取得的利息及利息性质的收入，按照贷款服务缴纳增值税。

融资性售后回租服务销售额=取得的全部价款和价外费用（不含本金）-对外支付的借款利息、发行债券利息

根据2016年4月30日前签订的有形动产融资性售后回租合同，在合同到期前提供的有形动产融资性售后回租服务，可继续按照有形动产融资租赁服务缴纳增值税。

继续按照有形动产融资租赁服务缴纳增值税的试点纳税人，根据2016年4月30日前签订的有形动产融资性售后回租合同，在合同到期前，可以选择以下方法之一计算销售额：

（1）销售额=收取的全部价款和价外费用-向承租方收取的价款本金及对外支付的借款利息和发行债券利息

（2）销售额=全部价款和价外费用-支付的借款利息和发行债券利息

（三）印花税处理

根据《财政部 国家税务总局关于融资租赁合同有关印花税政策的通知》（财税〔2015〕144号）的规定，对开展融资租赁业务签订的融资租赁合同（含融资性售后回租），统一按照其所载明的租金总额依照“借款合同”税目，按万分之零点五的税率计税贴花。

在融资性售后回租业务中，对承租人、出租人因出售租赁资产及购回租赁资产所签订的合同，不征收印花税。

（四）契税的处理

根据《财政部 国家税务总局关于企业以售后回租方式进行融资等有关契税政策的通知》（财税〔2012〕82号）第一条的规定，对金融租赁公司开展售后回租业务，承受承租人房屋、土地权属的，照章征税。对售后回租合同期满，承租人回购原房屋、土地权属的，免征契税。

六、折旧税前扣除与会计处理之间的协调

《国家税务总局关于企业所得税应纳税所得额若干税务处理问题的公告》(2012年第15号)第八条关于税前扣除规定与企业实际会计处理之间的协调问题规定：根据《企业所得税法》第二十一条（即在计算应纳税所得额时，企业财务、会计处理办法与税收法律、行政法规的规定不一致的，应当依照税收法律、行政法规的规定计算）规定，对企业依据财务会计制度规定，并实际在财务会计处理上已确认的支出，凡没有超过《企业所得税法》和有关税收法规规定的税前扣除范围和标准的，可按企业实际会计处理确认的支出，在企业所得税前扣除，计算其应纳税所得额。即企业按照会计要求确认的支出，没有超过税法规定的标准和范围（如折旧年限的选择）的，为减少会计与税法差异的调整，便于税收征管，企业按照会计上确认的支出，在税务处理时，将不再进行调整。

七、固定资产折旧会计与税法的协调

《国家税务总局关于企业所得税应纳税所得额若干问题的公告》(2014年第29号)第五条关于固定资产折旧的企业所得税处理作了如下规定。

（一）对企业会计折旧年限短于税法最低折旧年限的协调

企业固定资产会计折旧年限如果短于税法规定的最低折旧年限，其按会计折旧年限计提的折旧高于按税法规定的最低折旧年限计提的折旧部分，应调增当期应纳税所得额；企业固定资产会计折旧年限已期满且会计折旧已提足，但税法规定的最低折旧年限尚未到期且税收折旧尚未足额扣除，其未足额扣除的部分准予在剩余的税收折旧年限继续按规定扣除。

根据《企业所得税法》第八条的规定，企业实际发生的与取得应税收入相关的、合理的成本、费用准予在税前扣除。企业会计折旧提足后，在剩余的税收折旧年限已没有会计折旧，但由于前期已提折旧按税法规定进行了纳税调增，也就是说，税收与会计之间的差异部分已实际进行了会计处理，因此，应当准予将前期纳税调增的部分在后期按税法规定进行纳税调减。这样处理，符合企业所得税税前扣除的基本原则，也与国家税务总局公告2012年第15号第八条规定不冲突。

（二）对企业会计折旧年限长于税法最低折旧年限的协调

企业固定资产会计折旧年限如果长于税法规定的最低折旧年限，其折旧应按会计折旧年限计算扣除，税法另有规定的除外。

如果企业固定资产采用的会计折旧年限长于税法规定的最低折旧年限，视同会

计与税法无差异，应按会计年限计算折旧扣除，不需要在年度汇算清缴时进行纳税调减。这样处理，大大减少纳税调整成本，符合立法精神。

（三）对会计提取减值准备的固定资产折旧的税会差异协调

企业按会计规定提取的固定资产减值准备，不得税前扣除，其折旧仍按税法确定的固定资产计税基础计算扣除。

根据税法规定，企业计提的固定资产减值准备应进行纳税调增。企业持有固定资产期间资产增值或者减值，除国务院财政、税务主管部门规定可以确认损益外，不得调整该资产的计税基础。由于企业计提的固定资产减值准备已进行纳税调增，并未税前扣除，所以，尽管固定资产的账面净值已经减少，但此时该固定资产的计税基础并未调整，仍可按税法确定的计税基础计算折旧扣除。这样处理，符合税法的立法意图。

（四）对会计与税法折旧方法不同导致的税会差异协调

企业按税法规定实行加速折旧的，其按加速折旧办法计算的折旧额可全额在税前扣除，而不必看会计上是否已按加速折旧处理。

（五）油气资产折耗（折旧）税会差异的协议

《财政部 国家税务总局关于开采油（气）资源企业费用和有关固定资产折耗摊销折旧税务处理问题的通知》（财税〔2009〕49号）规定，油气企业在开始商业性生产之前形成的开发资产，准予按直线法计提折旧扣除，最低折旧年限为8年。按会计准则规定，企业可以采用产量法或年限平均法对油气资产计提折耗。在采用产量法计提资产折耗的情况下，会形成税会差异，国家税务总局公告2014年第29号规定，石油天然气开采企业在计提油气资产折耗（折旧）时，对会计与税法规定计算方法不同导致的折耗（折旧）差异，应按税法规定进行纳税调整。

八、资产折旧、摊销及纳税调整明细表

（一）资产折旧、摊销及纳税调整明细表的修改情况

《国家税务总局关于企业所得税年度汇算清缴有关事项的公告》（国家税务总局公告2021年第34号）对“资产折旧、摊销及纳税调整明细表”（A105080）进行了修改，新增“特定地区企业固定资产加速折旧”“特定地区企业固定资产一次性扣除”“特定地区企业无形资产加速摊销”“特定地区企业无形资产一次性摊销”部分，供海南自由贸易港等特定地区企业填报资产折旧、摊销相关优惠政策。

（二）资产折旧、摊销及纳税调整明细表及其填报

表5-1 105080 资产折旧、摊销及纳税调整明细表

行次	项目		账载金额			税收金额					纳税调整金额
			资产原值	本年折旧、摊销额	累计折旧、摊销额	资产计税基础	税收折旧、摊销额	享受加速折旧政策的资产按税收一般规定计算的折旧、摊销额	加速折旧、摊销统计额	累计折旧、摊销额	
			1	2	3	4	5	6	7（5-6）	8	9（2-5）
1	一、固定资产（2+3+4+5+6+7）							*	*		
2	所有固定资产	（一）房屋、建筑物						*	*		
3		（二）飞机、火车、轮船、机器、机械和其他生产设备						*	*		
4		（三）与生产经营活动有关的器具、工具、家具等						*	*		
5		（四）飞机、火车、轮船以外的运输工具						*	*		
6		（五）电子设备						*	*		
7		（六）其他						*	*		
8	其中：享受固定资产加速折旧及一次性扣除政策的资产加速折旧额大于一般折旧额的部分	（一）重要行业固定资产加速折旧（不含一次性扣除）									*
9		（二）其他行业研发设备加速折旧									*
10		（三）特定地区企业固定资产加速折旧（10.1+10.2）									*
10.1		1.海南自由贸易港企业固定资产加速折旧									*
10.2		2.其他特定地区企业固定资产加速折旧									*
11		（四）500万元以下设备器具一次性扣除									*
12		（五）疫情防控重点保障物资生产企业单价500万元以上设备一次性扣除									*

续表

行次	项目		账载金额			税收金额					纳税调整金额
			资产原值	本年折旧、摊销额	累计折旧、摊销额	资产计税基础	税收折旧、摊销额	享受加速折旧政策的资产按税收一般规定计算的折旧、摊销额	加速折旧、摊销统计额	累计折旧、摊销额	
			1	2	3	4	5	6	7（5-6）	8	9（2-5）
13	其中：享受固定资产加速折旧及一次性扣除政策的资产加速折旧额大于一般折旧额的部分	（六）特定地区企业固定资产一次性扣除（13.1+13.2）									*
13.1		1.海南自由贸易港企业固定资产一次性扣除									*
13.2		2.其他特定地区企业固定资产一次性扣除									*
14		（七）技术进步、更新换代固定资产加速折旧									*
15		（八）常年强震动、高腐蚀固定资产加速折旧									*
16		（九）外购软件加速折旧									*
17		（十）集成电路企业生产设备加速折旧									*
18	二、生产性生物资产（19+20）							*	*		
19	（一）林木类							*	*		
20	（二）畜类							*	*		
21	三、无形资产（22+23+24+25+26+27+28+29）							*	*		
22	所有无形资产	（一）专利权						*	*		
23		（二）商标权						*	*		
24		（三）著作权						*	*		
25		（四）土地使用权						*	*		
26		（五）非专利技术						*	*		
27		（六）特许权使用费						*	*		
28		（七）软件						*	*		
29		（八）其他						*	*		

续表

行次	项目		账载金额			税收金额					纳税调整金额
			资产原值	本年折旧、摊销额	累计折旧、摊销额	资产计税基础	税收折旧、摊销额	享受加速折旧政策的资产按税收一般规定计算的折旧、摊销额	加速折旧、摊销统计额	累计折旧、摊销额	
			1	2	3	4	5	6	7（5-6）	8	9（2-5）
30	其中：享受无形资产加速摊销及一次性摊销政策的资产加速摊销额大于一般摊销额的部分	（一）企业外购软件加速摊销									*
31		（二）特定地区企业无形资产加速摊销（31.1+31.2）									*
31.1		1.海南自由贸易港企业无形资产加速摊销									*
31.2		2.其他特定地区企业无形资产加速摊销									*
32		（三）特定地区企业无形资产一次性摊销（32.1+32.2）									*
32.1		1.海南自由贸易港企业无形资产一次性摊销									*
32.2		2.其他特定地区企业无形资产一次性摊销									*
33	四、长期待摊费用（34+35+36+37+38）							*	*		
34	（一）已足额提取折旧的固定资产的改建支出							*	*		
35	（二）租入固定资产的改建支出							*	*		
36	（三）固定资产的大修理支出							*	*		
37	（四）开办费							*	*		

续表

行次	项目		账载金额			税收金额					纳税调整金额
			资产原值	本年折旧、摊销额	累计折旧、摊销额	资产计税基础	税收折旧、摊销额	享受加速折旧政策的资产按税收一般规定计算的折旧、摊销额	加速折旧、摊销统计额	累计折旧、摊销额	
			1	2	3	4	5	6	7（5–6）	8	9（2–5）
38	（五）其他							*	*		
39	五、油气勘探投资							*	*		
40	六、油气开发投资							*	*		
41	合计（1+18+21+33+39+40）										
附列资料		全民所有制企业公司制改制资产评估增值政策资产						*	*		

A105080“资产折旧、摊销及纳税调整明细表”填报说明

本表适用于发生资产折旧、摊销的纳税人填报。纳税人根据税法、《国家税务总局关于企业固定资产加速折旧所得税处理有关问题的通知》（国税发〔2009〕81号）、《国家税务总局关于融资性售后回租业务中承租方出售资产行为有关税收问题的公告》（国家税务总局公告2010年第13号）、《国家税务总局关于企业所得税若干问题的公告》（国家税务总局公告2011年第34号）、《国家税务总局关于发布〈企业所得税政策性搬迁所得税管理办法〉的公告》（国家税务总局公告2012年第40号）、《财政部 国家税务总局关于进一步鼓励软件产业和集成电路产业发展企业所得税政策的通知》（财税〔2012〕27号）、《国家税务总局关于企业所得税应纳税所得额若干问题的公告》（国家税务总局公告2014年第29号）、《财政部 国家税务总局关于完善固定资产加速折旧税收政策有关问题的通知》（财税〔2014〕75号）、《财政部 国家税务总局关于进一步完善固定资产加速折旧企业所得税政策的通知》（财税〔2015〕106号）、《国家税务总局关于全民所有制企业公司制改制企业所得税处理问题的公告》（国家税务总局公告2017年第34号）、《财政部 税务总局关于设备器具扣除有关企业所得税政策的通知》（财税〔2018〕54号）、《国家税务总局关于设备器具扣除有关企业所得税政策执行问题的公告》（国家税务总局公告2018年第46号）、《财政部 税务总局关于扩大固定资产加速折旧优惠政策适用范围的公告》（国家税务总局公告2019年第66号）、《财政部 税务总局关于支持新型冠状病毒感染的肺炎疫情防控有关税收政策的公告》（国家税务总局公告2020年第8号）、《财政部 税务总局关于海南自由贸易港企业所得税优惠政策的通知》（财税〔2020〕31号）、《财政部 税务总局关于延长部分税收优惠政策执行期限的公告》（财政部 税务总局公告2021年第6号）、《财政部 税务总局关于延续实施应对疫情部分税费优惠政策的公告》（财政部 税务总局公告2021年第7号）等相关规定，以及国家统一企业会计制度，填报资产折旧、摊销的会计处理、税收规定，以及纳税调整情况。纳税人只要发生相关事项，均需填报本表。

一、有关项目填报说明

（一）列次填报

对于不征税收入形成的资产，其折旧、摊销额不得税前扣除。第4列至第8列税收金额不包含不征税收入所形成资产的折旧、摊销额。

1.第1列“资产原值”：填报纳税人会计处理计提折旧、摊销的资产原值（或历史成本）的金额。

2.第2列“本年折旧、摊销额”：填报纳税人会计核算的本年资产折旧、摊销额。

3. 第3列“累计折旧、摊销额”：填报纳税人会计核算的累计（含本年）资产折旧、摊销额。

4. 第4列“资产计税基础”：填报纳税人按照税收规定据以计算折旧、摊销的资产原值（或历史成本）的金额。

5. 第5列“税收折旧、摊销额”：填报纳税人按照税收规定计算的允许税前扣除的本年资产折旧、摊销额。

第8行至第17行、第30行至第32行第5列“税收折旧、摊销额”：填报享受相关加速折旧、摊销优惠政策的资产，采取税收加速折旧、摊销或一次性扣除方式计算的税收折旧额合计金额、摊销额合计金额。本列仅填报“税收折旧、摊销额”大于“享受加速折旧政策的资产按税收一般规定计算的折旧、摊销额”月份的金额合计。如，享受加速折旧、摊销优惠政策的资产，发生本年度某些月份其“税收折旧、摊销额”大于“享受加速折旧政策的资产按税收一般规定计算的折旧、摊销额”，其余月份其“税收折旧、摊销额”小于“享受加速折旧政策的资产按税收一般规定计算的折旧、摊销额”的情形，仅填报“税收折旧、摊销额”大于“享受加速折旧政策的资产按税收一般规定计算的折旧、摊销额”月份的税收折旧额合计金额、摊销额合计金额。

6. 第6列“享受加速折旧政策的资产按税收一般规定计算的折旧、摊销额”：仅适用于第8行至第17行、第30行至第32行，填报纳税人享受加速折旧、摊销优惠政策的资产，按照税收一般规定计算的折旧额合计金额、摊销额合计金额。按照税收一般规定计算的折旧、摊销额，是指该资产在不享受加速折旧、摊销优惠政策情况下，按照税收规定的最低折旧年限以直线法计算的折旧额、摊销额。本列仅填报“税收折旧、摊销额”大于“享受加速折旧政策的资产按税收一般规定计算的折旧、摊销额”月份的按税收一般规定计算的折旧额合计金额、摊销额合计金额。

7. 第7列“加速折旧、摊销统计额”：用于统计纳税人享受各类固定资产加速折旧政策的优惠金额，按第5–6列金额填报。

8. 第8列“累计折旧、摊销额”：填报纳税人按照税收规定计算的累计（含本年）资产折旧、摊销额。

9. 第9列“纳税调整金额”：填报第2–5列金额。

（二）行次填报

1. 第2行至第7行、第19行至第20行、第22行至第29行、第34行至第40行：填报各类资产有关情况。

2. 第8行至第17行、第30行至第32行：填报纳税人享受相关加速折旧、摊销优惠政策的资产有关情况及优惠统计情况。

第8行"(一)重要行业固定资产加速折旧":适用于符合财税〔2014〕75号、财税〔2015〕106号和财政部、税务总局公告2019年第66号文件规定的制造业,信息传输、软件和信息技术服务业行业(以下称"重要行业")的企业填报,填报新购进固定资产享受加速折旧政策的有关情况及优惠统计情况。重要行业纳税人按照上述文件规定享受固定资产一次性扣除政策的资产情况在第11行"(四)500万元以下设备器具一次性扣除"中填报。

第9行"(二)其他行业研发设备加速折旧":适用于重要行业以外的其他企业填报,填报单位价值超过100万元以上专用研发设备采取缩短折旧年限或加速折旧方法的有关情况及优惠统计情况。

第10行"(三)特定地区企业固定资产加速折旧",适用于海南自由贸易港等特定地区设立的企业填报享受固定资产加速折旧政策有关情况。本行填报第10.1+10.2行金额。

第10.1行"1.海南自由贸易港企业固定资产加速折旧":海南自由贸易港企业填报新购置(含自建)500万元以上的固定资产,按照税收规定采取缩短折旧年限或加速折旧方法的有关情况及优惠统计情况。若固定资产同时符合重要行业加速折旧政策条件,纳税人自行选择在本表第8行或本行填报,但不得重复填报。

第10.2行"2.其他特定地区企业固定资产加速折旧":其他特定地区企业填报按照税收规定采取缩短折旧年限或加速折旧方法的固定资产有关情况及优惠统计情况。若固定资产同时符合重要行业加速折旧政策条件,纳税人自行选择在本表第8行或本行填报,但不得重复填报。

第11行"(四)500万元以下设备器具一次性扣除":填报新购进单位价值不超过500万元的设备、器具等,按照税收规定一次性扣除的有关情况及优惠统计情况。对疫情防控重点保障物资生产企业,其为扩大产能新购置的相关设备价值不超过500万元的,其按照税收规定一次性扣除的有关情况及优惠统计情况在本行填列。

第12行"(五)疫情防控重点保障物资生产企业单价500万元以上设备一次性扣除",填报疫情防控重点保障物资生产企业单价500万元以上设备,按照税收规定一次性扣除的有关情况及优惠统计情况。

第13行"(六)特定地区企业固定资产一次性扣除":适用于海南自由贸易港等特定地区设立的企业填报享受固定资产一次性扣除政策有关情况。本行填报第13.1+13.2行金额。

第13.1行“1.海南自由贸易港企业固定资产一次性扣除”：海南自由贸易港企业填报新购置（含自建）固定资产，按照税收规定采取一次性摊销方法的有关情况及优惠统计情况。若固定资产同时符合“500万元以下设备器具一次性扣除”政策的，由纳税人自行选择在第11行或本行填报，但不得重复填报。

第13.2行“2.其他特定地区企业固定资产一次性扣除”：其他特定地区企业填报按照税收规定采取一次性扣除方法的有关固定资产情况及优惠统计情况。若固定资产同时符合“500万元以下设备器具一次性扣除”政策的，纳税人自行选择在第11行或本行填报，但不得重复填报。

第14行“（七）技术进步、更新换代固定资产加速折旧”：填报固定资产因技术进步、产品更新换代较快而按税收规定享受固定资产加速折旧政策的有关情况及优惠统计情况。

第15行“（八）常年强震动、高腐蚀固定资产加速折旧”：填报常年处于强震动、高腐蚀状态的固定资产按税收规定享受固定资产加速折旧政策的有关情况及优惠统计情况。

第16行“（九）外购软件加速折旧”：填报企业外购软件作为固定资产处理，按财税〔2012〕27号文件规定享受加速折旧政策的有关情况及优惠统计情况。

第17行“（十）集成电路企业生产设备加速折旧”：填报集成电路生产企业的生产设备，按照财税〔2012〕27号文件规定享受加速折旧政策的有关情况及优惠统计情况。

第30行“（一）企业外购软件加速摊销”：填报企业外购软件作无形资产处理，按财税〔2012〕27号文件规定享受加速摊销政策的有关情况及优惠统计情况。

第31行“（二）特定地区企业无形资产加速摊销”：适用于海南自由贸易港等特定地区设立的企业填报享受无形资产加速摊销政策有关情况。本行填报第31.1+31.2行金额。

第31.1行“海南自由贸易港企业无形资产加速摊销”：海南自由贸易港企业填报新购置（含自行开发）无形资产，按照税收规定采取缩短摊销年限或加速摊销方法的有关情况及优惠统计情况。

第31.2行“其他特定地区企业无形资产加速摊销”：其他特定地区企业填报按照税收规定采取缩短摊销年限或加速摊销方法的无形资产有关情况及优惠统计情况。

第32行“（三）特定地区企业无形资产一次性摊销”：适用于海南自由贸易港等特定地区设立的企业填报享受无形资产一次性摊销政策有关情况。本行填报第32.1+32.2行金额。

第32.1行“海南自由贸易港企业无形资产一次性摊销”：海南自由贸易港企业填报新购置（含自行开发）无形资产，按照税收规定采取一次性摊销方法有关情况及优惠统计情况。

第32.2行“其他特定地区企业无形资产一次性摊销”：其他特定地区企业填报按照税收规定采取一次性摊销方法的无形资产有关情况及优惠统计情况。

3. 附列资料“全民所有制企业公司制改制资产评估增值政策资产”：填报企业按照国家税务总局公告2017年第34号规定，执行“改制中资产评估增值不计入应纳税所得额，资产的计税基础按其原有计税基础确定，资产增值部分的折旧或者摊销不得在税前扣除”政策的有关情况。本行不参与计算，仅用于统计享受全民所有制企业公司制改制资产评估增值政策资产的有关情况，相关资产折旧、摊销情况及调整情况在第1行至第40行填报。

二、表内、表间关系

（一）表内关系

1. 第1行＝第2+3+…+7行。

2. 第10行＝第10.1行＋第10.2行

3. 第13行＝第13.1+13.2行

4. 第18行＝第19+20行。

5. 第21行＝第22+23…+29行。

6. 第31行＝第31.1+31.2行

7. 第32行＝第32.1+32.2行

8. 第33行＝第34+35+36+37+38行。

9. 第41行＝第1+18+21+33+39+40行。（其中第41行第6列＝第8+9+10+11+12+13+14+15+16+17+30+31+32行第6列；第41行第7列＝第8+9+10+11+12+13+14+15+16+17+30+31+32行第7列）。

10. 第7列＝第5–6列。

11. 第9列＝第2–5列。

（二）表间关系

1. 第41行第2列＝表A105000第32行第1列。

2. 第41行第5列＝表A105000第32行第2列。

3. 若第41行第9列≥0，第41行第9列＝表A105000第32行第3列；若第40行第9列<0，第41行第9列的绝对值＝表A105000第32行第4列。

第二节　固定资产加速折旧

《企业所得税法》第三十二条规定，企业的固定资产由于技术进步等原因，确须加速折旧的，可以缩短折旧年限或者采取加速折旧的方法。

现行固定资产加速折旧优惠政策主要内容如图5-2所示。

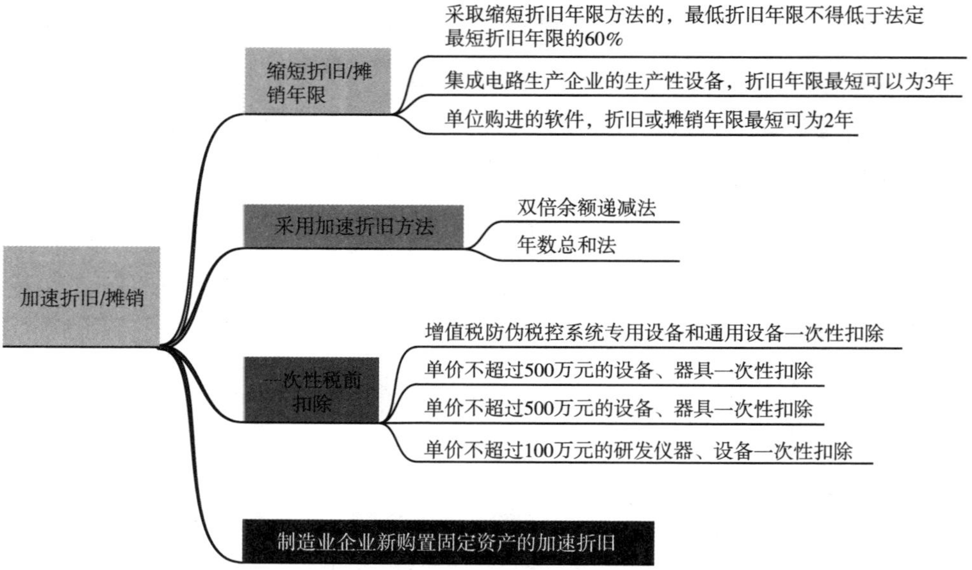

图5-2　现行固定资产加速折旧优惠政策

一、固定资产加速折旧一般规定

根据《企业所得税法》第三十二条的规定，企业的固定资产由于技术进步等原因，确须加速折旧的，可以缩短折旧年限或者采取加速折旧的方法。

根据《国家税务总局关于企业固定资产加速折旧所得税处理有关问题的通知》（国税发〔2009〕81号）的规定，企业拥有并用于生产经营的主要或关键的固定资产，由于以下原因确须加速折旧的，可以采取缩短折旧年限或者采取加速折旧的方法：

（1）由于技术进步，产品更新换代较快的固定资产；

（2）常年处于强震动、高腐蚀状态的固定资产。

（一）缩短折旧年限法的适用

企业拥有并使用的固定资产符合税法规定的，可按以下情况分别处理。

（1）企业过去没有使用过与该项固定资产功能相同或类似的固定资产，但有充分的证据证明该固定资产的预计使用年限短于《企业所得税法实施条例》规定的计算折旧最低年限的，企业可根据该固定资产的预计使用年限和税法规定，对该固定资产采取缩短折旧年限或者加速折旧的方法。

（2）企业在原有的固定资产未达到《企业所得税法实施条例》规定的最低折旧年限前，使用功能相同或类似的新固定资产替代旧固定资产的，企业可根据旧固定资产的实际使用年限和税法的规定，对新替代的固定资产采取缩短折旧年限或者加速折旧的方法。

根据国税发〔2009〕81号文件的规定，企业采取缩短折旧年限方法的，对其购置的新固定资产，最低折旧年限不得低于《企业所得税法实施条例》第六十条规定的折旧年限的60%；若为购置已使用过的固定资产，其最低折旧年限不得低于《企业所得税法实施条例》规定的最低折旧年限减去已使用年限后剩余年限的60%。最低折旧年限一经确定，一般不得变更。

对于采取缩短折旧年限的固定资产，足额计提折旧后继续使用而未进行处置（包括报废等情形）超过12个月的，今后对其更新替代、改造改建后形成的功能相同或者类似的固定资产，不得再采取缩短折旧年限的方法。

此外，根据《财政部 国家税务总局关于进一步鼓励软件产业和集成电路产业发展企业所得税政策的通知》（财税〔2012〕27号）第八条的规定，集成电路生产企业的生产设备，其折旧年限可以适当缩短，最短可为3年（含）。

（二）加速折旧方法

企业拥有并使用符合税法规定条件的固定资产采取加速折旧方法的，可以采用双倍余额递减法或者年数总和法。加速折旧方法一经确定，一般不得变更。

1. 双倍余额递减法

双倍余额递减法，是指在不考虑固定资产预计净残值的情况下，根据每期期初固定资产原值减去累计折旧后的金额和双倍的直线法折旧率计算固定资产折旧的一种方法。

应用这种方法计算折旧额时，由于每年年初固定资产净值没有减去预计净残值，所以在计算固定资产折旧额时，应在其折旧年限到期前的2年期间，将固定资产净值减去预计净残值后的余额平均摊销。

计算公式为：

年折旧率=2÷预计使用寿命（年）×100%

月折旧率=年折旧率÷12

年折旧额=年初固定资产账面净值×年折旧率

月折旧额=年折旧额÷12

而根据《国家税务总局关于企业固定资产加速折旧所得税处理有关问题的通知》（国税发〔2009〕81号）的规定：

年折旧率=2÷预计使用寿命（年）×100%

月折旧率=年折旧率÷12

月折旧额=月初固定资产账面净值×月折旧率

【例5-2】A高新技术企业2020年进口一条生产线，安装完毕后，固定资产原值为200万元，预计使用年限为5年，预计净残值2万元。

要求：用双倍余额递减法计算该生产线各年的会计折旧额。

【解析】

双倍的直线法折旧率（年折旧率）=2÷5×100%=40%

第一年应提折旧=200×40%=80（万元）

第二年应提折旧=（200–80）×40%=48（万元）

第三年应提折旧=（200–80–48）×40%=28.8（万元）

第四年应提折旧=（200–80–48–28.8–2）÷2=20.6（万元）

第五年应提折旧=（200–80–48–28.8–2）÷2=20.6（万元）

每年各月折旧额根据年折旧额除以12计算。

2. 年数总和法

年数总和法又称年限合计法，是指将固定资产的原值减去预计净残值后的余额，乘以一个以固定资产尚可使用寿命为分子、以预计使用寿命逐年数字之和为分母的逐年递减的分数计算每年的折旧额。计算公式为：

年折旧率=尚可使用年限÷预计使用寿命的年数总和×100%，或者：

年折旧率=（预计使用年限–已使用年限）/［预计使用年限×（预计使用年限+1）/2］×100%

月折旧率=年折旧率÷12

月折旧额=（固定资产原值–预计净残值）×月折旧率

【例5-3】B公司某项固定资产的原值为50万元，预计使用年限为5年，预计净残值为2万元。

要求：采用年数总和法计算各年的折旧额。

【解析】采用年数总和法计算的各年折旧如表5-2所示。

表5-2　年数总和法计算的各年折旧

年份	尚可使用年限	原值-净残值	变动折旧率	年折旧额	累计折旧
1	5	48	5/15	16	16
2	4	48	4/15	12.8	28.8
3	3	48	3/15	9.6	38.4
4	2	48	2/15	6.4	44.8
5	1	48	1/15	3.2	48

二、外购软件适当缩短折旧或摊销年限

（一）外购软件适当缩短折旧或摊销年限政策

根据《财政部 国家税务总局关于进一步鼓励软件产业和集成电路产业发展企业所得税政策的通知》（财税〔2012〕27号）第七条的规定，企业外购的软件，凡符合固定资产或无形资产确认条件的，可以按照固定资产或无形资产进行核算，其折旧或摊销年限可以适当缩短，最短可为2年（含）。

（二）加速折旧与摊销的主要留存备查资料

由于技术进步，产品更新换代较快的固定资产及常年处于强震动、高腐蚀状态的固定资产，企业可以采取缩短折旧年限或者采取加速折旧的方法。集成电路生产企业的生产设备，其折旧年限可以适当缩短，最短可为3年（含）。企业外购的软件，凡符合固定资产或无形资产确认条件的，可以按照固定资产或无形资产进行核算，其折旧或摊销年限可以适当缩短，最短可为2年（含）。

该类优惠属于汇缴享受（税会处理一致的，预缴享受；税会处理不一致的，汇缴享受）优惠事项。享受该项优惠，纳税人需要准备的主要留存备查资料有：

（1）固定资产的功能、预计使用年限短于规定计算折旧的最低年限的理由、证明资料及有关情况的说明；

（2）被替代的旧固定资产的功能、使用及处置等情况的说明；

（3）固定资产加速折旧拟采用的方法和折旧额的说明，外购软件拟缩短折旧或

摊销年限情况的说明；

（4）集成电路生产企业证明材料；

（5）购入固定资产或软件的发票、记账凭证。

三、重要行业企业新购置固定资产的加速折旧

（一）六个行业新购置固定资产加速折旧

根据《财政部 国家税务总局关于完善固定资产加速折旧企业所得税政策的通知》（财税〔2014〕75号）第一条的规定，对生物药品制造业，专用设备制造业，铁路、船舶、航空航天和其他运输设备制造业，计算机、通信和其他电子设备制造业，仪器仪表制造业，信息传输、软件和信息技术服务业等6个行业的企业于2014年1月1日后新购进（包括自行建造）的固定资产，可缩短折旧年限或采取加速折旧的方法。

对上述6个行业的小型微利企业于2014年1月1日后新购进的研发和生产经营共用的仪器、设备，单位价值不超过100万元的，允许一次性计入当期成本费用在计算应纳税所得额时扣除，不再分年度计算折旧；单位价值超过100万元的，可缩短折旧年限或采取加速折旧的方法。

六大行业按照国家统计局《国民经济行业分类与代码》确定。六大行业企业是指以上述行业业务为主营业务，其固定资产投入使用当年主营业务收入占企业收入总额50%（不含）以上的企业。所称收入总额，是指《企业所得税法》第六条规定的收入总额。

企业按规定缩短折旧年限的，最低折旧年限不得低于《企业所得税法实施条例》第六十条规定折旧年限的60%；采取加速折旧方法的，可采取双倍余额递减法或者年数总和法。根据《国家税务总局关于固定资产加速折旧税收政策有关问题的公告》（2014年第64号）第四条的规定，企业采取缩短折旧年限方法的，对其购置的新固定资产，最低折旧年限不得低于《企业所得税法实施条例》第六十条规定的折旧年限的60%；企业购置已使用过的固定资产，其最低折旧年限不得低于《企业所得税法实施条例》规定的最低折旧年限减去已使用年限后剩余年限的60%。最低折旧年限一经确定，一般不得变更。

（二）四个领域重点行业新购置固定资产加速折旧

《财政部 国家税务总局关于进一步完善固定资产加速折旧企业所得税政策的通知》（财税〔2015〕106号）第一条规定，对轻工、纺织、机械、汽车等四个领域重点行业的企业于2015年1月1日后新购进的（包括自行建造，下同）固定资产，可

由企业选择缩短折旧年限或采取加速折旧的方法。

对上述行业的小型微利企业于2015年1月1日后新购进的研发和生产经营共用的仪器、设备，单位价值不超过100万元的，允许一次性计入当期成本费用在计算应纳税所得额时扣除，不再分年度计算折旧；单位价值超过100万元的，可由企业选择缩短折旧年限或采取加速折旧的方法。

四个领域重点行业企业是指以上述行业业务为主营业务，其固定资产投入使用当年的主营业务收入占企业收入总额50%（不含）以上的企业。所称收入总额，是指企业所得税法第6条规定的收入总额。

企业的固定资产既符合六个行业、四个领域重点行业企业新购进固定资产优惠政策条件，又符合《国家税务总局关于企业固定资产加速折旧所得税处理有关问题的通知》（国税发〔2009〕81号）、《财政部 国家税务总局关于进一步鼓励软件产业和集成电路产业发展企业所得税政策的通知》（财税〔2012〕27号）中有关加速折旧优惠政策条件，可由企业选择其中一项加速折旧优惠政策执行，且一经选择，不得改变。按照《企业所得税法》及其实施条例有关规定，企业根据自身生产经营需要，也可选择不实行加速折旧政策。

（三）制造业新购置固定资产的加速折旧

根据《财政部 税务总局关于扩大固定资产加速折旧优惠政策适用范围的公告》（2019年第66号）的规定，自2019年1月1日起，《财政部 国家税务总局关于完善固定资产加速折旧企业所得税政策的通知》（财税〔2014〕75号）和《财政部 国家税务总局关于进一步完善固定资产加速折旧企业所得税政策的通知》（财税〔2015〕106号）规定的固定资产加速折旧优惠的行业范围，扩大至全部制造业领域。

制造业按照国家统计局《国民经济行业分类和代码》（GB/T 4754—2017）确定。今后国家有关部门更新国民经济行业分类和代码，从其规定。

（四）海南自贸港企业新购置固定资产的加速折旧

自2020年1月1日起执行至2024年12月31日，根据《财政部 税务总局关于海南自由贸易港企业所得税优惠政策的通知》（财税〔2020〕31号）第三条的规定，对在海南自由贸易港设立的企业，新购置（含自建、自行开发）固定资产或无形资产，单位价值不超过500万元（含）的，允许一次性计入当期成本费用在计算应纳税所得额时扣除，不再分年度计算折旧和摊销；新购置（含自建、自行开发）固定资产或无形资产，单位价值超过500万元的，可以缩短折旧、摊销年限或采取加速折旧、摊销的方法。

这里所称固定资产，是指除房屋、建筑物以外的固定资产。

四、固定资产的一次性扣除

（一）单价不超过500万元的设备、器具一次性扣除

为进一步支持科技创新、促进企业提质增效，根据国务院决定，财政部、税务总局先后于2014年、2015年两次下发文件，出台了固定资产加速折旧政策，主要包括：一是六大行业和四个领域重点行业企业新购进的固定资产允许加速折旧。二是上述行业小型微利企业新购进的研发和生产经营共用的仪器、设备，单位价值不超过100万元的，可一次性税前扣除。三是所有行业企业新购进的专门用于研发的仪器、设备，单位价值不超过100万元的，可一次性税前扣除，超过100万元，允许加速折旧。四是所有行业企业持有的单位价值不超过5 000元的固定资产，可一次性税前扣除。为进一步扩大优惠范围，引导企业加大设备、器具投资力度，提高企业创业创新积极性，2018年 4月25日，国务院常务会议决定，2018年1月1日至2020年12月31日，将固定资产一次性税前扣除优惠政策范围由企业新购进的单位价值不超过100万元的研发仪器、设备，扩大至企业新购进的单位价值500万元以下设备、器具。财政部和税务总局根据国务院决定，联合下发《财政部 税务总局关于设备器具扣除有关企业所得税政策的通知》（财税〔2018〕54号），规定企业在2018年1月1日至2020年12月31日期间新购进的设备、器具，单位价值不超过500万元的，允许一次性计入当期成本费用，在计算应纳税所得额时扣除，不再分年度计算折旧；单位价值超过500万元的，仍按《企业所得税法实施条例》《财政部 国家税务总局关于完善固定资产加速折旧企业所得税政策的通知》（财税〔2014〕75号）、《财政部 国家税务总局关于进一步完善固定资产加速折旧企业所得税政策的通知》（财税〔2015〕106号）等相关规定执行。

根据《财政部 税务总局关于延长部分税收优惠政策执行期限的公告》（2021年第6号）第一条的规定，《财政部 税务总局关于设备器具扣除有关企业所得税政策的通知》（财税〔2018〕54号）文件规定的税收优惠政策，执行期限延长至2023年12月31日。

即企业在2018年1月1日至2023年12月31日期间新购进的设备、器具，单位价值不超过500万元的，允许一次性计入当期成本费用，在计算应纳税所得额时扣除，不再分年度计算折旧（以下简称“一次性税前扣除政策”）。

为贯彻落实好国务院常务会议精神及财税〔2018〕54号文件的政策规定，税务

总局制发了《国家税务总局关于设备 器具扣除有关企业所得税政策执行问题的公告》（2018年第46号），进一步明确相关政策具体执行口径和征管要求，保证政策有效贯彻实施。

1. 设备、器具的界定

财税〔2018〕54号文件所称的设备、器具，是指除房屋、建筑物以外的固定资产。

2. 购进的界定

企业取得固定资产包括外购、自行建造、融资租入、捐赠、投资、非货币性资产交换、债务重组等多种方式。根据国家税务总局公告2018年第46号的规定，购进，包括以货币形式购进或自行建造，其中以货币形式购进的固定资产包括购进的使用过的固定资产；以货币形式购进的固定资产，以购买价款和支付的相关税费以及直接归属于使该资产达到预定用途发生的其他支出确定单位价值，自行建造的固定资产，以竣工结算前发生的支出确定单位价值。

将自行建造也纳入享受优惠的范围，主要是考虑到自行建造固定资产所使用的材料实际也是购进的，因此把自行建造的固定资产也看作"购进"的。此外，"新购进"中的"新"字，只是区别于原已购进的固定资产，不是规定非要购进全新的固定资产，因此，该公告明确以货币形式购进的固定资产包括企业购进的使用过的固定资产。这里单位价值的计算方法与《企业所得税法实施条例》第五十八条规定的固定资产计税基础的计算方法保持一致，具体为：以货币形式购进的固定资产，以购买价款和支付的相关税费以及直接归属于使该资产达到预定用途发生的其他支出确定单位价值；自行建造的固定资产，以竣工结算前发生的支出确定单位价值。

3. 购进时点的确认

设备、器具一次性税前扣除政策的执行时间为2018年1月1日至2023年12月31日，因此，需要依据设备、器具的购进时点确定其是否属于可享受优惠政策的范围。国家税务总局公告2018年第46号明确，固定资产购进时点按以下原则确认：以货币形式购进的固定资产，除采取分期付款或赊销方式购进外，按发票开具时间确认；以分期付款或赊销方式购进的固定资产，按固定资产到货时间确认；自行建造的固定资产，按竣工结算时间确认。

4. 一次性税前扣除时点

《企业所得税法实施条例》规定，企业应当自固定资产投入使用月份的次月起计算折旧。固定资产一次性税前扣除政策仅仅是固定资产税前扣除的一种特殊方式，因此，其税前扣除的时点应与固定资产计算折旧的处理原则保持一致。国家税务总局公告2018年第46号第二条规定，固定资产在投入使用月份的次月所属年度一次性税前扣除。比如，某企业于2020年12月购进了一项单位价值为300万元的设备并于当月投入使用，则该设备可在2021年一次性税前扣除。

5. 固定资产税务处理可与会计处理不一致

根据国家税务总局公告2018年第46号第三条的规定，企业选择享受一次性税前扣除政策的，其资产的税务处理可与会计处理不一致。

也就是说，企业会计处理上是否采取一次性税前扣除方法，不影响企业享受一次性税前扣除政策，企业在享受一次性税前扣除政策时，不需要会计上也同时采取与税收上相同的折旧方法。

6. 企业可自主选择享受一次性税前扣除政策，但未选择的不得变更

实行一次性税前扣除政策后，纳税人可能会由于税前扣除的固定资产与财务核算的固定资产折旧费用不同，而产生复杂的纳税调整问题，加之一些固定资产核算期限较长，也会增加会计核算负担和遵从风险。对于短期无法实现盈利的亏损企业而言，选择实行一次性税前扣除政策会进一步加大亏损，且由于税法规定的弥补期限的限制，该亏损可能无法得到弥补，实际上减少了税前扣除额。此外，企业在定期减免税期间往往不会选择一次性税前扣除政策。考虑到享受税收优惠是纳税人的一项权利，纳税人可以自主选择是否享受优惠，国家税务总局公告2018年第46号第四条规定，企业根据自身生产经营核算需要，可自行选择享受一次性税前扣除政策。未选择享受一次性税前扣除政策的，以后年度不得再变更。

这是为避免恶意套取税收优惠，明确企业未选择享受的，以后年度不得再变更。需要注意的是，以后年度不得再变更的规定是针对单项固定资产而言，单项固定资产未选择享受的，不影响其他固定资产选择享受一次性税前扣除政策。

7. 留存备查资料

根据国家税务总局公告2018年第46号第五条的规定，企业按照《国家税务总局关于发布修订后的〈企业所得税优惠政策事项办理办法〉的公告》（2018年第23号）的规定办理享受政策的相关手续，主要留存备查资料如下：

（1）有关固定资产购进时点的资料（如以货币形式购进固定资产的发票、以分期付款或赊销方式购进固定资产的到货时间说明、自行建造固定资产的竣工决算情况说明等）；

（2）固定资产记账凭证；

（3）核算有关资产税务处理与会计处理差异的台账。

（二）单价不超过5000元的固定资产一次性扣除

自2014年1月1日起，根据《财政部 国家税务总局关于完善固定资产加速折旧企业所得税政策的通知》(财税〔2014〕75号)第三条的规定，对所有行业企业持有的单位价值不超过5000元的固定资产，允许一次性计入当期成本费用，在计算应纳税所得额时扣除，不再分年度计算折旧。

(三)研发仪器、设备的一次性扣除

1.研发专用仪器、设备的一次性扣除

根据《财政部 国家税务总局关于完善固定资产加速折旧企业所得税政策的通知》(财税〔2014〕75号)第二条的规定，对所有行业企业2014年1月1日后新购进的专门用于研发的仪器、设备，单位价值不超过100万元的，允许一次性计入当期成本费用在计算应纳税所得额时扣除，不再分年度计算折旧；单位价值超过100万元的，可缩短折旧年限或采取加速折旧的方法。

2.小型微利企业共用仪器、设备的一次性扣除

《财政部 国家税务总局关于完善固定资产加速折旧企业所得税政策的通知》(财税〔2014〕75号)第一条规定，对生物药品制造业，专用设备制造业，铁路、船舶、航空航天和其他运输设备制造业，计算机、通信和其他电子设备制造业，仪器仪表制造业，信息传输、软件和信息技术服务业等6个行业的小型微利企业于2014年1月1日后新购进的研发和生产经营共用的仪器、设备，单位价值不超过100万元的，允许一次性计入当期成本费用，在计算应纳税所得额时扣除，不再分年度计算折旧；单位价值超过100万元的，可缩短折旧年限或采取加速折旧的方法。

《财政部 国家税务总局关于进一步完善固定资产加速折旧企业所得税政策的通知》(财税〔2015〕106号)第一条规定，对轻工、纺织、机械、汽车等四个领域重点行业的小型微利企业于2015年1月1日后新购进的研发和生产经营共用的仪器、设备，单位价值不超过100万元的，允许一次性计入当期成本费用，在计算应纳税所得额时扣除，不再分年度计算折旧；单位价值超过100万元的，可由企业选择缩短折旧年限或采取加速折旧的方法。

(四)疫情防控重点保障物资生产企业新购置设备一次性扣除

自2020年1月1日起，根据《财政部 税务总局关于支持新型冠状病毒感染的肺炎疫情防控有关税收政策的公告》(2020年第8号)第一条的规定，对疫情防控重点保障物资生产企业为扩大产能新购置的相关设备，允许一次性计入当期成本费用在企业所得税税前扣除。

(五)海南自贸港企业新购置单价不超过500万元固定资产一次性扣除

自2020年1月1日起执行至2024年12月31日，根据《财政部 税务总局关于海南自由贸易港企业所得税优惠政策的通知》（财税〔2020〕31号）第三条的规定，对在海南自由贸易港设立的企业，新购置（含自建、自行开发）固定资产或无形资产，单位价值不超过500万元（含）的，允许一次性计入当期成本费用在计算应纳税所得额时扣除，不再分年度计算折旧和摊销；新购置（含自建、自行开发）固定资产或无形资产，单位价值超过500万元的，可以缩短折旧、摊销年限或采取加速折旧、摊销的方法。

这里所称固定资产，是指除房屋、建筑物以外的固定资产。

（六）留存备查资料

对六个行业四个领域等重点行业企业新购进的固定资产，可缩短折旧年限或采取加速折旧的方法。对所有行业企业新购进的专门用于研发的仪器、设备，单位价值不超过100万元的，允许一次性计入当期成本费用，在计算应纳税所得额时扣除，不再分年度计算折旧；单位价值超过100万元的，可缩短折旧年限或采取加速折旧的方法。对所有行业企业持有的单位价值不超过5 000元的固定资产，允许一次性计入当期成本费用，在计算应纳税所得额时扣除，不再分年度计算折旧。

上述优惠属于预缴就可享受的优惠事项，年终汇算清缴后，纳税人需要留存备查的主要资料有：

（1）企业属于重点行业、领域企业的说明材料[以某重点行业业务为主营业务，固定资产投入使用当年主营业务收入占企业收入总额50%（不含）以上]；

（2）购进固定资产的发票、记账凭证（购入已使用过的固定资产，应提供已使用年限的相关说明）；

（3）核算有关资产税法与会计差异的台账。

第三节　无形资产加速摊销

一、无形资产的界定

（一）会计的界定

《企业会计准则第6号——无形资产》（以下简称“无形资产准则”）所规范的无形资产，是指企业拥有或者控制的没有实物形态的可辨认非货币性资产。主要包括专利权、非专利技术、商标权、著作权、土地使用权、特许权等。

资产满足下列条件之一的，符合无形资产定义中的可辨认性标准：

（1）能够从企业中分离或者划分出来，并能单独或者与相关合同、资产或负债一起，用于出售、转移、授予许可、租赁或者交换。

（2）源自合同性权利或其他法定权利，无论这些权利是否可以从企业或其他权利和义务中转移或者分离。

商誉是企业合并成本大于合并取得被购买方各项可辨认资产、负债公允价值份额的差额，其存在无法与企业自身分离，不具有可辨认性，因而不属于无形资产准则所规范的无形资产。在会计上除符合无形资产定义外，还应同时满足与该无形资产有关的经济利益很可能流入，以及该无形资产的成本能够可靠地计量时，才能予以确认。

而《小企业会计准则》规定，无形资产，是指小企业为生产产品、提供劳务、出租或经营管理而持有的、没有实物形态的可辨认非货币性资产。小企业的无形资产包括：土地使用权、专利权、商标权、著作权、非专利技术等。

（二）税法的界定

1.企业所得税上的无形资产

《企业所得税法实施条例》第六十五条规定，无形资产是指企业为生产产品、提供劳务、出租或者经营管理而持有的、没有实物形态的非货币性长期资产，包括专利权、商标权、著作权、土地使用权、非专利技术、商誉等。

由此可见，无形资产准则强调的是非货币性资产，《企业所得税法》强调的是长期资产；而且无形资产准则界定的无形资产不含商誉，但由于商誉属于没有实物形态的非货币性长期资产，企业所得税上将商誉作为无形资产处理。

企业会计准则把已出租的土地使用权、持有并准备增值后转让的土地使用权作为投资性房地产处理。在税务处理上，企业所得税没有引入投资性房地产的概念，而将企业为取得土地使用权支付给国家或者其他纳税人的土地出让或转让价款、无偿取得的土地使用权，都作为无形资产处理。

需要说明的是计算机软件的处理问题。在会计处理上，主要是根据计算机软件的重要性来确定是否作为无形资产核算。而对企业购置计算机硬件所附带的、未单独计价的软件，则应通过“固定资产”科目核算。在税务处理上，主要是根据计算机软件是否单独计价来确定是否作为无形资产管理。一般来说，企业购买计算机应用软件，凡随同计算机硬件一起购入的，计入固定资产价值；单独购入的，作为无形资产管理。

2.增值税上的无形资产

根据《销售服务、无形资产、不动产注释》的规定，销售无形资产，是指转让无形资产所有权或者使用权的业务活动。无形资产，是指不具实物形态，但能带来经济利益的资产，包括技术、商标、著作权、商誉、自然资源使用权和其他权益性无形资产。

技术，包括专利技术和非专利技术。自然资源使用权，包括土地使用权、海域使用权、探矿权、采矿权、取水权和其他自然资源使用权。其他权益性无形资产，包括基础设施资产经营权、公共事业特许权、配额、经营权（包括特许经营权、连锁经营权、其他经营权）、经销权、分销权、代理权、会员权、席位权、网络游戏虚拟道具、域名、名称权、肖像权、冠名权、转会费等。

二、无形资产的初始计量与计税基础

（一）外购的无形资产

1.外购无形资产成本的确定

无形资产通常应当按照成本进行初始计量，即以取得无形资产并使之达到预定用途而发生的全部支出，作为无形资产的成本。对于不同来源取得的无形资产，其成本构成也不尽相同。

无形资产准则规定，外购无形资产的成本，包括购买价款、相关税费以及直接归属于使该项资产达到预定用途所发生的其他支出。其他支出包括使无形资产达到预定用途所发生的专业服务费用、测试无形资产是否能够正常发挥作用的费用等，但不包括为引入新产品进行宣传发生的广告费、管理费用及其他间接费用，也不包括在无形资产已经达到预定用途以后发生的费用。

购买无形资产的价款超过正常信用条件延期支付，实质上具有融资性质的，无形资产的成本以购买价款的现值为基础确定。实际支付的价款与购买价款的现值之间的差额，除按照借款费用准则应予资本化的以外，应当在信用期间内计入当期损益。这是因为，企业发生的这项业务，实质上可以区分为两项业务：一项是购买无形资产；另一项业务实质上是向销售方借款。因此，所支付的货款必须考虑货币的时间价值，根据无形资产准则的规定，采用现值计价模式，无形资产的成本为购买价款的现值。

而《小企业会计准则》规定，无形资产应当按照成本进行计量。外购无形资产的成本包括：购买价款、相关税费和相关的其他支出（含相关的借款费用）。

2.外购无形资产计税基础的确定

根据《企业所得税法》及其实施条例规定，企业的无形资产等各项资产以历史成本为计税基础。对外购的无形资产，以购买价款和支付的相关税费以及直接归属于使该资产达到预定用途发生的其他支出为计税基础。

【例5-4】甲上市公司因生产需要某项专利技术，于2×20年1月1日从乙公司购得该项专利权，协议约定价款780万元，相关税费5万元，专业服务费用15万元，总计800万元。

由于甲公司资金周转紧张，经与乙公司协商采用分期付款方式支付款项。从2×20年起每年末付款200万元，4年付清。假定银行同期贷款利率为8%，按10年摊销。（已知4年期8%利率，年金现值系数为3.3121）。

要求：进行相关的会计处理与纳税调整。

【解析】

购买价款的现值=200×3.3121=662.42（万元）

未确认融资费用=800−662.42=137.58（万元）（见表5-3）

表5-3　**未确认融资费用**　金额单位：万元

年份	融资余额	利率	本年利息	付款	还本	未确认融资费用
			融资余额×利率		付款−利息	上年余额−本年利息
0	662.42					137.58
1	515.41	8.00%	52.99	200.00	147.01	84.59
2	356.64	8.00%	41.23	200.00	158.77	43.35
3	185.17	8.00%	28.53	200.00	171.47	14.82
4	0.00	8.00%	14.82	200.00	185.18	0.00
合计			137.57	800.00	662.42	

甲公司账务处理如下：

（1）2×20年1月1日取得该项专利权时：

借：无形资产——专利权　6 624 200

　　未确认融资费用　1 375 800

　　贷：长期应付款——乙公司　8 000 000

税务处理：根据《企业所得税法》的规定，企业的无形资产应以历史成本为计税基础。对该项外购的专利权，其计税基础应为800万元。该专利权的账面原价为662.42万元，账面价值小于计税基础产生可抵扣暂时性差异，应进行纳税调整，即根据税法规定计提的摊销额大于会计摊销额的差额应调减应纳税所得额。同时，未确认融资费用摊销计入财务费用的金额，不得在税前扣除。

（2）2×20年处理及12月底付款时：

借：长期应付款　　2 000 000

　　贷：银行存款　　2 000 000

借：财务费用　　529 900

　　贷：未确认融资费用　　529 900

借：管理费用　　662 420

　　贷：无形资产摊销　　662 420

税务处理：会计摊销额为662 420元；税前可以扣除的摊销额：8 000 000÷10=800 000（元）；差额应调减应纳税所得额：800 000–662 420=137 580（元）。对未确认融资费用转入财务费用的金额应调增应纳税所得额529 900元。

（3）2×21年处理及12月底付款时：

借：长期应付款　　2 000 000

　　贷：银行存款　　2 000 000

借：财务费用　　412 300

　　贷：未确认融资费用　　412 300

借：管理费用　　662 420

　　贷：无形资产摊销　　662 420

税务处理：会计摊销额为412 300元；税前可以扣除的摊销额：8 000 000÷10=800 000（元）；差额应调减应纳税所得额：800 000–662 420=137 580（元）。对未确认融资费用转入财务费用的金额应调增应纳税所得额412 300元。

（4）2×21年处理及12月底付款时：

借：长期应付款　　2 000 000

　　贷：银行存款　　2 000 000

借：财务费用　　285 300

　　贷：未确认融资费用　　285 300

借：管理费用　　662 420

　　贷：无形资产摊销　　662 420

税务处理：会计摊销额为662 420元；税前可以扣除的摊销额：8 000 000÷10=

800 000（元）；差额应调减应纳税所得额：800 000−662 420=137 580（元）。对未确认融资费用转入财务费用的金额应调增应纳税所得额285 300元。

（5）2×22年处理及12月底付款时：

借：长期应付款　　2 000 000

　　贷：银行存款　　2 000 000

借：财务费用　　148 200

　　贷：未确认融资费用　　148 200

借：管理费用　　662 420

　　贷：无形资产摊销　　662 420

税务处理：会计摊销额为662 420元；税前可以扣除的摊销额：8 000 000÷10=800 000（元）；差额应调减应纳税所得额：800 000−662 420=137 580（元）。对未确认融资费用转入财务费用的金额应调增应纳税所得额148 200元。

（二）投资者投入的无形资产

无形资产准则规定，投资者投入无形资产的成本，应当按照投资合同或协议约定的价值确定，但合同或协议约定价值不公允的除外。即在投资合同或协议约定价值不公允的情况下，应按无形资产的公允价值入账，所确认的初始成本与实收资本或股本之间的差额调整“资本公积”。《小企业会计准则》规定，投资者投入的无形资产的成本，应当按照评估价值和相关税费确定。

而《企业所得税法》规定，通过捐赠、投资、非货币性资产交换、债务重组等方式取得的无形资产，以该资产的公允价值和支付的相关税费为计税基础。

由此可见，接受投资的无形资产的初始计量与计税基础是相同的。对于接受投资的土地使用权，在办理产权变更登记时缴纳的契税，属于该项无形资产达到预用途前所发生的支出，会计上应计入无形资产成本，税法上也应计入资产的计税基础。

（三）土地使用权的处理

1. 土地使用权的会计处理

根据无形资产准则规定，企业取得的土地使用权通常应确认为无形资产。土地使用权用于自行开发建造厂房等地上建筑物时，土地使用权的账面价值不与地上建筑物合并计算其成本，而仍作为无形资产进行核算，土地使用权与地上建筑物分别进行摊销和提取折旧。但下列情况除外：

（1）房地产开发企业取得的土地使用权用于建造对外出售的房屋建筑物，相关的土地使用权应当计入所建造的房屋建筑物成本。

（2）企业外购的房屋建筑物，实际支付的价款中包括土地以及建筑物的价值，则应当对支付的价款按照合理的方法（如公允价值）在土地和地上建筑物之间进行分配；如果确实无法在地上建筑物与土地使用权之间进行合理分配的，应当全部作为固定资产核算。

企业改变土地使用权的用途，将其作为用于出租或增值目的时，应将其转为投资性房地产。

《小企业会计准则》规定，自行开发建造厂房等建筑物，相关的土地使用权与建筑物应当分别进行处理。外购土地及建筑物支付的价款应当在建筑物与土地使用权之间按照合理的方法进行分配；难以合理分配的，应当全部作为固定资产。

【例5-5】2021年1月1日，甲上市公司购入一块土地使用权，使用年限为40年，以银行存款支付出让金4 000万元。2月1日起在该土地上建造厂房等工程，到6月30日，该工程已经完工并达到预定可使用状态，共发生材料支出9 000万元，工资费用2 000万元，其他相关费用4 000万元。假定土地使用年限为40年，该厂房预计使用寿命15年，两者都没有残值，都采用直线法摊销和折旧，为简化核算，不考虑其他相关税费。

要求：进行相关的会计与税务处理。

【解析】

甲公司购入土地使用权，使用年限为40年，表明它属于使用寿命有限的无形资产。在该土地上建造厂房，应将土地使用权和地上建筑物分别作为无形资产和固定资产进行核算，并分别摊销和计提折旧。

甲公司的账务处理如下：

（1）2021年1月1日，支付土地出让金：

借：无形资产——土地使用权	40 000 000	
贷：银行存款		40 000 000

（2）在土地上建造厂房：

借：在建工程	150 000 000	
贷：工程物资		90 000 000
应付职工薪酬		20 000 000
银行存款		40 000 000

（3）6月30日，厂房达到预定可使用状态，转入固定资产时：

借：固定资产　　　　150 000 000

　　贷：在建工程　　　　150 000 000

（4）当年分期摊销土地使用权和对厂房计提折旧：

借：管理费用——土地使用权摊销　　　　1 000 000

　　贷：累计摊销　　　　1 000 000

借：制造费用——厂房折旧　　　　5 000 000

　　贷：累计折旧　　　　5 000 000

税务处理：由于土地使用权的摊销年限会计与税法一致，对其摊销额申报企业所得税时不作纳税调整；而厂房的会计折旧年限15年，低于企业所得税法规定的最低折旧年限，对由此造成的每一纳税年度的折旧差额应进行纳税调整。

税法折旧限额：15000 ÷ 20 × 6 ÷ 12=375（万元），应调增应纳税所得额：500−375=125（万元）。

2. 地价计入房产原值计征房产税

根据《财政部 国家税务总局关于房产税若干具体问题的解释和暂行规定》（财税地字〔1996〕8号）第十五条的规定，房产原值是指纳税人按照会计制度规定，在账簿"固定资产"科目中记载的房屋原价，对纳税人未按会计制度规定记载的，在计征房产税时，应按规定调整房产原值。

根据《财政部 国家税务总局关于安置残疾人就业单位城镇土地使用税等政策的通知》（财税〔2010〕121号）的规定，对按照房产原值计税的房产，无论会计上如何核算，房产原值均应包含地价，包括为取得土地使用权支付的价款、开发土地发生的成本费用等。宗地容积率低于0.5的，按房产建筑面积的2倍计算土地面积并据此确定计入房产原值的地价。

三、研究开发费的会计与税务处理

（一）研究开发费的会计处理

1. 研究阶段和开发阶段的划分

《无形资产准则》第七条规定，企业内部研究开发项目的支出，应当区分为研究阶段支出与开发阶段支出。

研究阶段，是指为获取新的技术和知识等进行的有计划的调查，其特点在于研究阶段是探索性的，为进一步的开发活动进行资料及相关方面的准备。从已经进行的研究活动看，将来是否会转入开发、开发后是否会形成无形资产等具有较大的不确定性。例如，意于获取知识而进行的活动；研究成果或其他知识的应用研究、评价和最终选择等。

开发是指在进行商业性生产或使用前，将研究成果或其他知识应用于某项计划或设计，以生产出新的或具有实质性改进的材料、装置、产品等。开发阶段相对研究阶段而言，是完成了研究阶段的工作，在很大程度上形成一项新产品或新技术的基本条件已经具备。例如，生产前或使用前的原型和模型的设计、建造和测试；含新技术的工具、夹具、模具和冲模的设计等。

2. 开发支出资本化的条件

无形资产准则规定，企业内部开发项目发生的开发支出，同时满足下列条件的，应当确认为无形资产：

（1）完成该无形资产以使其能够使用或出售，在技术上具有可行性；

（3）具有完成该无形资产并使用或出售的意图；

（3）无形资产产生经济利益的方式，包括能够证明运用该无形资产生产的产品存在市场或无形资产自身存在市场，无形资产将在内部使用的，应当证明其有用性；

（4）有足够的技术、财务资源和其他资源支持，以完成该无形资产的开发，并有能力使用或出售该无形资产；

（5）归属于该无形资产开发阶段的支出能够可靠地计量。

3. 内部开发无形资产的计量

内部开发活动形成的无形资产，其成本由可直接归属于该资产的创造、生产并使该资产能够以管理层预定的方式运作的所有必要支出组成，包括开发该无形资产时耗费的材料、劳务成本、注册费、在开发该无形资产过程中使用的其他专利权和特许权的摊销、按照借款费用准则的规定资本化的利息支出，以及为使该无形资产达到预定用途前所发生的其他费用。对于在开发过程中达到资本化条件之前已经费用化计入损益的支出不再进行调整。

4. 研究开发费的财务处理

财务处理原则：企业内部研究开发项目研究阶段的支出，应当于发生时计入当期损益（管理费用）；开发阶段的支出符合资本化条件的，才能资本化确认为无形资产；不符合资本化条件的计入当期损益（管理费用）。如果无法区分研究阶段支出和开发阶段支出，应当将其所发生的研发支出全部费用化，计入当期损益（管理费用）。

具体账务处理：企业自行开发无形资产发生的研发支出，未满足资本化条件的，借记“研发支出——费用化支出”科目，满足资本化条件的，借记“研发支出——资本化支出”科目，贷记“原材料”“银行存款”“应付职工薪酬”等科目。购买正在进行中的研究开发项目，应按确定的金额，借记“研发支出——资本化支出”科目，贷记“银行存款”等科目。研究开发项目达到预定用途形成无形资产的，应按“研发支出——资本化支出”科目的余额，借记“无形资产”科目，贷记“研发支出——资本化支出”科目。

（二）税务处理与纳税调整

2008年1月1日实施的《企业所得税法》规定，自行开发的无形资产，以开发过程中该资产符合资本化条件后至达到预定用途前发生的支出为计税基础。企业开发新技术、新产品、新工艺发生的研究开发费用，可以在计算应纳税所得额时加计扣除。研究开发费用的加计扣除，是指企业为开发新技术、新产品、新工艺发生的研究开发费用，未形成无形资产计入当期损益的，在按照规定据实扣除的基础上，按照研究开发费用的75%加计扣除；形成无形资产的，按照无形资产成本的175%摊销。

根据《关于进一步完善研发费用税前加计扣除政策的公告》（财政部 税务总局公告2021年第13号）的规定，制造业企业开展研发活动中实际发生的研发费用，未形成无形资产计入当期损益的，在按规定据实扣除的基础上，自2021年1月1日起，再按照实际发生额的100%在税前加计扣除；形成无形资产的，自2021年1月1日起，按照无形资产成本的200%在税前摊销。

这里所称的制造业企业，是指以制造业业务为主营业务，享受优惠当年主营业务收入占收入总额的比例达到50%以上的企业。制造业的范围按照《国民经济行业分类》（GB/T 4574—2017）确定，如国家有关部门更新《国民经济行业分类》，从其规定。收入总额按照企业所得税法第六条规定执行。

【例5-6】丙公司为在上海证交所上市制造业企业，2021年1月1日，自行研究开发一项新产品专利技术，在研究开发过程中发生材料费3 000万元、人工工资1 500万元，以及其他费用2 500万元，总计7 000万元，其中，符合资本化条件的支出为4 000万元，2021年6月30日，该专利技术已经达到预定用途。

要求：进行相关的会计处理与纳税调整。

【解析】

丙公司发生研发支出时的账务处理为：

借：研发支出——费用化支出　　30 000 000
　　　　　　——资本化支出　　40 000 000
　贷：原材料　　30 000 000
　　　应付职工薪酬　　15 000 000
　　　银行存款　　25 000 000

2021年6月30日，该专利技术达到预定用途时，根据无形资产准则规定，应予费用化的支出为3 000万元，应予资本化的金额为4 000万元，即该项专利在会计上初始计量的金额为4 000万元，其账务处理为：

借：管理费用　　30 000 000
　　无形资产——专利权　　40 000 000
　贷：研发支出——费用化支出　　30 000 000
　　　　　　　——资本化支出　　40 000 000

而根据《企业所得税法》的相关规定，企业研究开发费支出，在计算应纳税所得额时可以加计扣除。因而当期可税前扣除的费用化支出为：3 000×（1+100%）=6 000（万元），加计扣除优惠3 000万元；对形成无形资产的资本化支出4 000万元，应按照8 000（4 000×200%）万元在不短于10年的期限内摊销在缴纳所得税前扣除。

四、无形资产的后续计量与税前扣除

（一）无形资产摊销的范围

1. 会计摊销的范围

无形资产准则规定，企业应当于取得无形资产时分析判断其使用寿命。使用寿命为有限的，应当估计该使用寿命的年限或者构成使用寿命的产量等类似计量单位数量，其应摊销金额应当在使用寿命内合理摊销。无法预见无形资产为企业带来经济利益期限的，应当视为使用寿命不确定的无形资产，使用寿命不确定的无形资产不应摊销。

《企业会计准则——应用指南》“附录”规定，“商誉”科目用来核算企业合并中形成的商誉价值。商誉发生减值的，可以单独设置“商誉减值准备”科目，比照“无形资产减值准备”科目进行处理。“商誉”科目期末借方余额，反映企业商誉的价值。由此可见，企业会计准则没有将商誉列入无形资产范畴，而是在“商誉”科目单独进行核算，同时规定可以对商誉计提减值准备，但未规定商誉可以进行摊销。与《企业会计准则》不同的是，《企业所得税法》仍把商誉归为无形资产，由此造成会计和税法对商誉的处理存在一些差异。

2.税法摊销的范围

《企业所得税法》第十二条规定，在计算应纳税所得额时，企业按照规定计算的无形资产摊销费用，准予扣除。

下列无形资产不得计算摊销费用扣除：

（1）自行开发的支出已在计算应纳税所得额时扣除的无形资产；

（2）自创商誉；

（3）与经营活动无关的无形资产；

（4）其他不得计算摊销费用扣除的无形资产。

《企业所得税法》不区分使用寿命有限的无形资产与使用寿命不确定的无形资产，除税法规定不得计算摊销费用扣除的无形资产外，都应按规定计算无形资产的摊销费用，在税前扣除。

外购商誉的支出，在企业整体转让或者清算时，准予扣除。自创商誉不得计算摊销费用扣除，主要是由于：第一，既然在资产评估时都不能确定并分摊到可识别资产上（如果能够确定就应该反映到评估价格上），因此，将其作为资产并摊销不尽合理。第二，即使在会计上，世界各国对商誉的确认也是有争议的。有些国家甚至在会计制度中也不允许商誉的摊销。第三，商誉的价值很不确定，不能单独存在和变现，形成商誉的因素企业难以控制。第四，商誉的价值并没有损耗，即使确认为无形资产也不应该摊销。事实上，世界上多数国家税法都不允许商誉摊销。

（二）摊销方法与摊销期限

1.无形资产摊销的会计处理

无形资产准则规定，使用寿命有限的无形资产，其应摊销金额应当在使用寿命内系统合理摊销。企业摊销无形资产，应当自无形资产可供使用时起，至不再作为无形资产确认时止。企业选择的无形资产摊销方法，应当反映与该项无形资产有关的经济利益的预期实现方式。无法可靠确定预期实现方式的，应当采用直线法摊销。无形资产的摊销金额一般应当计入当期损益，其他会计准则另有规定的除外。

《小企业会计准则》规定，无形资产应当在其使用寿命内采用年限平均法进行摊销，根据其受益对象计入相关资产成本或者当期损益。有关法律规定或合同约定了使用年限的，可以按照规定或约定的使用年限分期摊销。小企业不能可靠估计无形资产使用寿命的，摊销期不得低于10年。

2. 无形资产摊销的税务处理

《企业所得税法实施条例》第六十七条规定，无形资产按照直线法计算的摊销费用，准予扣除。而且无形资产摊销方法和期限一经确定，不得随意变更。无形资产的摊销年限不得低于10年。作为投资或者受让的无形资产，有关法律规定或者合同约定使用年限的，可以按照规定或者约定的使用年限分期摊销。而无形资产准则并未明确规定无形资产的最低摊销年限。

因而，按照其他方法计算的无形资产摊销费用，不符合税法规定的，在计算应纳税所得额时要进行纳税调整。

（三）应摊销金额的确定

1. 会计应摊销金额的计算

根据无形资产准则的规定，无形资产的应摊销金额为其成本扣除预计残值后的金额。已计提减值准备的无形资产，还应扣除已计提的无形资产减值准备累计金额。企业接受投资或因合并、分立等重组中接受的无形资产，按公允价值摊销。

使用寿命有限的无形资产，其残值应当视为零，但下列情况除外：

（1）有第三方承诺在无形资产使用寿命结束时购买该无形资产；

（2）可以根据活跃市场得到预计残值信息，并且该市场在无形资产使用寿命结束时很可能存在。

因此，财务上，无形资产的账面价值=实际成本–累计摊销–无形资产减值准备；对于使用寿命不确定的无形资产，账面价值=实际成本–无形资产减值准备。

2. 无形资产摊销的税前扣除

根据《企业所得税法》的相关规定，无形资产以其计税基础作为可摊销的金额。企业持有无形资产等各项资产期间资产增值或减值，除国务院财政、税务主管部门规定可以确认损益外，不得调整该资产的计税基础。

因而，已计提减值准备的无形资产，由于税法不允许扣除无形资产减值准备，应进行纳税调整。企业接受投资或因合并、分立等重组中接受的无形资产，一般来说，只有当有关无形资产中隐含的增值或损失已经在税收上确认，并缴纳过企业所得税后，才能按经评估确认的价值确定有关无形资产的计税基础，否则，只能以无形资产在原企业账面的净值作为计税基础。即：

计税基础=实际成本–累计摊销

【例5-7】2021年1月1日，丁股份公司购入一项产品的商标权，成本为5 000万元，该商标权按照法律规定还有5年的使用寿命，但是在保护期届满时，丁股份公司可以每10年以较低的手续费申请延期，同时丁股份公司有充分的证据表明其有能力申请延期。此外，有关的市场调查表明，根据产品生命周期、市场竞争等方面情况综合判断，该商标权将在不确定的期间内为企业带来现金流量。2021年年底，丁股份公司对该商标权进行减值测试。测试表明该商标已发生减值。2021年年底，该商标的公允价值为4 000万元。

要求：对丁公司2021年与商标权有关业务进行会计处理、税务处理及纳税调整。

【解析】

（1）2021年1月1日购入商标权时，会计上的入账价值为5 000万元，其账务处理为：

借：无形资产——商标权　　50 000 000

　　贷：银行存款　　50 000 000

税务处理：根据税法规定，2021年1月1日购入商标权时，其计税基础也为5 000万元。根据无形资产准则规定，上述商标权在会计上可视为使用寿命不确定的无形资产，在持有期间不需要进行摊销。但根据《企业所得税法》的规定，该项无形资产应采用直线法，在不低于10年期限内摊销，在税前扣除。因而，2021年可税前扣除的该项商标权的摊销额为：5 000 ÷ 10=500（万元）。2021年底的计税基础为：5 000–500=4 500（万元）。

（2）2021年12月31日，该项商标权发生减值时，其账务处理为：

借：资产减值损失　　10 000 000

　　贷：无形资产减值准备——商标权　　10 000 000

税务处理：计提减值准备后的该项商标权的账面价值为：5 000–1 000=4 000（万元）。在企业所得税纳税申报时，应调增计提的“资产减值损失”1 000万元，调减商标权的应摊销额500万元。

（四）无形资产摊销的复核

无形资产准则规定，企业至少应当于每年年度终了，对使用寿命有限的无形资产的使用寿命及摊销方法进行复核。无形资产的使用寿命及摊销方法与以前估计不同的，应当改变摊销期限和摊销方法。

企业应当在每个会计期间对使用寿命不确定的无形资产的使用寿命进行复核。

如果有证据表明无形资产的使用寿命是有限的，应当估计其使用寿命，并按会计准则规定处理。

而《企业所得税法》规定，无形资产摊销方法和期限一经确定，不得随意变更。

（五）无形资产的处置与报废

无形资产的处置，主要是指无形资产出售、对外出租、对外捐赠，或者是无法为企业带来未来经济利益时，应予转销并终止确认。

1.会计处理

（1）无形资产的出售。无形资产准则规定，企业出售无形资产时，应将所取得的价款与该无形资产账面价值的差额计入当期损益。

企业出售无形资产不属于收入准则的规范范围，但对出售无形资产确认其利得的时点，应比照收入准则中的有关原则进行判断。

出售无形资产时，应按实际收到的金额，借记“银行存款”等科目；按已摊销的累计摊销额，借记“累计摊销”科目；原已计提减值准备的，借记“无形资产减值准备”科目；按应支付的相关税费，贷记“应交税费”等科目；按其账面余额，贷记“无形资产”科目，按其差额，贷记或借记“资产处置损益”科目。

（2）无形资产的出租。企业将所拥有的无形资产的使用权让渡给他人，并收取租金，在满足收入确认条件的情况下，应确认相关的收入及成本。

出租无形资产时，取得的特许权使用费收入，借记“银行存款”等科目，贷记“其他业务收入”等科目；摊销出租无形资产的成本并发生与出租有关的各种费用支出时，借记“其他业务成本”科目，贷记“累计摊销”科目。

（3）无形资产的报废。无形资产预期不能为企业带来经济利益的，应当将该无形资产的账面价值予以转销。按已摊销的累计摊销额，借记“累计摊销”科目；原已计提减值准备的，借记“无形资产减值准备”科目；按其账面余额，贷记“无形资产”科目；按其差额，借记“营业外支出”科目。

2.无形资产处置的税务处理

《企业所得税法》规定，企业以货币形式和非货币形式从各种来源取得的收入，为收入总额。与无形资产处置相关的收入，在企业所得税上分为转让财产收入和特许权使用费收入两类。

企业出售、转让无形资产，应按《企业所得税法》的相关规定确认为转让财产收入，在计算应纳税所得额时，按规定扣除该项资产的净值和转让费用。

特许权使用费收入，是指企业提供专利权、非专利技术、商标权、著作权以及其他特许权的使用权取得的收入。特许权使用费收入，按照合同约定的特许权使用人应付特许权使用费的日期确认收入的实现。

企业以无形资产对外投资、债务重组、分配股利和捐赠等，都要视同销售。

五、无形资产的加速摊销与一次性扣除

（一）外购的软件缩短摊销年限

根据《财政部 国家税务总局关于进一步鼓励软件产业和集成电路产业发展企业所得税政策的通知》（财税〔2012〕27号）第七条的规定，企业外购的软件，凡符合无形资产确认条件的，可以按照无形资产进行核算，其摊销年限可以适当缩短，最短可为2年（含）。

（二）海南自贸港企业新购置无形资产加速摊销或一次性扣除

自2020年1月1日起执行至2024年12月31日，根据《财政部 税务总局关于海南自由贸易港企业所得税优惠政策的通知》（财税〔2020〕31号）第三条的规定，对在海南自由贸易港设立的企业，新购置（含自建、自行开发）固定资产或无形资产，单位价值不超过500万元（含）的，允许一次性计入当期成本费用在计算应纳税所得额时扣除，不再分年度计算折旧和摊销；新购置（含自建、自行开发）固定资产或无形资产，单位价值超过500万元的，可以缩短折旧、摊销年限或采取加速折旧、摊销的方法。这里所称固定资产，是指除房屋、建筑物以外的固定资产。

第六章

所得减免优惠

根据《企业所得税法》第二十七条的规定，企业的下列所得，可以免征、减征企业所得税：（1）从事农、林、牧、渔业项目的所得；（2）从事国家重点扶持的公共基础设施项目投资经营的所得；（3）从事符合条件的环境保护、节能节水项目的所得；（4）符合条件的技术转让所得；（5）该法第三条第三款规定的所得。

除上述法定所得减免项目外，还有一些国务院（或经国务院批准）制定的项目所得优惠项目，主要包括：实施清洁发展机制项目的所得三免三减半优惠，符合条件的节能服务公司实施合同能源管理项目的所得三免三减半优惠等。具体如图6–1所示。

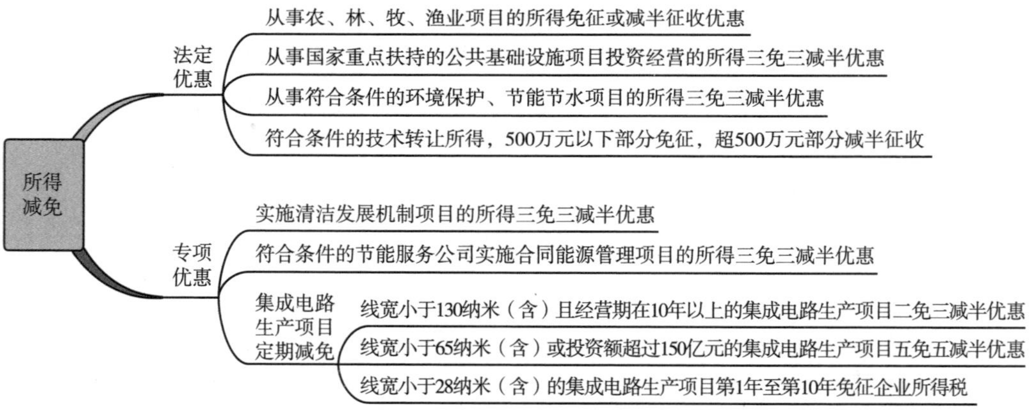

图6–1　所得减免优惠

所得减免优惠是指企业从事的某个项目减免所得额的情形。即某个项目有收入，也有成本费用以及税金及附加，减免的是“收入–成本–相关税费+纳税调整额”后的所得额。这是《企业所得税法》第二十七条规定的以项目所得形式体现的优惠政策。这与减免所得税优惠不同，“减免所得税”一般是指对企业全部应纳税所得额的优惠，如企业定期减免、低税率优惠等。

第一节　从事农林牧渔业项目的所得减免优惠

一、从事农林牧渔业项目的所得减免优惠

（一）免征企业所得税的项目

根据《企业所得税法实施条例》第八十六条的规定，企业从事农、林、牧、渔业下列项目的所得，可以免征企业所得税：

（1）蔬菜、谷物、薯类、油料、豆类、棉花、麻类、糖料、水果、坚果的种植。

（2）农作物新品种的选育。根据《国家税务总局关于实施农 林 牧 渔业项目企业所得税优惠问题的公告》（2011年第48号）第二条的规定，企业从事农作物新品种选育的免税所得，是指企业对农作物进行品种和育种材料选育形成的成果，以及由这些成果形成的种子（苗）等繁殖材料的生产、初加工、销售一体化取得的所得。

（3）中药材的种植。

（4）林木的培育和种植。根据《国家税务总局关于实施农 林 牧 渔业项目企业所得税优惠问题的公告》（2011年第48号）第三条的规定，企业从事林木的培育和种植的免税所得，是指企业对树木、竹子的育种和育苗、抚育和管理以及规模造林活动取得的所得，包括企业通过拍卖或收购方式取得林木所有权并经过一定的生长周期，对林木进行再培育取得的所得。

（5）牲畜、家禽的饲养。根据《国家税务总局关于实施农 林 牧 渔业项目企业所得税优惠问题的公告》（2011年第48号）第四条的规定，猪、兔的饲养，按"牲畜、家禽的饲养"项目处理。饲养牲畜、家禽产生的分泌物、排泄物，按"牲畜、家禽的饲养"项目处理。

（6）林产品的采集。

（7）灌溉、农产品初加工、兽医、农技推广、农机作业和维修等农、林、牧、渔服务业项目。

享受企业所得税优惠政策的农产品初加工范围，《财政部 国家税务总局关于发布享受企业所得税优惠政策的农产品初加工范围（试行）的通知》（财税〔2008〕149号）和《财政部 国家税务总局关于享受企业所得税优惠的农产品初加工有关范

围的补充通知》（财税〔2011〕26号）用出了具体规定。

享受企业所得税优惠政策的农产品初加工范围（试行）（2008年版）

一、种植业类

（一）粮食初加工

1.小麦初加工。通过对小麦进行清理、配麦、磨粉、筛理、分级、包装等简单加工处理，制成的小麦面粉及各种专用粉。

2.稻米初加工。通过对稻谷进行清理、脱壳、碾米（或不碾米）、烘干、分级、包装等简单加工处理，制成的成品粮及其初制品，具体包括大米、蒸谷米。

3.玉米初加工。通过对玉米籽粒进行清理、浸泡、粉碎、分离、脱水、干燥、分级、包装等简单加工处理，生产的玉米粉、玉米碴、玉米片等；鲜嫩玉米经筛选、脱皮、洗涤、速冻、分级、包装等简单加工处理，生产的鲜食玉米（速冻粘玉米、甜玉米、花色玉米、玉米籽粒）。

4.薯类初加工。通过对马铃薯、甘薯等薯类进行清洗、去皮、磋磨、切制、干燥、冷冻、分级、包装等简单加工处理，制成薯类初级制品。具体包括薯粉、薯片、薯条。

5.食用豆类初加工。通过对大豆、绿豆、红小豆等食用豆类进行清理去杂、浸洗、晾晒、分级、包装等简单加工处理，制成的豆面粉、黄豆芽、绿豆芽。

6.其他类粮食初加工。通过对燕麦、荞麦、高粱、谷子等杂粮进行清理去杂、脱壳、烘干、磨粉、轧片、冷却、包装等简单加工处理，制成的燕麦米、燕麦粉、燕麦麸皮、燕麦片、荞麦米、荞麦面、小米、小米面、高粱米、高粱面。

（二）林木产品初加工

通过将伐倒的乔木、竹（含活立木、竹）去枝、去梢、去皮、去叶、锯段等简单加工处理，制成的原木、原竹、锯材。

（三）园艺植物初加工

1.蔬菜初加工

（1）将新鲜蔬菜通过清洗、挑选、切割、预冷、分级、包装等简单加工处理，制成净菜、切割蔬菜。

（2）利用冷藏设施，将新鲜蔬菜通过低温贮藏，以备淡季供应的速冻蔬菜，如速冻茄果类、叶类、豆类、瓜类、葱蒜类、柿子椒、蒜苔。

（3）将植物的根、茎、叶、花、果、种子和食用菌通过干制等简单加工处理，制成的初制干菜，如黄花菜、玉兰片、萝卜干、冬菜、梅干菜、木耳、香菇、平菇。

*以蔬菜为原料制作的各类蔬菜罐头（罐头是指以金属罐、玻璃瓶、经排气密封的各种食品。下同）及碾磨后的园艺植物（如胡椒粉、花椒粉等）不属于初加工范围。

2.水果初加工。通过对新鲜水果（含各类山野果）清洗、脱壳、切块（片）、分类、储藏保鲜、速冻、干燥、分级、包装等简单加工处理，制成的各类水果、果干、原浆果汁、果仁、坚果。

3.花卉及观赏植物初加工。通过对观赏用、绿化及其他各种用途的花卉及植物进行保鲜、储藏、烘干、分级、包装等简单加工处理，制成的各类鲜、干花。

（四）油料植物初加工

通过对菜籽、花生、大豆、葵花籽、蓖麻籽、芝麻、胡麻籽、茶子、桐子、棉籽、红花籽及米糠等粮食的副产品等，进行清理、热炒、磨坯、榨油（搅油、墩油）、浸出等简单加工处理，制成的植物毛油和饼粕等副产品。具体包括菜籽油、花生油、豆油、葵花油、蓖麻籽油、芝麻油、胡麻籽油、茶子油、桐子油、棉籽油、红花油、米糠油以及油料饼粕、豆饼、棉籽饼。

*精炼植物油不属于初加工范围。

（五）糖料植物初加工

通过对各种糖料植物，如甘蔗、甜菜、甜菊等，进行清洗、切割、压榨等简单加工处理，制成的制糖初级原料产品。

（六）茶叶初加工

通过对茶树上采摘下来的鲜叶和嫩芽进行杀青（萎凋、摇青）、揉捻、发酵、烘干、分级、包装等简单加工处理，制成的初制毛茶。

*精制茶、边销茶、紧压茶和掺兑各种药物的茶及茶饮料不属于初加工范围。

（七）药用植物初加工

通过对各种药用植物的根、茎、皮、叶、花、果实、种子等，进行挑选、整理、捆扎、清洗、凉晒、切碎、蒸煮、炒制等简单加工处理，制成的片、丝、块、段等中药材。

*加工的各类中成药不属于初加工范围。

（八）纤维植物初加工

1.棉花初加工。通过轧花、剥绒等脱绒工序简单加工处理，制成的皮棉、短绒、棉籽。

2.麻类初加工。通过对各种麻类作物（大麻、黄麻、槿麻、苎麻、苘麻、亚麻、罗布麻、蕉麻、剑麻等）进行脱胶、抽丝等简单加工处理，制成的干（洗）麻、纱条、丝、绳。

3.蚕茧初加工。通过烘干、杀蛹、缫丝、煮剥、拉丝等简单加工处理，制成的蚕、蛹、生丝、丝棉。

（九）热带、南亚热带作物初加工

通过对热带、南亚热带作物去除杂质、脱水、干燥、分级、包装等简单加工处理，制成的工业初级原料。具体包括天然橡胶生胶和天然浓缩胶乳、生咖啡豆、胡椒籽、肉桂油、桉油、香茅油、木薯淀粉、木薯干片、坚果。

二、畜牧业类

（一）畜禽类初加工

1.肉类初加工。通过对畜禽类动物（包括各类牲畜、家禽和人工驯养、繁殖的野生动物以及其他经济动物）宰杀、去头、去蹄、去皮、去内脏、分割、切块或切片、冷藏或冷冻、分级、包装等简单加工处理，制成的分割肉、保鲜肉、冷藏肉、冷冻肉、绞肉、肉块、肉片、肉丁。

2.蛋类初加工。通过对鲜蛋进行清洗、干燥、分级、包装、冷藏等简单加工处理，制成的各种分级、包装的鲜蛋、冷藏蛋。

3.奶类初加工。通过对鲜奶进行净化、均质、杀菌或灭菌、灌装等简单加工处理，制成的巴氏杀菌奶、超高温灭菌奶。

4.皮类初加工。通过对畜禽类动物皮张剥取、浸泡、刮里、晾干或熏干等简单加工处理，制成的生皮、生皮张。

5.毛类初加工。通过对畜禽类动物毛、绒或羽绒分级、去杂、清洗等简单加工处理，制成的洗净毛、洗净绒或羽绒。

6.蜂产品初加工。通过去杂、过滤、浓缩、熔化、磨碎、冷冻简单加工处理，制成的蜂蜜、蜂蜡、蜂胶、蜂花粉。

* 肉类罐头、肉类熟制品、蛋类罐头、各类酸奶、奶酪、奶油、王浆粉、各种蜂产品口服液、胶囊不属于初加工范围。

（二）饲料类初加工

1.植物类饲料初加工。通过碾磨、破碎、压榨、干燥、酿制、发酵等简单加工处理，制成的糠麸、饼粕、糟渣、树叶粉。

2.动物类饲料初加工。通过破碎、烘干、制粉等简单加工处理，制成的鱼粉、虾粉、骨粉、肉粉、血粉、羽毛粉、乳清粉。

3.添加剂类初加工。通过粉碎、发酵、干燥等简单加工处理，制成的矿石粉、饲用酵母。

（三）牧草类初加工

通过对牧草、牧草种籽、农作物秸秆等，进行收割、打捆、粉碎、压块、成粒、分选、青贮、氨化、微化等简单加工处理，制成的干草、草捆、草粉、草块或草饼、草颗粒、牧草种籽以及草皮、秸秆粉（块、粒）。

三、渔业类

（一）水生动物初加工

将水产动物（鱼、虾、蟹、鳖、贝、棘皮类、软体类、腔肠类、两栖类、海兽类动物等）整体或去头、去鳞（皮、壳）、去内脏、去骨（刺）、擂溃或切块、切片，经冰鲜、冷冻、冷藏等保鲜防腐处理、包装等简单加工处理，制成的水产动物初制品。

* 熟制的水产品和各类水产品的罐头以及调味烤制的水产食品不属于初加工范围。

（二）水生植物初加工

将水生植物（海带、裙带菜、紫菜、龙须菜、麒麟菜、江篱、浒苔、羊栖菜、莼菜等）整体或去根、去边梢、切段，经热烫、冷冻、冷藏等保鲜防腐处理、包装等简单加工处理的初制品，以及整体或去根、去边梢、切段、经晾晒、干燥（脱水）、包装、粉碎等简单加工处理的初制品。

* 罐装（包括软罐）产品不属于初加工范围。

（8）远洋捕捞。根据《国家税务总局关于实施农 林 牧 渔业项目企业所得税优惠问题的公告》（2011年第48号）第六条的规定，对取得农业部颁发的“远洋渔业企业资格证书”并在有效期内的远洋渔业企业，从事远洋捕捞业务取得的所得免征企业所得税。

（二）减半征收企业所得税的项目

根据《企业所得税法实施条例》第八十六条的规定，企业从事下列项目的所得，可以减半征收企业所得税：

（1）花卉、茶以及其他饮料作物和香料作物的种植。观赏性作物的种植，按“花卉、茶及其他饮料作物和香料作物的种植”项目处理。

（2）海水养殖、内陆养殖。“牲畜、家禽的饲养”以外的生物养殖项目，按“海水养殖、内陆养殖”项目处理。

（三）不能享受优惠的项目

根据《国家税务总局关于实施农 林 牧 渔业项目企业所得税优惠问题的公告》

（2011年第48号）第一条的规定，企业（含企业性质的农民专业合作社，下同）从事规定的享受企业所得税优惠的农、林、牧、渔业项目，除另有规定外，参照《国民经济行业分类》的规定标准执行。企业从事农、林、牧、渔业项目，凡属于《产业结构调整指导目录（2011年版）》（国家发展和改革委员会令第9号）中限制和淘汰类的项目，不得享受规定的从事农、林、牧、渔业项目的所得免征、减征企业所得税优惠。

根据《国家税务总局关于实施农 林 牧 渔业项目企业所得税优惠问题的公告》（2011年第48号）第十条的规定，企业购买农产品后直接进行销售的贸易活动产生的所得，不能享受农、林、牧、渔业项目的税收优惠政策。

根据国家税务总局公告2011年第48号第五条第四项的规定，企业对外购茶叶进行筛选、分装、包装后进行销售的所得，不享受农产品初加工的优惠政策。

（四）分别核算要求

根据《企业所得税法实施条例》第一百零二条的规定，企业同时从事适用不同企业所得税待遇的项目的，其优惠项目应当单独计算所得，并合理分摊企业的期间费用；没有单独计算的，不得享受企业所得税优惠。

企业同时从事适用不同企业所得税政策规定项目的，应分别核算，单独计算优惠项目的计税依据及优惠数额；分别核算不清的，可由主管税务机关按照比例分摊法或其他合理方法进行核定。

根据《国家税务总局关于实施农 林 牧 渔业项目企业所得税优惠问题的公告》（2011年第48号）第五条第三项的规定，企业从事适用企业所得税减半优惠的种植、养殖项目，并直接进行初加工且符合农产品初加工目录范围的，企业应合理划分不同项目的各项成本、费用支出，分别核算种植、养殖项目和初加工项目的所得，并各按适用的政策享受税收优惠。

二、农林牧渔业项目所得减免具体规定

（一）“公司+农户”经营模式从事牲畜、家禽的饲养

一些企业采取“公司+农户”经营模式从事牲畜、家禽的饲养，即公司与农户签订委托养殖合同，向农户提供畜禽苗、饲料、兽药及疫苗等［所有权（产权）仍属于公司］，农户将畜禽养大成为成品后交付公司回收。鉴于采取“公司+农户”经营模式的企业，虽不直接从事畜禽的养殖，但系委托农户饲养，并承担诸如市场、

管理、采购、销售等经营职责及绝大部分经营管理风险，公司和农户是劳务外包关系。对此类以“公司+农户”经营模式从事农、林、牧、渔业项目生产的企业，根据《国家税务总局关于“公司+农户”经营模式企业所得税优惠问题的公告》（2010年第2号）的规定，可以享受从事农、林、牧、渔业项目的所得免征、减征企业所得税优惠。

（二）购入农产品进行再种植、养殖的处理

根据《国家税务总局关于实施农 林 牧 渔业项目企业所得税优惠问题的公告》（国家税务总局公告2011年第48号）第七条的规定，企业将购入的农、林、牧、渔产品，在自有或租用的场地进行育肥、育秧等再种植、养殖，经过一定的生长周期，使其生物形态发生变化，且并非由于本环节对农产品进行加工而明显增加了产品的使用价值的，可视为农产品的种植、养殖项目享受相应的税收优惠。

主管税务机关对企业进行农产品的再种植、养殖是否符合上述条件难以确定的，可要求企业提供县级以上农、林、牧、渔业政府主管部门的确认意见。

（三）委托、受托从事农林牧渔业项目的处理

根据《国家税务总局关于实施农 林 牧 渔业项目企业所得税优惠问题的公告》（2011年第48号）第九条的规定，企业委托其他企业或个人从事规定的农、林、牧、渔业项目取得的所得，可享受相应的税收优惠政策。

企业受托从事规定的农、林、牧、渔业项目取得的收入，比照委托方享受相应的税收优惠政策。

（四）农场内部承包经营的处理

黑龙江垦区国有农场实行以家庭承包经营为基础、统分结合的双层经营体制。国有农场作为法人单位，将所拥有的土地发包给农场职工经营，农场职工以家庭为单位成为家庭承包户，属于农场内部非法人组织。农场对家庭承包户实施农业生产经营和企业行政的统一管理，统一为农场职工上交养老、医疗、失业、工伤、生育五项社会保险和农业保险费；家庭承包户按内部合同规定承包，就其农、林、牧、渔业生产取得的收入，以土地承包费名义向农场上缴。

根据《国家税务总局关于黑龙江垦区国有农场土地承包费缴纳企业所得税问题的批复》（国税函〔2009〕779号）的规定，上述承包形式属于农场内部承包经营的形式，黑龙江垦区国有农场从家庭农场承包户以“土地承包费”形式取得的从事农、林、牧、渔业生产的收入，属于农场“从事农、林、牧、渔业项目”的所得，可以适用《企业所得税法》第二十七条及《企业所得税法实施条例》第八十六条规定的企业所得税优惠政策。

三、主要留存备查资料

企业从事蔬菜、谷物、薯类、油料、豆类、棉花、麻类、糖料、水果、坚果的种植，农作物新品种选育，中药材种植，林木培育和种植，牲畜、家禽饲养，林产品采集，灌溉、农产品初加工、兽医、农技推广、农机作业和维修等农、林、牧、渔服务业项目，远洋捕捞项目所得免征企业所得税。企业从事花卉、茶以及其他饮料作物和香料作物种植，海水养殖、内陆养殖项目所得减半征收企业所得税。“公司+农户”经营模式从事农、林、牧、渔业项目生产企业，可以按照《企业所得税法实施条例》第八十六条的有关规定，享受减免企业所得税优惠政策。

该类优惠属于预缴享受优惠事项。纳税人享受优惠后，需要准备的主要留存备查资料有：

（1）企业从事相关业务取得的资格证书或证明资料，包括有效期内的远洋渔业企业资格证书、从事农作物新品种选育的认定证书、动物防疫条件合格证、林木种子生产经营许可证、兽医的资格证明等；

（2）与农户签订的委托养殖合同（“公司+农户”经营模式的企业）；

（3）与家庭承包户签订的内部承包合同（国有农场实行内部家庭承包经营）；

（4）农产品初加工项目及工艺流程说明（两个或两个以上的分项目说明）；

（5）同时从事适用不同企业所得税待遇项目的，每年度单独计算减免税项目所得的计算过程及其相关账册，期间费用合理分摊的依据和标准；

（6）生产场地证明资料，包括土地使用权证、租用合同等；

（7）企业委托或受托其他企业或个人从事符合规定的农林牧渔业项目的委托合同、受托合同、支出明细等证明材料。

四、享受优惠的申报

（一）预缴享受优惠的申报

企业从事农、林、牧、渔业等项目的所得减免优惠属于预缴享受优惠事项，在企业所得税预缴申报时享受优惠的，需要填报“中华人民共和国企业所得税月（季）度预缴纳税申报表（A类）”（A200000）第8行“减：所得减免（8.1+8.2+⋯）”。

企业可在“中华人民共和国企业所得税月（季）度预缴纳税申报表（A类）”（A200000）第8行“减：所得减免”下的明细行次申报所得减免优惠事项。企业享受所得减免优惠政策时，应按照“所得减免优惠事项表”申报事项名称和优惠金额。

需要说明的是，在预缴申报时先享受免税收入和减计收入优惠，享受完上述两类优惠后如果还有所得，可以享受所得减免优惠。

（二）企业汇算清缴享受优惠的申报

企业享受减免企业所得税的农、林、牧、渔业项目的所得，年终汇算清缴时填报表A100000第20行（所得减免）和表A107020第1行至第3行“一、农、林、牧、渔业项目”。纳税人须按农、林、牧、渔业项目的优惠政策具体内容分别填报，一个项目填报一行，纳税人有多个项目的，可自行增加行次填报。各行相应列次填报金额的合计金额填入“小计”行。纳税人根据税收政策规定，填报该项目本纳税年度发生的减征、免征企业所得税项目的所得额。

“所得减免优惠明细表”（A107020，见表6–1）适用于享受所得减免优惠的纳税人填报。纳税人根据税收政策规定，填报本年发生的所得减免优惠情况，本期纳税调整后所得（表A100000第19行）为负数的不须填报该表。

表A107020系主表A100000的一级附表，根据第11列合计（减免所得额合计）金额与主表第19行（纳税调整后所得）之间的关系，分析填报主表A100000第20行（所得减免）。当表A107020合计行第11列（减免所得额）≥0，且本表合计行第11列≤表A100000第19行时，将本表合计行第11列填入表A100000第20行中。当本表合计行第11列≥0，且本表合计行第11列>表A100000第19行时，将表A100000第19行填入表A100000第20行。即将两者的孰小值填入表A100000第20行。

表A107020的填报要求，一是当纳税调整后所得小于0时，不需要填报该表；明确了当项目发生亏损时，第9列“项目所得额——免税项目”或者第10列“项目所得额——减半项目”按“0”填报。即：当本期纳税调整后所得（表A100000第19行）为负数的不须填报表A107020，且当计算出的项目所得额为负数时，项目所得额以0填报。二是纳税人在填报享受所得减免企业所得税优惠项目时，期间费用的合理分摊比例可以按照投资额、销售收入、资产额、人员工资等参数确定。上述比例一经确定，不得随意变更。

表6-1　A107020　　所得减免优惠明细表

行次	减免项目	项目名称	优惠事项名称	优惠方式	项目收入	项目成本	相关税费	应分摊期间费用	纳税调整额	项目所得额		减免所得额
										免税项目	减半项目	
		1	2	3	4	5	6	7	8	9	10	11（9+10×50%）
1	一、农、林、牧、渔业项目											
2												
3		小计	*	*								
4	二、国家重点扶持的公共基础设施项目											
5												
6		小计	*	*								
7	三、符合条件的环境保护、节能节水项目											
8												
9		小计	*	*								
10	四、符合条件的技术转让项目		*	*						*	*	*
11			*	*						*	*	*
12		小计		*								
13	五、清洁发展机制项目		*									
14			*									
15		小计	*	*								
16	六、符合条件的节能服务公司实施的合同能源管理项目		*									
17			*									
18		小计	*	*								

续表

行次	减免项目	项目名称	优惠事项名称	优惠方式	项目收入	项目成本	相关税费	应分摊期间费用	纳税调整额	项目所得额		减免所得额
										免税项目	减半项目	
		1	2	3	4	5	6	7	8	9	10	11（9+10×50%）
19	七、线宽小于130纳米（含）的集成电路生产项目		*									
20			*									
21		小计	*	*								
22	八、线宽小于65纳米（含）或投资额超过150亿元的集成电路生产项目											
23												
24		小计	*	*								
25	九、线宽小于28纳米（含）的集成电路生产项目		*									
26			*									
27		小计	*	*								
28	十、其他											
29												
30		小计	*	*								
31	合计	*	*	*								

所得减免优惠明细表（A107020）填报说明

一、项目名称

表A107020第1列“项目名称”：填报纳税人享受减免所得优惠的项目在会计核算上的名称。项目名称以纳税人内部规范称谓为准。

二、优惠事项名称

表A107020第2列“优惠事项名称”：按照该项目享受所得减免企业所得税优惠事项的具体政策内容选择填报。其中“一、农、林、牧、渔业项目”在以下优惠事项中选择填报：（1）蔬菜、谷物、薯类、油料、豆类、棉花、麻类、糖料、水果、坚果的种植；（2）农作物新品种的选育；（3）中药材的种植；（4）林木的培育和种植；（5）牲畜、家禽的饲养；（6）林产品的采集；（7）灌溉、兽医、农技推广、农机作业和维修等农、林、牧、渔服务业项目；（8）农产品初加工；（9）远洋捕捞；（10）花卉、茶以及其他饮料作物和香料作物的种植；（11）海水养殖、内陆养殖；（12）其他。

三、优惠方式

表A107020第3列“优惠方式”：填报该项目享受所得减免企业所得税优惠的具体方式。该项目享受免征企业所得税优惠的，选择填报“免税”；项目享受减半征收企业所得税优惠的，选择填报“减半征收”。

四、项目所得额

项目所得额等于项目收入减除项目成本、相关税费和应分摊期间费用，再加上纳税调整额后的余额。

表A107020第4列“项目收入”：填报享受所得减免企业所得税优惠项目取得的收入总额。

表A107020第5列“项目成本”：填报享受所得减免企业所得税优惠项目发生的成本总额。

表A107020第6列“相关税费”：填报享受所得减免企业所得税优惠项目实际发生的有关税费，包括除企业所得税和允许抵扣的增值税以外的各项税金及其附加、合同签订费用、律师费等相关费用及其他支出。

表A107020第7列“应分摊期间费用”：填报享受所得减免企业所得税优惠项目合理分摊的期间费用。合理分摊比例可以按照投资额、销售收入、资产额、人员工资等参数确定。上述比例一经确定，不得随意变更。

表A107020第8列“纳税调整额”：填报纳税人按照税收规定需要调整减免税项目收入、成本、费用的金额，调整减少的金额以负数填报。

表A107020第9列“项目所得额——免税项目”：填报享受所得减免企业所得税

优惠的纳税人计算确认的本期免税项目所得额。本列根据第3列分析填报，第3列填报内容为“免税”的，第4–5–6–7+8列的值填入本列；若第4–5–6–7+8列的值小于零的，本列按零填报。

表A107020第10列“项目所得额——减半项目”：填报享受所得减免企业所得税优惠的纳税人本期经计算确认的减半征收项目所得额。本列根据第3列分析填报，第3列填报内容为“减半征税”的，第4–5–6–7+8列的金额填入本列；若第4–5–6–7+8列的值小于零的，本列按零填报。即：第10列＝第4–5–6–7+8列（当第3列＝“减半征税”时）；

表A107020第11列“减免所得额”：填报享受所得减免企业所得税优惠的企业，该项目按照税收规定实际可以享受免征、减征的所得额。本列等于第9列＋第10列 ×50%。

即：第11列＝第9列＋第10列 ×50%；当（第9列＋第10列 ×50%）<0时，第11列=0。

（三）所得减免优惠案例

【例6–1】甲农业企业，2021年A林木种植收入240万元，B花卉种植收入60万元，分别发生成本200万元和36万元，分别发生1万元相关税费。企业全年共发生期间费用60万元，企业选择按收入比例分摊期间费用，无纳税调整项目。没有其他所得项目。

要求：分析计算可以享受的所得减免金额并填报纳税申报表。

【解析】

（1）期间费用分摊

A林木种植：60×240÷（240+60）=48（万元）

B花卉种植：60×60÷（240+60）=12（万元）

（2）项目所得的计算

A林木种植：240–200–48–1=–9（万元），由于林木种植项目所得为负数，以0填入表A107020第9列相应行次中。

B花卉种植：60–36–12–1=11（万元），将该减半征税项目所得填入表A107020第10列相应行次中。

甲农业企业当年纳税调整后所得为：11–9=2（万元）。

同时，将表A107020第31行合计金额5.5万元与表A100000第19行2万元的孰小值2万元填入表A100000第20行中。如表6–2和表6–3所示。

表6-2　A107020　所得减免优惠明细表

行次	减免项目	项目名称	优惠事项名称	优惠方式	项目收入	项目成本	相关税费	应分摊期间费用	纳税调整额	项目所得额		减免所得额
										免税项目	减半项目	
		1	2	3	4	5	6	7	8	9	10	11（9+10×50%）
1	一、农、林、牧、渔业项目	A林木	林木种植	免税	2 400 000	2 000 000	10 000	480 000	0	0		0
2		B花卉	花卉种植	减半征收	600 000	360 000	10 000	120 000	0		110 000	55 000
3		小计	*	*	3 000 000	2 360 000	20 000	600 000	0	0	110 000	55 000
10	四、符合条件的技术转让项目		*	*						*	*	*
11			*	*						*	*	*
12		小计	*	*								
31	合计	*	*	*	3 000 000	2 360 000	20 000	600 000	0	0	110 000	55 000

表6-3　A100000　　中华人民共和国企业所得税年度纳税申报表（A类）

行次	类别	项　　目	金额
14	应纳税所得额计算	减：境外所得（填写A108010）	
15		加：纳税调整增加额（填写A105000）	
16		减：纳税调整减少额（填写A105000）	
17		减：免税、减计收入及加计扣除（填写A107010）	
18		加：境外应税所得抵减境内亏损（填写A108000）	
19		四、纳税调整后所得（13-14+15-16-17+18）	20 000
20		减：所得减免（填写A107020）	20 000
21		减：弥补以前年度亏损（填写A106000）	
22		减：抵扣应纳税所得额（填写A107030）	
23		五、应纳税所得额（19-20-21-22）	0

第二节　公共基础设施项目投资经营所得优惠

一、国家重点扶持的公共基础设施项目投资经营所得优惠

（一）国家重点扶持的公共基础设施项目投资经营所得定期减免

根据《企业所得税法实施条例》第八十七条的规定，国家重点扶持的公共基础设施项目，是指《公共基础设施项目企业所得税优惠目录》（以下简称《目录》，见表6-4）规定的港口码头、机场、铁路、公路、城市公共交通、电力、水利等项目。

企业从事前述规定的国家重点扶持的公共基础设施项目的投资经营的所得，自项目取得第一笔生产经营收入所属纳税年度起，第一年至第三年免征企业所得税，第四年至第六年减半征收企业所得税。

企业承包经营、承包建设和内部自建自用该条规定的项目，不得享受该条规定的企业所得税优惠。

根据《财政部 国家税务总局关于执行公共基础设施项目企业所得税优惠目录有关问题的通知》（财税〔2008〕46号）第一条的规定，企业从事《目录》内符合相关条件和技术标准及国家投资管理相关规定，于2008年1月1日后经批准的公共基础设施项目，其投资经营的所得，自该项目取得第一笔生产经营收入所属纳税年度起，

第一年至第三年免征企业所得税，第四年至第六年减半征收企业所得税。第一笔生产经营收入，是指公共基础设施项目已建成并投入运营后所取得的第一笔收入。

企业承包经营、承包建设和内部自建自用上述规定的项目，不得享受国家重点扶持的公共基础设施项目定期减免企业所得税优惠。承包经营，是指与从事该项目经营的法人主体相独立的另一法人经营主体，通过承包该项目的经营管理而取得劳务性收益的经营活动。承包建设，是指与从事该项目经营的法人主体相独立的另一法人经营主体，通过承包该项目的工程建设而取得建筑劳务收益的经营活动。内部自建自用，是指项目的建设仅作为本企业主体经营业务的设施，满足本企业自身的生产经营活动需要，而不属于向他人提供公共服务业务的公共基础设施建设项目。

根据财税〔2008〕46号第二条的规定，企业同时从事不在《公共基础设施项目企业所得税优惠目录》范围的生产经营项目取得的所得，应与享受优惠的公共基础设施项目经营所得分开核算，并合理分摊企业的期间共同费用；没有单独核算的，不得享受上述企业所得税优惠。期间共同费用的合理分摊比例可以按照投资额、销售收入、资产额、人员工资等参数确定。上述比例一经确定，不得随意变更。凡特殊情况需要改变的，报主管税务机关核准。

如企业既符合享受国家重点扶持的公共基础设施项目投资经营所得定期减免优惠政策的条件，又符合享受《国务院关于实施企业所得税过渡优惠政策的通知》（国发〔2007〕39号）第一条规定的企业所得税过渡优惠政策的条件，由企业选择最优惠的政策执行，不得叠加享受。

表6–4　　公共基础设施项目企业所得税优惠目录（2008年版）

序号	类别	项　目	范围、条件及技术标准
1	港口码头	码头、泊位、通航建筑物新建项目	由省级以上政府投资主管部门核准的沿海港口万吨级及以上泊位、内河千吨级及以上泊位、滚装泊位、内河航运枢纽新建项目
2	机场	民用机场新建项目	由国务院核准的民用机场新建项目，包括民用机场迁建、军航机场军民合用改造项目
3	铁路	铁路新线建设项目	由省级以上政府投资主管部门或国务院行业主管部门核准的客运专线、城际轨道交通和Ⅲ级及以上铁路建设项目
4	铁路	既有线路改造项目	由省级以上政府投资主管部门或国务院行业主管部门核准的铁路电气化改造、增建二线项目以及其他改造投入达到项目固定资产账面原值75%以上的改造项目
5	公路	公路新建项目	由省级以上政府投资主管部门核准的一级以上的公路建设项目
6	城市公共交通	城市快速轨道交通新建项目	由国务院核准的城市地铁、轻轨新建项目

续表

序号	类别	项　目	范围、条件及技术标准
7	电力	水力发电新建项目（包括控制性水利枢纽工程）	由国务院投资主管部门核准的在主要河流上新建的水电项目，总装机容量在25万千瓦及以上的新建水电项目，以及抽水蓄能电站项目
8		核电站新建项目	由国务院核准的核电站新建项目
9		电网（输变电设施）新建项目	由国务院投资主管部门核准的330千伏及以上跨省及长度超过200千米的交流输变电新建项目，500千伏及以上直流输变电新建项目；由省级以上政府投资主管部门核准的革命老区、老少边穷地区电网新建工程项目：农网输变电新建项目
10		风力发电新建项目	由政府投资主管部门核准的风力发电新建项目
11		海洋能发电新建项目	由省级以上政府投资主管部门核准的海洋能发电新建项目
12		太阳能发电新建项目	由政府投资主管部门核准的太阳能发电新建项目
13		地热发电新建项目	由政府投资主管部门核准的地热发电新建项目
14	水利	灌区配套设施及农业节水灌溉工程新建项目	由政府投资主管部门核准的灌区水源工程、灌排系统工程、节水工程
15		地表水水源工程新建项目	由政府投资主管部门核准的水库、塘堰、水窖及配套工程
16		调水工程新建项目	由政府投资主管部门核准的取水、输水、配水工程
17		农村人畜饮水工程新建项目	由政府投资主管部门核准的农村人畜饮水工程中取水、输水、净化水、配水工程
18		牧区水利工程新建项目	由政府投资主管部门核准的牧区水利工程中的取水、输配水、节水灌溉及配套工程

（二）饮水工程建设、运营项目优惠

根据《财政部 国家税务总局关于继续实行农村饮水安全工程建设运营税收优惠政策的通知》（财税〔2016〕19号，自2016年1月1日至2018年12月31日执行）的规定，对饮水工程运营管理单位从事《公共基础设施项目企业所得税优惠目录》规定的饮水工程新建项目投资经营的所得，自项目取得第一笔生产经营收入所属纳税年度起，第一年至第三年免征企业所得税，第四年至第六年减半征收企业所得税。

饮水工程，是指为农村居民提供生活用水而建设的供水工程设施。饮水工程运营管理单位，是指负责饮水工程运营管理的自来水公司、供水公司、供水（总）站（厂、中心）、村集体、农民用水合作组织等单位。

自2019年1月1日至2020年12月31日执行，根据《财政部 税务总局关于继续实行农村饮水安全工程税收优惠政策的公告》（2019年第67号）第五条的规定，对饮水工程运营管理单位从事《公共基础设施项目企业所得税优惠目录》规定的饮水工

程新建项目投资经营的所得，自项目取得第一笔生产经营收入所属纳税年度起，第一年至第三年免征企业所得税，第四年至第六年减半征收企业所得税。饮水工程，是指为农村居民提供生活用水而建设的供水工程设施。本公告所称饮水工程运营管理单位，是指负责饮水工程运营管理的自来水公司、供水公司、供水（总）站（厂、中心）、村集体、农民用水合作组织等单位。

对于既向城镇居民供水，又向农村居民供水的饮水工程运营管理单位，依据向农村居民供水收入占总供水收入的比例免征增值税；依据向农村居民供水量占总供水量的比例免征契税、印花税、房产税和城镇土地使用税。无法提供具体比例或所提供数据不实的，不得享受上述税收优惠政策。

根据《财政部 税务总局关于延长部分税收优惠政策执行期限的公告》（2021年第6号）的规定，《财政部 税务总局关于继续实行农村饮水安全工程税收优惠政策的公告》（2019年第67号）规定的优惠农村饮水安全工程税收优惠政策延长执行到2023年12月31日。

（三）一次核准分批次建设优惠的享受

根据《财政部 国家税务总局关于公共基础设施项目享受企业所得税优惠政策问题的补充通知》（财税〔2014〕55号）的规定，企业投资经营符合《公共基础设施项目企业所得税优惠目录》规定条件和标准的公共基础设施项目，采用一次核准、分批次（如码头、泊位、航站楼、跑道、路段、发电机组等）建设的，凡同时符合以下条件的，可按每一批次为单位计算所得，并享受企业所得税三免三减半优惠：

（1）不同批次在空间上相互独立；

（2）每一批次自身具备取得收入的功能；

（3）以每一批次为单位进行会计核算，单独计算所得，并合理分摊期间费用。

公共基础设施项目企业所得税三免三减半优惠的其他问题，继续按《财政部 国家税务总局关于执行公共基础设施企业所得税优惠目录有关问题的通知》（财税〔2008〕46号）、《国家税务总局关于实施国家重点扶持的公共基础设施项目企业所得税优惠问题的通知》（国税发〔2009〕80号）、《财政部 国家税务总局关于公共基础设施项目和环境保护、节能节水项目企业所得税优惠政策问题的通知》（财税〔2012〕10号）的规定执行。

（四）在减免税期限内转让优惠项目的处理

根据《企业所得税法实施条例》第八十九条的规定，依照规定享受国家重点扶持的公共基础设施项目投资经营所得减免税优惠的项目，在减免税期限内转让的，受让方自受让之日起，可以在剩余期限内享受规定的减免税优惠；减免税期限届满后转让的，受让方不得就该项目重复享受减免税优惠。

二、电网（输变电设施）新建项目享受优惠的处理

根据《国家税务总局关于电网企业电网新建项目享受所得税优惠政策问题的公告》（2013年第26号）的规定，居民企业从事符合《公共基础设施项目企业所得税优惠目录（2008年版）》规定条件和标准的电网（输变电设施）的新建项目，可依法享受三免三减半的企业所得税优惠政策。基于企业电网新建项目的核算特点，暂以资产比例法，即以企业新增输变电固定资产原值占企业总输变电固定资产原值的比例，合理计算电网新建项目的应纳税所得额，并据此享受三免三减半的企业所得税优惠政策。电网企业新建项目享受优惠的具体计算方法如下。

（一）能独立核算收入的处理

对于企业能独立核算收入的330千伏以上跨省及长度超过200千米的交流输变电新建项目和500千伏以上直流输变电新建项目，应在项目投运后，按该项目营业收入、营业成本等单独计算其应纳税所得额；该项目应分摊的期间费用，可按照企业期间费用与分摊比例计算确定，计算公式为：

应分摊的期间费用＝企业期间费用×分摊比例

第一年分摊比例＝该项目输变电资产原值/［（当年企业期初总输变电资产原值+当年企业期末总输变电资产原值）/2］×（当年取得第一笔生产经营收入至当年底的月份数/12）

第二年及以后年度分摊比例＝该项目输变电资产原值/［（当年企业期初总输变电资产原值+当年企业期末总输变电资产原值）/2］

（二）不能独立核算收入的处理

对于企业符合优惠条件但不能独立核算收入的其他新建输变电项目，可先依照企业所得税法及相关规定计算出企业的应纳税所得额，再按照项目投运后的新增输变电固定资产原值占企业总输变电固定资产原值的比例，计算得出该新建项目减免的应纳税所得额。享受减免的应纳税所得额计算公式为：

当年减免的应纳税所得额＝当年企业应纳税所得额×减免比例

减免比例＝［当年新增输变电资产原值/（当年企业期初总输变电资产原值+当年企业期末总输变电资产原值）/2］×1/2+（符合税法规定、享受到

第二年和第三年输变电资产原值之和）/［（当年企业期初总输变电资产原值+当年企业期末总输变电资产原值）/2］+［（符合税法规定、享受到第四年至第六年输变电资产原值之和）/（当年企业期初总输变电资产原值+当年企业期末总输变电资产原值）/2］×1/2

依照规定享受企业所得税优惠的电网企业，应对其符合税法规定的电网新增输变电资产按年建立台账，并将相关资产的竣工决算报告和相关项目政府核准文件的复印件于次年3月31日前报当地主管税务机关备案。

三、主要留存备查资料

企业从事《公共基础设施项目企业所得税优惠目录》规定的港口码头、机场、铁路、公路、城市公共交通、电力、水利等项目的投资经营的所得，自项目取得第一笔生产经营收入所属纳税年度起，第一年至第三年免征企业所得税，第四年至第六年减半征收企业所得税。饮水工程运营管理单位从事《公共基础设施项目企业所得税优惠目录》规定的饮水工程新建项目投资经营的所得，自项目取得第一笔生产经营收入所属纳税年度起，第一年至第三年免征企业所得税，第四年至第六年减半征收企业所得税。

该类优惠属于预缴享受优惠事项，享受优惠后纳税人需要准备的主要留存备查资料有：

（1）有关部门批准该项目文件；

（2）公共基础设施项目建成并投入运行后取得的第一笔生产经营收入凭证（原始凭证及账务处理凭证）；

（3）公共基础设施项目完工验收报告；

（4）项目权属变动情况及转让方已享受优惠情况的说明及证明资料（优惠期间项目权属发生变动的）；

（5）公共基础设施项目所得分项目核算资料，以及合理分摊期间共同费用的核算资料；

（6）符合《公共基础设施项目企业所得税优惠目录》规定范围、条件和标准的情况说明及证据资料。

四、享受优惠的申报

（一）享受优惠的预缴申报

企业享受国家重点扶持的公共基础设施项目投资经营所得三免三减半优惠属于

预缴享受优惠事项，在企业所得税预缴申报时享受优惠的，需要填报“中华人民共和国企业所得税月（季）度预缴纳税申报表（A类）”（A200000）第8行“减：所得减免”。

（二）享受优惠的汇缴申报

企业享受国家重点扶持的公共基础设施项目投资经营所得三免三减半 优惠，年终汇算清缴时填报表A100000第20行（所得减免）和表A107020第4行至第6行“国家重点扶持的公共基础设施项目”。

表A107020第2列“优惠事项名称”：按照该项目享受所得减免企业所得税优惠事项的具体政策内容在以下优惠事项中选择填报：（1）港口码头项目；（2）机场项目；（3）铁路项目；（4）公路项目；（5）城市公共交通项目；（6）电力项目；（7）水利项目；（8）其他项目。

纳税人须按国家重点扶持的公共基础设施项目具体内容分别填报，一个项目填报一行，纳税人有多个项目的，可自行增加行次填报。各行相应列次填报金额的合计金额填入“小计”行。纳税人根据税收政策规定，填报从事《公共基础设施项目企业所得税优惠目录》规定的港口码头、机场、铁路、公路、城市公共交通、电力、水利等项目的投资经营的所得，自项目取得第一笔生产经营收入所属纳税年度起，第一年至第三年免征企业所得税，第四年至第六年减半征收企业所得税。不包括企业承包经营、承包建设和内部自建自用该项目的所得。

第三节　从事符合条件的环境保护、节能节水项目的所得优惠

一、从事符合条件的环境保护、节能节水项目的所得优惠

（一）从事符合条件的环境保护、节能节水项目定期减免

根据《企业所得税法实施条例》第八十八条和《财政部 国家税务总局关于公共基础设施项目和环境保护 节能节水项目企业所得税优惠政策问题的通知》（财税〔2012〕10号）的规定，企业从事《环境保护、节能节水项目企业所得税优惠目录》（见表6–5）所列项目的所得，自项目取得第一笔生产经营收入所属纳税年度起，第一年至第三年免征企业所得税，第四年至第六年减半征收企业所得税。

符合条件的环境保护、节能节水项目，包括公共污水处理、公共垃圾处理、沼气综合开发利用、节能减排技术改造、海水淡化等。项目的具体条件和范围由国务院财政、税务主管部门商国务院有关部门制订，报国务院批准后公布施行。

表6–5　　环境保护、节能节水项目企业所得税优惠目录（试行）

<table>
<tr><th>序号</th><th>类别</th><th>项目</th><th>条件</th></tr>
<tr><td rowspan="2">1</td><td rowspan="2">公共污水处理</td><td>城镇污水处理项目</td><td>1.根据全国城镇污水处理设施建设规划等全国性规划设立；
2.专门从事城镇污水的收集、贮存、运输、处置以及污泥处置（含符合国家产业政策和准入条件的水泥窑协同处置）；
3.根据国家规定获得污水处理特许经营权，或符合环境保护行政主管部门规定的生活污水类污染治理设施运营资质条件；
4.项目设计、施工和运行管理人员具备国家相应职业资格；
5.项目按照国家法律法规要求，通过相关验收；
6.项目经设区的市或者市级以上环境保护行政主管部门总量核查；
7.排放水符合国家及地方规定的水污染物排放标准和重点水污染物排放总量控制指标；
8.国务院财政、税务主管部门规定的其他条件。</td></tr>
<tr><td>工业废水处理项目</td><td>1.根据全国重点流域水污染防治规划等全国性规划设立，但按照国家规定作为企业必备配套设施的自用的污水处理项目除外；
2.专门从事工业污水的收集、贮存、运输、处置以及污泥处置（含符合国家产业政策和准入条件的水泥窑协同处置）；
3.符合环境保护行政主管部门规定的工业废水类污染治理设施运营资质条件；
4.项目设计、施工和运行管理人员具备国家相应职业资格；
5.项目按照国家法律法规要求，通过相关验收；
6.项目经设区的市或者市级以上环境保护行政主管部门总量核查；
7.排放水符合国家及地方规定的水污染物排放标准和重点水污染物排放总量控制指标；
8.国务院财政、税务主管部门规定的其他条件。</td></tr>
<tr><td rowspan="3">2</td><td rowspan="3">公共垃圾处理</td><td>生活垃圾处理项目</td><td>1.根据全国城镇垃圾处理设施建设规划等全国性规划设立；
2.专门从事生活垃圾的收集、贮存、运输、处置；
3.采用符合国家规定标准的卫生填埋、焚烧、热解、堆肥、水泥窑协同处置等工艺，其中，水泥窑协同处置要符合国家产业政策和准入条件；
4.根据国家规定获得垃圾处理特许经营权，或符合环境保护行政主管部门规定的生活垃圾类污染治理设施运营资质条件；
5.项目设计、施工和运行管理人员具备国家相应职业资格；
6.按照国家法律法规要求，通过相关验收；
7.项目经设区的市或者市级以上环境保护行政主管部门总量核查；
8.国务院财政、税务主管部门规定的其他条件。</td></tr>
<tr><td>工业固体废物处理项目</td><td rowspan="2">1.根据全国危险废物处置设施建设规划等全国性规划设立，但按照国家规定作为企业必备配套设施的自用的废弃物处理项目除外；
2.专门从事工业固体废物或危险废物的收集、贮存、运输、处置；
3.采用符合国家规定标准的卫生填埋、焚烧、热解、堆肥、水泥窑协同处置等工艺，其中，水泥窑协同处置要符合国家产业政策和准入条件；</td></tr>
<tr><td>危险废物处理项目</td></tr>
</table>

续表

序号	类别	项目	条件
2	公共垃圾处理	危险废物处理项目	4.工业固体废物处理项目符合环境保护行政主管部门规定的工业固体废物类污染治理设施运营资质条件，危险废物处理项目取得县级以上人民政府环境保护行政主管部门颁发的危险废物经营许可证； 5.项目设计、施工和运行管理人员具备国家相应职业资格； 6.按照国家法律法规要求，通过相关验收； 7.项目经设区的市或者市级以上环境保护行政主管部门总量核查； 8.国务院财政、税务主管部门规定的其他条件。
3	沼气综合开发利用	畜禽养殖场和养殖小区沼气工程项目	1.单体装置容积不小于300立方米，年平均日产沼气量不低于300立方米/天，且符合国家有关沼气工程技术规范的项目； 2.废水排放、废渣处置、沼气利用符合国家和地方有关标准，不产生二次污染； 3.项目包括完整的发酵原料的预处理设施、沼渣和沼液的综合利用或进一步处理系统，沼气净化、储存、输配和利用系统； 4.项目设计、施工和运行管理人员具备国家相应职业资格； 5.项目按照国家法律法规要求，通过相关验收； 6.国务院财政、税务主管部门规定的其他条件。
4	节能减排技术改造	1.既有高能耗建筑节能改造项目 2.既有建筑太阳能光热、光电建筑一体化技术或浅层地能热泵技术改造项目 3.既有居住建筑供热计量及节能改造项目 4.工业锅炉、工业窑炉节能技术改造项目 5.电机系统节能、能量系统优化技术改造项目 6.煤炭工业复合式干法选煤技术改造项目 7.钢铁行业干式除尘技术改造项目 8.有色金属行业干式除尘净化技术改造项目	1.具有独立法人资质，且注册资金不低于100万元的节能减排技术服务公司以合同能源管理的形式，通过以节省能源费用或节能量来支付项目成本的节能减排技术改造项目； 2.项目应符合国家产业政策，并达到国家有关节能和环境标准； 3.经建筑能效测评机构检测，既有高能耗建筑节能改造和北方既有居住建筑供热计量及节能改造达到现行节能强制性标准要求，既有建筑太阳能光热、光电建筑一体化技术或浅层地能热泵技术改造后达到现行国家有关标准要求； 4.经省级节能节水主管部门验收，工业锅炉、工业窑炉技术改造和电机系统节能、能量系统优化技术改造项目年节能量折算后不小于1 000吨标准煤，煤炭工业复合式干法选煤技术改造、钢铁行业干式除尘技术改造和有色金属行业干式除尘净化技术改造项目年节水量不小于200万立方米； 5.项目应纳税所得额的计算应符合独立交易原则； 6.国务院财政、税务主管部门规定的其他条件。

续表

序号	类别	项目	条件
4	节能减排技术改造	9.燃煤电厂烟气脱硫技术改造项目	1.按照国家有关法律法规设立的，具有独立法人资质，且注册资金不低于500万元的专门从事脱硫服务的公司从事的符合规定的脱硫技术改造项目； 2.改造后，采用干法或半干法脱硫的项目脱硫效率应高于85%，采用湿法或其他方法脱硫的项目脱硫效率应高于98%； 3.项目改造后经国家有关部门评估，综合效益良好； 4.设施能够稳定运行，达到环境保护行政主管部门对二氧化硫的排放总量及浓度控制要求； 5.项目应纳税所得额的计算应符合独立交易原则； 6.国务院财政、税务主管部门规定的其他条件。
5	海水淡化	用作工业、生活用水的海水淡化项目	1.符合《海水利用专项规划》中规定的发展重点以及区域布局等要求； 2.规模不小于淡水产量10 000吨/日； 3.热法海水淡化项目的物能消耗指标为吨水耗电量小于1.8千瓦时/吨、造水比大于8，膜法海水淡化项目的能耗指标为吨水耗电量小于4.0千瓦时/吨； 4.国务院财政、税务主管部门规定的其他条件。
		用作海岛军民饮用水的海水淡化项目	1.符合《海水利用专项规划》中规定的发展重点以及区域布局等要求； 2.热法海水淡化项目的物能消耗指标为吨水耗电量小于1.8千瓦时/吨、造水比大于8，膜法海水淡化项目的能耗指标为吨水耗电量小于4.0千瓦时/吨； 3.国务院财政、税务主管部门规定的其他条件。

（二）减免税期限内转让优惠项目的处理

与公共基础设施项目的投资经营所得优惠相同，依照规定享受定期减免税优惠的从事环境保护、节能节水项目，在减免税期限内转让的，受让方自受让之日起，可以在剩余期限内享受规定的减免税优惠；减免税期限届满后转让的，受让方不得就该项目重复享受减免税优惠。

二、主要留存备查资料

企业从事《环境保护、节能节水项目企业所得税优惠目录》所列项目的所得，自项目取得第一笔生产经营收入所属纳税年度起，第一年至第三年免征企业所得税，第四年至第六年减半征收企业所得税。

该项优惠属于预缴享受优惠事项，享受优惠后需要准备的主要留存备查资料有：

（1）符合《环境保护、节能节水项目企业所得税优惠目录》规定范围、条件和标准的情况说明及证据资料；

（2）环境保护、节能节水项目取得的第一笔生产经营收入凭证（原始凭证及账务处理凭证）；

（3）环境保护、节能节水项目所得分项目核算资料，以及合理分摊期间共同费用的核算资料；

（4）项目权属变动情况及转让方已享受优惠情况的说明及证明资料（优惠期间项目权属发生变动的）。

三、享受优惠的申报

（一）申报表的修改情况

根据《财政部 税务总局 发展改革委 工业和信息化部关于促进集成电路和软件产业高质量发展企业所得税政策的公告》（财政部 税务总局 发展改革委 工业和信息化部公告2020年第45号）和《环境保护、节能节水项目企业所得税优惠目录（2021年版）》规定，国家税务总局公告2021年第34号文件对企业所得税年度纳税申报表进行了修改。调整“所得减免优惠明细表”（A107020）“线宽小于130纳米（含）的集成电路生产项目”“线宽小于65纳米（含）或投资额超过150亿元的集成电路生产项目”“符合条件的环境保护、节能节水项目”的明细优惠事项，供纳税人精准填报适用的优惠项目。

（二）享受环境保护、节能节水项目所得优惠的申报

“所得减免优惠明细表”（A107020）第2列“优惠事项名称”：按照该项目享受所得减免企业所得税优惠事项的具体政策内容选择填报。其中“三、符合条件的环境保护、节能节水项目”适用《环境保护节能节水项目企业所得税优惠目录》（试行）的，在以下优惠事项中选择填报：1.公共污水处理项目；2.公共垃圾处理项目；3.沼气综合开发利用项目；4.节能减排技术改造项目；5.含海水淡化项目；6.其他项目。适用《环境保护、节能节水项目企业所得税优惠目录（2021年版）》的，按照《环境保护、节能节水项目企业所得税优惠目录（2021年版）》的项目名称选择填报。

企业取得享受定期减免企业所得税的符合条件的环境保护、节能节水项目的所得，填报“所得减免优惠明细表”（A107020）第7行至第9行“三、符合条件的环境保护、节能节水项目”。纳税人须按符合条件的环境保护、节能节水项目的具体内容分别填报，一个项目填报一行。纳税人有多个项目的，可自行增加行次填报。各行相应列次填报金额的合计金额填入“小计”行。纳税人根据税收政策规定，填报

从事符合条件的环境保护、节能节水项目所得，自项目取得第一笔生产经营收入所属纳税年度起，第一年至第三年免征企业所得税，第四年至第六年减半征收企业所得税。

第四节　符合条件的技术转让所得减免企业所得税

一、技术所有权转让所得减免企业所得税优惠

根据《企业所得税法实施条例》第九十条的规定，符合条件的技术转让所得免征、减征企业所得税，是指一个纳税年度内，居民企业技术转让所得不超过500万元的部分，免征企业所得税；超过500万元的部分，减半征收企业所得税。

（一）享受优惠的技术转让的范围

根据《财政部 国家税务总局关于居民企业技术转让有关企业所得税政策问题的通知》（财税〔2010〕111号）的规定，享受优惠的技术转让的范围，包括居民企业转让专利技术、计算机软件著作权、集成电路布图设计权、植物新品种、生物医药新品种，以及财政部和国家税务总局确定的其他技术。其中，专利技术，是指法律授予独占权的发明、实用新型和非简单改变产品图案的外观设计。

技术转让，是指居民企业转让其拥有符合上述规定技术的所有权或5年以上（含5年）全球独占许可使用权的行为。

技术转让应签订技术转让合同。其中，境内的技术转让须经省级以上（含省级）科技部门认定登记，跨境的技术转让须经省级以上（含省级）商务部门认定登记，涉及财政经费支持产生技术的转让，须省级以上（含省级）科技部门审批。

居民企业技术出口应由有关部门按照商务部、科技部发布的《中国禁止出口限制出口技术目录》（商务部、科技部令2008年第12号）进行审查。居民企业取得禁止出口和限制出口技术转让所得，不享受技术转让减免企业所得税优惠政策。

居民企业从直接或间接持有股权之和达到100%的关联方取得的技术转让所得，不享受技术转让减免企业所得税优惠政策。

（二）享受优惠的技术转让应符合的条件

根据《国家税务总局关于技术转让所得减免企业所得税有关问题的通知》（国税函〔2009〕212号）第一条的规定，享受减免企业所得税优惠的技术转让应符合以下条件：

（1）享受优惠的技术转让主体是《企业所得税法》规定的居民企业；

（2）技术转让属于财政部、国家税务总局规定的范围；

（3）境内技术转让经省级以上科技部门认定；

（4）向境外转让技术经省级以上商务部门认定；

（5）国务院税务主管部门规定的其他条件。

（三）技术转让所得的计算

享受技术转让所得减免企业所得税优惠的企业，应单独计算技术转让所得，并合理分摊企业的期间费用；没有单独计算的，不得享受技术转让所得企业所得税优惠。

根据《国家税务总局关于技术转让所得减免企业所得税有关问题的通知》（国税函〔2009〕212号）第二条的规定，符合条件的技术转让所得应按以下方法计算：

技术转让所得=技术转让收入−技术转让成本−相关税费

1.技术转让收入

技术转让收入是指当事人履行技术转让合同后获得的价款，不包括销售或转让设备、仪器、零部件、原材料等非技术性收入。不属于与技术转让项目密不可分的技术咨询、技术服务、技术培训等收入，不得计入技术转让收入。可以计入技术转让收入的技术咨询、技术服务、技术培训收入，是指转让方为使受让方掌握所转让的技术投入使用、实现产业化而提供的必要的技术咨询、技术服务、技术培训所产生的收入，并应同时符合以下条件：

（1）在技术转让合同中约定的与该技术转让相关的技术咨询、技术服务、技术培训；

（2）技术咨询、技术服务、技术培训收入与该技术转让项目收入一并收取价款。

必要的技术咨询、技术服务、技术培训，是转让方为使受让方掌握所转让的技术投入使用、实现产业化而提供的咨询、服务和培训。在技术投入使用、实现产业化后所提供的咨询、服务和培训，则不应是该转让技术投入使用所必需的咨询、服务和培训。升级型的更新维护，则应是新的技术开发项目，应在国家知识产权管理部门另行备案，与原转让的技术投入使用并无必要关系。根据技术合同登记的有关规定，与技术转让相关的技术咨询、技术服务、技术培训，只能是在技术转让合同中约定的内容，即为掌握所转让的技术投入使用而提供的必要服务，而为产品售后、维护、升级等提供的技术咨询、技术服务、技术培训，不允许与技术转让合同混同，必须单独签订技术合同。在技术转让合同之外另行签订的技术咨询、技术服务、技术培训合同，已超出了技术转让必要的技术服务与指导事项，与技术开发并无紧密关系。如果将其列为税收优惠范围，则对鼓励技术开发、技术转让和国家税收政策的执行产生不利影响。

2. 技术转让成本

技术转让成本是指转让的无形资产的净值，即该无形资产的计税基础减除在资产使用期间按照规定计算的摊销扣除额后的余额。

3. 相关税费

相关税费是指技术转让过程中实际发生的有关税费，包括除企业所得税和允许抵扣的增值税以外的各项税金及其附加、合同签订费用、律师费等相关费用及其他支出。

（四）技术所有权转让所得优惠案例

【例6-2】2021年8月，注册在南京江北新区的A公司与甲公司签订一项生物医药新品种技术所有权转让合同，合同约定：技术转让费2 000万元，其中技术转让收入1 450万元，与技术转让项目一同收取必要的技术咨询、技术服务、技术培训费用150万元（另外，未来两年每年再收取服务费50万元），转让设备、仪器等收入400万元。

该技术无形资产账户原值为600万元，税前已摊销扣除90万元；技术转让过程中发生相关税费10万元。应分摊期间费用80万元。

要求：计算技术转让所得优惠，并填报相关纳税申报表。

【解析】

技术转让收入：1 450+150=1 600（万元），对转让设备、仪器等收入不应作为技术转让收入；

技术转让成本：600−90=510（万元）

技术转让所得=技术转让收入−技术转让成本−相关税费−应分摊期间费用

=1600−510−10−80=1 000（万元）

减免所得额为：500+（1 000−500）×50%=750（万元）

汇算清缴申报时相关数据填入表A107020，如表6-6所示。

二、许可使用权技术转让所得减免优惠

（一）许可使用权技术转让所得优惠

根据《财政部 国家税务总局关于将国家自主创新示范区有关税收试点政策推广到全国范围实施的通知》（财税〔2015〕116号）的规定，自2015年10月1日起，全国范围内的居民企业转让5年（含，下同）以上非独占许可使用权取得的技术转让所得，纳入享受企业所得税优惠的技术转让所得范围。居民企业的年度技术转让所得不超过500万元的部分，免征企业所得税；超过500万元的部分，减半征收企业所得税。

享受优惠的技术包括专利（含国防专利）、计算机软件著作权、集成电路布图设计专有权、植物新品种权、生物医药新品种，以及财政部和国家税务总局确定的其他技术。其中，专利是指法律授予独占权的发明、实用新型以及非简单改变产品图案和形状的外观设计。

企业转让符合条件的5年以上非独占许可使用权的技术，限于其拥有所有权的技术。技术所有权的权属由国务院行政主管部门确定。其中，专利由国家知识产权局确定权属；国防专利由总装备部确定权属；计算机软件著作权由国家版权局确定权属；集成电路布图设计专有权由国家知识产权局确定权属；植物新品种权由农业农村部确定权属；生物医药新品种由国家食品药品监督管理总局（现为国家市场监督管理总局）确定权属。

（二）技术转让所得的计算

根据《国家税务总局关于许可使用权技术转让所得企业所得税有关问题的公告》（2015年第82号）第三条的规定，符合条件的5年以上非独占许可使用权技术转让所得应按以下方法计算：

技术转让所得=技术转让收入－无形资产摊销费用－相关税费－应分摊期间费用

技术转让收入是指转让方履行技术转让合同后获得的价款，不包括销售或转让设备、仪器、零部件、原材料等非技术性收入。不属于与技术转让项目密不可分的技术咨询、服务、培训等收入，不得计入技术转让收入。技术许可使用权转让收入，应按转让协议约定的许可使用权人应付许可使用权使用费的日期确认收入的实现。

无形资产摊销费用是指该无形资产按税法规定当年计算摊销的费用。涉及自用和对外许可使用的，应按照受益原则合理划分。

相关税费是指技术转让过程中实际发生的有关税费，包括除企业所得税和允许抵扣的增值税以外的各项税金及其附加、合同签订费用、律师费等相关费用。

表6-6 A107020 **所得减免优惠明细表** 单位：万元

行次	减免项目	项目名称	优惠事项名称	优惠方式	项目收入	项目成本	相关税费	应分摊期间费用	纳税调整额	项目所得额		减免所得额
										免税项目	减半项目	
		1	2	3	4	5	6	7	8	9	10	11（9+10×50%）
1	一、农、林、牧、渔业项目											
2												
3		小计	*	*								
10	四、符合条件的技术转让项目	生物医药新品种	*	*	1 600	510	10	80	0	*	*	*
11			*	*						*	*	*
12		小计	*	*	1 600	510	10	80	0	500	500	750
31	合计	*	*	*	1 600	510	10	80	0	500	500	750

应分摊期间费用（不含无形资产摊销费用和相关税费）是指技术转让按照当年销售收入占比分摊的期间费用。

（三）许可使用权转让所得案例

【例6–3】2020年12月，注册在上海浦东的A公司与甲企业就本公司未用的某项生物医药新品种技术使用权转让达成协议约定：许可使用6年，从2021年起每年初支付使用费1 000万元，另每年底支付技术服务和培训费100万元，协议签订时销售材料收入500万元；发生合同签订、律师等费用20万元。

该无形资产原值800万元，分10年摊销扣除。

假设2021年发生期间费用500万元，该项许可使用权收入以外的其他收入9 000万元。

要求：计算技术转让所得优惠并填报纳税申报表。

【解析】

技术转让收入：1 000万元。

无形资产摊销费用：800/10=80（万元）。

应分摊期间费用：500×1 000/（9 000+1 000）=50（万元）。

技术转让所得=技术转让收入–无形资产摊销费用–相关税费–应分摊期间费用=1 000–80–20–50=850（万元）。

减免所得额：500+（850–500）×50%=675（万元）。汇算清缴时相关数据填入表A107020如表6–7所示。

【例6–4】许可使用权转让所得优惠案例

注册在南京江北新区的D公司从事电子设备制造，2021年度取得销售收入2 200万元，其中，技术转让收入1 100万元；发生成本1 200万元，其中，技术转让成本300万元；发生税金及附加1万元，其中，技术转让属增值税免税项目，未发生相关税费；发生销售费用30万元、管理费用150万元、财务费用20万元；因业务招待费超标，作纳税调增20万元。

要求：计算技术转让所得优惠并填报纳税申报表。

【解析】技术转让收入占总销售收入的比例：1 100÷2 200=50%

据此分摊期间费用=（30+150+20）×50%=100（万元）

分摊纳税调整项目=20×50%=10（万元）。

技术转让所得额=1 100–300–100+10=710（万元）

减免所得额为：500+（710–500）×50%=605（万元）

汇算清缴时相关数据填入表A107020，如表6–8所示。

表6-7　A107020　　所得减免优惠明细表　　单位：万元

行次	减免项目	项目名称	优惠事项名称	优惠方式	项目收入	项目成本	相关税费	应分摊期间费用	纳税调整额	项目所得额		减免所得额
										免税项目	减半项目	
		1	2	3	4	5	6	7	8	9	10	11（9+10×50%）
1	一、农、林、牧、渔业项目											
2												
3		小计	*	*								
10	四、符合条件的技术转让项目	生物医药新品种	*	*	1 000	80	20	50	0	*	*	*
11			*	*						*	*	*
12		小计	*	*	1 000	80	20	50	0	500	175	675
31	合计	*	*	*	1 000	80	20	50	0	500	175	675

表6-8　A107020　**所得减免优惠明细表**　单位：万元

行次	减免项目	项目名称	优惠事项名称	优惠方式	项目收入	项目成本	相关税费	应分摊期间费用	纳税调整额	项目所得额		减免所得额
										免税项目	减半项目	
		1	2	3	4	5	6	7	8	9	10	11（9+10×50%）
1	一、农、林、牧、渔业项目											
2												
3		小计	*	*								
10	四、符合条件的技术转让项目	专用技术	*	*	1 100	300	0	100	10	*	*	*
11			*	*						*	*	*
12		小计	*	*	1 100	300	0	100	10	500	210	605
31	合计	*	*	*	1 100	300	0	100	10	500	210	605

三、中关村国家自主创新示范区特定区域技术转让所得优惠

（一）中关村国家自主创新示范区特定区域技术转让所得优惠政策

自2020年1月1日起，《财政部 税务总局 科技部 知识产权局关于中关村国家自主创新示范区特定区域技术转让企业所得税试点政策的通知》（财税〔2020〕61号）第一条规定，在中关村国家自主创新示范区特定区域内注册的居民企业，符合条件的技术转让所得，在一个纳税年度内不超过2 000万元的部分，免征企业所得税；超过2 000万元部分，减半征收企业所得税。

根据财税〔2020〕61号文件第五条的规定，居民企业从直接或间接持有股权之和达到100%的关联方取得的技术转让所得，可享受上述规定的优惠政策。

（二）特定区域、技术与技术转让范围

根据财税〔2020〕61号文件第一条的规定，中关村国家自主创新示范区特定区域包括朝阳园、海淀园、丰台园、顺义园、大兴—亦庄园、昌平园。

享受优惠的技术，是指专利（含国防专利）、计算机软件著作权、集成电路布图设计专有权、植物新品种权、生物医药新品种、以及财政部和国家税务总局确定的其他技术。其中，专利是权利人依法就发明创造，包括发明、实用新型、外观设计享有的专有的权利。

技术转让，是指居民企业转让符合财税〔2020〕61号文件第二条规定技术的所有权，或3年以上（含3年）非独占许可使用权和全球独占许可使用权的行为。

（三）优惠管理

根据财税〔2020〕61号文件第四条的规定，技术转让应签订技术转让合同。相关管理事项按照《财政部 国家税务总局关于居民企业技术转让有关企业所得税政策问题的通知》（财税〔2010〕111号）第三条规定执行。即：技术转让应签订技术转让合同。其中，境内的技术转让须经省级以上（含省级）科技部门认定登记，跨境的技术转让须经省级以上（含省级）商务部门认定登记，涉及财政经费支持产生技术的转让，须省级以上（含省级）科技部门审批。

居民企业技术出口应由有关部门按照商务部、科技部发布的《中国禁止出口限制出口技术目录》（商务部、科技部令2008年第12号）进行审查。居民企业取得禁止出口和限制出口技术转让所得，不享受技术转让减免企业所得税优惠政策。

四、主要留存备查资料

在一个纳税年度内，居民企业技术转让所得不超过500万元的部分，免征企业所得税；超过500万元的部分，减半征收企业所得税。该项优惠属于预缴享受优惠事项，享受优惠后，纳税人需要准备的主要留存备查资料有如下几种。

1.所转让的技术产权证明。

2.企业发生境内技术转让：

（1）技术转让合同（副本）；

（2）技术合同登记证明；

（3）技术转让所得归集、分摊、计算的相关资料；

（4）实际缴纳相关税费的证明资料。

3.企业向境外转让技术：

（1）技术出口合同（副本）；

（2）技术出口合同登记证书或技术出口许可证；

（3）技术出口合同数据表；

（4）技术转让所得归集、分摊、计算的相关资料；

（5）实际缴纳相关税费的证明资料；

（6）有关部门按照商务部、科技部发布的《中国禁止出口限制出口技术目录》出具的审查意见。

4.转让技术所有权的，其成本费用情况；转让使用权的，其无形资产费用摊销情况。

5.技术转让年度，转让双方股权关联情况。

五、享受优惠的申报

（一）享受优惠的预缴申报

符合条件的技术转让所得减免征收企业所得税优惠属于预缴可享受优惠事项，纳税人预缴申报缴纳企业所得税享受该项优惠时，需要填报“中华人民共和国企业所得税月（季）度预缴纳税申报表（A类）”（A200000）第7行“减：所得减免”。

（二）享受优惠的汇缴申报

企业取得享受企业所得税优惠的符合条件的技术转让项目所得，年终汇算清缴时需填报表A100000第20行（所得减免）和表A107020第10行至第12行“四、符合条件的技术转让项目”。

附表A107020第10行至第12行“四、符合条件的技术转让项目”，按照不同技术转让项目分别填报，一个项目填报一行，纳税人有多个项目的，可自行增加行次填报。各行相应列次填报金额的合计金额填入“小计”行。根据《国家税务总局关于技术转让所得减免企业所得税有关问题的通知》（国税函〔2009〕212号）、《财政部 国家税务总局关于居民企业技术转让有关企业所得税政策问题的通知》（财税〔2010〕111号）、《国家税务总局关于技术转让所得减免企业所得税有关问题的公告》（2013年第62号）、《国家税务总局关于许可使用权技术转让所得企业所得税有关问题的公告》（2015年第82号）、《财政部 税务总局 科技部 知识产权局关于中关村国家自主创新示范区特定区域技术转让企业所得税试点政策的通知》（财税〔2020〕61号）等相关税收政策规定，一个纳税年度内，居民企业将其拥有的专利技术、计算机软件著作权、集成电路布图设计权、植物新品种权、生物医药新品种，以及财政部和国家税务总局确定的其他技术的所有权或符合规定年限的全球独占许可使用权、符合规定年限的非独占许可使用权转让取得的所得，不超过500（或2 000）万元的部分，免征企业所得税；超过500（或2 000）万元的部分，减半征收企业所得税。本行填报本纳税年度发生的减征、免征企业所得税项目的有关情况。

表A107020第 9 列“项目所得额\免税项目”，填报享受所得减免企业所得税优惠的纳税人计算确认的本期免税项目所得额。本列根据第 3 列分析填报，第 3 列填报“免税”的，填报第4–5–6–7+8 列金额，当第4–5–6–7+8 列<0时，填报 0。

表A107020第 9 列“四、符合条件的技术转让项目”的“小计”行：当第 4–5–6–7+8列≤限额时，填报第4–5–6–7+8 列金额（超过限额部分的金额填入第 10 列）；当第 4–5–6–7+8 列<0 时，填报 0。如果本行第2列选择“一般技术转让项目”，限额为 500 万元；如果选择“中关村国家自主创新示范区特定区域技术转让项目”时，限额为2 000万元。

表A107020第 10 列“项目所得额\减半项目”，填报享受所得减免企业所得税优惠的纳税人本期经计算确认的减半征收项目所得额。本列根据第 3 列分析填报，第3列填报“减半征税”的，填报第 4–5–6–7+8列金额，当第 4–5–6–7+8列<0时，填报 0。

表A107020第 10 列“四、符合条件的技术转让项目”的“小计”行，填报第4–5–6–7+8列金额超过限额的部分。如果本行第2列选择“一般技术转让项目”，限额为500万元；如果选择“中关村国家自主创新示范区特定区域技术转让项目”时，限额为2 000万元。

表A107020第 11 列“减免所得额”，填报享受所得减免企业所得税优惠的企业，该项目按照税收规定实际可以享受免征、减征的所得额，按第 9 列+第 10 列 ×50%金额填报。

第五节　实施清洁发展机制项目所得优惠

一、实施清洁发展机制项目所得优惠

根据《财政部 国家税务总局关于中国清洁发展机制基金及清洁发展机制项目实施企业有关企业所得税政策问题的通知》(财税〔2009〕30号)的规定，清洁发展机制项目（以下简称“CDM项目”）实施企业将温室气体减排量转让收入的65%上缴给国家的HFC和PFC类CDM项目，以及将温室气体减排量转让收入的30%上缴给国家的N2O类CDM项目，其实施该类CDM项目的所得，自项目取得第一笔减排量转让收入所属纳税年度起，第一年至第三年免征企业所得税，第四年至第六年减半征收企业所得税。

企业实施CDM项目的所得，是指企业实施CDM项目取得的温室气体减排量转让收入扣除上缴国家的部分，再扣除企业实施CDM项目发生的相关成本、费用后的净所得。

企业应单独核算其享受优惠的CDM项目的所得，并合理分摊有关期间费用，没有单独核算的，不得享受上述企业所得税优惠政策。

二、主要留存备查资料

实施清洁发展机制项目的所得定期减免企业所得税优惠属于预缴享受优惠事项，享受优惠后，纳税人需要准备的主要留存备查资料有：

（1）清洁发展机制项目立项有关文件；

（2）企业将温室气体减排量转让的HFC和PFC类CDM项目，及将温室气体减排量转让的N20类CDM项目的证明材料；

（3）将温室气体减排量转让收入上缴给国家的证明资料；

（4）清洁发展机制项目第一笔减排量转让收入凭证（原始凭证及账务处理凭证）；

（5）清洁发展机制项目所得单独核算资料，以及合理分摊期间共同费用的核算资料。

三、享受优惠的申报

（一）享受优惠的预缴申报

实施清洁发展机制项目的所得定期减免企业所得税优惠，属于预缴享受优惠事项，在企业所得税预缴申报时享受该项优惠的，需要填报“中华人民共和国企业所得税月（季）度预缴纳税申报表（A类）”（A200000）第7行“减：所得减免”。

（二）享受优惠的汇缴申报

企业享受实施清洁机制发展项目的所得减免企业所得税，年终汇算清缴时须填报表A100000第20行（所得减免）和表A107020第13行至第15行“五、清洁发展机制项目”。纳税人按照实施清洁发展机制的不同项目分别填报表A107020，一个项目填报一行，纳税人有多个项目的，可自行增加行次填报。各行相应列次填报金额的合计金额填入“小计”行。

第六节　符合条件的节能服务公司实施合同能源管理项目优惠

一、符合条件的节能服务公司实施的合同能源管理项目优惠

（一）节能服务公司实施合同能源管理项目所得优惠

根据《财政部 国家税务总局关于促进节能服务产业发展增值税 营业税和企业所得税政策问题的通知》（财税〔2010〕110号）和《国家税务总局 国家发展改革委关于落实节能服务企业合同能源管理项目企业所得税优惠政策有关征收管理问题的公告》（2013年第77号）的规定，对符合条件的节能服务公司实施合同能源管理项目，符合《企业所得税税法》有关规定的，自项目取得第一笔生产经营收入所属纳税年度起，第一年至第三年免征企业所得税，第四年至第六年按照25%的法定税率减半征收企业所得税。

节能服务公司同时从事适用不同税收政策待遇项目的，其享受税收优惠项目应当单独计算收入、扣除，并合理分摊企业的期间费用；没有单独计算的，不得享受税收优惠政策。

节能服务公司与用能企业之间的业务往来，应当按照独立企业之间的业务往来收取或者支付价款、费用。不按照独立企业之间的业务往来收取或者支付价款、费用，而减少其应纳税所得额的，税务机关有权进行合理调整。

此外，根据财税〔2010〕110号文件第一条的规定，节能服务公司实施符合条件的合同能源管理项目，将项目中的增值税应税货物转让给用能企业，暂免征收增值税。

（二）享受优惠应符合的条件

根据财税〔2010〕110号文件第二条的规定，上述所称“符合条件”是指同时满足以下条件：

（1）具有独立法人资格，注册资金不低于100万元，且能够单独提供用能状况诊断、节能项目设计、融资、改造（包括施工、设备安装、调试、验收等）、运行管理、人员培训等服务的专业化节能服务公司。

（2）节能服务公司实施合同能源管理项目相关技术应符合国家质量监督检验检疫总局和国家标准化管理委员会发布的《合同能源管理技术通则》（GB/T24915—2010）[①]规定的技术要求。

（3）节能服务公司与用能企业签订节能效益分享型合同，其合同格式和内容，符合《合同法》和国家质量监督检验检疫总局和国家标准化管理委员会发布的《合同能源管理技术通则》等规定。

（4）节能服务公司实施合同能源管理的项目符合《环境保护 节能节水项目企业所得税优惠目录》“4.节能减排技术改造”类中第一项至第八项规定的项目（既有高能耗建筑节能改造项目；既有建筑太阳能光热、光电建筑一体化技术或浅层地能热泵技术改造项目；既有居住建筑供热计量及节能改造项目；工业锅炉、工业窑炉节能技术改造项目；电机系统节能、能量系统优化技术改造项目；煤炭工业复合式干法选煤技术改造项目；钢铁行业干式除尘技术改造项目；有色金属行业干式除尘净化技术改造项目）和条件（具有独立法人资质，且注册资金不低于100万元的节能减排技术服务公司以合同能源管理的形式，通过以节省能源费用或节能量来支付项目成本的节能减排技术改造项目；项目应符合国家产业政策，并达到国家有关节能和环境标准；经建筑能效测评机构检测，既有高能耗建筑节能改造和北方既有居住

① 自2020年10月1日起执行《合同能源管理技术通则》（GB/T 24915—2020）。

建筑供热计量及节能改造达到现行节能强制性标准要求，既有建筑太阳能光热、光电建筑一体化技术或浅层地能热泵技术改造后达到现行国家有关标准要求；经省级节能节水主管部门验收，工业锅炉、工业窑炉技术改造和电机系统节能、能量系统优化技术改造项目年节能量折算后不小于1000吨标准煤，煤炭工业复合式干法选煤技术改造、钢铁行业干式除尘技术改造和有色金属行业干式除尘净化技术改造项目年节水量不小于200万立方米；项目应纳税所得额的计算应符合独立交易原则；国务院财政、税务主管部门规定的其他条件）。

（5）节能服务公司投资额不低于实施合同能源管理项目投资总额的70%。

（6）节能服务公司拥有匹配的专职技术人员和合同能源管理人才，具有保障项目顺利实施和稳定运行的能力。

（三）与实施合同能源管理项目有关资产的处理

根据财税〔2010〕110号第二条第二项的规定，对符合条件的节能服务公司，以及与其签订节能效益分享型合同的用能企业，实施合同能源管理项目有关资产的企业所得税税务处理按以下规定执行。

用能企业按照能源管理合同实际支付给节能服务公司的合理支出，均可以在计算当期应纳税所得额时扣除，不再区分服务费用和资产价款进行税务处理。

能源管理合同期满后，节能服务公司转让给用能企业的因实施合同能源管理项目形成的资产，按折旧或摊销期满的资产进行税务处理，用能企业从节能服务公司接受有关资产的计税基础也应按折旧或摊销期满的资产进行税务处理。

能源管理合同期满后，节能服务公司与用能企业办理有关资产的权属转移时，用能企业已支付的资产价款，不再另行计入节能服务公司的收入。

用能企业对从节能服务公司取得的与实施合同能源管理项目有关的资产，应与企业其他资产分开核算，并建立辅助账或明细账。

（四）节能效益分享型能源管理项目所得优惠

根据《国家税务总局 国家发展改革委关于落实节能服务企业合同能源管理项目企业所得税优惠政策有关征收管理问题的公告》（2013年第77号）第一条的规定，对实施节能效益分享型合同能源管理项目的节能服务企业，凡实行查账征收所得税的居民企业并符合《企业所得税法》等有关规定的，该项目可享受自项目取得第一笔生产经营收入所属纳税年度起，第一年至第三年免征企业所得税，第四年至第六年按照25%的法定税率减半征收企业所得税优惠政策。如节能服务企业的分享型合同约定的效益分享期短于6年的，按实际分享期享受优惠。

节能服务企业享受“三免三减半”项目的优惠期限，应连续计算。对在优惠期限内转让所享受优惠的项目给其他符合条件的节能服务企业，受让企业承续经营该项目的，可自项目受让之日起，在剩余期限内享受规定的优惠；优惠期限届满后转让的，受让企业不得就该项目重复享受优惠。

节能服务企业投资项目所发生的支出，应按税法规定作资本化或费用化处理。形成的固定资产或无形资产，应按合同约定的效益分享期计提折旧或摊销。节能服务企业应分别核算各项目的成本费用支出额。对在合同约定的效益分享期内发生的期间费用划分不清的，应合理进行分摊，期间费用的分摊应按照项目投资额和销售（营业）收入额两个因素计算分摊比例，两个因素的权重各为50%。

享受企业所得税优惠政策的项目应属于规定的节能减排技术改造项目，包括余热余压利用、绿色照明等节能效益分享型合同能源管理项目。

二、主要留存备查资料

对符合条件的节能服务公司实施合同能源管理项目，自项目取得第一笔生产经营收入所属纳税年度起，实行三免三减半优惠。该项优惠属于预缴享受优惠事项。享受优惠后，纳税人需要准备的主要留存备查资料有：

（1）能源管理合同；

（2）国家发展改革委、财政部公布的第三方机构出具的合同能源管理项目情况确认表，或者政府节能主管部门出具的合同能源管理项目确认意见；

（3）项目转让合同、项目原享受优惠的备案文件（项目发生转让的，受让节能服务企业）；

（4）合同能源管理项目取得第一笔生产经营收入凭证（原始凭证及账务处理凭证）；

（5）合同能源管理项目应纳税所得额计算表；

（6）合同能源管理项目所得单独核算资料，以及合理分摊期间共同费用的核算资料。

三、享受优惠的申报

（一）享受优惠的预缴申报

符合条件的节能服务公司实施合同能源管理项目的所得定期减免企业所得税属于预缴享受优惠事项，在企业所得税预缴申报时享受优惠的，需要填报“中华人民共和国企业所得税月（季）度预缴纳税申报表（A类）”（A200000）第7行“减：所得减免”。

（二）享受优惠的汇缴申报

企业取得享受定期减免企业所得税优惠的符合条件的节能服务公司实施合同能源管理项目所得，年终汇算清缴申报时须填报表A100000第20行（所得减免）和表A107020第16行至第18行“六、符合条件的节能服务公司实施合同能源管理项目”。纳税人按照节能服务公司实施合同能源管理的不同项目分别填报，一个项目填报一行，纳税人有多个项目的，可自行增加行次填报。各行相应列次填报金额的合计金额填入“小计”行。纳税人根据税收政策规定，填报对符合条件的节能服务公司实施合同能源管理项目，符合《企业所得税税法》有关规定的，自项目取得第一笔生产经营收入所属纳税年度起，第一年至第三年免征企业所得税，第四年至第六年按照25%的法定税率减半征收企业所得税。

第七节　集成电路生产项目所得优惠

一、集成电路生产项目所得优惠类型

集成电路生产项目所得优惠主要包括：项目所得二免三减半优惠、项目所得五免五减半优惠和项目所得十年免征优惠，如图6-2所示。

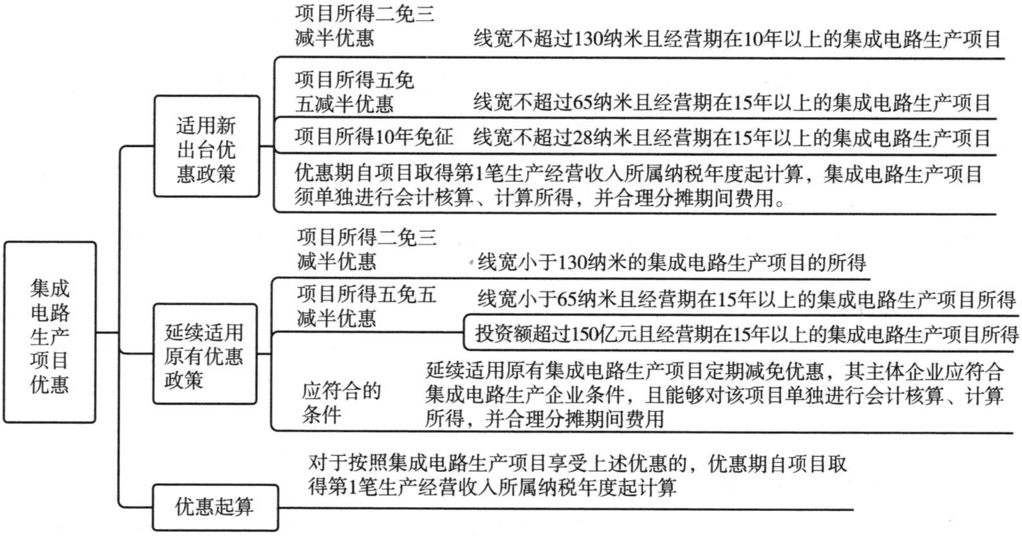

图6-2　集成电路生产项目优惠

二、线宽不超过28纳米且经营期在15年以上的集成电路生产项目10年免征

根据《财政部 税务总局 发展改革委 工业和信息化部关于促进集成电路产业和软件产业高质量发展企业所得税政策的公告》（2020年第45号）第一条的规定，国家鼓励的集成电路线宽小于28纳米（含），且经营期在15年以上的集成电路生产项目，第1年至第10年免征企业所得税。

对于按照集成电路生产项目享受税收优惠政策的，优惠期自项目取得第1笔生产经营收入所属纳税年度起计算，集成电路生产项目须单独进行会计核算、计算所得，并合理分摊期间费用。

国家鼓励的集成电路生产项目清单由国家发展改革委、工业和信息化部会同财政部、税务总局等相关部门制定。

三、线宽不超过65纳米且经营期在15年以上的集成电路生产项目五免五减半优惠

根据《财政部 税务总局 发展改革委 工业和信息化部关于促进集成电路产业和软件产业高质量发展企业所得税政策的公告》（2020年第45号）第一条的规定，国家鼓励的集成电路线宽小于65纳米（含），且经营期在15年以上的集成电路生产项目，第1年至第5年免征企业所得税，第6年至第10年按照25%的法定税率减半征收企业所得税。

对于按照集成电路生产项目享受税收优惠政策的，优惠期自项目取得第1笔生产经营收入所属纳税年度起计算，集成电路生产项目须单独进行会计核算、计算所得，并合理分摊期间费用。

国家鼓励的集成电路生产项目清单由国家发展改革委、工业和信息化部会同财政部、税务总局等相关部门制定。

四、线宽不超过130纳米且经营期在10年以上的集成电路生产项目二免三减半优惠

根据《财政部 税务总局 发展改革委 工业和信息化部关于促进集成电路产业和软件产业高质量发展企业所得税政策的公告》（2020年第45号）第一条的规定，国家鼓励的集成电路线宽小于130纳米（含），且经营期在10年以上的集成电路生产项目，第1年至第2年免征企业所得税，第3年至第5年按照25%的法定税率减半征收企业所得税。

对于按照集成电路生产项目享受税收优惠政策的，优惠期自项目取得第1笔生产经营收入所属纳税年度起计算，集成电路生产项目须单独进行会计核算、计算所得，并合理分摊期间费用。

国家鼓励的集成电路生产项目清单由国家发展改革委、工业和信息化部会同财政部、税务总局等相关部门制定。

五、延续适用原有优惠政策

（一）原政策与新政策的衔接

企业2019年（含）以前年度符合软件、集成电路税收优惠政策条件且已开始享受优惠政策的，可选择延续适用原有优惠政策；符合最新软件、集成电路税收优惠政策条件的，可选择适用新出台的优惠政策。

根据《财政部 税务总局 发展改革委 工业和信息化部关于促进集成电路产业和软件产业高质量发展企业所得税政策的公告》（2020年第45号）第五条的规定，符合原有政策条件且在2019年（含）之前已经进入优惠期的企业或项目，2020年（含）起可按原有政策规定继续享受至期满为止，如也符合该公告第一条至第四条规定，可按该公告规定享受相关优惠，其中定期减免税优惠，可按该公告规定计算优惠期，并就剩余期限享受优惠至期满为止。符合原有政策条件，2019年（含）之前尚未进入优惠期的企业或项目，2020年（含）起不再执行原有政策。

这里所称原有政策，包括：《财政部 国家税务总局关于进一步鼓励软件产业和集成电路产业发展企业所得税政策的通知》（财税〔2012〕27号）、《财政部 国家税务总局 发展改革委 工业和信息化部关于进一步鼓励集成电路产业发展企业所得税政策的通知》（财税〔2015〕6号）、《财政部 国家税务总局 发展改革委 工业和信息化部关于软件和集成电路产业企业所得税优惠政策有关问题的通知》（财税〔2016〕49号）、《财政部 税务总局 国家发展改革委 工业和信息化部关于集成电路生产企业有关企业所得税政策问题的通知》（财税〔2018〕27号）、《财政部 税务总局关于集成电路设计和软件产业企业所得税政策的公告》（2019年第68号）、《财政部 税务总局关于集成电路设计企业和软件企业2019年度企业所得税汇算清缴适用政策的公告》（2020年第29号）。

（二）线宽小于130纳米的集成电路生产项目的所得二免三减半优惠

根据《财政部 税务总局 国家发展改革委 工业和信息化部关于集成电路生产企

业有关企业所得税政策问题的通知》（财税〔2018〕27号）第一条的规定，2018年1月1日后（至2019年12月31日前）投资新设的集成电路线宽小于130纳米，且经营期在10年以上的集成电路生产项目，第1年至第2年免征企业所得税，第3年至第5年按照25%的法定税率减半征收企业所得税，并享受至期满为止。

（三）线宽小于65纳米且经营期在15年以上的集成电路生产项目所得五免五减半优惠

根据《财政部 税务总局 国家发展改革委 工业和信息化部关于集成电路生产企业有关企业所得税政策问题的通知》（财税〔2018〕27号）第二条的规定，2018年1月1日后（至2019年12月31日前）投资新设的集成电路线宽小于65纳米，且经营期在15年以上的集成电路生产项目，第1年至第5年免征企业所得税，第6年至第10年按照25%的法定税率减半征收企业所得税，并享受至期满为止。

（四）投资额超过150亿元且经营期在15年以上的集成电路生产项目所得五免五减半优惠

根据《财政部 税务总局 国家发展改革委 工业和信息化部关于集成电路生产企业有关企业所得税政策问题的通知》（财税〔2018〕27号）第二条的规定，2018年1月1日后（至2019年12月31日前）投资新设的投资额超过150亿元，且经营期在15年以上的集成电路生产项目，第1年至第5年免征企业所得税，第6年至第10年按照25%的法定税率减半征收企业所得税，并享受至期满为止。

（五）延续适用原有优惠政策应具备的条件

根据财税〔2018〕27号文件第四条的规定，延续适用原有优惠政策的集成电路生产项目，其主体企业应符合集成电路生产企业条件，且能够对该项目单独进行会计核算、计算所得，并合理分摊期间费用。

根据财税〔2018〕27号第七条的规定，延续适用原有集成电路生产项目定期减免税优惠政策的集成电路生产企业，是指以单片集成电路、多芯片集成电路、混合集成电路制造为主营业务并同时符合下列条件的企业：

（1）在中国境内（不包括港、澳、台地区）依法注册并在发展改革、工业和信息化部门备案的居民企业。

（2）汇算清缴年度具有劳动合同关系或劳务派遣、聘用关系且具有大学专科以上学历职工人数占企业月平均职工总人数的比例不低于40%，其中研究开发人员占企业月平均职工总数的比例不低于20%。

（3）拥有核心关键技术，并以此为基础开展经营活动，且汇算清缴年度研究开发费用总额占企业销售（营业）收入（主营业务收入与其他业务收入之和，下同）总额的比例不低于2%；其中，企业在中国境内发生的研究开发费用金额占研究开发费用总额的比例不低于60%；同时，企业应持续加强研发活动，不断提高研发能力。

（4）汇算清缴年度集成电路制造销售（营业）收入占企业收入总额的比例不低于60%。

（5）具有保证产品生产的手段和能力，并获得有关资质认证（包括ISO质量体系认证）。

（6）汇算清缴年度未发生重大安全、重大质量事故或严重环境违法行为。

（六）优惠期的起算

根据《财政部 税务总局 国家发展改革委 工业和信息化部关于集成电路生产企业有关企业所得税政策问题的通知》（财税〔2018〕27号）第三条的规定，对于按照集成电路生产项目享受上述优惠的，优惠期自项目取得第一笔生产经营收入所属纳税年度起计算。

六、优惠政策叠加享受问题

根据《财政部 税务总局 发展改革委 工业和信息化部关于促进集成电路产业和软件产业高质量发展企业所得税政策的公告》（2020年第45号）第六条的规定，集成电路企业或项目、软件企业按照该公告规定同时符合多项定期减免税优惠政策条件的，由企业选择其中一项政策享受相关优惠。其中，已经进入优惠期的，可由企业在剩余期限内选择其中一项政策享受相关优惠。

七、享受优惠的申报

（一）享受优惠的预缴申报

企业享受集成电路生产项目的所得定期减免企业所得税优惠属于预缴享受优惠事项，在企业所得税预缴申报时享受优惠的，需要填报“中华人民共和国企业所得税月（季）度预缴纳税申报表（A类）”（A200000）第7行“减：所得减免”。

（二）享受优惠的汇缴申报

享受集成电路生产项目定期减免税优惠的企业，企业所得税年度纳税申报时，需要填报“企业所得税年度纳税申报基础信息表”（A000000）“208 软件、集成电路企业类型”“209集成电路生产项目类型”，“中华人民共和国企业所得税年度纳税申报表”（A100000）第20行（所得减免），“软件、集成电路企业优惠情况及明细表”（A107042）等。

1. 线宽小于 130 纳米（含）的集成电路生产项目

“所得减免优惠明细表”（A107020）第2列“优惠事项名称”：按照该项目享受所得减免企业所得税优惠事项的具体政策内容选择填报。其中“七、线宽小于130纳米（含）的集成电路生产项目”：在以下优惠事项中选择填报：“1.国家鼓励的线宽小于130纳米（含）的集成电路生产项目（适用新政策）”和“2.线宽小于130纳米（含）的集成电路生产项目（适用原政策）”。

表A107020第 19 行至第 21 行“七、线宽小于 130 纳米（含）的集成电路生产项目”：按照投资的线宽小于130 纳米（含）的集成电路生产项目的不同项目分别填报，一个项目填报一行，纳税人有多个项目的，可自行增加行次填报。各行相应列次填报金额的合计金额填入“小计”行。根据《财政部 税务总局 国家发展改革委 工业和信息化部 关于集成电路生产企业有关企业所得税政策问题的通知》（财税〔2018〕27 号）规定，线宽小于130 纳米（含），且经营期在 10 年以上的集成电路生产项目，自项目取得第一笔生产经营收入所属纳税年度起，第一年至第二年免征企业所得税，第三年至第五年按照25%的法定税率减半征收企业所得税，符合上述政策条件且在2019年（含）之前已经进入优惠期的企业，2020年（含）起可按政策规定享受至期满为止。根据《财政部税务总局发展改革委工业和信息化部关于促进集成电路和软件产业高质量发展企业所得税政策的公告》（2020年第45号）规定，国家鼓励的线宽小于130纳米（含），且经营期在10年以上的集成电路生产项目，自项目取得第一笔生产经营收入所属纳税年度起，第一年至第二年免征企业所得税，第三年至第五年按照25%的法定税率减半征收企业所得税。本行填报本纳税年度发生的减征、免征企业所得税项目的有关情况。填报该项目的纳税人还应填报“软件、集成电路企业优惠情况及明细表”（A107042），若纳税人不享受集成电路生产企业减免所得税优惠事项，只须填报表A107042“基本信息”和“关键指标情况”，无须填报“减免税额”。

2. 线宽小于65 纳米（含）或投资额超过150亿元的集成电路生产项目

“所得减免优惠明细表”（A107020）第2列“优惠事项名称”：按照该项目享受所得减免企业所得税优惠事项的具体政策内容选择填报。其中“八、线宽小于65纳米（含）或投资额超过150亿元的集成电路生产项目”：在以下优惠事项中选择填报：1.国家鼓励的线宽小于65纳米（含）的项目（适用新政策）；2.线宽小于65纳米（含）的项目（适用原政策）；3.投资额超过150亿元的项目（适用原政策）。

表A107020第22行至第24行“八、线宽小于65纳米（含）或投资额超过150亿元的集成电路生产项目”：按照投资的线宽小于65纳米（含）或投资额超过150亿元的集成电路生产项目的不同项目分别填报，一个项目填报一行，纳税人有多个项目的，可自行增加行次填报。各行相应列次填报金额的合计金额填入“小计”行。根据财税〔2018〕27号规定，线宽小于65纳米（含）或投资额超过150亿元，且经营期在15年以上的集成电路生产项目，自项目取得第一笔生产经营收入所属纳税年度起，第一年至第五年免征企业所得税，第六年至第十年按照25%的法定税率减半征收企业所得税。符合上述政策条件且在2019年（含）之前已经进入优惠期的企业，2020年（含）起可按政策规定享受至期满为止。根据《财政部 税务总局 发展改革委 工业和信息化部关于促进集成电路和软件产业高质量发展企业所得税政策的公告》（2020年第45号）规定，国家鼓励的线宽小于65纳米（含），且经营期在15年以上的集成电路生产项目，自项目取得第一笔生产经营收入所属纳税年度起，第一年至第五年免征企业所得税，第六年至第十年按照25%的法定税率减半征收企业所得税。本行填报本纳税年度发生的减征、免征企业所得税项目的有关情况。填报该项目的纳税人还应填报“软件、集成电路企业优惠情况及明细表”（A107042），若纳税人不享受集成电路生产企业减免所得税优惠事项，只须填报表A107042“基本信息”和“关键指标情况”，无须填报“减免税额”。

3.线宽小于28纳米（含）的集成电路生产项目减免企业所得税

表A107020第25行至27行“九、线宽小于28纳米（含）的集成电路生产项目减免企业所得税（填写A107042）”：按照投资的线宽小于28纳米（含）的集成电路生产项目的不同项目分别填报，一个项目填报一行，纳税人有多个项目的，可自行增加行次填报。各行相应列次填报金额的合计金额填入“小计”行。根据《财政部 税务总局 发展改革委 工业和信息化部关于促进集成电路和软件产业高质量发展企业所得税政策的公告》（2020年第45号）规定，国家鼓励的集成电路线宽小于28纳米（含），且经营期在15年以上的集成电路生产项目，第一年至第十年免征企业所得税。本行填报本纳税年度发生的免征企业所得税项目的有关情况。填报该项目的纳税人还应填报“软件、集成电路企业优惠情况及明细表”（A107042），若纳税人不享受集成电路生产企业减免所得税优惠事项，只须填报表A107042“基本信息”和“关键指标情况”，无须填报“减免税额”。

八、主表无收入而所得减免表有收入的风险识别与应对

（一）识别指示与风险描述

附表A107020第31行第4列有收入，第11列有所得减免额。但主表无收入。

该指标用于识别企业附表中有收入而主表中无收入，可能存在错误享受所得减免优惠的问题。

（二）风险应对

充分利用风险管理系统开展全面的分析工作，结合金税三期综合征管软件中纳税人信息、通过查询企业财务报表信息、企业所得税年度申报表信息，若发生主表无收入、所得减免表有收入的情况，可能存在错误享受所得减免优惠的问题，该项目应对主要包括以下内容：

（1）核查企业基础登记信息和认定信息的准确性。

（2）核实企业收入情况是否真实，检查“主营业务收入”“其他业务收入”等科目是否存在问题。

（3）核实其享受所得减免优惠的情况，是否存在少确认收入问题。

（4）存在少缴纳税款情形的，通知纳税人补缴并按规定加收滞纳金。

（三）风险提示

【纳税人名称】(【纳税人识别号】)，您单位【年代码】年企业所得税年度纳税申报表（A类）主表无收入，与附表A107020第31行第4列收入【合计_项目收入】元不匹配，第11列有所得减免额为【合计_减免所得额】元，可能存在错误享受所得减免优惠的问题，请核查。

第七章

投资抵扣应纳税所得额

按照投资形式和投资对象，现行投资抵扣应纳税所得额优惠可以分为：创业投资企业直接投资于未上市中小高新技术企业，创业投资企业直接投资于种子期、初创期科技型企业，通过有限合伙制创业投资企业投资于未上市中小高新技术企业，通过有限合伙制创业投资企业投资于种子期、初创期科技型企业四种类型。本章主要内容，如图7-1所示。

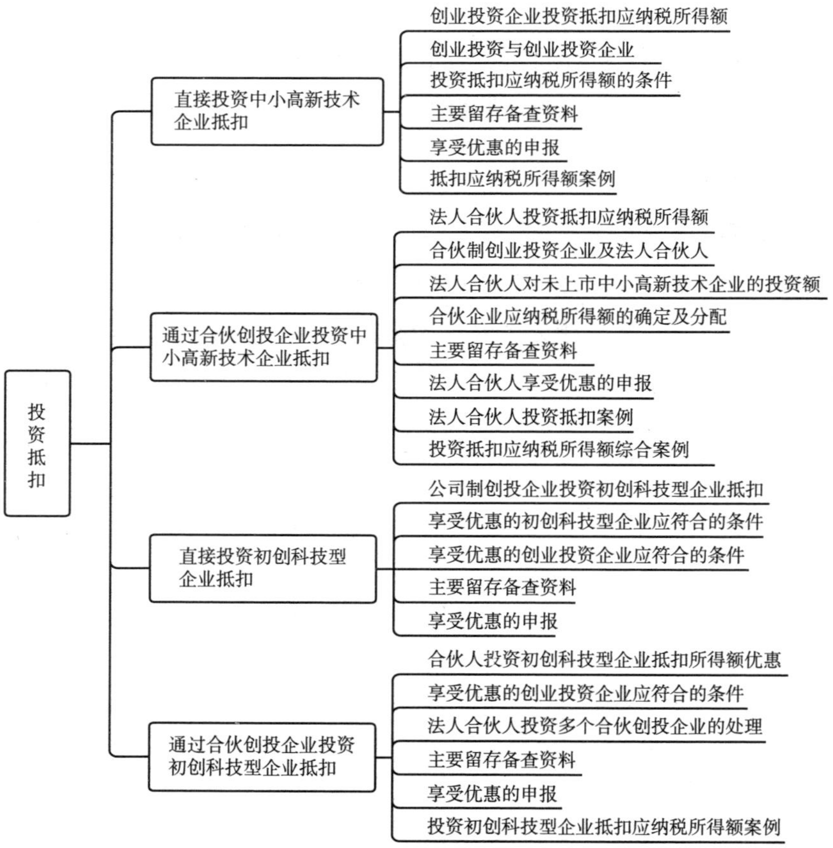

图7-1 投资抵扣知识导图

第一节　直接投资中小高新技术企业抵扣

企业所得税法对创业投资企业实行以企业投资额的一定比例抵扣应纳税所得额的办法，属于间接税收优惠，便于有效控制税收减免额度。

一、创业投资企业投资抵扣应纳税所得额优惠

（一）创业投资企业投资抵扣应纳税所得额

《企业所得税法》第三十一条规定，创业投资企业从事国家需要重点扶持和鼓励的创业投资，可以按投资额的一定比例抵扣应纳税所得额。

抵扣应纳税所得额，根据《企业所得税法实施条例》第九十七条的规定，是指创业投资企业采取股权投资方式投资于未上市的中小高新技术企业2年以上的，可以按照其投资额的70%在股权持有满2年的当年抵扣该创业投资企业的应纳税所得额；当年不足抵扣的，可以在以后纳税年度结转抵扣。

创业投资企业投资额的70%可以抵扣应纳税所得额，这里的“应纳税所得额”其金额与“企业所得税年度纳税申报表”主表A100000第23行“应纳税所得额”不完全一致，而需要根据“抵扣应纳税所得额明细表”（A107030）分析填报。

（二）中小高新技术企业的界定

中小高新技术企业是指按照《高新技术企业认定管理办法》和《高新技术企业认定管理工作指引》取得高新技术企业资格，且年销售额和资产总额均不超过2亿元、从业人数不超过500人的企业。

（三）投资满2年的界定

根据《财政部 国家税务总局关于执行企业所得税优惠政策若干问题的通知》（财税〔2009〕69号）的规定，投资于未上市的中小高新技术企业2年以上的，包括发生在2008年1月1日以前满2年的投资。

2007年底前按原有规定取得高新技术企业资格的中小高新技术企业，且在2008年继续符合新的高新技术企业标准的，向其投资满24个月的计算，可自创业投资企业实际向其投资的时间起计算。

中小企业接受创业投资之后，经认定符合高新技术企业标准的，应自其被认定为高新技术企业的年度起，计算创业投资企业的投资期限。该期限内中小企业接受创业投资后，企业规模超过中小企业标准，但仍符合高新技术企业标准的，不影响创业投资企业享受有关税收优惠。

举例说明，AB创业投资有限责任公司属于创业投资企业，2019年2月以1 000万元向甲中小企业进行股权直接投资，但甲中小企业直到2019年8月才被认定为高新技术企业，同时在2020年又超过中小企业标准，且仍属高新技术企业。在这种情况下，该创业投资企业股权投资的70%即700万元，仍可在2021年抵扣当年的应纳税所得额。

二、创业投资与创业投资企业

（一）创业投资

创业投资，系指向创业企业进行股权投资，以期所投资创业企业发育成熟或相对成熟后，主要通过股权转让获得资本增值收益的投资方式。

创业企业，系指在中国境内注册设立的处于创建或重建过程中的成长性企业，但不含已经在公开市场上市的企业。

（二）创业投资企业

创业投资企业是指依照《创业投资企业管理暂行办法》（国家发展和改革委员会等10部委令2005年第39号）和《外商投资创业投资企业管理规定》（商务部等5部委令2003年第2号）在中国境内设立的专门从事创业投资活动的企业或其他经济组织。

（三）外商投资创业投资企业

1.外商投资创业投资企业的界定

外商投资创业投资企业，是指外国投资者或者外国投资者与根据中国法律注册成立的公司、企业或其他经济组织（以下简称“中国投资者”），根据《外商投资创业投资企业管理规定》在中国境内设立的以创业投资为经营活动的外商投资企业。

这里所称创业投资是指主要向未上市高新技术企业（以下简称“所投资企业”）进行股权投资，并为之提供创业管理服务，以期获取资本增值收益的投资方式。

外商投资创业投资企业可以采取非法人制组织形式，也可以采取公司制组织形式。采取非法人制组织形式的创投企业（以下简称“非法人制创投企业”）的投资者对创投企业的债务承担连带责任。非法人制创投企业的投资者也可以在创投企业合同中约定在非法人制创投企业资产不足以清偿该债务时由《外商投资创业投资企业管理规定》第七条所述的必备投资者承担连带责任，其他投资者以其认缴的出资额为限承担责任。采用公司制组织形式的创投企业（以下简称“公司制创投企业”）的投资者以其各自认缴的出资额为限对创投企业承担责任。

2.设立外商投资创业投资企业应具备的条件

设立外商投资创投企业应具备下列条件：

（1）投资者人数在2人以上50人以下；且应至少拥有一个符合规定的必备投资者。

（2）非法人制创投企业投资者认缴出资总额的最低限额为1 000万美元；公司制创投企业投资者认缴资本总额的最低限额为500万美元。除必备投资者外，其他每个投资者的最低认缴出资额不得低于100万美元。外国投资者以可自由兑换的货币出资，中国投资者以人民币出资。

（3）有明确的组织形式。

（4）有明确合法的投资方向。

（5）除了将本企业经营活动授予一家创业投资管理公司进行管理的情形外，创投企业应有三名以上具备创业投资从业经验的专业人员。

（6）法律、行政法规规定的其他条件。

3.必备投资者应当具备的条件

根据《外商投资创业投资企业管理规定》第七条的规定，必备投资者应当具备下列条件：

（1）以创业投资为主营业务。

（2）在申请前3年其管理的资本累计不低于1亿美元，且其中至少5 000万美元已经用于进行创业投资。在必备投资者为中国投资者的情形下，本款业绩要求为：在申请前3年其管理的资本累计不低于1亿元人民币，且其中至少5 000万元人民币已经用于进行创业投资。

（3）拥有3名以上具有3年以上创业投资从业经验的专业管理人员。

（4）如果某一投资者的关联实体满足上述条件，则该投资者可以申请成为必备投资者。关联实体是指该投资者控制的某一实体，或控制该投资者的某一实体，或与该投资者共同受控于某一实体的另一实体。控制是指控制方拥有被控制方超过50%的表决权。

（5）必备投资者及其上述关联实体均应未被所在国司法机关和其他相关监管机

构禁止从事创业投资，或投资咨询业务，或以欺诈等原因进行处罚。

（6）非法人制创投企业的必备投资者，对创投企业的认缴出资及实际出资分别不低于投资者认缴出资总额及实际出资总额的1%，且应对创投企业的债务承担连带责任；公司制创投企业的必备投资者，对创投企业的认缴出资及实际出资分别不低于投资者认缴出资总额及实际出资总额的30%。

外商投资创投企业应当在名称中加注创业投资字样。除创投企业外，其他外商投资企业不得在名称中使用创业投资字样。

三、投资抵扣应纳税所得额的条件

创业投资企业采取股权投资方式投资于未上市的中小高新技术企业2年（24个月）以上的，凡符合以下条件的，可以按照其对中小高新技术企业投资额的70%，在股权持有满2年的当年抵扣该创业投资企业的应纳税所得额；当年不足抵扣的，可以在以后纳税年度结转抵扣。

1.经营范围符合《创业投资企业管理暂行办法》规定，且工商登记为“创业投资有限责任公司”“创业投资股份有限公司”等专业性法人创业投资企业。对合伙企业等非法人创业投资企业，除另有规定外不能享受此项优惠。

创业投资企业的经营范围限于：

（1）创业投资业务。

（2）代理其他创业投资企业等机构或个人的创业投资业务。

（3）创业投资咨询业务。

（4）为创业企业提供创业管理服务业务。

（5）参与设立创业投资企业与创业投资管理顾问机构。

根据《创业投资企业管理暂行办法》的规定，创业投资企业不得从事担保业务和房地产业务，但是购买自用房地产除外。创业投资企业可以以全额资产对外投资。其中，对企业的投资，仅限于未上市企业。但是所投资的未上市企业上市后，创业投资企业所持股份的未转让部分及其配售部分不在此限。其他资金只能存放银行、购买国债或其他固定收益类的证券。

经与被投资企业签订投资协议，创业投资企业可以以股权和优先股、可转换优先股等准股权方式对未上市企业进行投资。创业投资企业对单个企业的投资不得超过创业投资企业总资产的20%。

2.按照《创业投资企业管理暂行办法》规定的条件和程序完成备案，经备案管理部门年度检查核实，投资运作符合有关规定。

（1）备案管理。国家对创业投资企业实行备案管理。创业投资企业的备案管理部门分国务院管理部门和省级（含副省级城市）管理部门两级。国务院管理部门为国家发展和改革委员会；省级（含副省级城市）管理部门由同级人民政府确定，报国务院管理部门备案后履行相应的备案管理职责，并在创业投资企业备案管理业务上接受国务院管理部门的指导。

在国家工商行政管理部门（现为国家市场监督管理部门，下同）注册登记的创业投资企业，向国务院管理部门申请备案。在省级及省级以下工商行政管理部门注册登记的创业投资企业，向所在地省级（含副省级城市）管理部门申请备案。

（2）备案应具备的条件。创业投资企业向管理部门备案应当具备下列条件：

①已在工商行政管理部门办理注册登记。

②经营范围符合规定。

③实收资本不低于3 000万元，或者首期实收资本不低于1 000万元且全体投资者承诺在注册后的5年内补足不低于3 000万元实收资本。

④投资者不得超过200人。其中，以有限责任公司形式设立创业投资企业的，投资者人数不得超过50人。单个投资者对创业投资企业的投资不得低于100万元。所有投资者应当以货币形式出资。

⑤有至少3名具备2年以上创业投资或相关业务经验的高级管理人员承担投资管理责任。委托其他创业投资企业、创业投资管理顾问企业作为管理顾问机构负责其投资管理业务的，管理顾问机构必须有至少3名具备2年以上创业投资或相关业务经验的高级管理人员对其承担投资管理责任。

这里所称“高级管理人员”，系指担任副经理及以上职务或相当职务的管理人员。

（3）备案文件。创业投资企业向管理部门备案时，应当提交下列文件：

①公司章程等规范创业投资企业组织程序和行为的法律文件。

②工商登记文件与营业执照的复印件。

③投资者名单、承诺出资额和已缴出资额的证明。

④高级管理人员名单、简历。

由管理顾问机构受托其投资管理业务的，还应提交下列文件：

①管理顾问机构的公司章程等规范其组织程序和行为的法律文件。

②管理顾问机构的工商登记文件与营业执照的复印件。

③管理顾问机构的高级管理人员名单、简历。

④委托管理协议。

3.创业投资企业投资的中小高新技术企业，除应按照《高新技术企业认定管理办法》和《高新技术企业认定管理工作指引》的规定，通过高新技术企业认定以外，还应符合职工人数不超过500人、年销售（营业）额不超过2亿元、资产总额不超过2亿元的条件。

4.财政部、国家税务总局规定的其他条件。

四、主要留存备查资料

投资于未上市的中小高新技术企业的创业投资企业按投资额的一定比例抵扣应纳税所得额，属于汇算清缴才能享受的优惠事项。年终汇算清缴后，纳税人需要准备的主要留存备查资料有：

（1）发展改革或证监部门出具的符合创业投资企业条件的年度证明材料；

（2）中小高新技术企业投资合同（协议）、章程、实际出资等相关材料；

（3）由省、自治区、直辖市和计划单列市高新技术企业认定管理机构出具的中小高新技术企业有效的高新技术企业证书复印件（注明“与原件一致”，并加盖公章）；

（4）中小高新技术企业基本情况［包括企业职工人数、年销售（营业）额、资产总额、未上市等］说明。

五、享受优惠的申报

（一）投资抵扣优惠涉及的主要表单

创业投资企业投资抵扣应纳税所得额优惠，属于汇算清缴才可享受的优惠事项。纳税人汇算清缴时申报享受创业投资企业投资抵扣应纳税所得额优惠涉及的主要表单有：企业所得税年度纳税申报表主表A100000第22行“减：抵扣应纳税所得额”以及“抵扣应纳税所得额明细表”（A107030）。对于有限合伙企业法人合伙人自有限合伙企业分得的应纳税所得额，还须填报“纳税调整项目明细表”第41行“四、特殊事项调整项目——（五）有限合伙企业法人合伙方应分得的应纳税所得额”行次。由于创投企业投资额抵扣应纳税所得额，当年不足抵扣的，可以无限期结转以后年度抵扣，而企业发生的年度亏损弥补期一般只有五年，为保证纳税人充分享受税收优惠，允许纳税人优先弥补以前年度亏损，然后享受投资抵扣优惠。企业所得税年度纳税申报表主表A100000在计算应纳税所得额时，调整了计算顺序，将“纳税调整后所得”扣减“所得减免”后，先扣减“弥补以前年度亏损”，再扣减“抵扣应纳税所得额”。

当同时存在一种以上投资情形时，纳税人在填报附表A107030第7行“本年实际抵扣应纳税所得额”和第13行“本年实际抵扣应分得的应纳税所得额”时，对本年度可以抵扣的应纳税所得额，应当按照合理方法确认和填报，即先填报第13行再填报第7行。

（二）抵扣应纳税所得额明细表的填报

“抵扣应纳税所得额明细表”（A107030）（见表7-1）适用于享受创业投资企业抵扣应纳税所得额优惠的纳税人填报。纳税人根据税法、《国家税务总局关于实施创业投资企业所得税优惠问题的通知》（国税发〔2009〕87号）、《财政部 国家税务总局关于执行企业所得税优惠政策若干问题的通知》（财税〔2009〕69号）、《财政部 国家税务总局关于将国家自主创新示范区有关税收试点政策推广到全国范围实施的通知》（财税〔2015〕116号）、《国家税务总局关于有限合伙制创业投资企业法人合伙人企业所得税有关问题的公告》（2015年第81号）、《财政部 税务总局关于创业投资企业和天使投资个人有关税收试点政策的通知》（财税〔2017〕38号）、《国家税务总局关于创业投资企业和天使投资个人税收试点政策有关问题的公告》（2017年第20号）等规定，填报本年度发生的创业投资企业抵扣应纳税所得额优惠情况。企业只要本年有新增符合条件的投资额或者从有限合伙企业应分得的应纳税所得额，无论本年是否抵扣应纳税所得额，均须填报本表。

“抵扣应纳税所得额明细表”（A107030）分三部分内容，一是创业投资企业直接投资按投资额的70%抵扣应纳税所得额，二是通过有限合伙制创业投资企业投资按一定比例抵扣分得的应纳税所得额，三是上述两项目抵扣应纳税所得额合计。当企业同时存在创业投资企业直接投资和通过有限合伙制创业投资企业投资两种情形的，应先填写第二部分通过有限合伙制创业投资企业投资按一定比例抵扣分得的应纳税所得额。

该表数据列设置三列，分别是“投资于未上市中小高新技术企业”“投资于种子期、初创期科技型企业”以及“合计金额”。第1列“合计金额”填报抵扣应纳税所得额的整体情况，第2列“投资于未上市中小高新技术企业”填报投资于未上市中小高新技术企业部分，第3列“投资于种子期、初创期科技型企业”填报投资于种子期、初创期科技型企业部分。且第1列=第2列+第3列。

表A107030系主表A100000的一级附表，该表第15行的抵扣应纳税所得额合计直接填入主表A100000中的第22行（抵扣应纳税所得额）中。

表7–1　A107030　　抵扣应纳税所得额明细表

行次	项　目	合计金额	投资于未上市中小高新技术企业	投资于种子期、初创期科技型企业
		1=2+3	2	3
一、创业投资企业直接投资按投资额一定比例抵扣应纳税所得额				
1	本年新增的符合条件的股权投资额			
2	税收规定的抵扣率	70%	70%	70%
3	本年新增的可抵扣的股权投资额（1×2）			
4	以前年度结转的尚未抵扣的股权投资余额		*	*
5	本年可抵扣的股权投资额（3+4）		*	*
6	本年可用于抵扣的应纳税所得额		*	*
7	本年实际抵扣应纳税所得额			
8	结转以后年度抵扣的股权投资余额		*	*
二、通过有限合伙制创业投资企业投资按一定比例抵扣分得的应纳税所得额				
9	本年从有限合伙创投企业应分得的应纳税所得额			
10	本年新增的可抵扣投资额			
11	以前年度结转的可抵扣投资额余额		*	*
12	本年可抵扣投资额（10+11）		*	*
13	本年实际抵扣应分得的应纳税所得额			
14	结转以后年度抵扣的投资额余额		*	*
三、抵扣应纳税所得额合计				
15	合计（7+13）			

企业同时存在创业投资企业直接投资和通过有限合伙制创业投资企业投资两种情形的，应先填写本表的“二、通过有限合伙制创业投资企业投资按一定比例抵扣分得的应纳税所得额”。也就是说，企业同时存在创业投资企业直接投资和通过有限合伙制创投企业间接投资两种情形的，应先填写表A107030的“二、通过合伙制创投企业投资按一定比例抵扣分得的应纳税所得额”，再填写“一、创投企业直接投资按投资额一定比例抵扣应纳税所得额”，最后加总计算抵扣应纳税所得额合计金额，并同时填报主表A100000第22行“抵扣应纳税所得额”。

“一、创业投资企业直接投资按投资额一定比例抵扣应纳税所得额”，由创业投资企业（非合伙制）纳税人填报其以股权投资方式直接投资未上市的中小高新技术企业和投资于种子期、初创期科技型企业2年（24个月，下同）以上限额抵扣应纳税所得额的金额。对于通过有限合伙制创业投资企业间接投资未上市的中小高新技术企业和投资于种子期、初创期科技型企业享受优惠政策填写表A107030第9行至14行。具体行次如下：

1.本年新增的符合条件的股权投资额

表A107030第1行“本年新增的符合条件的股权投资额”，填报创业投资企业采取股权投资方式投资于未上市的中小高新技术企业和投资于种子期、初创期科技型企业满2年的，本年新增的符合条件的股权投资额。本行第1列=本行第2列+本行第3列。无论企业本年是否盈利，有符合条件的投资额即填报本表，以后年度盈利时填写第4行“以前年度结转的尚未抵扣的股权投资余额”。

2.本年新增的可抵扣的股权投资额

表A107030第3行“本年新增的可抵扣的股权投资额”，本行填报第1×2行金额，即：第3行=第1×2行。

本行第1列“本年新增的可抵扣的股权投资额”合计=本行第2列“投资于未上市中小高新技术企业”+本行第3列“投资于种子期、初创期科技型企业”。

3.以前年度结转的尚未抵扣的股权投资余额

表A107030第4行“以前年度结转的尚未抵扣的股权投资余额”，填报以前年度符合条件的尚未抵扣的股权投资余额。

4.本年可抵扣的股权投资额

表A107030第5行“本年可抵扣的股权投资额”，本行填报第3+4行的金额。

即：第5行“本年可抵扣的股权投资额”=第3行“本年新增的可抵扣的股权投资额”+第4行“以前年度结转的尚未抵扣的股权投资余额”。

5.本年可用于抵扣的应纳税所得额合计金额

表A107030第6行“本年可用于抵扣的应纳税所得额合计金额”，本行第1列填报表A100000第19“纳税调整后所得”–20“所得减免”–21行“弥补以前年度亏损”–本表第13行第1列“本年实际抵扣应分得的应纳税所得额”的金额，若金额小于0，则填报0。即：

表A107030第6行第1列=表A100000第19、20、21行–本表第13行第1列，若小于0，则填报0。即本年可用于抵扣的应纳税所得额，是企业用“纳税调整后所得”先享受“所得减免”优惠和弥补以前年度亏损后，再享受作为法人合伙人通过有限合伙制创投企业投资抵扣应分得的应纳税所得额后的余额。

来源于有限合伙制创业投资企业的应纳税所得额，首先用于法人合伙人享受免税收入、减计收入及加计扣除和所得减免优惠、弥补以前年度亏损后，如有余额的用于抵扣通过合伙制创投企业投资抵扣。再有余额的，作为法人合伙人直接投资抵扣应纳税所得额的来源。

6.本年实际抵扣应纳税所得额

表A107030第7行“本年实际抵扣应纳税所得额”，若第5行第1列≤第6行第1列，则本行第1列=第5行第1列；第5行第1列>第6行第1列，则本行第1列=第6行第1列。即“本年实际抵扣应纳税所得额”为“本年可抵扣的股权投资额”与“本年可用于抵扣的应纳税所得额”的孰小值。

并且，本行第1列=本行第2列+本行第3列。

7.结转以后年度抵扣的股权投资余额

表A107030第8行“结转以后年度抵扣的股权投资余额”，本年可抵扣的股权投资额大于本年实际抵扣应纳税所得额时，抵扣后余额部分结转以后年度抵扣的金额。

第5行>第6行时，第8行=第5-7行；第5行≤第6行时，第8行=0。

六、抵扣应纳税所得额案例

【例7-1】2019年12月10日，A创业投资有限责任公司向B有限公司投资1 000万元（B有限公司于2019年10月20日取得高新技术企业证书，2019年末资产总额12 000万元，职工人数480人，当年销售收入为18 000万元），股权持有到2021年12月底，仍未出售。A创投公司2020年底结转的尚未抵扣的股权投资余额为200万元。A公司2021年度企业所得税相关数据如表7-2所示。

表7-2　企业所得税年度纳税申报表

行号	项　目	金额（万元）
19	纳税调整后所得	2 000
20	所得减免	400
21	以前年度结转的尚未弥补的亏损	750

要求：计算A公司2021年度应缴的企业所得税并填报“抵扣应纳税所得额明细表”。

【解析】

1.应纳税额的计算

本年可用于抵扣的应纳税所得额=纳税调整后所得-所得减免-以前年度结转的

尚未弥补的亏损=2 000–400–750=850（万元）

本年可抵扣的股权投资额=本年新增的可抵扣的股权投资额+以前年度结转的尚未抵扣的股权投资余额=1 000×70%+200=900（万元）

本年实际抵扣应纳税所得额为：850万元。

可结转以后年度抵扣的股权投资余额=900–850=50（万元）

本年应纳税所得额为0。

2.“抵扣应纳税所得额明细表”的填报（见表7–3）

表7–3 A107030 抵扣应纳税所得额明细表 单位：万元

行次	项　　目	合计金额	投资于未上市中小高新技术企业	投资于种子期、初创期科技型企业
		1=2+3	2	3
一、创业投资企业直接投资按投资额一定比例抵扣应纳税所得额				
1	本年新增的符合条件的股权投资额	1 000	1 000	
2	税收规定的抵扣率	70%	70%	70%
3	本年新增的可抵扣的股权投资额（1×2）	700	700	
4	以前年度结转的尚未抵扣的股权投资余额	200	*	*
5	本年可抵扣的股权投资额（3+4）	900	*	*
6	本年可用于抵扣的应纳税所得额	850	*	*
7	本年实际抵扣应纳税所得额	850	850	
8	结转以后年度抵扣的股权投资余额	50	*	*
二、通过有限合伙制创业投资企业投资按一定比例抵扣分得的应纳税所得额				
三、抵扣应纳税所得额合计				
15	合计（7+13）	850	850	

（3）企业所得税年度纳税申报表主表的填报（见表7–4）

表7–4 A100000 中华人民共和国企业所得税年度纳税申报表（A类） 单位：万元

行次	类别	项　　目	金额
14	应纳税所得额计算	减：境外所得（填写A108010）	
15		加：纳税调整增加额（填写A105000）	
16		减：纳税调整减少额（填写A105000）	
17		减：免税、减计收入及加计扣除（填写A107010）	
18		加：境外应税所得抵减境内亏损（填写A108000）	
19		四、纳税调整后所得（13–14+15–16–17+18）	2 000

续表

行次	类别	项　　目	金额
20	应纳税所得额计算	减：所得减免（填写A107020）	400
21		减：弥补以前年度亏损（填写A106000）	750
22		减：抵扣应纳税所得额（填写A107030）	850
23		五、应纳税所得额（19-20-21-22）	0
24	应纳税额计算	税率（25%）	
25		六、应纳所得税额（23×24）	
26		减：减免所得税额（填写A107040）	
27		减：抵免所得税额（填写A107050）	
28		七、应纳税额（25-26-27）	0
29		加：境外所得应纳所得税额（填写A108000）	
30		减：境外所得抵免所得税额（填写A108000）	
31		八、实际应纳所得税额（28+29-30）	
32		减：本年累计实际已预缴的所得税额	
33		九、本年应补（退）所得税额（31-32）	

第二节　通过合伙创投企业投资中小高新技术企业抵扣

2015年10月21日，国务院第109次常务会议作出决定，将国家自主创新示范区有限合伙制创业投资企业法人合伙人企业所得税试点政策推广至全国。根据国务院决定，2015年10月28日，财政部和国家税务总局下发了《财政部 国家税务总局关于将国家自主创新示范区有关税收试点政策推广到全国范围实施的通知》（财税〔2015〕116号），对有限合伙制创业投资企业法人合伙人企业所得税优惠政策问题进行了规定。为进一步明确政策执行口径、保证优惠政策的贯彻实施，根据现行企业所得税法及其实施条例和财税〔2015〕116号文件的规定，国家税务总局发布了《国家税务总局关于有限合伙制创业投资企业法人合伙人企业所得税有关问题的公告》（2015年第81号），自2015年10月1日起执行。

一、法人合伙人投资抵扣应纳税所得额

（一）法人合伙人投资抵扣应纳税所得额

根据《财政部 国家税务总局关于将国家自主创新示范区有关税收试点政策推广到全国范围实施的通知》（财税〔2015〕116号）和《国家税务总局关于有限合伙制创业投资企业法人合伙人企业所得税有关问题的公告》（2015年第81号）的规定，自2015年10月1日起，有限合伙制创业投资企业采取股权投资方式投资于未上市的中小高新技术企业2年（24个月）以上，该有限合伙制创业投资企业的法人合伙人可按照其对未上市中小高新技术企业投资额的70%抵扣该法人合伙人从该有限合伙制创业投资企业分得的应纳税所得额，当年不足抵扣的，可以在以后纳税年度结转抵扣。

（二）投资多个合伙创投企业的处理

有限合伙制创业投资企业采取股权投资方式投资未上市的中小高新技术企业满2年（24个月，下同）的，其法人合伙人可按照对未上市中小高新技术企业投资额的70%抵扣该法人合伙人从该有限合伙制创业投资企业分得的应纳税所得额，当年不足抵扣的，可以在以后纳税年度结转抵扣。

如果法人合伙人投资多个符合条件的有限合伙制创业投资企业，可合并计算其可抵扣的投资额和应分得的应纳税所得额。当年不足抵扣的，可结转以后纳税年度继续抵扣；当年抵扣后有结余的，应按照企业所得税法的规定计算缴纳企业所得税。

这就明确了法人合伙人投资多家有限合伙制创业投资企业，可以合并计算可抵扣的投资额和分得的应纳税所得额。这是考虑到法人合伙人可能会投资多家符合条件的有限合伙制创业投资企业，而有限合伙制创业投资企业的应纳税所得额会有所差别，有些会有应纳税所得额，有些则没有，因创业投资企业的投资活动本身具有一定的风险，有些项目可能永远没有回报。如果限定其可抵扣的投资额仅能抵减从其对应投资的有限合伙制创业投资企业分得的应纳税所得额，则会造成法人合伙人的可抵扣投资额无法完全得到抵减，从而削弱该项优惠的政策效应。

（三）投资满2年的界定

投资满2年是指2015年10月1日起，有限合伙制创业投资企业投资于未上市中小高新技术企业的实缴投资满2年，同时，法人合伙人对该有限合伙制创业投资企业的实缴出资也应满2年。

举例说明：A企业于2013年10月2日投资于某有限合伙制创业投资企业，该有

限合伙制创业投资企业又于2014年10月2日投资于某中小高新技术企业，至2016年10月2日该投资满2年，A企业满足优惠政策条件。

二、合伙制创业投资企业及法人合伙人

（一）有限合伙制创业投资企业

有限合伙制创业投资企业是指依照《中华人民共和国合伙企业法》《创业投资企业管理暂行办法》（国家发展和改革委员会令第39号）和《外商投资创业投资企业管理规定》（外经贸部、科技部、工商总局、税务总局、外汇管理局令2003年第2号）设立的专门从事创业投资活动的有限合伙企业。

（二）法人合伙人

《财政部 国家税务总局关于合伙企业合伙人所得税问题的通知》（财税〔2008〕159号）规定："合伙企业以每一个合伙人为纳税义务人。合伙企业合伙人是自然人的，缴纳个人所得税；合伙人是法人和其他组织的，缴纳企业所得税。"即只有依法应缴纳企业所得税的法人和其他组织才能享受企业所得税优惠政策，因此，《国家税务总局关于有限合伙制创业投资企业法人合伙人企业所得税有关问题的公告》（2015年第81号）规定，有限合伙制创业投资企业的法人合伙人，是指依照《企业所得税法》及其实施条例以及相关规定，实行查账征收企业所得税的居民企业。

三、法人合伙人对未上市中小高新技术企业的投资额

有限合伙制创业投资企业的法人合伙人对未上市中小高新技术企业的投资额，按照有限合伙制创业投资企业对中小高新技术企业的投资额和合伙协议约定的法人合伙人占有限合伙制创业投资企业的出资比例计算确定。

《国家税务总局关于有限合伙制创业投资企业法人合伙人企业所得税有关问题的公告》（国家税务总局公告2015年第81号）第四条进一步规定，有限合伙制创业投资企业的法人合伙人对未上市中小高新技术企业的投资额，按照有限合伙制创业投资企业对中小高新技术企业的投资额和合伙协议约定的法人合伙人占有限合伙制创业投资企业的出资比例计算确定。其中，有限合伙制创业投资企业对中小高新技术企业的投资额按实缴投资额计算；法人合伙人占有限合伙制创业投资企业的出资比例按法人合伙人对有限合伙制创业投资企业的实缴出资额占该有限合伙制创业投资企业的全部实缴出资额的比例计算。

这是明确有限合伙制创业投资企业的法人合伙人对未上市中小高新技术企业的投资额的计算方法。为避免法人合伙人变动影响优惠政策的享受，国家税务总局公告2015年第81号规定法人合伙人应在满足优惠条件的当年按照规定计算确定其对未上市中小高新技术企业的投资额。为适应公司注册资本登记制度改革，国家税务总局公告2015年第81号还规定有限合伙制创业投资企业对中小高新技术企业的投资额按实缴投资额计算；法人合伙人占有限合伙制创业投资企业的出资比例按法人合伙人对创业投资企业的实缴出资额占该创业投资企业的全部实缴出资额的比例计算。

四、合伙企业应纳税所得额的确定及分配

（一）合伙制创业投资企业应纳税所得额的确定及分配

有限合伙制创业投资企业应纳税所得额的确定及分配，按照《财政部 国家税务总局关于合伙企业合伙人所得税问题的通知》（财税〔2008〕159号）的相关规定执行。

企业所得税法自2008年实施以来，有关合伙制企业所得税问题，在财税〔2008〕159号文件中确立了“先分后税”的基本原则，也规定了合伙企业应纳税所得额的计算及分配原则，为此，目前仍以此文件作为国家税务总局公告2015年第81号的配套征收管理工作的依据。

（二）合伙企业应纳税所得额的确定

《财政部 国家税务总局关于合伙企业合伙人所得税问题的通知》（财税〔2008〕159号，自2008年1月1日起执行）第三条规定，合伙企业生产经营所得和其他所得采取“先分后税”的原则。具体应纳税所得额的计算按照《关于个人独资企业和合伙企业投资者征收个人所得税的规定》（财税〔2000〕91号）及《财政部 国家税务总局关于调整个体工商户 个人独资企业和合伙企业个人所得税税前扣除标准有关问题的通知》（财税〔2008〕65号）等有关规定执行。

前款所称生产经营所得和其他所得，包括合伙企业分配给所有合伙人的所得和企业当年留存的所得（利润）。

（三）合伙人应纳税所得额的确定

合伙企业的合伙人按照下列原则确定应纳税所得额：

（1）合伙企业的合伙人以合伙企业的生产经营所得和其他所得，按照合伙协议约定的分配比例确定应纳税所得额。

（2）合伙协议未约定或者约定不明确的，以全部生产经营所得和其他所得，按

照合伙人协商决定的分配比例确定应纳税所得额。

（3）协商不成的，以全部生产经营所得和其他所得，按照合伙人实缴出资比例确定应纳税所得额。

（4）无法确定出资比例的，以全部生产经营所得和其他所得，按照合伙人数量平均计算每个合伙人的应纳税所得额。

合伙协议不得约定将全部利润分配给部分合伙人。

（四）不得用合伙企业的亏损抵减合伙人的盈利

合伙企业的合伙人是法人和其他组织的，合伙人在计算其缴纳企业所得税时，不得用合伙企业的亏损抵减其盈利。

五、主要留存备查资料

投资于未上市的中小高新技术企业的有限合伙制创业投资企业法人合伙人按投资额的一定比例抵扣应纳税所得额，属于汇算清缴才能享受的优惠事项。汇算清缴后，纳税人需要准备的主要留存备查资料有：

（1）发展改革或证监部门出具的符合创业投资企业条件的年度证明材料；

（2）中小高新技术企业投资合同（协议）、章程、实际出资等相关材料；

（3）省、自治区、直辖市和计划单列市高新技术企业认定管理机构出具的中小高新技术企业有效的高新技术企业证书复印件（注明“与原件一致”，并加盖公章）；

（4）中小高新技术企业基本情况［包括企业职工人数、年销售（营业）额、资产总额、未上市等］说明；

（5）法人合伙人应纳税所得额抵扣情况明细表；

（6）有限合伙制创业投资企业法人合伙人应纳税所得额分配情况明细表。

六、法人合伙人享受优惠的申报

有限合伙制创业投资企业法人合伙人符合享受优惠条件的，创业投资企业 应在符合条件的年度终了后3个月内向其主管税务机关报送“有限合伙制创业投资企业法人合伙人应纳税所得额分配情况明细表”。

（一）法人合伙人应纳税所得额分配情况明细表

“有限合伙制创业投资企业法人合伙人应纳税所得额分配情况明细表”（如表7-5所示）一式四份（可根据法人合伙人数量递增），有限合伙制创业投资企业、法人合伙人、合伙制创业投资企业和法人合伙人主管税务机关各执一份。

表 7–5

有限合伙制创业投资企业法人合伙人应纳税所得额分配情况明细表

所属期间：　年　月　日至　年　月　日　　　　单位：元

<table>
<tr><td>创投企业纳税人识别号</td><td>创投企业名称</td><td>主管税务机关</td><td colspan="5">本期新增符合优惠条件的实缴投资额合计（a）</td><td colspan="4">本期应纳税所得额（b）</td></tr>
<tr><td></td><td></td><td></td><td colspan="5"></td><td colspan="4"></td></tr>
<tr><td rowspan="2">法人合伙人纳税人识别号</td><td rowspan="2">法人合伙人企业名称</td><td rowspan="2">主管税务机关</td><td rowspan="2">实缴出资额</td><td rowspan="2">投资持有时间</td><td>实缴出资额占全部实缴出资额比例</td><td>本期新增符合优惠条件的投资额</td><td>本期新增可抵扣的投资额</td><td colspan="2">应纳税所得额的分配比例</td><td colspan="2">法人合伙人应分得的应纳税所得额</td></tr>
<tr><td>1</td><td>2=a × 1</td><td>3=2 × 70%</td><td colspan="2">4</td><td colspan="2">5=b × 4</td></tr>
<tr><td></td><td></td><td></td><td></td><td></td><td></td><td></td><td></td><td colspan="2"></td><td colspan="2"></td></tr>
<tr><td></td><td></td><td></td><td></td><td></td><td></td><td></td><td></td><td colspan="2"></td><td colspan="2"></td></tr>
<tr><td></td><td></td><td></td><td></td><td></td><td></td><td></td><td></td><td colspan="2"></td><td colspan="2"></td></tr>
<tr><td>被投资高新技术企业纳税人识别号</td><td>高新技术企业名称</td><td>投资日期</td><td>投资额</td><td>投资持有时间</td><td>投资年度职工人数</td><td>投资年度年销售（营业）额</td><td>投资年度资产总额</td><td>认定高新技术企业年度</td><td>是否已上市</td><td>上市日期</td><td>是否符合优惠条件</td></tr>
<tr><td></td><td></td><td></td><td></td><td></td><td></td><td></td><td></td><td></td><td></td><td></td><td></td></tr>
<tr><td></td><td></td><td></td><td></td><td></td><td></td><td></td><td></td><td></td><td></td><td></td><td></td></tr>
<tr><td></td><td></td><td></td><td></td><td></td><td></td><td></td><td></td><td></td><td></td><td></td><td></td></tr>
<tr><td>企业声明</td><td colspan="5">我单位已知悉本事项全部相关政策和管理要求。此表是根据《中华人民共和国企业所得税法》及其实施条例和国家税收规定填报的，是真实、完整的，提交的资料真实、合法、有效。

（企业公章）

财务负责人：　　执行事务合伙人：　　年　月　日</td><td>税务机关回执</td><td colspan="5">您单位于　年　月　日向我机关提交本表及相关资料。我机关意见：　　。特此告知。

（税务机关印章）

经办人：　　年　月　日</td></tr>
</table>

“有限合伙制创业投资企业法人合伙人应纳税所得额分配情况明细表”填报说明

一、表头项目

“所属期间”填报公历当年1月1日至12月31日。

二、合伙制创投企业信息项目

“创投企业纳税人识别号”“创投企业名称”和“主管税务机关”，填写有限合伙制创业投资企业的税号、名称和主管税务机关。

“本期新增符合优惠条件的实缴投资额合计”，填写有限合伙制创业投资企业本期新增符合财税〔2015〕116号文件和国税发〔2009〕87号文件规定优惠条件的（本期新增满足投资于未上市的中小高新技术企业满2年的条件的）投资额，不是本期新增的对外投资额，也不包括本期不符合优惠条件的投资额。

“本期应纳税所得额”填写有限合伙制创业投资企业本期按规定计算并亏损弥补后的应纳税所得额。

三、法人合伙人信息项目

“法人合伙人纳税人识别号”“法人合伙人企业名称”和“主管税务机关”，填写有限合伙制创业投资企业的法人合伙人的税号、名称和企业所得税主管税务机关。

“实缴出资额”“实缴出资额占全部实缴出资额比例”填写法人合伙人投资有限合伙制创业投资企业的实缴出资额和其占全部实缴出资额的比例。

“投资持有时间”填写法人合伙人对有限合伙制创业投资企业的投资持有时间，填至月数。

“本期新增符合优惠条件的投资额”填写“本期新增符合优惠条件的实缴投资额合计”×“出资比例”计算得到的金额。

“本期新增可抵扣的投资额”填写“本期新增符合优惠条件的实缴投资额”×70%计算得到的金额。

“应纳税所得额的分配比例”填写有限合伙制创业投资企业该法人合伙人对本期应纳税所得额的分配比例。

“法人合伙人应分得的应纳税所得额”填写“本期应纳税所得额”×“应纳税所得额的分配比例”计算得到的金额。

四、被投资企业信息项目

“被投资高新技术企业纳税人识别号”“高新技术企业名称”填写该有限合伙制创业投资企业通过股权投资方式投资满2年的中小高新技术企业的税号和名称。

“投资日期”填写被投资企业接受投资、完成工商变更登记的日期。

“投资持有时间”填写有限合伙制创业投资企业持有中小高新技术企业股权的累

计时间，填至月份。

“投资年度职工人数”“投资年度年销售额”和“投资年度资产总额”均填写被投资中小高新技术企业获得有限合伙制创业投资企业股权投资当年期末的数据。

“认定高新技术企业年度”填写被投资企业获得高新技术企业证书的年度。

“是否已上市”“上市日期”填写被投资企业是否已在公开证券市场上市和具体的上市日期，如未上市，则上市日期不须填写。

“是否符合优惠条件”填写是否符合税法规定的优惠条件，填写“是”或“否”。

（二）应纳税所得额抵扣情况明细表及其填报（见表7–6）

表7–6　　法人合伙人应纳税所得额抵扣情况明细表

法人合伙人纳税人识别号：　　　　法人合伙人企业名称：

所属期间：　　　　单位：元

创投企业纳税人识别号	创投企业名称	主管税务机关	本期新增的可抵扣投资额	本期应分得的应纳税所得额	上期结转的可抵扣投资额	本期实际可抵扣投资额	结转下期可抵扣投资额
			1	2	3	4（若1+3<2，则4=1+3；若1+3>2，则4=2）	5=1+3–4
					—	—	—
					—	—	—
					—	—	—
合　计							
企业声明	我单位已知悉本事项全部相关政策和管理要求。此表是根据《中华人民共和国企业所得税法》及其实施条例和国家税收规定填报的，是真实、完整的，提交的资料真实、合法、有效。 （企业公章） 财务负责人：　　法定代表人（负责人）：　　年　月　日						
税务机关回执	您单位于　　年　　月　　日向我机关提交本表及相关资料。 我机关意见：　　　　。 特此告知。 （税务机关印章） 经办人：　　年　月　日						

“所属期间”填报公历当年1月1日至12月31日。

“创投企业纳税人识别号”“创投企业名称”和“主管税务机关”填写法人合伙人投资的有限合伙制创业投资企业的税号、名称和主管税务机关。

“本期新增的可抵扣投资额”填写“有限合伙制创业投资企业法人合伙人应纳税所得额分配情况明细表”中归属于该法人合伙人的新增可抵扣投资额。

“本期应分得的应纳税所得额”填写“有限合伙制创业投资企业法人合伙人应纳税所得额分配情况明细表”中分配的归属于该法人合伙人的应纳税所得额。

“上期结转的可抵扣投资额”填写法人合伙人上年度结转以后年度的可抵扣投资额。

“本期实际可抵扣投资额”填写本期法人合伙人享受优惠可以抵扣的投资额，如“本期新增的可抵扣投资额”+“上期结转的可抵扣投资额”<“本期应分得的应纳税所得额”，则填写“本期新增的可抵扣投资额”+“上期结转的可抵扣投资额”计算得到的金额；如“本期新增的可抵扣投资额”+“上期结转的可抵扣投资额”>“本期应分得的应纳税所得额”，则填写“本期应分得的应纳税所得额”的金额。

“结转下期可抵扣投资额”按“本期新增的可抵扣投资额”+“上期结转的可抵扣投资额”－“本期实际可抵扣投资额”计算得到的金额填列。

（三）抵扣应纳税所得额明细表的填报（见表7–7）

表7–7　A107030　　抵扣应纳税所得额明细表

行次	项　目	合计金额	投资于未上市中小高新技术企业	投资于种子期、初创期科技型企业
		1=2+3	2	3
一、创业投资企业直接投资按投资额一定比例抵扣应纳税所得额				
二、通过有限合伙制创业投资企业投资按一定比例抵扣分得的应纳税所得额				
9	本年从有限合伙创投企业应分得的应纳税所得额			
10	本年新增的可抵扣投资额			
11	以前年度结转的可抵扣投资额余额		*	*
12	本年可抵扣投资额（10+11）		*	*
13	本年实际抵扣应分得的应纳税所得额			
14	结转以后年度抵扣的投资额余额		*	*
三、抵扣应纳税所得额合计				
15	合计（7+13）			

纳税人年终汇算清缴时享受通过有限合伙制创业投资企业投资按一定比例抵扣分得的应纳税所得额优惠的，须填报“抵扣应纳税所得额明细表”（A107030）第二部分“通过有限合伙制创业投资企业投资按一定比例抵扣分得的应纳税所得额”。

表A107030“二、通过有限合伙制创业投资企业投资按一定比例抵扣分得的应纳税所得额”：企业作为有限合伙制创业投资企业的合伙人，通过合伙企业间接投资未上市中小高新技术企业和种子期、初创期科技型企业，享受有限合伙制创业投资企业法人合伙人按投资额的一定比例抵扣应纳税所得额政策，在本部分填报。

1.本年从有限合伙创投企业应分得的应纳税所得额

表A107030第9行“本年从有限合伙创投企业应分得的应纳税所得额”：填写企业作为法人合伙人，通过有限合伙制创业投资企业投资未上市的中小高新技术企业或者投资于种子期、初创期科技型企业，无论本年是否盈利、是否抵扣应纳税所得额，只要本年从有限合伙制创业投资企业中分配归属于该法人合伙人的应纳税所得额，须填写本行。本行第1列=本行第2列+本行第3列。

2.本年新增的可抵扣投资额

表A107030第10行“本年新增的可抵扣投资额”：填写企业作为法人合伙人，通过有限合伙制创业投资企业投资未上市中小高新技术企业和种子期、初创期科技型企业，本年投资满2年符合条件的可抵扣投资额中归属于该法人合伙人的本年新增可抵扣投资额。无论本年是否盈利、是否需要抵扣应纳税所得额，均须填写本行。本行第1列=本行第2列+本行第3列。

有限合伙制创业投资企业的法人合伙人对未上市中小高新技术企业和种子期、初创期科技型企业的投资额，按照有限合伙制创业投资企业的投资额和合伙协议约定的法人合伙人占有限合伙制创业投资企业的出资比例计算确定。其中，有限合伙制创业投资企业的投资额按实缴投资额计算；法人合伙人占有限合伙制创业投资企业的出资比例按法人合伙人对有限合伙制创业投资企业的实缴出资额占该有限合伙制创业投资企业的全部实缴出资额的比例计算。

3.以前年度结转的可抵扣投资额

表A107030第11行“以前年度结转的可抵扣投资额”：填写法人合伙人上年度未抵扣，可以结转到本年及以后年度抵扣的投资额。金额等于上一年度的第14行“结转以后年度抵扣的投资额余额”。

4.本年可抵扣投资额

表A107030第12行“本年可抵扣投资额”：填写本年法人合伙人可用于抵扣的投资额合计，包括本年新增和以前年度结转两部分，等于第10行+第11行。即：第12行“本年可抵扣投资额”=第10行“本年新增的可抵扣投资额”+第11行“以前年度结转的可抵扣投资额”。

5.本年实际抵扣应分得的应纳税所得额

表A107030第13行“本年实际抵扣应分得的应纳税所得额”：填写本年法人合伙人享受优惠实际抵扣的投资额，本行第1列为第9行第1列“本年从有限合伙创投企业应分得的应纳税所得额”、第12行第1列“本年可抵扣投资额”、主表第19行“纳税调整后所得”－第20“所得减免”－第21行“弥补以前年度亏损”的三者孰小值，若金额小于零，则填报零。本行第1列＝第2+3列。

第13行第1列＝本表第9行第1列、第12行第1列、表A100000第19、20、21行三者的孰小值，若金额小于0，则填报0。

这就是说，来源于合伙创投企业的所得，法人合伙人首先用于享受免税收入、减计收入及加计扣除和所得减免优惠，其次用于弥补法人合伙人以前年度的亏损，再享受法人合伙人通过有限合伙企业投资抵扣优惠，如还有余额的，再用于法人合伙人享受直接投资抵扣应纳税所得额的所得来源。

6.结转以后年度抵扣的投资额余额

表A107030第14行“结转以后年度抵扣的投资额余额”：本年可抵扣投资额大于应分得的应纳税所得额时，抵扣后余额部分结转以后年度抵扣的金额。即：

第14行“结转以后年度抵扣的投资额余额”＝第12行“本年可抵扣投资额”－第13行“本年实际抵扣应分得的应纳税所得额”。

7.抵扣应纳税所得额合计

“三、抵扣应纳税所得额合计”：上述优惠合计额，代入表A100000计算应纳税所得额。即第15行第1列＝表A100000第22行。

第15行“合计”＝第7行＋第13行。本行第1列＝本行第2列＋本行第3列。

七、法人合伙人投资抵扣案例

【例7-2】2018年12月1日，A创业投资有限责任公司与他人合伙成立甲有限合伙制创业投资企业，合伙人合计认缴出资20 000万元，A创业投资有限责任公司出资额占比为75%，合伙协议约定A有限公司按60%分享利润（承担亏损）。

2019年1月1日，A创业投资有限责任公司实缴出资15 000万元，其他合伙人实缴出资5 000万元。

2019年10月1日，甲有限合伙制创业投资企业向乙有限公司投资20 000万元，10月18日办好工商登记手续。2019年2月18日，乙公司取得高新技术企业证书。其他相关资料如表7-8所示。

表7–8　　乙公司相关资料　　单位：人、万元

项目	2019年1月1日	2019年12月31日	2020年12月31日	2021年12月31日
职工人数	520	480	490	510
资产总额	21 000	18 000	22 000	26 000
销售收入	15 000	16 000	20 000	22 000

甲有限合伙制创业投资企业与法人合伙人A公司2019年、2020年和2021年三年经营所得与分配上年利润情况如表7–9所示（A公司经营所得与利润总额相同，不考虑本身的纳税调整和税收优惠）：

表7–9　　甲合伙企业与A公司利润情况　　单位：万元

年份	甲合伙企业应纳税所得	实际分配利润	A公司利润总额
2019	–100	0	1 000
2020	10 100	0	3 000
2021	10 000	5 000	4 000

要求：计算A创业投资有限责任公司2021年度应缴纳的企业所得税，并填报“抵扣应纳税所得额明细表”等相关企业所得税年度纳税申报表。

【解析】被投资企业投资当年2019年年末职工人数480人、资产总额18 000万元，本年销售收入16 000万元，且取得了高新技术企业资格证书。因而，属于中小高新技术企业。

1.2021年度A创业投资有限责任公司应缴纳的企业所得税的计算：

从甲合伙企业应分得的应纳税所得额为：10 000×60%=6 000（万元）

本年新增的可抵扣投资额：20 000×75%×70%=10 500（万元）

本年实际抵扣应分得的应纳税所得额为：6 000（万元）

结转以后年度抵扣的投资额余额：10 500–6 000=4 500（万元）

A公司当年应纳税所得额为：4 000万元。

应缴纳企业所得税：4 000×25%=1 000（万元）

2.“有限合伙制创业投资企业法人合伙人应纳税所得额分配情况明细表”的填报。

2022年3月底前，甲合伙创投企业应向其主管税务机关按规定报关“有限合伙制创业投资企业法人合伙人应纳税所得额分配情况明细表”（见表7–10）。

表 7–10

有限合伙制创业投资企业法人合伙人应纳税所得额分配情况明细表

所属期间：2021年1月1日至2021年12月31日　　　　单位：万元

<table>
<tr><td>创投企业纳税人识别号</td><td>创投企业名称</td><td>主管税务机关</td><td colspan="5">本期新增符合优惠条件的实缴投资额合计（a）</td><td colspan="4">本期应纳税所得额（b）</td></tr>
<tr><td>***</td><td>甲有限合伙企业</td><td>***</td><td colspan="5">20 000</td><td colspan="4">10 000</td></tr>
<tr><td rowspan="2">法人合伙人纳税人识别号</td><td rowspan="2">法人合伙人企业名称</td><td rowspan="2">主管税务机关</td><td rowspan="2">实缴出资额</td><td rowspan="2">投资持有时间</td><td>实缴出资额占全部实缴出资额比例</td><td>本期新增符合优惠条件的投资额</td><td>本期新增可抵扣的投资额</td><td colspan="2">应纳税所得额的分配比例</td><td colspan="2">法人合伙人应分得的应纳税所得额</td></tr>
<tr><td>1</td><td>2=a×1</td><td>3=2×70%</td><td colspan="2">4</td><td colspan="2">5=b×4</td></tr>
<tr><td>***</td><td>A创投企业</td><td>***</td><td>15 000</td><td>36月</td><td>75%</td><td>15 000</td><td>10 500</td><td colspan="2">60%</td><td colspan="2">6 000</td></tr>
<tr><td></td><td></td><td></td><td></td><td></td><td></td><td></td><td></td><td colspan="2"></td><td colspan="2"></td></tr>
<tr><td></td><td></td><td></td><td></td><td></td><td></td><td></td><td></td><td colspan="2"></td><td colspan="2"></td></tr>
<tr><td>被投资高新技术企业纳税人识别号</td><td>高新技术企业名称</td><td>投资日期</td><td>投资额</td><td>投资持有时间</td><td>投资年度职工人数</td><td>投资年度年销售（营业）额</td><td>投资年度资产总额</td><td>认定高新技术企业年度</td><td>是否已上市</td><td>上市日期</td><td>是否符合优惠条件</td></tr>
<tr><td>***</td><td>乙有限公司</td><td>10.18</td><td>20 000</td><td>26月</td><td>480</td><td>16 000</td><td>18 000</td><td>2019</td><td>否</td><td></td><td>符合</td></tr>
<tr><td></td><td></td><td></td><td></td><td></td><td></td><td></td><td></td><td></td><td></td><td></td><td></td></tr>
<tr><td></td><td></td><td></td><td></td><td></td><td></td><td></td><td></td><td></td><td></td><td></td><td></td></tr>
<tr><td>企业声明</td><td colspan="5">我单位已知悉本事项全部相关政策和管理要求。此表是根据《中华人民共和国企业所得税法》及其实施条例和国家税收规定填报的，是真实、完整的，提交的资料真实、合法、有效。
（企业公章）
财务负责人：　执行事务合伙人：　年　月　日</td><td>税务机关回执</td><td colspan="5">您单位于　年　月　日向我机关提交本表及相关资料。我机关意见：　。特此告知。
（税务机关印章）
经办人：　年　月　日</td></tr>
</table>

3. “法人合伙人应纳税所得额抵扣情况明细表”的填报

法人合伙人须按规定向主管税务机关填报“法人合伙人应纳税所得额抵扣情况明细表”（见表7–11）。

表7–11　　法人合伙人应纳税所得额抵扣情况明细表

法人合伙人纳税人识别号：***　　法人合伙人企业名称：A创投公司

所属期间：2019年1月1日至2019年12月31日　　单位：万元

创投企业纳税人识别号	创投企业名称	主管税务机关	本期新增的可抵扣投资额	本期应分得的应纳税所得额	上期结转的可抵扣投资额	本期实际可抵扣投资额	结转下期可抵扣投资额
			1	2	3	4（若1+3<2，则4=1+3；若1+3>2，则4=2）	5=1+3–4
***	甲创投企业	***	10 500	6 000	–	–	–
					–	–	–
					–	–	–
合　计			10 500	6 000	0	6 000	4 500
企业声明	我单位已知悉本事项全部相关政策和管理要求。此表是根据《中华人民共和国企业所得税法》及其实施条例和国家税收规定填报的，是真实、完整的，提交的资料真实、合法、有效。 （企业公章） 财务负责人：　　法定代表人（负责人）：　　年　月　日						
税务机关回执	您单位于　　年　　月　　日向我机关提交本表及相关资料。 我机关意见：　　　　。 特此告知。 （税务机关印章） 经办人：　　年　月　日						

4.“抵扣应纳税所得额明细表”的填报（见表7-12）

表7-12　A107030　抵扣应纳税所得额明细表　单位：万元

行次	项　目	合计金额	投资于未上市中小高新技术企业	投资于种子期、初创期科技型企业
		1=2+3	2	3
一、创业投资企业直接投资按投资额一定比例抵扣应纳税所得额				
二、通过有限合伙制创业投资企业投资按一定比例抵扣分得的应纳税所得额				
9	本年从有限合伙创投企业应分得的应纳税所得额	6 000	6 000	
10	本年新增的可抵扣投资额	10 500	10 500	
11	以前年度结转的可抵扣投资额余额	0	*	*
12	本年可抵扣投资额（10+11）	10 500	*	*
13	本年实际抵扣应分得的应纳税所得额	6 000	6 000	
14	结转以后年度抵扣的投资额余额	4 500	*	*
三、抵扣应纳税所得额合计				
15	合计（7+13）	6 000	6 000	

5.企业所得税年度纳税申报表主表的填报（见表7-13）

表7-13　A100000　中华人民共和国企业所得税年度纳税申报表（A类）　单位：万元

行次	类别	项　目	金额
13		三、利润总额（10+11-12）	7 000
14	应纳税所得额计算	减：境外所得（填写A108010）	
15		加：纳税调整增加额（填写A105000）	6 000
16		减：纳税调整减少额（填写A105000）	3 000
17		减：免税、减计收入及加计扣除（填写A107010）	
18		加：境外应税所得抵减境内亏损（填写A108000）	
19		四、纳税调整后所得（13-14+15-16-17+18）	11 000
20		减：所得减免（填写A107020）	0
21		减：弥补以前年度亏损（填写A106000）	
22		减：抵扣应纳税所得额（填写A107030）	6 000
23		五、应纳税所得额（19-20-21-22）	4 000
24	应纳税额计算	税率（25%）	25%
25		六、应纳所得税额（23×24）	1 000
26		减：减免所得税额（填写A107040）	
27		减：抵免所得税额（填写A107050）	
28		七、应纳税额（25-26-27）	1 000

续表

行次	类别	项　　目	金额
29	应纳税额计算	加：境外所得应纳所得税额（填写A108000）	
30		减：境外所得抵免所得税额（填写A108000）	
31		八、实际应纳所得税额（28+29-30）	
32		减：本年累计实际已预缴的所得税额	
33		九、本年应补（退）所得税额（31-32）	

八、投资抵扣应纳税所得额综合案例

【例7-3】2017年12月1日，A创业投资有限责任公司与他人合伙成立甲有限合伙制创业投资企业，合伙人合计认缴出资20 000万元，A创业投资有限责任公司出资占比为75%，合伙协议约定A有限公司按60%分享利润（承担亏损）。

2018年1月1日，A创业投资有限责任公司实缴出资15 000万元，其他合伙人实缴出资5 000万元。

2018年10月1日，甲有限合伙制创业投资企业向乙有限公司投资20 000万元，10月18日办好工商登记手续。2018年2月18日，乙公司取得高新技术企业证书。其他相关资料如表7-14所示。

表7-14　　乙公司相关资料　　单位：人、万元

项目	2018年1月1日	2018年12月31日	2019年12月31日	2020年12月31日
职工人数	520	480	490	510
资产总额	21 000	18 000	22 000	26 000
销售收入	15 000	16 000	20 000	22 000

2018年12月10日，A创业投资有限责任公司向B有限公司投资1 000万元（B有限公司于2018年10月20日取得高新技术企业资格证书，2018年末资产总额12 000万元，职工人数480人，当年销售收入为18 000万元），股权持有到2020年12月底，仍未出售。A创投公司2019年底结转的尚未抵扣的股权投资余额为200万元。A创业投资公司2020年度企业所得税相关数据（不含来源于甲合伙企业的所得）如表7-15所示。

表7–15 企业所得税年度纳税申报表

行号	项目	金额
1	纳税调整后所得	2 000
2	所得减免	400
3	以前年度结转的尚未弥补的亏损	1 300

甲有限合伙制创业投资企业2018年、2019年和2020年三年经营所得与分配利润情况如表7–16所示：

表7–16 甲合伙企业应纳税所得 单位：万元

年份	甲合伙企业应纳税所得	实际分配利润
2018	–100	0
2019	10 100	0
2020	10 000	5 000

要求：计算A创业投资有限责任公司当年应缴纳的企业所得税，并填报相关企业所得税年度纳税申报表。

【解析】

1.2020年度A创业投资有限责任公司应缴纳的企业所得税的计算：

（1）法人合伙人投资抵扣应纳税所得额及应补企业所得税计算

从甲合伙企业应分得的应纳税所得额为：10 000×60%=6 000（万元）

本年新增的可抵扣投资额：20 000×75%×70%=10 500（万元）

本年实际抵扣应分得的应纳税所得额为：6 000万元

结转以后年度抵扣的投资额余额：4 500万元

（2）A创业投资有限责任公司投资抵扣

本年可用于抵扣的应纳税所得额=纳税调整后所得–所得减免–以前年度结转的尚未弥补的亏损=2 000–400–1 300=300（万元）

本年可抵扣的股权投资额=本年新增的可抵扣的股权投资额+以前年度结转的尚未抵扣的股权投资余额=700+200=900（万元）

本年实际抵扣应纳税所得额为：300万元

可结转以后年度抵扣的股权投资余额=900–300=600（万元）

本年自身业务应纳税所得额为0。

2.“有限合伙制创业投资企业法人合伙人应纳税所得额分配情况明细表”的填报（见表7–17）。

表7-17　**有限合伙制创业投资企业法人合伙人应纳税所得额分配情况明细表**

所属期间：2020年1月1日至2020年12月31日　　　　单位：万元

<table>
<tr><td>创投企业纳税人识别号</td><td>创投企业名称</td><td>主管税务机关</td><td colspan="5">本期新增符合优惠条件的实缴投资额合计（a）</td><td colspan="4">本期应纳税所得额（b）</td></tr>
<tr><td>***</td><td>甲有限合伙制创业投资企业</td><td>***</td><td colspan="5">20 000</td><td colspan="4">10 000</td></tr>
<tr><td rowspan="2">法人合伙人纳税人识别号</td><td rowspan="2">法人合伙人企业名称</td><td rowspan="2">主管税务机关</td><td rowspan="2">实缴出资额</td><td rowspan="2">投资持有时间</td><td>实缴出资额占全部实缴出资额比例</td><td>本期新增符合优惠条件的投资额</td><td>本期新增可抵扣的投资额</td><td colspan="2">应纳税所得额的分配比例</td><td colspan="2">法人合伙人应分得的应纳税所得额</td></tr>
<tr><td>1</td><td>2=a × 1</td><td>3=2 × 70%</td><td colspan="2">4</td><td colspan="2">5=b × 4</td></tr>
<tr><td>***</td><td>A创业投资有限责任公司</td><td>***</td><td>15 000</td><td>36月</td><td>75%</td><td>15 000</td><td>10 500</td><td colspan="2">60%</td><td colspan="2">6 000</td></tr>
<tr><td></td><td></td><td></td><td></td><td></td><td></td><td></td><td></td><td colspan="2"></td><td colspan="2"></td></tr>
<tr><td></td><td></td><td></td><td></td><td></td><td></td><td></td><td></td><td colspan="2"></td><td colspan="2"></td></tr>
<tr><td>被投资高新技术企业纳税人识别号</td><td>高新技术企业名称</td><td>投资日期</td><td>投资额</td><td>投资持有时间</td><td>投资年度职工人数</td><td>投资年度年销售（营业）额</td><td>投资年度资产总额</td><td>认定高新技术企业年度</td><td>是否已上市</td><td>上市日期</td><td>是否符合优惠条件</td></tr>
<tr><td></td><td>乙有限公司</td><td>2018.10.18</td><td>20 000</td><td>26月</td><td>480</td><td>16 000</td><td>18 000</td><td>2018</td><td>否</td><td></td><td>符合</td></tr>
<tr><td></td><td></td><td></td><td></td><td></td><td></td><td></td><td></td><td></td><td></td><td></td><td></td></tr>
<tr><td></td><td></td><td></td><td></td><td></td><td></td><td></td><td></td><td></td><td></td><td></td><td></td></tr>
<tr><td>企业声明</td><td colspan="5">我单位已知悉本事项全部相关政策和管理要求。此表是根据《中华人民共和国企业所得税法》及其实施条例和国家税收规定填报的，是真实、完整的，提交的资料真实、合法、有效。
（企业公章）
财务负责人：　　执行事务合伙人：　　年　月　日</td><td>税务机关回执</td><td colspan="5">您单位于　年　月　日向我机关提交本表及相关资料。我机关意见：　　。特此告知。
（税务机关印章）
经办人：　　年　月　日</td></tr>
</table>

3.“法人合伙人应纳税所得额抵扣情况明细表”的填报（见表7-18）

表7-18　　法人合伙人应纳税所得额抵扣情况明细表

法人合伙人纳税人识别号：***　　法人合伙人企业名称：A公司

所属期间：2020年1月1日至2020年12月31日　　单位：万元

创投企业纳税人识别号	创投企业名称	主管税务机关	本期新增的可抵扣投资额	本期应分得的应纳税所得额	上期结转的可抵扣投资额	本期实际可抵扣投资额	结转下期可抵扣投资额
			1	2	3	4（若1+3<2，则4=1+3；若1+3>2，则4=2）	5=1+3-4
***	甲创投企业	***	10 500	6 000	-	-	-
					-	-	-
					-	-	-
合　计			10 500	6 000	0	6 000	4 500

企业声明	我单位已知悉本事项全部相关政策和管理要求。此表是根据《中华人民共和国企业所得税法》及其实施条例和国家税收规定填报的，是真实、完整的，提交的资料真实、合法、有效。 （企业公章） 财务负责人：　　法定代表人（负责人）：　　年　月　日
税务机关回执	您单位于　年　月　日向我机关提交本表及相关资料。 我机关意见：　　。 特此告知。 （税务机关印章） 经办人：　　年　月　日

4.“抵扣应纳税所得额明细表”的填报（见表7–19）

表7–19　A107030　抵扣应纳税所得额明细表　单位：万元

行次	项　　目	合计金额	投资于未上市中小高新技术企业	投资于种子期、初创期科技型企业
		1=2+3	2	3
一、创业投资企业直接投资按投资额一定比例抵扣应纳税所得额				
1	本年新增的符合条件的股权投资额	1 000	1 000	
2	税收规定的抵扣率	70%	70%	70%
3	本年新增的可抵扣的股权投资额（1×2）	700	700	
4	以前年度结转的尚未抵扣的股权投资余额	200	*	*
5	本年可抵扣的股权投资额（3+4）	900	*	*
6	本年可用于抵扣的应纳税所得额	300	*	*
7	本年实际抵扣应纳税所得额	300	300	
8	结转以后年度抵扣的股权投资余额	600	*	*
二、通过有限合伙制创业投资企业投资按一定比例抵扣分得的应纳税所得额				
9	本年从有限合伙创投企业应分得的应纳税所得额	6 000	6 000	
10	本年新增的可抵扣投资额	10 500	10 500	
11	以前年度结转的可抵扣投资额余额	0	*	*
12	本年可抵扣投资额（10+11）	10 500	*	*
13	本年实际抵扣应分得的应纳税所得额	6 000	6 000	
14	结转以后年度抵扣的投资额余额	4 500	*	*
三、抵扣应纳税所得额合计				
15	合计（7+13）	6 300	6 300	

5.企业所得税年度纳税申报表主表的填报（见表7–20）

表7–20　A100000　中华人民共和国企业所得税年度纳税申报表（A类）　单位：万元

行次	类别	项　　目	金额
13	应纳税所得额计算	三、利润总额（10+11–12）	5 000
14		减：境外所得（填写A108010）	
15		加：纳税调整增加额（填写A105000）	6 000
16		减：纳税调整减少额（填写A105000）	3 000
17		减：免税、减计收入及加计扣除（填写A107010）	
18		加：境外应税所得抵减境内亏损（填写A108000）	
19		四、纳税调整后所得（13–14+15–16–17+18）	8 000

续表

行次	类别	项　　目	金额
20	应纳税所得额计算	减：所得减免（填写A107020）	400
21		减：弥补以前年度亏损（填写A106000）	1 300
22		减：抵扣应纳税所得额（填写A107030）	6 300
23		五、应纳税所得额（19－20－21－22）	0
24	应纳税额计算	税率（25%）	25%
25		六、应纳所得税额（23×24）	0
26		减：减免所得税额（填写A107040）	
27		减：抵免所得税额（填写A107050）	
28		七、应纳税额（25－26－27）	0
29		加：境外所得应纳所得税额（填写A108000）	
30		减：境外所得抵免所得税额（填写A108000）	
31		八、实际应纳所得税额（28+29－30）	
32		减：本年累计实际已预缴的所得税额	
33		九、本年应补（退）所得税额（31－32）	

第三节　直接投资初创科技型企业抵扣

一、公司制创投企业投资初创科技型企业抵扣

（一）公司制创投企业投资初创科技型企业抵扣优惠

根据《财政部 税务总局关于创业投资企业和天使投资个人有关税收试点政策的通知》（财税〔2017〕38号，自2018年7月1日起废止）、《财政部 税务总局关于创业投资企业和天使投资个人有关税收政策的通知》（财税〔2018〕55号，自2018年1月1日起执行）和《国家税务总局关于创业投资企业和天使投资个人税收试点政策有关问题的公告》（2017年第20号）的规定，自2017年1月1日起，公司制创业投资企业采取股权投资方式直接投资于种子期、初创期科技型企业（以下简称“初创科技型企业”）满2年（24个月，下同）的，可以按照投资额的70%在股权持有满2年的当

年抵扣该公司制创业投资企业的应纳税所得额；当年不足抵扣的，可以在以后纳税年度结转抵扣。

公司制创业投资企业、被投资初创科技型企业应按规定办理优惠手续。

（二）投资与投资额

享受规定的投资抵扣优惠政策的投资，仅限于通过向被投资初创科技型企业直接支付现金方式取得的股权投资，不包括受让其他股东的存量股权。

根据财税〔2018〕55号文件第三条的规定，这里所称的投资额，按照创业投资企业对初创科技型企业的实缴投资额确定。

（三）投资满2年的界定

对于公司制创业投资企业而言，投资满2年是指公司制创业投资企业投资于种子期、初创期科技型企业（简称“初创科技型企业”）的实缴投资满2年，投资时间从初创科技型企业接受投资并完成工商变更登记的日期算起。

（四）转请机制及骗取抵扣的处理

享受规定的投资抵扣优惠政策的纳税人，其主管税务机关对被投资企业是否符合初创科技型企业条件有异议的，可以转请被投资企业主管税务机关提供相关材料。对纳税人提供虚假资料，违规享受税收政策的，应按税收征管法相关规定处理，并将其列入失信纳税人名单，按规定实施联合惩戒措施。

二、享受优惠的初创科技型企业应符合的条件

根据财税〔2018〕55号文件第二条第（一）项的规定，初创科技型企业，应同时符合以下条件。

（一）境内注册查账征收居民企业

初创科技型企业应同时符合的第一个条件是，在中国境内（不包括港、澳、台地区）注册成立、实行查账征收的居民企业。

对于投资非居民企业、企业所得税实行核定征收的居民企业以及境外注册中资控股居民企业，不能享受投资初创科技型企业投资抵扣应纳税所得额优惠。

（二）从业人数、资产总额和年销售收入指标

自2019年1月1日起，根据《财政部 税务总局关于实施小微企业普惠性税收减免政策的通知》（财税〔2019〕13号）第五条的规定，初创科技型企业应同时符合的

第二个条件是：接受投资时，从业人数不超过300人，资产总额和年销售收入均不超过5 000万元。

2019年1月1日至2021年12月31日期间发生的投资，投资满2年且符合财税〔2019〕13号文件规定和财税〔2018〕55号文件规定的其他条件的，可以适用财税〔2018〕55号文件规定的税收政策。

2019年1月1日前2年内发生的投资，自2019年1月1日起投资满2年且符合财税〔2019〕13号文件规定和财税〔2018〕55号文件规定的其他条件的，可以适用财税〔2018〕55号文件规定的税收政策。

2018年12月31日以前的要求：接受投资时，从业人数不超过200人，其中具有大学本科以上学历的从业人数不低于30%；资产总额和年销售收入均不超过3 000万元。

从业人数，包括与企业建立劳动关系的职工人员及企业接受的劳务派遣人员。从业人数和资产总额指标，按照企业接受投资前连续12个月的平均数计算，不足12个月的，按实际月数平均计算。

具体计算公式如下：

月平均数=（月初数+月末数）÷2

接受投资前连续12个月平均数=接受投资前连续12个月平均数之和 ÷12

销售收入，包括主营业务收入与其他业务收入；年销售收入指标，按照企业接受投资前连续12个月的累计数计算，不足12个月的，按实际月数累计计算。

（三）接受投资时设立时间不超过5年（60个月）

初创科技型企业应同时符合的第三个条件是，接受投资时设立时间不超过5年（60个月）。

（四）接受投资后2年内未上市

初创科技型企业应同时符合的第四个条件是，接受投资时以及接受投资后2年内未在境内外证券交易所上市。

（五）研发费用占比符合要求

初创科技型企业应同时符合的第五个条件是，接受投资当年及下一纳税年度，研发费用总额占成本费用支出的比例不低于20%。

研发费用口径，按照《财政部 国家税务总局 科技部关于完善研究开发费用税前加计扣除政策的通知》（财税〔2015〕119号）等规定执行。

研发费用总额占成本费用支出的比例，是指企业接受投资当年及下一纳税年度的研发费用总额合计占同期成本费用总额合计的比例。

成本费用，包括主营业务成本、其他业务成本、销售费用、管理费用、财务费用。

此口径参考了高新技术企业研发费用占比的计算方法，一定程度上降低了享受优惠的门槛，使更多的企业可以享受到政策红利。比如，某公司制创投企业于2020年5月投资初创科技型企业，假设其他条件均符合规定。初创科技型企业2020年发生研发费用100万元，成本费用1 000万元，2020年研发费用占比10%，低于20%；2021年发生研发费用300万元，成本费用1 000万元，2021年研发费用占比30%，高于20%。如要求投资当年及下一年分别满足研发费用占比高于20%的条件，则该公司制创投企业不能享受税收试点政策。但按照该口径，投资当年及下一年初创科技型企业研发费用平均占比为20% [（100+300）÷（1 000+1 000）]，该公司制创投企业可以享受投资抵扣优惠政策。

三、享受优惠的创业投资企业应符合的条件

根据财税〔2018〕55号文件第二条第（二）项的规定，享受规定的投资抵扣优惠政策的创业投资企业，应同时符合以下条件：

（1）在中国境内（不含港、澳、台地区）注册成立、实行查账征收的居民企业或合伙创投企业，且不属于被投资初创科技型企业的发起人；

（2）符合《创业投资企业管理暂行办法》（发展改革委等10部门令第39号）规定或者《私募投资基金监督管理暂行办法》（证监会令第105号）关于创业投资基金的特别规定，按照上述规定完成备案且规范运作；

（3）投资后2年内，创业投资企业及其关联方持有被投资初创科技型企业的股权比例合计应低于50%。

四、主要留存备查资料

投资于种子期、初创期科技型企业的创业投资企业按投资额的一定比例抵扣应纳税所得额优惠，属于汇算清缴才能享受的优惠事项。纳税人汇算清缴后，需要准备的主要留存备查资料有：

1.发展改革或证监部门出具的符合创业投资企业条件的年度证明材料。

2.初创科技型企业接受现金投资时的投资合同（协议）、章程、实际出资的相关

证明材料。

3.创业投资企业与其关联方持有初创科技型企业的股权比例的说明。

4.被投资企业符合初创科技型企业条件的有关资料：

（1）接受投资时从业人数、资产总额、年销售收入和大学本科以上学历的从业人数比例的情况说明；

（2）接受投资时设立时间不超过5年的证明材料；

（3）接受投资时以及接受投资后2年内未在境内外证券交易所上市的情况说明；

（4）研发费用总额占成本费用总额比例的情况说明。

五、享受优惠的申报

纳税人年终企业所得税汇算清缴时申报享受投资于种子期、初创期科技型企业的创业投资企业按投资额的一定比例抵扣应纳税所得额优惠，须填报“企业所得税年度纳税申报表”主表A100000第22行“减：抵扣应纳税所得额”和“抵扣应纳税所得额明细表”（A107030）。

第四节　通过合伙创投企业投资初创科技型企业抵扣

一、合伙人投资初创科技型企业抵扣所得额优惠

（一）合伙人投资抵扣所得额优惠

根据《财政部 税务总局关于创业投资企业和天使投资个人有关税收试点政策的通知》（财税〔2017〕38号）《财政部 税务总局关于创业投资企业和天使投资个人有关税收政策的通知》（财税〔2018〕55号）第一条第（二）项以及《国家税务总局关于创业投资企业和天使投资个人税收试点政策有关问题的公告》（2017年第20号）的规定，有限合伙制创业投资企业（以下简称“合伙创投企业”）采取股权投资方式直接投资于初创科技型企业满2年的，该合伙创投企业的合伙人分别按以下方式

处理：

（1）法人合伙人可以按照对初创科技型企业投资额的70%抵扣法人合伙人从合伙创投企业分得的所得；当年不足抵扣的，可以在以后纳税年度结转抵扣。

（2）个人合伙人可以按照对初创科技型企业投资额的70%抵扣个人合伙人从合伙创投企业分得的经营所得；当年不足抵扣的，可以在以后纳税年度结转抵扣。

合伙创投企业、合伙创投企业法人合伙人、被投资初创科技型企业应按规定办理优惠手续。

（二）投资满2年的界定

投资满2年，是指有限合伙制创业投资企业（以下简称“合伙创投企业”）投资于种子期、初创期科技型企业（以下简称“初创科技型企业”）的实缴投资满2年，投资时间从初创科技型企业接受投资并完成工商变更登记的日期算起。

需要说明的是，对于合伙创投企业投资初创科技型企业的，仅强调合伙创投企业投资于初创科技型企业的实缴投资满2年，取消了合伙人对该合伙创投企业的实缴出资须满2年的要求，简化了政策条件，有利于企业准确执行政策。比如，某合伙创投企业于2019年12月投资初创科技型企业，假设其他条件均符合规定。合伙创投企业的某个法人合伙人于2020年1月对该合伙创投企业出资。2021年12月，合伙创投企业投资初创科技型企业满2年时，该法人合伙人同样可享受税收试点政策。

（三）投资与投资额的确定

合伙创投企业的合伙人对初创科技型企业的投资额，按照合伙创投企业对初创科技型企业的实缴投资额和合伙协议约定的合伙人占合伙创投企业的出资比例计算确定。合伙人从合伙创投企业分得的所得，按照《财政部 国家税务总局关于合伙企业合伙人所得税问题的通知》（财税〔2008〕159号）规定计算。

（四）合伙创投企业法人合伙人所得分配情况明细表（见表7-21）

表 7–21　合伙创投企业法人合伙人所得分配情况明细表

所属期间：　年　月　日至　年　月　日　　　　金额单位：元

<table>
<tr><td>创投企业纳税人识别号</td><td>创投企业名称</td><td>主管税务机关</td><td colspan="5">本期新增符合优惠条件的实缴投资额合计（a）</td><td colspan="5">本期所得（b）</td></tr>
<tr><td></td><td></td><td></td><td colspan="5"></td><td colspan="5"></td></tr>
<tr><td rowspan="2">法人合伙人纳税人识别号</td><td rowspan="2">法人合伙人企业名称</td><td rowspan="2">主管税务机关</td><td rowspan="2">实缴出资额</td><td rowspan="2">投资时间</td><td>实缴出资额占全部实缴出资额比例</td><td colspan="2">本期新增符合优惠条件的投资额</td><td>本期新增可抵扣的投资额</td><td colspan="2">所得的分配比例</td><td colspan="2">法人合伙人应分得的所得</td></tr>
<tr><td>1</td><td colspan="2">2=a × 1</td><td>3=2 × 70%</td><td colspan="2">4</td><td colspan="2">5=b × 4</td></tr>
<tr><td></td><td></td><td></td><td></td><td></td><td></td><td colspan="2"></td><td></td><td colspan="2"></td><td colspan="2"></td></tr>
<tr><td></td><td></td><td></td><td></td><td></td><td></td><td colspan="2"></td><td></td><td colspan="2"></td><td colspan="2"></td></tr>
<tr><td></td><td></td><td></td><td></td><td></td><td></td><td colspan="2"></td><td></td><td colspan="2"></td><td colspan="2"></td></tr>
<tr><td>初创科技型企业纳税人识别号</td><td>初创科技型企业名称</td><td>主管税务机关</td><td>成立日期</td><td>接受投资日期</td><td>接受创业投资额</td><td>从业人数</td><td>具有大学本科以上学历的从业人数所占比例</td><td>资产总额</td><td>年销售收入</td><td>研发费用占成本费用比例</td><td>是否已上市</td><td>征收方式</td></tr>
<tr><td></td><td></td><td></td><td></td><td></td><td></td><td></td><td></td><td></td><td></td><td></td><td></td><td></td></tr>
<tr><td></td><td></td><td></td><td></td><td></td><td></td><td></td><td></td><td></td><td></td><td></td><td></td><td></td></tr>
<tr><td></td><td></td><td></td><td></td><td></td><td></td><td></td><td></td><td></td><td></td><td></td><td></td><td></td></tr>
<tr><td>企业声明</td><td colspan="5">我单位已知悉本事项全部相关政策和管理要求。此表是根据《中华人民共和国企业所得税法》及其实施条例和国家税收规定填报的，是真实、完整的，提交的资料真实、合法、有效。
（企业公章）
财务负责人：　执行事务合伙人：　年　月　日</td><td>税务机关回执</td><td colspan="6">您单位于　年　月　日向我机关提交本表及相关资料。我机关意见：　。特此告知。
（税务机关印章）
经办人：　年　月　日</td></tr>
</table>

“合伙创投企业法人合伙人所得分配情况明细表”填报说明

一、“所属期间”

填报公历当年1月1日至12月31日。

二、创投企业信息

“创投企业纳税人识别号”“创投企业名称”和“主管税务机关”填写合伙创投企业的纳税人识别号或统一社会信用代码、名称和主管税务机关。

“本期新增符合优惠条件的实缴投资额合计”填写合伙创投企业本期新增的符合规定优惠条件的投资额。

“本期所得”填写合伙创投企业本期按规定计算并亏损弥补后的所得。

三、法人合伙人信息

“法人合伙人纳税人识别号”“法人合伙人企业名称”和“主管税务机关”填写合伙创投企业法人合伙人的纳税人识别号或统一社会信用代码、名称和企业所得税主管税务机关。

“实缴出资额”“实缴出资额占全部实缴出资额比例”填写满足投资满2年当年年末法人合伙人投资合伙创投企业的实缴出资额和其占全部实缴出资额的比例。

“投资时间”填写法人合伙人对合伙创投企业的实缴出资时间。

“本期新增符合优惠条件的投资额”填写“本期新增符合优惠条件的实缴投资额合计”×“出资比例”计算得到的金额。

“本期新增可抵扣的投资额”填写“本期新增符合优惠条件的投资额”×70%计算得到的金额。

“所得的分配比例”填写法人合伙人对应的本期所得的分配比例。

“法人合伙人应分得的所得”填写“本期所得”×“所得的分配比例”计算得到的金额。

四、初创科技型企业信息

“初创科技型企业纳税人识别号”“初创科技型企业名称”和“主管税务机关”填写初创科技型企业的纳税人识别号或统一社会信用代码、名称和企业所得税主管税务机关。

“成立日期”填写初创科技型企业营业执照注明的成立日期。

“接受投资日期”填写初创科技型企业接受投资并完成工商变更登记的日期。

“从业人数”“具有大学本科以上学历的从业人数所占比例”“资产总额”和“年销售收入”填写按规定计算的初创科技型企业接受合伙创投企业投资时的数据。

“研发费用占成本费用比例”填写初创科技型企业接受投资当年及下一纳税年度

的研发费用总额合计占同期成本费用总额合计的比例。

“是否已上市”填写初创科技型企业接受投资时以及接受投资后2年内是否在境内外证券交易所上市，填写“是”或“否”。

“征收方式”根据初创科技型企业实际企业所得税征收方式填写“查账征收”或“核定征收”。

本表一式两份，一份交付合伙创投企业作为已提交的证明留存，另一份由税务机关留存。同时，合伙创投企业将经合伙创投企业主管税务机关受理后的本表复印件提供给法人合伙人作为留存备查资料。

二、享受优惠的创业投资企业应符合的条件

享受规定的合伙人投资抵扣优惠政策的创业投资企业，应同时符合以下条件：

（1）在中国境内（不含港、澳、台地区）注册成立、实行查账征收的合伙创投企业，且不属于被投资初创科技型企业的发起人；

（2）符合《创业投资企业管理暂行办法》（发展改革委等10部门令第39号）规定或者《私募投资基金监督管理暂行办法》（证监会令第105号）关于创业投资基金的特别规定，按照上述规定完成备案且规范运作；

（3）投资后2年内，创业投资企业及其关联方持有被投资初创科技型企业的股权比例合计应低于50%。

三、法人合伙人投资多个合伙创投企业的处理

法人合伙人投资多个符合条件的合伙创投企业，可合并计算其可抵扣的投资额和分得的所得。当年不足抵扣的，可结转以后纳税年度继续抵扣；当年抵扣后有结余的，应按照企业所得税法的规定计算缴纳企业所得税。

这里所称符合条件的合伙创投企业既包括符合财税〔2017〕38号和财税〔2018〕55号文件规定条件的合伙创投企业，也包括符合《国家税务总局关于有限合伙制创业投资企业法人合伙人企业所得税有关问题的公告》（2015年第81号）规定条件的合伙创投企业。

考虑到法人合伙人可能会投资多家符合条件的合伙创投企业，而合伙创投企业的经营所得可能会有所差别，有些因创业投资活动本身具有一定的风险，可能永远没有回报。因此，允许合并计算抵扣，并将所有符合现行政策规定的合伙创投企业均纳入

合并范围，将使法人合伙人能充分、及时抵扣，确保税收政策效应得到充分发挥。

四、主要留存备查资料

投资于种子期、初创期科技型企业的有限合伙制创业投资企业法人合伙人按投资额的一定比例抵扣应纳税所得额，属于汇算清缴才能享受的优惠事项。年终汇算清缴后，纳税人需要准备的主要留存备查资料有：

1.发展改革或证监部门出具的符合创业投资企业条件的年度证明材料。

2.初创科技型企业接受现金投资时的投资合同（协议）、章程、实际出资的相关证明材料。

3.创业投资企业与其关联方持有初创科技型企业的股权比例的说明。

4.被投资企业符合初创科技型企业条件的有关资料：

（1）接受投资时从业人数、资产总额、年销售收入和大学本科以上学历的从业人数比例的情况说明；

（2）接受投资时设立时间不超过5年的证明材料；

（3）接受投资时以及接受投资后2年内未在境内外证券交易所上市情况说明；

（4）接受投资当年及下一纳税年度研发费用总额占成本费用总额比例的情况说明。

5.法人合伙人投资于合伙创投企业的出资时间、出资金额、出资比例及分配比例的相关证明材料、合伙创投企业主管税务机关受理后的“合伙创投企业法人合伙人所得分配情况明细表”。

五、享受优惠的申报

投资初创科技型企业的有限合伙制创业投资企业的法人合伙人按投资额的一定比例抵扣应纳税所得额优惠，属于汇算清缴才可享受优惠事项。纳税人汇算清缴时申报享受该项优惠涉及的主要表单有：“企业所得税年度纳税申报表”主表A100000第22行“减：抵扣应纳税所得额”、“抵扣应纳税所得额明细表”（A107030）、“纳税调整项目明细表”第41行“四、特殊事项调整项目——（五）有限合伙企业法人合伙方应分得的应纳税所得额”行次。

六、投资初创科技型企业抵扣应纳税所得额案例

【例7-4】甲创业投资有限公司（以下简称“甲创投公司”）有关创业投资业务

如下：

（1）2018年11月18日，甲创业投资有限公司直接投资于N种子期、初创期科技型企业，实缴投资1 000万元。

（2）2018年12月18日，甲创投公司通过A有限合伙制创业投资企业间接投资于N1初创科技型企业，A合伙制创投企业对N1实缴出资5 000万元，甲创投企业实缴出资500万元，占合伙创投企业实缴出资的10%。采用成本法核算该项目长期股权投资。

（3）2018年12月25日，B有限合伙制创业投资企业投资初创科技型企业N2，实缴出资10 000万元，2020年3月，甲企业成为B合伙创投企业的有限合伙人，实缴出资占比为30%，即300万元，并作为可供出售金融资产核算。

2. 甲企业2020年应纳税所得额有关资料如下：

（1）自合伙创投企业A应分得的应纳税所得额100万元；

（2）自合伙创投企业B应分得的应纳税所得额500万元；

（3）甲企业当年不含应从合伙创投企业分配所得的本身利润总额和“纳税调整后所得”都是1 000万元，以前年度结转的尚可弥补的亏损300万元。

甲创投企业及其相关创业投资符合直接投资与间接投资适用投资抵扣应纳税所得额优惠的各项条件，2019年末直接投资尚有结转以后年度抵扣的投资额200万元，2020年无所得减免优惠。

要求：

（1）对从合伙企业应分配所得进行纳税调整；

（2）计算投资抵扣优惠并填报相关纳税申报表。

【解析】1.投资有限合伙企业应分得所得的调整

合伙企业应分配的所得通过“纳税调整项目明细表”（A105000）第41行“（五）有限合伙企业法人合伙方分得的应纳税所得额”：第1列“账载金额”填0；第2列“税收金额”填报纳税人按照“先分后税”原则和财税〔2008〕159号文件第四条规定计算的从合伙企业分得的法人合伙方应纳税所得额600万元；并将第2–1列余额600填入第3列“调增金额”（见表7–22）。

表7–22　　纳税调整项目明细表　　单位：万元

行次	项　目	账载金额	税收金额	调增金额	调减金额
		1	2	3	4
1	一、收入类调整项目（2+3+…8+10+11）	*	*		

续表

行次	项　　目	账载金额	税收金额	调增金额	调减金额
		1	2	3	4
36	四、特殊事项调整项目（37+38+…+42）	*	*		
41	（五）有限合伙企业法人合伙方应分得的应纳税所得额	0	600	600	0
42	（六）其他	*	*		
46	合计（1+12+31+36+44+45）	*	*	600	0

2.间接投资抵扣

甲创投企业2020年投资抵扣应纳税所得额计算如下：

（1）甲创投企业自合伙制创投企业A和B应分得的应纳税所得额为：

100+500=600（万元）；

（2）甲创投企业间接投资N1、N2初创科技型企业，可以抵扣的投资额为：

（5 000×10%+10 000×30%）×70%=2 450（万元）；

（3）甲企业当年“纳税调整后所得”−“弥补以前年度亏损”为：

（1 000+100+500）−300=1 300（万元）

根据孰小原则，甲创投企业本年可以抵扣的投资额为600万元。甲企业投资额2 450万元实际抵扣应分得的应纳税所得额600万元后，尚余1 850万元（2 450−600）结转以后年度抵扣。

（4）表A107030填报（见表7-23）

表7-23　A107030　　抵扣应纳税所得额明细表　　单位：万元

行次	项目	合计金额	投资于未上市中小高新技术企业	投资于种子期、初创期科技型企业
		1=2+3	2	3
一、创业投资企业直接投资按投资额一定比例抵扣应纳税所得额				
1	本年新增的符合条件的股权投资额			
2	税收规定的抵扣率	0.70	0.70	0.70
3	本年新增的可抵扣的股权投资额（1×2）			
4	以前年度结转的尚未抵扣的股权投资余额		*	*
5	本年可抵扣的股权投资额（3+4）		*	*
6	本年可用于抵扣的应纳税所得额		*	*
7	本年实际抵扣应纳税所得额			

续表

行次	项目	合计金额	投资于未上市中小高新技术企业	投资于种子期、初创期科技型企业
		1=2+3	2	3
8	结转以后年度抵扣的股权投资余额		*	*
二、通过有限合伙制创业投资企业投资按一定比例抵扣分得的应纳税所得额				
9	本年从有限合伙创投企业应分得的应纳税所得额	600		600
10	本年新增的可抵扣投资额	2 450		2 450
11	以前年度结转的可抵扣投资额余额	0.00	*	*
12	本年可抵扣投资额（10+11）	2 450	*	*
13	本年实际抵扣应分得的应纳税所得额	600		600
14	结转以后年度抵扣的投资额余额	1 850	*	*
三、抵扣应纳税所得额合计				
15	合计（7+13）			

3. 直接投资抵扣

（1）甲创投企业直接投资N初创科技型企业1 000万元，可以抵扣的投资额为：1 000×70%=700（万元）。

以前年度结转尚未抵扣的股权投资余额为200万元。

可用于抵扣的应纳税所得额=（1 000+100+500）−0−300−600=700（万元）。

甲创投企业直接投资部分，本年实际抵扣700万元，尚余：700+200−700=200（万元），结转以后年度抵扣。

（2）甲企业2020年度合计实际抵扣应纳税所得额：600+700=1 300（万元）。

4. 投资抵扣的填报（见表7-24）

首先，填报表A107030“二、通过有限合伙制创投企业投资按一定比例抵扣分得的应纳税所得额”，由于甲企业间接投资N1、N2可以抵扣的投资额、自合伙创投A、B分得的应纳税所得额、当年“纳税调整后所得”−“弥补以前年度亏损”金额中，孰小值为600万元，故第13行“本年实际抵扣应分得的应纳税所得额”填600万元。

其次，填列“一、创业投资企业直接投资按投资额一定比例抵扣应纳税所得额”，根据上述计算，第6行“本年可用于抵扣的应纳税所得额”填列700万元。

最后，计算合计数，并填列主表（见表7-25）。

表7-24 A107030 抵扣应纳税所得额明细表 单位：万元

行次	项目	合计金额	投资于未上市中小高新技术企业	投资于种子期、初创期科技型企业
		1=2+3	2	3
一、创业投资企业直接投资按投资额一定比例抵扣应纳税所得额				
1	本年新增的符合条件的股权投资额	1 000		1 000
2	税收规定的抵扣率	0.70	0.70	0.70
3	本年新增的可抵扣的股权投资额（1×2）	700		700
4	以前年度结转的尚未抵扣的股权投资余额	200	*	*
5	本年可抵扣的股权投资额（3+4）	900	*	*
6	本年可用于抵扣的应纳税所得额	700	*	*
7	本年实际抵扣应纳税所得额	700		700
8	结转以后年度抵扣的股权投资余额	200	*	*
二、通过有限合伙制创业投资企业投资按一定比例抵扣分得的应纳税所得额				
9	本年从有限合伙创投企业应分得的应纳税所得额	600		600
10	本年新增的可抵扣投资额	2 450		2 450
11	以前年度结转的可抵扣投资额余额	0.00	*	*
12	本年可抵扣投资额（10+11）	2 450	*	*
13	本年实际抵扣应分得的应纳税所得额	600		600
14	结转以后年度抵扣的投资额余额	1 850	*	*
三、抵扣应纳税所得额合计				
15	合计（7+13）	1 300	0.00	1 300

表7-25 中华人民共和国企业所得税年度纳税申报表（A类） 单位：万元

行次	类别	项 目	金额
13		三、利润总额（10+11-12）	1 000
14	应纳税所得额计算	减：境外所得（填写A108010）	0
15		加：纳税调整增加额（填写A105000）	600
16		减：纳税调整减少额（填写A105000）	0
17		减：免税、减计收入及加计扣除（填写A107010）	0
18		加：境外应税所得抵减境内亏损（填写A108000）	0
19		四、纳税调整后所得（13-14+15-16-17+18）	1 600
20		减：所得减免（填写A107020）	0
21		减：弥补以前年度亏损（填写A106000）	300
22		减：抵扣应纳税所得额（填写A107030）	1 300
23		五、应纳税所得额（19-20-21-22）	300

第五节　促进创业投资发展的其他优惠

一、天使投资个人投资抵扣优惠

（一）天使投资个人投资抵扣所得额

自2018年7月1日起，根据《财政部 税务总局关于创业投资企业和天使投资个人有关税收政策的通知》（财税〔2018〕55号，执行日期前2年内发生的投资，在执行日期后投资满2年，且符合该通知规定的其他条件的，可以适用该通知规定的投资抵扣税收政策）第一条第三项的规定，天使投资个人采取股权投资方式直接投资于种子期、初创期科技型企业（以下简称“初创科技型企业”）满2年的，可以按照投资额的70%抵扣转让该初创科技型企业股权取得的应纳税所得额；当期不足抵扣的，可以在以后取得转让该初创科技型企业股权的应纳税所得额时结转抵扣。

天使投资个人投资多个初创科技型企业的，对其中办理注销清算的初创科技型企业，天使投资个人对其投资额的70%尚未抵扣完的，可自注销清算之日起36个月内抵扣天使投资个人转让其他初创科技型企业股权取得的应纳税所得额。

1. 投资与投资额的界定

享受天使投资个人投资抵扣税收优惠政策的投资，仅限于通过向被投资初创科技型企业直接支付现金方式取得的股权投资，不包括受让其他股东的存量股权。

投资额，按照天使投资个人对初创科技型企业的实缴投资额确定。

2. 投资满2年的界定

投资满2年是指天使投资个人投资于初创科技型企业的实缴投资满2年，投资时间从初创科技型企业接受投资并完成工商变更登记的日期算起。

（二）天使投资个人应符合的条件

享受规定的投资抵扣税收政策的天使投资个人，应同时符合以下条件：

（1）不属于被投资初创科技型企业的发起人、雇员或其亲属（包括配偶、父母、子女、祖父母、外祖父母、孙子女、外孙子女、兄弟姐妹，下同），且与被投资初创科技型企业不存在劳务派遣等关系；

（2）投资后2年内，本人及其亲属持有被投资初创科技型企业股权比例合计应低于50%。

也就是说，不论是中国人还是外国人，不论是有住所还是无住所个人，也不论是居民个人还是非居民个人，只要符合上述天使投资个人的条件，就可以适用天使投资个人投资抵扣税收优惠政策。

（三）初创科技型企业应符合的条件

根据财税〔2018〕55号文件第二条第一项和《财政部 税务总局关于实施小微企业普惠性税收减免政策的通知》（财税〔2019〕13号）第五条的规定，初创科技型企业，应同时符合以下条件：

（1）在中国境内（不包括港、澳、台地区）注册成立、实行查账征收的居民企业。

（2）接受投资时从业人数、资产总额和年销售收入均符合规定。具体规定如表7-26所示。

表7-26 从业人数、资产总额和年销售收入应符合的条件

指标	2019年1月1日起	2018年12月31日以前
从业人数	不超过300人	不超过200人
其中，具有大学本科以上学历的从业人数占比	不低于30%	不低于30%
资产总额	不超过5 000万元	不超过3 000万元
年销售收入	不超过5 000万元	不超过3 000万元

根据财税〔2018〕55号文件第三条的规定，从业人数，包括与企业建立劳动关系的职工人员及企业接受的劳务派遣人员。从业人数和资产总额指标，按照企业接受投资前连续12个月的平均数计算，不足12个月的，按实际月数平均计算。销售收入，包括主营业务收入与其他业务收入；年销售收入指标，按照企业接受投资前连续12个月的累计数计算，不足12个月的，按实际月数累计计算。根据国家税务总局公告2018年第43号第一条第四项的规定，从业人数及资产总额指标，按照初创科技型企业接受投资前连续12个月的平均数计算，不足12个月的，按实际月数平均计算。具体计算公式如下：

月平均数=（月初数+月末数）÷2

接受投资前连续12个月平均数=接受投资前连续12个月平均数之和÷12

（3）接受投资时设立时间不超过5年（60个月）。

（4）接受投资时以及接受投资后2年内未在境内外证券交易所上市。

（5）接受投资当年及下一纳税年度，研发费用总额占成本费用支出的比例不低于20%。

根据国家税务总局公告2018年第43号第一条第二项的规定，研发费用总额占成本费用支出的比例，是指企业接受投资当年及下一纳税年度的研发费用总额合计占同期成本费用总额合计的比例。研发费用口径，按照《财政部 国家税务总局 科技部关于完善研究开发费用税前加计扣除政策的通知》（财税〔2015〕119号）等规定执行。成本费用，包括主营业务成本、其他业务成本、销售费用、管理费用、财务费用。

（四）接受投资满2年后上市的处理

根据财税〔2018〕55号文件第三条第五项的规定，初创科技型企业接受天使投资个人投资满2年，在上海证券交易所、深圳证券交易所上市的，天使投资个人转让该企业股票时，按照现行限售股有关规定执行，其尚未抵扣的投资额，在税款清算时一并计算抵扣。

也就是说，天使投资个人投资初创科技型企业满足投资抵扣税收优惠条件后，初创科技型企业在上海证券交易所、深圳证券交易所上市的，天使投资个人在转让初创科技型企业股票时，有尚未抵扣完毕的投资额的，应向证券机构所在地主管税务机关办理限售股转让税款清算，抵扣尚未抵扣完毕的投资额。清算时，应提供投资初创科技型企业后税务机关受理的“天使投资个人所得税投资抵扣备案表”和“天使投资个人所得税投资抵扣情况表”。

天使投资个人投资抵扣所得额优惠如图7-2所示。

1.天使投资个人所得税投资抵扣备案表

“天使投资个人所得税投资抵扣备案表”（见表7-27）适用于天使投资个人投资境内初创科技型企业，就符合投资抵扣税收优惠条件的投资，向主管税务机关办理投资情况备案。

初创科技型企业、天使投资个人应共同于满足投资抵扣税收优惠条件次月15日内，向其主管税务机关报送该表。

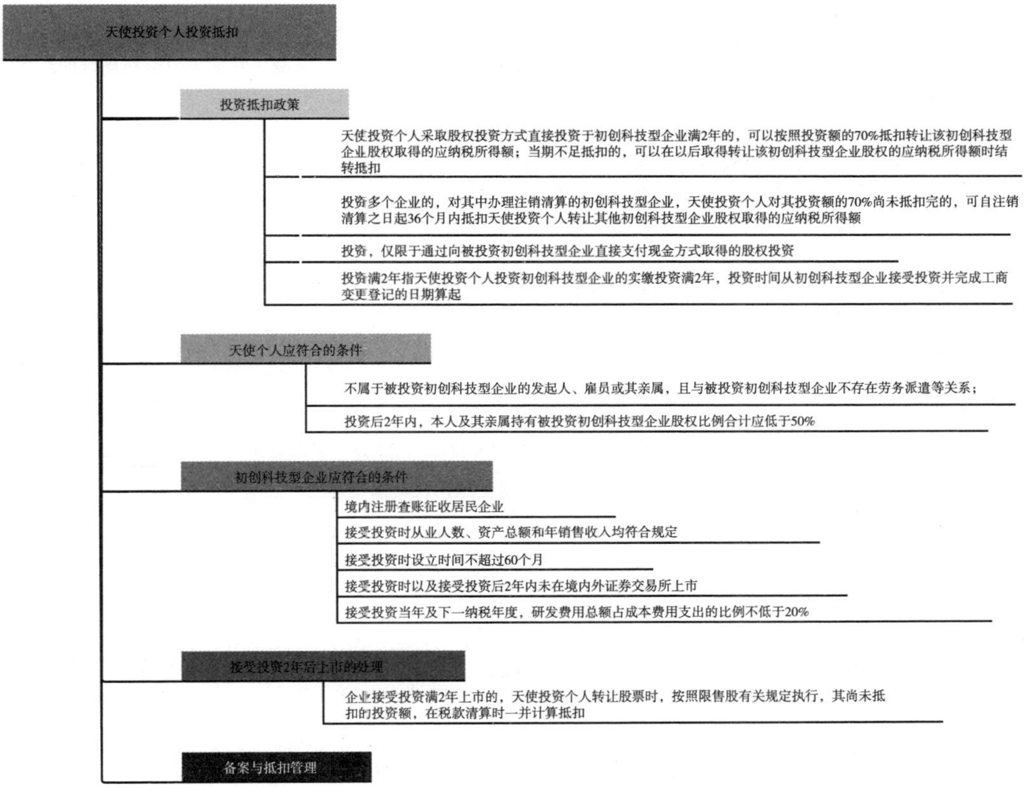

图7-2　天使投资个人投资抵扣

表7-27　　天使投资个人所得税投资抵扣备案表

备案编号（主管税务机关填写）：　　　　单位：%，人民币元（列至角分）

<table>
<tr><td colspan="8">天使投资个人基本情况</td></tr>
<tr><td colspan="2">姓名</td><td></td><td>身份证件类型</td><td></td><td colspan="2">身份证件号码</td><td></td></tr>
<tr><td colspan="2">国籍（地区）</td><td></td><td>联系电话</td><td></td><td colspan="2">联系地址</td><td></td></tr>
<tr><td colspan="8">初创科技型企业基本情况</td></tr>
<tr><td colspan="2">企业名称</td><td></td><td colspan="2">纳税人识别号
（统一社会信用代码）</td><td colspan="3"></td></tr>
<tr><td colspan="2">设立时间</td><td></td><td colspan="2">注册地址</td><td colspan="3"></td></tr>
<tr><td colspan="8">初创科技型企业及天使投资个人投资情况</td></tr>
<tr><td>投资日期</td><td>从业人数</td><td>本科以上学历人数占比</td><td>资产总额</td><td>年销售收入</td><td>研发费用总额占成本费用支出的比例</td><td>投资2年内与其亲属合计持股比例是否超过50%</td><td>投资额</td></tr>
<tr><td></td><td></td><td></td><td></td><td></td><td></td><td></td><td></td></tr>
<tr><td></td><td></td><td></td><td></td><td></td><td></td><td></td><td></td></tr>
<tr><td></td><td></td><td></td><td></td><td></td><td></td><td></td><td></td></tr>
</table>

续表

<table>
<tr><td colspan="4">谨声明：本人（单位）知悉并保证本表填报内容及所附证明材料真实、完整，并承担因资料虚假而产生的法律责任。

天使投资个人签章：
初创科技型企业负责人签章：

年　月　日</td></tr>
<tr><td colspan="2">代理机构印章：

联系人：
填报日期：</td><td colspan="2">主管税务机关印章：

受理人：
受理日期：</td></tr>
<tr><td colspan="4">初创科技型企业注销清算情况（税务机关填写）</td></tr>
<tr><td>注销清算时间</td><td></td><td>清算前已抵扣投资额</td><td></td></tr>
<tr><td colspan="4">主管税务机关印章：
受理人：
受理日期：</td></tr>
</table>

注：本表是天使投资个人日后转让初创科技型企业股权办理投资抵扣的重要凭据，请妥善保管。

国家税务总局监制

“天使投资个人所得税投资抵扣备案表”填报说明

一、天使投资个人基本情况

1.姓名：填写天使投资个人姓名。中国境内无住所个人，其姓名应当用中、外文同时填写。

2.身份证件类型：填写能识别天使投资个人唯一身份的身份证、军官证、士兵证、护照、港澳居民来往内地通行证、台湾居民来往大陆通行证等有效证照名称。

3.身份证件号码：填写能识别天使投资个人唯一身份的有效证照号码。

4.国籍（地区）：填写天使投资个人的国籍或者地区。

5.联系电话、联系地址：填写天使投资个人的有效联系方式。

二、初创科技型企业基本情况

1.企业名称：填写初创科技型企业名称全称。

2.纳税人识别号（统一社会信用代码）：填写初创科技型企业的纳税人识别号或统一社会信用代码。

3.设立时间：填写初创科技型企业设立登记的具体日期。

4.注册地址：填写初创科技型企业注册登记的具体地址。

三、初创科技型企业及天使投资个人投资情况

1.投资日期：填写初创科技型企业接受天使投资个人投资并完成工商变更登记

的日期。

2.从业人数：填写与初创科技型企业建立劳动关系的职工及企业接受的劳务派遣人员人数。具体按照初创科技型企业接受投资前连续12个月的平均数填写，不足12个月的按实际月数平均计算填写。

3.本科以上学历人数占比：填写初创科技型企业接受投资时本科以上学历人数占企业从业人数的比例。

4.资产总额：填写初创科技型企业的资产总额。具体按照初创科技型企业接受投资前连续12个月的平均数填写，不足12个月的按实际月数平均计算填写。

5.年销售收入：填写初创科技型企业的年销售收入。具体按照初创科技型企业接受投资前连续12个月的累计数填写，不足12个月的按实际月数累计计算填写。

6.研发费用总额占成本费用支出的比例：填写企业接受投资当年及下一年2个纳税年度的研发费用总额合计占同期成本费用总额合计的比例。

7.投资2年内与其亲属合计持股比例是否超过50%：填写“是”或“否”。

8.投资额：填写天使投资个人以现金形式对初创科技型企业的实缴出资额。

四、初创科技型企业注销清算情况

本栏由主管税务机关在初创科技型企业注销后，纳税人有尚未抵扣完毕的投资额需要结转抵扣时填写。

本表一式两份。主管税务机关受理后，由天使投资个人和主管税务机关分别留存。

2.天使投资个人所得税投资抵扣情况表

“天使投资个人所得税投资抵扣情况表”（见表7-28）适用于天使投资个人投资境内初创科技型企业，享受投资抵扣税收优惠时，向主管税务机关报告有关情况并办理投资抵扣手续。

天使投资个人应于股权转让次月15日内或在限售股转让清算时，向主管税务机关报送本表。

表7-28　　天使投资个人所得税投资抵扣情况表

单位：人民币元（列至角分）

天使投资个人基本情况					
姓名		身份证件类型		身份证件号码	
国籍（地区）		联系电话		联系地址	
投资抵扣备案编号		投资额		可抵扣投资额	

续表

初创科技型企业基本情况							
企业名称			纳税人识别号（统一社会信用代码）				
投资抵扣情况							
股权转让时间	股权转让应纳税所得额	从已清算企业结转待抵扣投资额	本企业可抵扣投资额	可抵扣投资额合计	累计已抵扣投资额	本期抵扣投资额	结转抵扣投资额

谨声明：本人知悉并保证本表填报内容及所附证明材料真实、完整，并承担因资料虚假而产生的法律责任。

天使投资个人签章：　　　　年　　月　　日

代理机构印章： 联系人： 填报日期：	主管税务机关印章： 受理人： 受理日期：

国家税务总局监制

“天使投资个人所得税投资抵扣情况表”填报说明

一、天使投资个人基本情况

1. 姓名：填写天使投资个人姓名。中国境内无住所个人，其姓名应当用中、外文同时填写。

2. 身份证件类型：填写能识别天使投资个人唯一身份的身份证、军官证、士兵证、护照、港澳居民来往内地通行证、台湾居民来往大陆通行证等有效证照名称。

3. 身份证件号码：填写能识别天使投资个人唯一身份的有效证照号码。

4. 国籍（地区）：填写天使投资个人的国籍或者地区。

5. 联系电话、联系地址：填写天使投资个人的有效联系方式。

6. 投资抵扣备案编号：填写天使投资个人办理投资情况备案时，税务机关受理“天使投资个人所得税投资抵扣备案表”时赋予的备案编号。

7. 投资额：填写天使投资个人在转让初创科技型企业股权时，符合投资抵扣税收优惠条件的投资额合计。

8. 可抵扣投资额：可抵扣投资额 = 投资额 × 70%。

二、初创科技型企业基本情况

1. 企业名称：填写初创科技型企业名称全称。

2. 纳税人识别号（统一社会信用代码）：填写初创科技型企业的纳税人识别号或

统一社会信用代码。

三、投资抵扣情况

1.股权转让时间：填写天使投资个人转让初创科技型企业股权的具体时间。

2.股权转让应纳税所得额：填写天使投资个人转让初创科技型企业股权取得的应纳税所得额。

3.从已清算企业结转待抵扣投资额：填写天使投资个人投资的其他初创科技型企业注销清算时尚未抵扣完毕的可抵扣投资额。

4.本企业可抵扣投资额：本企业可抵扣投资额＝可抵扣投资额（“天使投资个人基本情况”栏）。

5.可抵扣投资额合计：可抵扣投资额合计＝从已清算企业结转待抵扣投资额＋本企业可抵扣投资额。

6.累计已抵扣投资额：填写天使投资个人前期转让初创科技型企业股权时已抵扣投资额合计。

7.本期抵扣投资额：区别以下情况计算填写。

（1）股权转让应纳税所得额＜可抵扣投资额合计－累计已抵扣投资额时，本期抵扣投资额＝股权转让应纳税所得额；

（2）股权转让应纳税所得额≥可抵扣投资额合计－累计已抵扣投资额时，本期抵扣投资额＝可抵扣投资额合计－累计已抵扣投资额。

8.结转抵扣投资额：结转抵扣投资额＝可抵扣投资额合计－累计已抵扣投资额－本期抵扣投资额。

本表一式两份。主管税务机关受理后，由天使投资个人和主管税务机关分别留存。

天使投资个人投资抵扣所得额优惠，如图7–3所示。

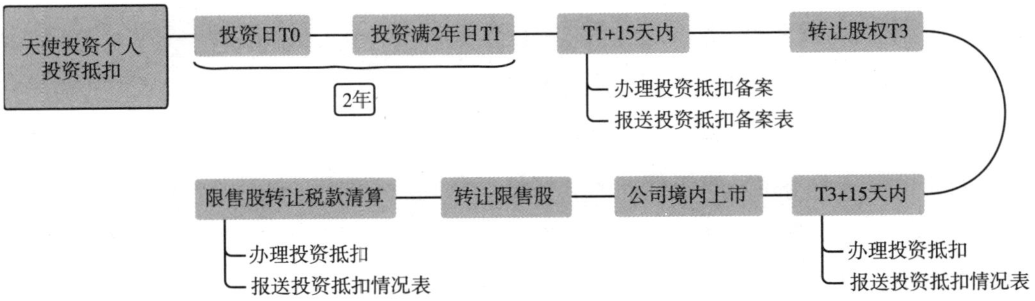

图7–3　天使投资个人投资抵扣所得额优惠图

（五）优惠管理与违规享受优惠的处理

天使投资个人应在投资初创科技型企业满24个月的次月15日内，与初创科技型企业共同向初创科技型企业的主管税务机关办理投资抵扣备案（报告手续）。包括：投资日期、从业人数、资产总额、年销售收入、投资额等情况，根据实际情况填写初创科技型企业注销清算情况。

对纳税人提供虚假资料、违规享受税收优惠政策的，应按税收征管法相关规定处理，并将其列入失信纳税人名单，按规定实施联合惩戒措施。

二、合伙创投企业个人合伙人投资抵扣

（一）创业投资企业及其备案管理

创业投资企业，是指在中国境内注册设立的主要从事创业投资的企业组织。创业投资，是指向创业企业进行股权投资，以期所投资创业企业发育成熟或相对成熟后主要通过股权转让获得资本增值收益的投资方式。创业企业，是指在中国境内注册设立的处于创建或重建过程中的成长性企业，但不含已经在公开市场上市的企业。

国家对创业投资企业实行备案管理。凡遵照《创业投资企业管理暂行办法》规定完成备案程序的创业投资企业，应当接受创业投资企业管理部门的监管，投资运作符合有关规定的可享受政策扶持。未遵照该办法规定完成备案程序的创业投资企业，不受创业投资企业管理部门的监管，不享受政策扶持。

创业投资企业向管理部门备案应当具备下列条件：

1.已在市场监督管理部门办理注册登记。

2.经营范围符合规定。根据《创业投资企业管理暂行办法》第十二条的规定，创业投资企业的经营范围限于：

（1）创业投资业务。

（2）代理其他创业投资企业等机构或个人的创业投资业务。

（3）创业投资咨询业务。

（4）为创业企业提供创业管理服务业务。

（5）参与设立创业投资企业与创业投资管理顾问机构。

创业投资企业不得从事担保业务和房地产业务，但是购买自用房地产除外。

3.实收资本不低于3 000万元，或者首期实收资本不低于1 000万元且全体投资者承诺在注册后的5年内补足不低于3 000万元实收资本。

4.投资者不得超过200人。其中，以有限责任公司形式设立创业投资企业的，投

资者人数不得超过50人。单个投资者对创业投资企业的投资不得低于100万元。所有投资者应当以货币形式出资。

5.有至少3名具备2年以上创业投资或相关业务经验的高级管理人员承担投资管理责任。委托其他创业投资企业、创业投资管理顾问企业作为管理顾问机构负责其投资管理业务的，管理顾问机构必须有至少3名具备2年以上创业投资或相关业务经验的高级管理人员对其承担投资管理责任。“高级管理人员”，系指担任副经理及以上职务或相当职务的管理人员。

创业投资企业可以以全额资产对外投资。其中，对企业的投资，仅限于未上市企业。但是所投资的未上市企业上市后，创业投资企业所持股份的未转让部分及其配售部分不在此限。其他资金只能存放银行、购买国债或其他固定收益类的证券。

（二）合伙人所得应税项目的确定

1.合伙人转让合伙企业中的财产份额

根据《个人所得税法实施条例》第六条的规定，财产转让所得是指个人转让有价证券、股权、合伙企业中的财产份额、不动产、机器设备、车船以及其他财产取得的所得。因而，个人合伙人转让其在合伙企业中的财产份额，应按财产转让所得项目适用20%的税率缴纳个人所得税。

某省地方税局2017年《个人所得税部分政策口径》曾明确：“转让个人独资、合伙企业份额，如何征收个人所得税？答：参照2011年第41号公告规定，按财产转让所得征收个人所得税。”

2.合伙人取得合伙企业转让财产所得

根据《国家税务总局关于切实加强高收入者个人所得税征管的通知》（国税发〔2011〕50号）的规定，对个人独资企业和合伙企业从事股权（票）、期货、基金、债券、外汇、贵重金属、资源开采权及其他投资品交易取得的所得，应全部纳入生产经营所得，依法征收个人所得税。

按照现行个人所得税法相关规定，合伙企业的合伙人为其纳税人，合伙企业转让股权等财产所得，应按照“先分后税”原则，根据合伙企业的全部生产经营所得和合伙协议约定的分配比例确定合伙企业各合伙人的应纳税所得额，其自然人合伙人的应分配所得，应按照“经营所得”项目缴纳个人所得税。

3.从合伙企业取得股息红利分配所得

根据《国家税务总局关于〈关于个人独资企业和合伙企业投资者征收个人所得税的规定〉执行口径的通知》（国税函〔2001〕84号）第二条“关于个人独资企业和

合伙企业对外投资分回利息、股息、红利的征税问题”的规定，个人独资企业和合伙企业对外投资分回的利息或者股息、红利，不并入企业的收入，而应单独作为投资者个人取得的利息、股息、红利所得，按“利息、股息、红利所得”应税项目计算缴纳个人所得税。以合伙企业名义对外投资分回利息或者股息、红利的，应按规定确定各个投资者的利息、股息、红利所得，分别按“利息、股息、红利所得”应税项目计算缴纳个人所得税。

个人独资企业和合伙企业对外投资分回利息、股息、红利，如果已计入收入总额中，在年终经营所得汇算清缴时，如果是国债利息收入，填入“个人所得税经营所得纳税申报表（B表）”第2行“其中：国债利息收入”中；如果是其他利息、股息、红利，可以通过填报“个人所得税经营所得纳税申报表（B表）”第37行“五、纳税调整减少额”调减经营所得的应纳税所得额。

4.有限合伙人从合伙企业取得投资收益的处理

在国家税收法律、法规以及财政部、税务总局层面，截至本书出版时，没有区分有限合伙人和普通合伙人分别进行个人所得税处理。而天津等地有地方性规定，根据《天津市地方税务局关于合伙企业合伙人分别缴纳所得税有关问题的补充通知》（津地税所〔2008〕1号）的规定，对有限合伙企业中不参与执行业务的自然人有限合伙人，其从有限合伙企业取得的股权投资收益，按“利息、股息、红利所得”项目，适用20%的比例税率，在有限合伙企业注册地税务机关缴纳个人所得税。

（三）个人合伙人投资抵扣所得额优惠

根据《财政部 税务总局关于创业投资企业和天使投资个人有关税收政策的通知》（财税〔2018〕55号）第一条第二项的规定，有限合伙制创业投资企业（本书简称“合伙创投企业”）采取股权投资方式直接投资于初创科技型企业满2年的，该合伙创投企业的个人合伙人可以按照对初创科技型企业投资额的70%抵扣个人合伙人从合伙创投企业分得的经营所得；当年不足抵扣的，可以在以后纳税年度结转抵扣。

1.投资满2年的界定

根据《国家税务总局关于创业投资企业和天使投资个人税收政策有关问题的公告》（国家税务总局公告2018年第43号）第一条的规定，满2年是指合伙创投企业投资于初创科技型企业的实缴投资满2年，投资时间从初创科技型企业接受投资并完成工商变更登记的日期算起。

2.投资与投资额的确定

享受规定的合伙创投企业个人合伙人投资抵扣税收优惠政策的投资，仅限于通过向被投资初创科技型企业直接支付现金方式取得的股权投资，不包括受让其他股东的存量股权。

投资额，按照创业投资企业对初创科技型企业的实缴投资额确定。合伙创投企业的合伙人对初创科技型企业的投资额，按照合伙创投企业对初创科技型企业的实缴投资额和合伙协议约定的合伙人占合伙创投企业的出资比例计算确定。合伙人从合伙创投企业分得的所得，按照《财政部　国家税务总局关于合伙企业合伙人所得税问题的通知》（财税〔2008〕159号）的规定计算。根据国家税务总局公告2018年第43号第一条第三项的规定，出资比例，按投资满2年当年年末各合伙人对合伙创投企业的实缴出资额占所有合伙人全部实缴出资额的比例计算。

（四）合伙制创业投资企业应符合的条件

根据财税〔2018〕55号文件第二条第二项的规定，享受该文件规定投资抵扣优惠税收政策的创业投资企业，应同时符合以下条件：

（1）在中国境内（不含港、澳、台地区）注册成立、实行查账征收的合伙创投企业，且不属于被投资初创科技型企业的发起人；

（2）符合《创业投资企业管理暂行办法》（发展改革委等10部门令第39号）规定或者《私募投资基金监督管理暂行办法》（证监会令第105号）关于创业投资基金的特别规定，按照上述规定完成备案且规范运作；

（3）投资后2年内，创业投资企业及其关联方持有被投资初创科技型企业的股权比例合计应低于50%。

（五）备案管理与申报

合伙创投企业、被投资初创科技型企业应按规定办理优惠手续。

1. 备案与留存备查资料

合伙创投企业的个人合伙人符合享受优惠条件的，合伙创投企业应在投资初创科技型企业满2年的年度终了后3个月内，向合伙创投企业主管税务机关办理备案手续，备案时应报送“合伙创投企业个人所得税投资抵扣备案表”（见表7-29），同时将有关资料留存备查。合伙企业多次投资同一初创科技型企业的，应按年度分别备案。

备查资料包括发展改革或证监部门出具的符合创业投资企业条件的年度证明材料，初创科技型企业接受现金投资时的投资合同（协议）、章程、实际出资的相关证明材料，创业投资企业与其关联方持有初创科技型企业的股权比例的说明，被投资企业符合初创科技型企业条件的有关资料等。

表7-29　　　　　　合伙创投企业个人所得税投资抵扣备案表

（______年度）

备案编号（主管税务机关填写）：　　　　　　　　　　　　单位：%，人民币元（列至角分）

合伙创投企业基本情况			
企业名称		纳税人识别号（统一社会信用代码）	
备案管理部门		备案时间	
联系人		联系电话	

对初创科技型企业投资情况											
初创科技型企业名称	纳税人识别号	注册地	设立时间	投资日期	从业人数	本科以上学历人数占比	资产总额	年销售收入	研发费用总额占成本费用支出的比例	投资2年内与关联方合计持股比例是否超50%	投资额

谨声明：本人（单位）知悉并保证本表填报内容及所附证明材料真实、完整，并承担因资料虚假而产生的法律责任。

合伙创投企业印章：

合伙创投企业负责人签章：

年　月　日

代理机构印章： 联系人： 填报日期：	主管税务机关印章： 受理人： 受理日期：

国家税务总局监制

“合伙创投企业个人所得税投资抵扣备案表”填报说明

一、适用范围

本表适用于合伙创投企业投资境内初创科技型企业，就符合投资抵扣税收优惠条件的投资，向主管税务机关办理投资情况备案。

二、报送期限

合伙创投企业应于投资满2年的年度终了后3个月内，向其注册地主管税务机关报送本表。

三、表内各栏

（一）合伙创投企业基本情况

1.企业名称：填写合伙创投企业名称全称。

2.纳税人识别号（统一社会信用代码）：填写合伙创投企业的纳税人识别号或统一社会信用代码。

3.备案管理部门：填写合伙创投企业根据《创业投资企业管理暂行办法》或《私募投资基金监督管理暂行办法》等规定，办理备案的主管部门名称全称。

4.备案时间：填写合伙创投企业向备案管理部门完成备案的时间。

5.联系人：填写合伙创投企业联系人姓名。

6.联系电话：填写合伙创投企业联系人的联系电话。

（二）对初创科技型企业投资情况

合伙创投企业投资多个初创科技型企业或对同一家初创科技型企业有多轮投资的，均需就每次投资情况分行填写。

1.初创科技型企业名称：填写初创科技型企业名称全称。

2.纳税人识别号：填写初创科技型企业的纳税人识别号或统一社会信用代码。

3.注册地：填写初创科技型企业注册登记的具体地址。

4.设立时间：填写初创科技型企业设立登记的具体日期。

5.投资日期：填写初创科技型企业接受合伙创投企业投资并完成工商变更登记的日期。

6.从业人数：填写与初创科技型企业建立劳动关系的职工及企业接受的劳务派遣人员人数。具体按照初创科技型企业接受投资前连续12个月的平均数填写，不足12个月的按实际月数平均计算填写。

7.本科以上学历人数占比：填写初创科技型企业接受投资时本科以上学历人数占企业从业人数的比例。

8.资产总额：填写初创科技型企业的资产总额。具体按照初创科技型企业接受投资前连续12个月的平均数填写，不足12个月的按实际月数平均计算填写。

9.年销售收入：填写初创科技型企业的年销售收入。具体按照初创科技型企业接受投资前连续12个月的累计数填写，不足12个月的按实际月数累计计算填写。

10.研发费用总额占成本费用支出的比例：填写企业接受投资当年及下一年两个纳税年度的研发费用总额合计占同期成本费用总额合计的比例。

11.投资后2年内与关联方合计持股比例是否超50%：填写“是”或“否”。

12.投资额：填写合伙创投企业以现金形式对初创科技型企业的实缴出资额。

本表一式两份。主管税务机关受理后，由合伙创投企业和主管税务机关分别留存。

2.合伙创投企业个人所得税投资抵扣情况表及其填报

合伙创投企业应在投资初创科技型企业满2年后的每个年度终了后3个月内，向合伙创投企业主管税务机关报送“合伙创投企业个人所得税投资抵扣情况表”（见表7–30）。

表7–30　　合伙创投企业个人所得税投资抵扣情况表

（_____年度）

单位：%，人民币元（列至角分）

合伙创投企业情况										
企业名称					纳税人识别号（统一社会信用代码）					
投资情况备案编号										
当年新增符合条件的投资额合计					新增可抵扣投资额					
个人合伙人相关情况										
姓名	身份证件类型	身份证件号码	出资额	出资比例	分配比例	当年度分配的经营所得	结转上年可抵扣投资额	当年新增可抵扣投资额	当年实际抵扣投资额	结转抵扣投资额

续表

谨声明：本人（单位）知悉并保证本表填报内容及所附证明材料真实、完整，并承担因资料虚假而产生的法律责任。

合伙创投企业印章： 合伙创投企业负责人签章： 年 月 日

代理机构印章： 联系人： 填报日期：	主管税务机关印章： 受理人： 受理日期：

国家税务总局监制

“合伙创投企业个人所得税投资抵扣情况表”填报说明

一、适用范围

本表适用于合伙创投企业投资初创科技型企业，在符合投资抵扣税收优惠年度及以后年度，向主管税务机关报告有关情况并办理投资抵扣手续。

二、报送期限

合伙创投企业自符合投资抵扣税收优惠年度起，每个年度终了3个月内，向其注册地主管税务机关报送本表。

三、表内各栏

（一）合伙创投企业情况

1.企业名称：填写合伙创投企业名称全称。

2.纳税人识别号（统一社会信用代码）：填写合伙创投企业的纳税人识别号或统一社会信用代码。

3.投资情况备案编号：填写合伙创投企业办理投资情况备案时，税务机关受理其填报的“合伙创投企业个人所得税投资抵扣备案表”赋予的备案编号。

4.当年新增符合条件的投资额合计：填写当年“合伙创投企业个人所得税投资抵扣备案表”投资额合计。若当年无新增符合投资抵扣税收优惠条件的投资，则无须填写。

5.新增可抵扣投资额：新增可抵扣投资额=当年新增符合条件的投资额合计×70%。

（二）个人合伙人相关情况

本栏填报个人合伙人报告年度实际投资抵扣的有关情况。

1.姓名：填写个人合伙人姓名。

2.身份证件类型：填写个人合伙人办理个人所得税年度申报时使用的身份证件类型。

3.身份证件号码：填写个人合伙人办理个人所得税年度申报时使用的身份证件号码。

4.出资额：填写个人合伙人在投资满两年当年年末，对合伙创投企业的实缴出资额。

5.出资比例：填写报告年度年末各合伙人对合伙创投企业的实缴出资额占所有合伙人全部实缴出资额的比例。

6.分配比例：填写个人合伙人办理个人所得税年度申报时填报的分配比例。

7.当年度分配的经营所得：填写报告年度个人合伙人按其分配比例自合伙创投企业计算分得的经营所得。

8.结转上年可抵扣投资额：填写上年度此表“结转抵扣投资额”，上年无结转抵扣投资额的填“0”。

9.当年新增可抵扣投资额：当年新增可抵扣投资额=新增可抵扣投资额×出资比例。

10.当年实际抵扣投资额：区别以下情况计算填写。

（1）当年度分配的经营所得<结转上年可抵扣投资额+当年新增可抵扣投资额时，当年实际抵扣投资额=当年度分配的经营所得；

（2）当年度分配的经营所得≥结转上年可抵扣投资额+当年新增可抵扣投资额时，当年实际抵扣投资额=当年新增可抵扣投资额+结转上年可抵扣投资额。

11.结转抵扣投资额：结转抵扣投资额=结转上年可抵扣投资额+当年新增可抵扣投资额-当年实际抵扣投资额。

本表一式两份。主管税务机关受理后，由合伙创投企业和主管税务机关分别留存。

3.投资抵扣申报

个人合伙人在个人所得税年度申报时，应将当年允许抵扣的投资额填到“个人所得税经营所得纳税申报表（B表）”第60行“十、投资抵扣”行。

4.转请机制与骗取抵扣处理

税务机关在合伙创投企业合伙人享受优惠政策后续管理中，对初创科技型企业是否符合规定条件有异议的，可以转请初创科技型企业主管税务机关提供相关资料，主管税务机关应积极配合。

创业投资企业、合伙创投企业合伙人、初创科技型企业提供虚假情况、故意隐瞒已投资抵扣情况或采取其他手段骗取投资抵扣，不缴或者少缴应纳税款的，按《税收征收管理法》有关规定处理。

合伙制创业投资企业自然人合伙人投资抵扣所得额如图7–4所示。

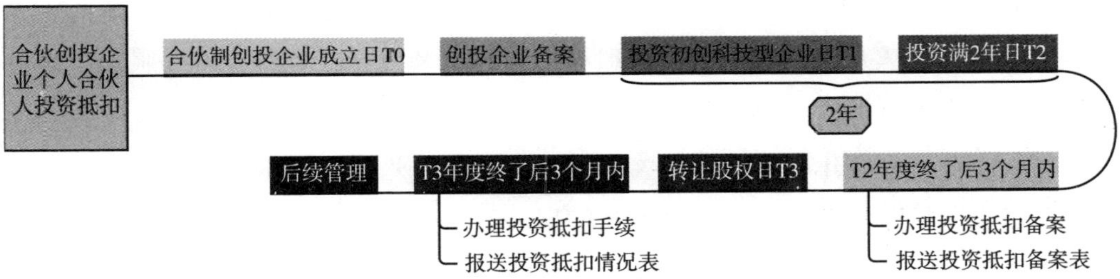

图7–4　合伙创投企业个人合伙人投资抵扣所得额

三、创业投资企业个人合伙人的处理

为进一步支持创业投资企业（含创投基金，以下统称“创投企业”）发展，《财政部 税务总局 发展改革委 证监会关于创业投资企业个人合伙人所得税政策问题的通知》（财税〔2019〕8号）就创投企业个人合伙人的个人所得税政策作出规定，自2019年1月1日起至2023年12月31日止执行。

（一）创业投资企业的核算方式

根据财税〔2019〕8号文件第一条的规定，创投企业可以选择按单一投资基金核算或者按创投企业年度所得整体核算两种方式之一，对其个人合伙人来源于创投企业的所得计算个人所得税应纳税额。

创投企业，是指符合《创业投资企业管理暂行办法》（发展改革委等10部门令第39号）或者《私募投资基金监督管理暂行办法》（证监会令第105号）关于创业投资企业（基金）的有关规定，并按照上述规定完成备案且规范运作的合伙制创业投资企业（基金）。

私募投资基金（本书简称“私募基金”），是指在中国境内，以非公开方式向投资者募集资金设立的投资基金。私募基金财产的投资包括买卖股票、股权、债券、期货、期权、基金份额及投资合同约定的其他投资标的。创业投资基金，是指主要投资于未上市创业企业普通股或者依法可转换为普通股的优先股、可转换债券等权益的股权投资基金。享受国家财政税收扶持政策的创业投资基金，其投资范围应当符合国家相关规定。

根据财税〔2019〕8号文件第五条的规定，创投企业选择按单一投资基金核算或按创投企业年度所得整体核算后，3年内不能变更。

（二）个人合伙人的税务处理

根据财税〔2019〕8号文件第二条的规定，创投企业选择按单一投资基金核算的，其个人合伙人从该基金应分得的股权转让所得和股息红利所得，按照20%的税率计算缴纳个人所得税。

创投企业选择按年度所得整体核算的，其个人合伙人应从创投企业取得的所得，按照“经营所得”项目、5%—35%的超额累进税率计算缴纳个人所得税。

（三）单一投资基金核算个人合伙人的处理

根据财税〔2019〕8号文件第三条的规定，单一投资基金核算，是指单一投资基金（包括不以基金名义设立的创投企业）在一个纳税年度内从不同创业投资项目取得的股权转让所得和股息红利所得按下述方法分别核算纳税。

1.股权转让所得

（1）单个投资项目的股权转让所得。单个投资项目的股权转让所得，按年度股权转让收入扣除对应股权原值和转让环节合理费用后的余额计算，股权原值和转让环节合理费用的确定方法，参照股权转让所得个人所得税有关政策规定执行。

（2）单一投资基金的股权转让所得。单一投资基金的股权转让所得，按一个纳税年度内不同投资项目的所得和损失相互抵减后的余额计算，余额大于或等于零的，即确认为该基金的年度股权转让所得；余额小于零的，该基金年度股权转让所得按零计算且不能跨年结转。

（3）个人合伙人的应纳税所得额计算。个人合伙人按照其应从基金年度股权转让所得中分得的份额计算其应纳税额，并由创投企业在次年3月31日前代扣代缴个人所得税。

（4）个人合伙人的投资抵扣。如符合《财政部 税务总局关于创业投资企业和天使投资个人有关税收政策的通知》（财税〔2018〕55号）规定条件的，创投企业个人合伙人可以按照被转让项目对应投资额的70%抵扣其应从基金年度股权转让所得中分得的份额后再计算其应纳税额，当期不足抵扣的，不得向以后年度结转。

2. 股息红利所得

单一投资基金的股息红利所得，以其来源于所投资项目分配的股息、红利收入以及其他固定收益类证券等收入的全额计算。

个人合伙人按照其应从基金股息红利所得中分得的份额计算其应纳税额，并由创投企业按次代扣代缴个人所得税。

3. 成本费用的扣除

除前述可以扣除的成本、费用之外，单一投资基金发生的包括投资基金管理人的管理费和业绩报酬在内的其他支出，不得在核算时扣除。

4. 单一投资基金核算方法的适用范围

根据财税〔2019〕8号文件第三条的规定，单一投资基金核算方法仅适用于计算创投企业个人合伙人的应纳税额。

（四）创投企业年度所得整体核算个人合伙人的处理

根据财税〔2019〕8号文件第三条的规定，创投企业年度所得整体核算，是指将创投企业以每一纳税年度的收入总额减除成本、费用以及损失后，计算应分配给个人合伙人的所得。如符合《财政部 税务总局关于创业投资企业和天使投资个人有关税收政策的通知》（财税〔2018〕55号）规定条件的，创投企业个人合伙人可以按照被转让项目对应投资额的70%抵扣其可以从创投企业应分得的经营所得后再计算其应纳税额。年度核算亏损的，准予按有关规定向以后年度结转。

按照“经营所得”项目计税的个人合伙人，没有综合所得的，可依法减除基本减除费用、专项扣除、专项附加扣除以及国务院确定的其他扣除。从多处取得经营所得的，应汇总计算个人所得税，只减除一次上述费用和扣除。

合伙创投企业（基金）核算方法与个人合伙人的个人所得税处理如图7-5所示。

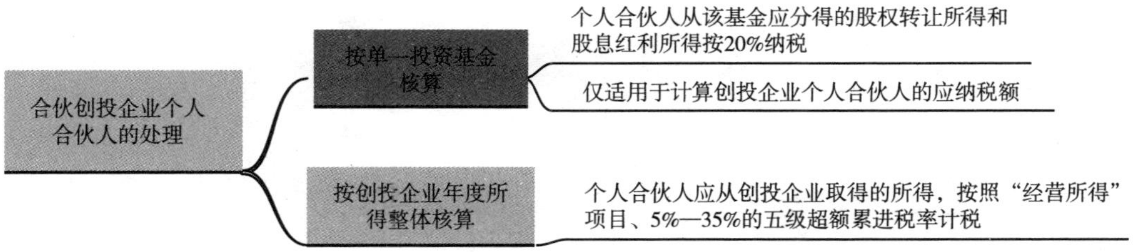

图7-5　合伙创投企业个人合伙人的个人所得税处理

（五）核算方式备案与转请机制

1.核算方式备案

根据财税〔2019〕8号文件第六条的规定，创投企业选择按单一投资基金核算的，应当在按照规定在管理机构完成创业投资企业（基金）备案的30日内，向主管税务机关进行核算方式备案；未按规定进行核算方式备案的，视同选择按创投企业年度所得整体核算。2019年1月1日前已经在管理机构完成创业投资企业（基金）备案的创投企业，选择按单一投资基金核算的，应当在2019年3月1日前向主管税务机关进行核算方式备案。创投企业选择一种核算方式满3年需要调整的，应当在满3年的次年1月31日前，重新向主管税务机关备案。

"合伙制创业投资企业单一投资基金核算方式备案表"如表7-31所示。

表7-31　　　　合伙制创业投资企业单一投资基金核算方式备案表

（______至______年度）

备案编号（主管税务机关填写）：

创投企业（基金）名称	
纳税人识别号（统一社会信用代码）	
创投企业（基金）备案管理机构	□发展改革部门　　□证券监管部门
管理机构备案编号	
管理机构备案时间	
谨声明：本表是根据国家税收法律法规及相关规定填报的，是真实的、可靠的、完整的。 创投企业（基金）印章： 年　月　日	
经办人签字： 经办人身份证件号码： 代理机构签章： 代理机构统一社会信用代码：	受理人： 受理税务机关（章）： 受理日期：　年　月　日

国家税务总局监制

“合伙制创业投资企业单一投资基金核算方式备案表”填表说明

一、适用范围

本表适用于合伙制创业投资企业（含创投基金，以下统称创投企业）选择按单一投资基金核算，按规定向主管税务机关进行核算类型备案。

二、报送期限

选择按单一投资基金核算的创投企业，应当在管理机构完成备案的30日内，向主管税务机关进行核算方式备案，报送本表。

创投企业选择一种核算方式满3年需要调整的，应当在满3年的次年1月31日前，重新向主管税务机关备案，报送本表。

三、本表各栏填写

1.创投企业（基金）名称：填写创投企业的法定名称全称。

2.纳税人识别号（统一社会信用代码）：填写创投企业的纳税人识别号或统一社会信用代码。

3.创投企业（基金）备案管理机构：选择创投企业备案的机构名称，在“发展改革部门”或“证券监管部门”备案的，分别在对应框中打“√”。

4.管理机构备案编号：填写创投企业在国家发展和改革委员会或中国证券投资基金业协会备案的编号。

5.管理机构备案时间：填写创投企业在国家发展和改革委员会或中国证券投资基金业协会备案的时间。

四、其他事项说明

以纸质方式报送本表的，应当一式两份，扣缴义务人、税务机关各留存一份。

2.个人所得税的代扣代缴

“单一投资基金核算的合伙制创业投资企业个人所得税扣缴申报表”（见表7–32）适用于选择按单一投资基金核算的合伙制创业投资企业（含创投基金，以下统称“创投企业”）按规定办理年度股权转让所得扣缴申报时，向主管税务机关报送。

创投企业取得所得的次年3月31日前报送。

表 7–32

单一投资基金核算的合伙制创业投资企业个人所得税扣缴申报表

税款所属期：　　年　　月　　日至　　年　　月　　日

扣缴义务人名称：

扣缴义务人纳税人识别号（统一社会信用代码）：□□□□□□□□□□□□□□□□□□　　金额单位：人民币元（列至角分）

税务机关备案编号										
创投企业投资项目所得情况										
序号	被投资企业名称	被投资企业纳税人识别号（统一社会信用代码）	投资股权份数	转让股权份数	转让后股权份数	股权转让时间	股权转让收入	股权原值	合理费用	股权转让所得额
1	2	3	4	5	6	7	8	9	10	11
纳税年度内股权转让所得额合计										

创投企业个人合伙人所得分配情况																
序号	个人合伙人姓名	身份证件类型	身份证件号码	个人合伙人纳税人识别号	分配比例（%）	创投企业股权转让所得额	分配所得额	其中：投资初创科技型企业情况			应纳税所得额	税率	应纳税额	减免税额	已缴税额	应补/退税额
								创投企业符合条件的投资额	个人出资比例	当年按个人投资额70%计算的实际抵扣额						
12	13	14	15	16	17	18	19	20	21	22	23	24	25	26	27	28
合计												—				

谨声明：本表是根据国家税收法律法规及相关规定填报的，是真实的、可靠的、完整的。

创投企业（基金）印章：　　年　　月　　日

经办人签字： 经办人身份证件号码： 代理机构签章： 代理机构统一社会信用代码：	受理人： 受理税务机关（章）： 受理日期：　　年　　月　　日

国家税务总局监制

"单一投资基金核算的合伙制创业投资企业个人所得税扣缴申报表"填表说明

（一）表头项目

1.税款所属期：填写创投企业申报股权转让所得的所属期间，应填写具体的起止年月日。

2.扣缴义务人名称：填写扣缴义务人（即创投企业）的法定名称全称。

3.扣缴义务人纳税人识别号（统一社会信用代码）：填写扣缴义务人（即创投企业）的纳税人识别号或者统一社会信用代码。

4.税务机关备案编号：填写创投企业在主管税务机关进行核算方式备案的编号。

（二）表内各栏

1.创投企业投资项目所得情况

（1）第2列"被投资企业名称"：填写被投资企业的法定名称。

（2）第3列"被投资企业纳税人识别号（统一社会信用代码）"：填写被投资企业的纳税人识别号或者统一社会信用代码。

（3）第4列"投资股权份数"：填写创投企业在发生股权转让前持有被投资企业的股权份数。

（4）第5列"转让股权份数"：填写创投企业纳税年度内转让被投资企业股权的份数，一年内发生多次转让的，应分行填写。

（5）第6列"转让后股权份数"：填写创投企业发生股权转让后持有被投资企业的股权份数。

（6）第7列"股权转让时间"：填写创投企业转让被投资企业股权的具体时间，一年内发生多次转让的，应分行填写。

（7）第8列"股权转让收入"：填写创投企业发生股权转让收入额，一年内发生多次转让的，应分行填写。

（8）第9列"股权原值"：填写创投企业转让股权的原值，一年内发生多次转让的，应分行填写。

（9）第10列"合理费用"：填写转让股权过程中发生的按规定可以扣除的合理税费。

（10）第11列"股权转让所得额"：按相关列次计算填报。第11列＝第8列－第9列－第10列。

（11）"纳税年度内股权转让所得额合计"：填写纳税年度内股权转让所得的合计金额，即所得与损失相互抵减后的余额。如余额为负数的，填写0。

2.创投企业个人合伙人所得分配情况

（1）第13列"个人合伙人姓名"：填写个人合伙人姓名。

（2）第14列“身份证件类型”：填写纳税人有效的身份证件名称。中国公民有中华人民共和国居民身份证的，填写居民身份证；没有居民身份证的，填写中华人民共和国护照、港澳居民来往内地通行证或港澳居民居住证、台湾居民通行证或台湾居民居住证、外国人永久居留身份证、外国人工作许可证或护照等。

（3）第15列“身份证件号码”：填写纳税人有效身份证件上载明的证件号码。

（4）第16列“个人合伙人纳税人识别号”：有中国公民身份号码的，填写中华人民共和国居民身份证上载明的“公民身份号码”；没有中国公民身份号码的，填写税务机关赋予的纳税人识别号。

（5）第17列“分配比例（%）”：分配比例按照合伙协议约定的比例填写；合伙协议未约定或不明确的，按合伙人协商决定的比例填写；协商不成的，按合伙人实缴出资比例填写；无法确定出资比例的，按合伙人平均分配。

（6）第18列“创投企业股权转让所得额”：填写创投企业纳税年度内取得的股权转让所得总额，即本表“创投企业投资项目所得情况”中“纳税年度内股权转让所得额合计”的金额。

（7）第19列“分配所得额”：填写个人合伙人按比例分得的股权转让所得额。第19列＝第18列×第17列。

（8）第20列“创投企业符合条件的投资额”：填写合伙创投企业对种子期、初创期科技型企业符合投资抵扣条件的投资额。

（9）第21列“个人出资比例”：填写个人合伙人对创投企业的出资比例。

（10）第22列“当年按个人投资额70%计算的实际抵扣额”：根据相关列次计算填报。第22列＝第20列×第21列×70%。

（11）第23列“应纳税所得额”：填写个人合伙人纳税年度内取得股权转让所得的应纳税所得额。第23列＝第19列－第22列。

（12）第24列“税率”：填写所得项目按规定适用的税率。

（13）第25列“应纳税额”：根据相关列次计算填报。第25列＝第23列×第24列。

（14）第26列“减免税额”：填写符合税法规定的可以减免的税额，并附报《个人所得税减免税事项报告表》。

（15）第27列“已缴税额”：填写纳税人当期已实际缴纳或者被扣缴的个人所得税税款。

（16）第28列“应补/退税额”：根据相关列次计算填报。第28列＝第25列－第26列－第27列。

以纸质方式报送本表的，应当一式两份，扣缴义务人、税务机关各留存一份。

3. 转请机制

税务部门依法开展税收征管和后续管理工作，可转请发展改革部门、证券监督管理部门对创投企业及其所投项目是否符合有关规定进行核查，发展改革部门、证券监督管理部门应当予以配合。

合伙创投企业（基金）合伙人的投资抵扣处理如图7–6所示。

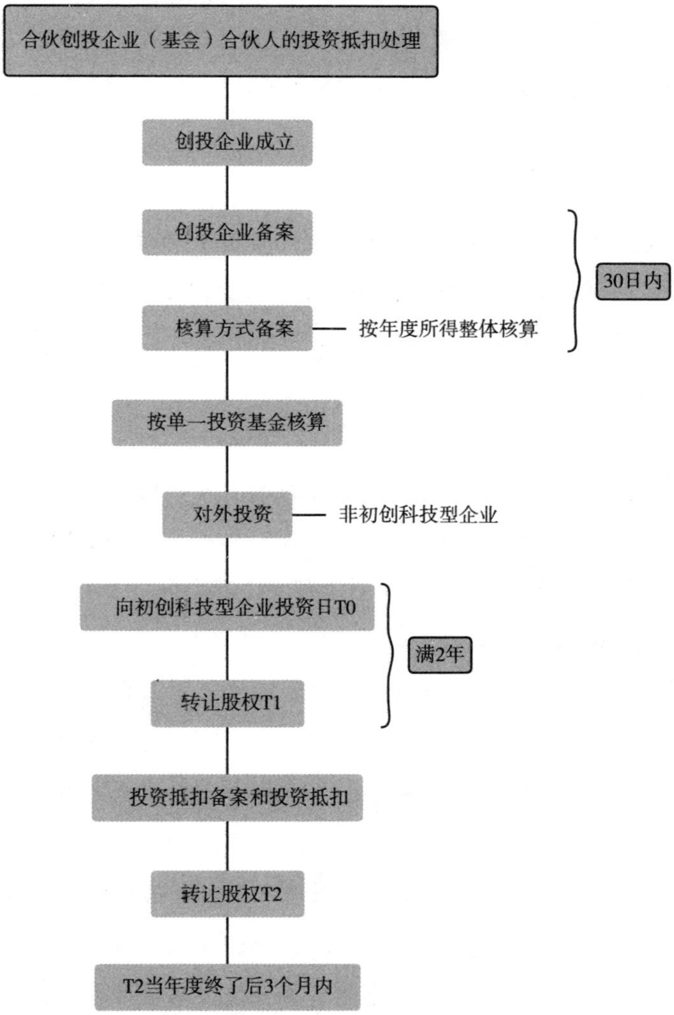

图7–6　合伙创投企业（基金）合伙人的投资抵扣处理

（六）创业投资企业个人所得税案例

【例7–5】李四是中国公民，育有一个儿子和一个女儿，大儿子在A市某重点高中高二年级读书；小女儿在A市某重点中学读初二。李四本人是独生子女，2019年10月其父亲刚过60岁生日，其母亲2020年2月刚满58岁。李四2020年的收入全部来源于其创办的甲个人独资企业和乙合伙创投企业。2020年，李四按规定缴纳了符合规定的“三险一金”40 000元（其中，基本养老保险17 200元、基本医疗保险费3 600元、住房公积金19 200元）。

1. 甲个人独资企业及其经营情况

2018年12月，李四在A市B区创办了甲个人独资企业，当月取得个人独资企业营业执照，甲个人独资企业查账征收所得税，2019年实现所得52 180元，已按规定缴纳所得税。2020年按季预缴申报，前三季度预缴税款为0，全年经营情况如下：

（1）营业收入1 000万元。

（2）营业成本600万元。

（3）税金及附加80万元。

（4）销售费用100万元，其中符合规定的广告费30万元、业务宣传费10万元。

（5）管理费用100万元，其中，业务招待费10万元；2020年2月购入一辆用于生产经营的小汽车价值48万元，一次性在管理费用中列支（折旧年限按最低折旧年限计算，不考虑净残值）。

（6）发生财务费用30万元。

（7）营业外支出5万元，为向贫困山区学校的直接捐赠。

（8）计入成本费用的工资总额20万元，为5名从业人员的工资；实际发生工会经费1万元、职工福利费2.5万元和职工教育经费1万元。

2. 乙创投企业及其经营情况

2018年1月，李四与王五共同出资5 000万元设立了乙合伙制创业投资企业（以下简称“乙创投企业”），双方出资比例5∶5。乙合伙创投企业符合创业投资企业（基金）的有关规定，并按照规定完成备案且规范运作。双方约定由王五负责该合伙企业运营，合伙协议约定李四与王五的利润分配比例为4∶6。

2018年4月，乙创投企业以1 000万元投资入股D初创科技型企业，持有10%的股权。2018年11月，乙创投企业又以600万元入股E初创科技型企业，持有5%的股权。2019年3月1日，到主管税务机关办理了单一投资基金核算方式备案。

2020年乙合伙创投企业经营情况如下：

（1）2020年4月，D企业宣告分配现金股利，乙创投企业取得股利100万元。

（2）2020年6月，乙创投企业将所持D企业的全部股权以3 000万元转让给G公司，转让时发生的审计费、评估费以及印花税等税费合计80万元。

（3）2020年9月，乙创投企业将所持E企业的全部股权以500万元转让给H企业，转让时发生的审计费、评估费以及印花税等税费合计12万元。

（4）2020年度发生管理费和业绩报酬等其他支出200万元。

要求：

（1）根据上述材料计算李四2020年应缴纳的个人所得税。

（2）填报2020年度第四季度经营所得的预缴纳税申报表。

（3）填报年终个人所得税汇算清缴表。

（4）填报乙合伙企业应代扣代缴的股权转让所得个人所得税申报表。

【解析】

1.来源于甲个人独资企业所得的预缴及其申报

2020年会计利润：

1 000–600–80–100–100–30–5=85（万元）；

由于当年李四没有综合所得，计算经营所得应纳税所得额时，可以扣除投资者减除费用60 000元、专项扣除、专项附加扣除和依法确定的其他扣除。其中，专项附加扣除在年终汇算清缴时扣除。

2020年第四季度预缴申报经营所得的应纳税所得额为：

850 000–60 000–40 000=750 000（元）；

应预缴申报经营所得个人所得税：

750 000×35%–65 500=197 000（元）。

2020年第四季度预缴申报填报“个人所得税经营所得纳税申报表（A表）”如表7–33所示。

表7–33　　个人所得税经营所得纳税申报表（A表）

税款所属期：2020年1月1日 至2020年12月31日

纳税人姓名：李四

纳税人识别号：□□□□□□□□□□□□□□□□□□　　金额单位：元（列至角分）

被投资单位信息		
名称	甲个人独资企业	
纳税人识别号（统一社会信用代码）	□□□□□□□□□□□□□□□□□□	
征收方式（单选）		
□查账征收（据实预缴）　□查账征收（按上年应纳税所得额预缴）　□核定应税所得率征收 □核定应纳税所得额征收　□税务机关认可的其他方式＿＿＿＿＿＿		
个人所得税计算		
项目	行次	金额/比例
一、收入总额	1	10 000 000
二、成本费用	2	9 150 000

续表

项目	行次	金额/比例
三、利润总额（第3行=第1行-第2行）	3	850 000
四、弥补以前年度亏损	4	0
五、应税所得率（%）	5	
六、合伙企业个人合伙人分配比例（%）	6	
七、允许扣除的个人费用及其他扣除（第7行=第8行+第9行+第14行）	7	100 000
（一）投资者减除费用	8	60 000
（二）专项扣除（第9行=第10行+第11行+第12行+第13行）	9	40 000
1.基本养老保险费	10	17 200
2.基本医疗保险费	11	3 600
3.失业保险费	12	
4.住房公积金	13	19 200
（三）依法确定的其他扣除（第14行=第15行+第16行+第17行）	14	
1.	15	
2.	16	
3.	17	
八、准予扣除的捐赠额（附报“个人所得税公益慈善事业捐赠扣除明细表”）	18	0
九、应纳税所得额	19	750 000
十、税率（%）	20	35
十一、速算扣除数	21	65 500
十二、应纳税额（第22行=第19行×第20行-第21行）	22	197 000
十三、减免税额（附报《个人所得税减免税事项报告表》）	23	0
十四、已缴税额	24	0
十五、应补/退税额（第25行=第22行-第23行-第24行）	25	197 000
备注		

谨声明：本表是根据国家税收法律法规及相关规定填报的，本人对填报内容（附带资料）的真实性、可靠性、完整性负责。

纳税人签字：李四　2021年1月10日

经办人签字： 经办人身份证件类型： 经办人身份证件号码： 代理机构签章： 代理机构统一社会信用代码：	受理人： 受理税务机关（章）： 受理日期：　年　月　日

国家税务总局监制

2.经营所得汇算清缴应纳税款计算与申报

（1）会计利润为：850 000元；

（2）纳税调整情况：

广告和业务宣传费的纳税调整：扣除限额=1 000×15%=150（万元），实际发生额=30+10=40（万元），允许据实扣除；

业务招待费的纳税调整：发生额的60%=10×60%=6（万元），销售营业收入的0.5%=1 000×0.5%=5（万元），调增应纳税所得额=10−5=5（万元）

小汽车支出的纳税调整：允许扣除的小汽车的折旧费=（48/4）×10/12=10（万元），调增应纳税所得额=48−10=38（万元）

工会经费的纳税调整：扣除限额为=20×2%=0.4（万元），发生额1万元，调增应纳税所得额=1−0.4=0.6（万元）

职工福利费扣除限额：20×14%=2.8（万元），发生额2.5万元，允许据实扣除。

职工教育经费纳税调整：扣除限额=20×2.5%=0.5（万元），发生额1万元，需要调增应纳税所得额0.5万元。

向贫困山区学校的直接捐赠不得扣除，需要调增应纳税所得额5万元。

（3）纳税调整后所得：

85+（5+38+0.6+0.5）+5=134.1（万元）

（4）经营所得应纳税所得额：

134.1−6−4−12×0.4=119.3（万元）

（5）应纳经营所得个人所得税：

119.3×35%−6.55=35.205（万元）

汇算清缴应补个人所得税为：

35.205−19.7=15.505（万元）

年终汇算清缴纳税申报填报“个人所得税经营所得纳税申报表（B表）”如表7−34所示。

表7–34　　个人所得税经营所得纳税申报表（B表）

税款所属期：2020年1月1日 至 2020年12月31日
纳税人姓名：李四
纳税人识别号：□□□□□□□□□□□□□□□□□□□□□　　金额单位：元（列至角分）

被投资单位信息	名称	甲个人独资企业	纳税人识别号（统一社会信用代码）	

项目	行次	金额/比例
一、收入总额	1	10 000 000
其中：国债利息收入	2	0
二、成本费用（3=4+5+6+7+8+9+10）	3	9 150 000
（一）营业成本	4	6 000 000
（二）营业费用	5	1 000 000
（三）管理费用	6	1 000 000
（四）财务费用	7	300 000
（五）税金	8	800 000
（六）损失	9	
（七）其他支出	10	50 000
三、利润总额（11=1–2–3）	11	850 000
四、纳税调整增加额（12=13+27）	12	491 000
（一）超过规定标准的扣除项目金额（13=14+15+16+17+18+19+20+21+22+23+24+25+26）	13	441 000
1.职工福利费	14	
2.职工教育经费	15	5 000
3.工会经费	16	6 000
4.利息支出	17	
5.业务招待费	18	50 000
6.广告费和业务宣传费	19	
7.教育和公益事业捐赠	20	
8.住房公积金	21	
9.社会保险费	22	
10.折旧费用	23	
11.无形资产摊销	24	
12.资产损失	25	
13.其他	26	380 000
（二）不允许扣除的项目金额（27=28+29+30+31+32+33+34+35+36）	27	50 000
1.个人所得税税款	28	

续表

项目	行次	金额/比例
2.税收滞纳金	29	
3.罚金、罚款和被没收财物的损失	30	
4.不符合扣除规定的捐赠支出	31	50 000
5.赞助支出	32	
6.用于个人和家庭的支出	33	
7.与取得生产经营收入无关的其他支出	34	
8.投资者工资薪金支出	35	
9.其他不允许扣除的支出	36	
五、纳税调整减少额	37	0
六、纳税调整后所得（38=11+12−37）	38	1 341 000
七、弥补以前年度亏损	39	0
八、合伙企业个人合伙人分配比例（%）	40	
九、允许扣除的个人费用及其他扣除（41=42+43+48+55）	41	148 000
（一）投资者减除费用	42	60 000
（二）专项扣除（43=44+45+46+47）	43	40 000
1.基本养老保险费	44	17 200
2.基本医疗保险费	45	3 600
3.失业保险费	46	
4.住房公积金	47	19 200
（三）专项附加扣除（48=49+50+51+52+53+54）	48	48 000
1.子女教育	49	24 000
2.继续教育	50	
3.大病医疗	51	
4.住房贷款利息	52	
5.住房租金	53	
6.赡养老人	54	24 000
（四）依法确定的其他扣除（55=56+57+58+59）	55	
1. 商业健康保险	56	
2. 税延养老保险	57	
3.	58	
4.	59	
十、投资抵扣	60	0
十一、准予扣除的个人捐赠支出	61	

续表

项目	行次	金额/比例
十二、应纳税所得额（62=38-39-41-60-61）或［62=（38-39）×40-41-60-61］	62	1 193 000
十三、税率（%）	63	35
十四、速算扣除数	64	65 500
十五、应纳税额（65=62×63-64）	65	352 050
十六、减免税额（附报“个人所得税减免税事项报告表”）	66	0
十七、已缴税额	67	197 000
十八、应补/退税额（68=65-66-67）	68	155 050

谨声明：本表是根据国家税收法律法规及相关规定填报的，是真实的、可靠的、完整的。

纳税人签字：李四 2021年3月26日

经办人： 经办人身份证件号码： 代理机构签章： 代理机构统一社会信用代码：	受理人： 受理税务机关（章）： 受理日期：　　年　　月　　日

国家税务总局监制

3.来源于乙创投企业的股息红利所得

合伙人李四应分回的股息红利所得：100×40%=40（万元）

应按利息股息红利所得项目由合伙企业按次代扣代缴个人所得税：

40×20%=8（万元）

4.来源于乙创投企业的所得

转让D企业股权所得：3 000–1 000–80=1 920（万元）

转让E企业股权所得：500–600–12=–112（万元）

可分配股权转让所得：1 920–112=1 808（万元）

李四应分得的所得：1 808×40%=723.2（万元）

允许抵扣的投资额：1 000×50%×70%=350（万元）

李四投资抵扣后的来源于乙创投企业的应纳税所得额：

723.2–350=373.2（万元）

应纳个人所得税：373.2×20%=74.64（万元）

乙创投企业应于取得所得的次年3月31日前，向主管税务机关报送“单一投资基金核算的合伙制创业投资企业个人所得税扣缴申报表”，申报代扣代缴的个人所得税（见表7–35）。

表7–35

单一投资基金核算的合伙制创业投资企业个人所得税扣缴申报表

税款所属期：2020年1月1日至2020年12月31日

扣缴义务人名称：乙创投企业

扣缴义务人纳税人识别号（统一社会信用代码）：□□□□□□□□□□□□□□□□□□□□□□　　金额单位：元（列至角分）

税务机关备案编号										
创投企业投资项目所得情况										
序号	被投资企业名称	被投资企业纳税人识别号（统一社会信用代码）	投资股权份数	转让股权份数	转让后股权份数	股权转让时间	股权转让收入	股权原值	合理费用	股权转让所得额
1	2	3	4	5	6	7	8	9	10	11
1	D企业		10%	10%	0	2020.6	30 000 000.00	10 000 000.00	800 000.00	19 200 000.00
2	E企业		5%	5%	0	2020.9	5 000 000.00	6 000 000.00	120 000.00	−1 120 000.00
纳税年度内股权转让所得额合计										18 080 000.00

创投企业个人合伙人所得分配情况																
序号	个人合伙人姓名	身份证件类型	身份证件号码	个人合伙人纳税人识别号	分配比例（%）	创投企业股权转让所得额	分配所得额	其中：投资初创科技型企业情况			应纳税所得额	税率	应纳税额	减免税额	已缴税额	应补/退税额
								创投企业符合条件的投资额	个人出资比例	当年按个人投资额70%计算的实际抵扣额						
12	13	14	15	16	17	18	19	20	21	22	23	24	25	26	27	28
	李四	身份证			40%	18 080 000	723.2	10 000 000.00	50%	3 500 000.00	3732000.00	20%	746 400	0	0	746400.00
合计												—				

谨声明：本表是根据国家税收法律法规及相关规定填报的，是真实的、可靠的、完整的。

创投企业（基金）印章：乙创投企业　　2021年3月18日

经办人签字： 经办人身份证件号码： 代理机构签章： 代理机构统一社会信用代码：	受理人： 受理税务机关（章）： 受理日期：　年　月　日

国家税务总局监制

（七）投资抵扣优惠管理

1.个人所得税投资抵扣备案

有限合伙制创业投资企业采取股权投资方式直接投资于初创科技型企业满2年的，其个人合伙人可以按照对初创科技型企业投资额的70%抵扣个人合伙人从合伙创投企业分得的经营所得。合伙创投企业应在投资满2年的年度终了3个月内，向主管税务机关办理个人所得税投资抵扣报告。

填写对初创科技型企业投资情况，包括：初创科技型企业所在省份、初创科技型企业纳税人识别号、初创科技型企业名称、投资日期、从业人数、资产总额、年销售收入、投资额等情况。

2.单一投资基金核算方式报告

创投企业可以选择按单一投资基金核算或者按创投企业年度所得整体核算两种方式之一，对其个人合伙人来源于创投企业的所得计算个人所得税应纳税额。

创投企业选择按单一投资基金核算的，应当向主管税务机关进行核算方式备案，并提交“合伙制创业投资企业单一投资基金核算方式备案表”；未按规定备案的，视同选择按创投企业年度所得整体核算。

创投企业选择按单一投资基金核算或按创投企业年度所得整体核算后，3年内不能变更。

四、创投企业无长期投资但有投资抵扣风险

（一）识别指标与风险描述

长期股权投资年末余额=0，但实际抵扣应纳税所得额>0。

大于0，存在抵免错误风险，核实金税三期综合征管软件中纳税人信息、应纳税所得额、长期股权投资年末余额等数据。

（二）风险应对

充分利用风险管理系统的“一户式全景展示”和“数据应用指引”开展全面的分析工作，结合金税三期综合征管软件中纳税人信息、应纳税所得额、长期股权投资年末余额等数据，对企业可能存在抵免错误风险的情况进行全面分析，初步确定纳税人申报表填写错误还是政策适用错误，再根据情况确定是否需要纳税人提供资料或者开展实地检查，并根据获取的资料或者实地检查结果进行相应的处理。该项目应对主要包括以下内容：

1.核查企业基础登记信息和认定信息的准确性。

2.通过相关资料文件核查企业是否符合创投企业标准：

（1）发展改革或证监部门出具的符合创业投资企业条件的年度证明材料。

（2）初创科技型企业接受现金投资时的投资合同（协议）、章程、实际出资的相关证明材料。

（3）创业投资企业与其关联方持有初创科技型企业的股权比例的说明。

（4）被投资企业符合初创科技型企业条件的有关资料（接受投资时从业人数、资产总额、年销售收入和大学本科以上学历的从业人数比例的情况说明；接受投资时设立时间不超过5年的证明材料；接受投资时以及接受投资后2年内未在境内外证券交易所上市情况说明；接受投资当年及下一纳税年度研发费用总额占成本费用总额比例的情况说明）。

（5）法人合伙人投资于合伙创投企业的出资时间、出资金额、出资比例及分配比例的相关证明材料、合伙创投企业主管税务机关受理后的“合伙创投企业法人合伙人所得分配情况明细表”。

3.存在少缴纳税款情形的，通知纳税人补缴并按规定加滞纳金。

（三）风险自查

请纳税人根据企业所得税申报表主表及A105030投资收益纳税调整明细表中应纳税所得额、长期股权投资年末余额等数据，对企业可能存在抵免错误风险的情况进行全面分析，初步确定是申报表填写错误还是政策适用错误，再根据情况相应地处理。主要核实包括以下内容：

1.通过相关资料文件自查企业是否符合创投企业标准：

（1）发展改革或证监部门出具的符合创业投资企业条件的年度证明材料。

（2）初创科技型企业接受现金投资时的投资合同（协议）、章程、实际出资的相关证明材料。

（3）创业投资企业与其关联方持有初创科技型企业的股权比例的说明。

（4）被投资企业符合初创科技型企业条件的有关资料（接受投资时从业人数、资产总额、年销售收入和大学本科以上学历的从业人数比例的情况说明；接受投资时设立时间不超过5年的证明材料；接受投资时以及接受投资后2年内未在境内外证券交易所上市情况说明；接受投资当年及下一纳税年度研发费用总额占成本费用总额比例的情况说明）。

（5）法人合伙人投资于合伙创投企业的出资时间、出资金额、出资比例及分配比例的相关证明材料、合伙创投企业主管税务机关受理后的“合伙创投企业法人合伙人所得分配情况明细表”。

2.存在少缴纳税款情形的，纳税人须更正申报，补缴税款并按规定加缴滞纳金。

（四）风险提示

【纳税人名称】(【纳税人识别号】) 在【年代码】年您长期股权投资年末余额为零元，但存在实际抵扣应纳税所得额【抵扣应纳税所得额合计_合计_合计金额】元，存在创业投资企业抵免错误风险。

第八章 减免所得税

减免所得税优惠是企业所得税税额优惠，包括降低税率优惠与税额减免等，具体内容如图8-1所示。

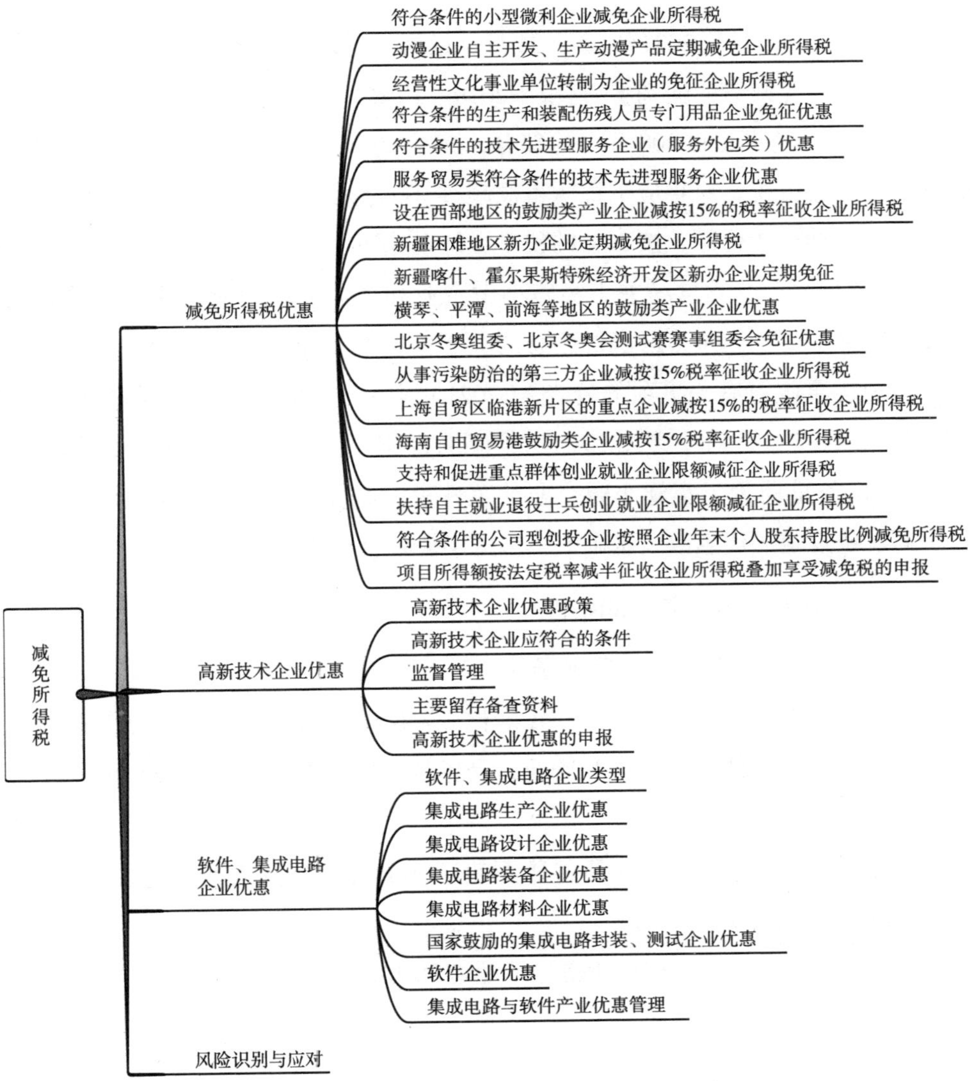

图8-1 减免所得税

第一节　减免所得税优惠

一、符合条件的小型微利企业减免企业所得税

（一）符合条件的小型微利企业优惠

根据《企业所得税法》第二十八条第一款规定，符合条件的小型微利企业，减按20%的税率征收企业所得税。

自2019年1月1日至2021年12月31日，根据《财政部 税务总局关于实施小微企业普惠性税收减免政策的通知》（财税〔2019〕13号）第二条的规定，对小型微利企业年应纳税所得额不超过100万元的部分，减按25%计入应纳税所得额，按20%的税率缴纳企业所得税；对年应纳税所得额超过100万元但不超过300万元的部分，减按50%计入应纳税所得额，按20%的税率缴纳企业所得税。

根据《财政部 税务总局关于实施小微企业和个体工商户所得税优惠政策的公告》（2021年第12号）和《国家税务总局关于落实支持小型微利企业和个体工商户发展所得税优惠政策有关事项的公告》（2021年第8号）的规定，自2021年1月1日至2022年12月31日，对小型微利企业年应纳税所得额不超过100万元的部分，在《财政部 税务总局关于实施小微企业普惠性税收减免政策的通知》（财税〔2019〕13号）第二条规定的优惠政策基础上，再减半征收企业所得税。

（二）小型微利企业应符合的条件

1. 企业所得税法实施条例规定的条件

根据《企业所得税法实施条例》第九十二条的规定，《企业所得税法》第二十八条第一款所称符合条件的小型微利企业，是指从事国家非限制和禁止行业，并符合下列条件的企业：

（1）工业企业，年度应纳税所得额不超过30万元，从业人数不超过100人，资产总额不超过3 000万元；

（2）其他企业，年度应纳税所得额不超过30万元，从业人数不超过80人，资产总额不超过1 000万元。

2.财税〔2019〕13号文件规定的条件

根据财税〔2019〕13号文件第二条的规定，小型微利企业是指从事国家非限制和禁止行业，且同时符合年度应纳税所得额不超过300万元、从业人数不超过300人、资产总额不超过5 000万元等三个条件的企业。

从业人数，包括与企业建立劳动关系的职工人数和企业接受的劳务派遣用工人数。所称从业人数和资产总额指标，应按企业全年的季度平均值确定。具体计算公式如下：

季度平均值=（季初值+季末值）÷2

全年季度平均值=全年各季度平均值之和 ÷4

年度中间开业或者终止经营活动的，以其实际经营期作为一个纳税年度确定上述相关指标。

（三）小型微利企业优惠管理

1.无论查账征收还是核定征收，均可享受优惠

根据《国家税务总局关于实施小型微利企业普惠性所得税减免政策有关问题的公告》（2019年第2号）的规定，自2019年1月1日至2021年12月31日，对小型微利企业年应纳税所得额不超过100万元的部分，减按25%计入应纳税所得额，按20%的税率缴纳企业所得税；对年应纳税所得额超过100万元但不超过300万元的部分，减按50%计入应纳税所得额，按20%的税率缴纳企业所得税。

小型微利企业无论按查账征收方式或核定征收方式缴纳企业所得税，均可享受上述优惠政策。

这里所称小型微利企业是指从事国家非限制和禁止行业，且同时符合年度应纳税所得额不超过300万元、从业人数不超过300人、资产总额不超过5000万元等三个条件的企业。

2.按季度预缴企业所得税

根据《国家税务总局关于实施小型微利企业普惠性所得税减免政策有关问题的公告》（2019年第2号）第三条的规定，小型微利企业所得税统一实行按季度预缴。

预缴企业所得税时，小型微利企业的资产总额、从业人数、年度应纳税所得额指标，暂按当年度截至本期申报所属期末的情况进行判断。其中，资产总额、从业人数指标比照财税〔2019〕13号文件第二条中“全年季度平均值”的计算公式，计算截至本期申报所属期末的季度平均值；年度应纳税所得额指标暂按截至本期申报所属期末不超过300万元的标准判断。

（四）主要留存备查资料

符合条件的小型微利企业减免企业所得税，属于预缴享受优惠事项。享受优惠后，纳税人需要准备的主要留存备查资料有：

（1）所从事行业不属于限制和禁止行业的说明；

（2）从业人数的计算过程；

（3）资产总额的计算过程。

（五）减免所得税优惠的申报

纳税人享受减免所得税优惠年终汇算清缴时，须填报“企业所得税年度纳税申报表”主表A100000第26行（减免所得税额）、“减免所得税优惠明细表”（A107040）“高新技术企业优惠情况及明细表”（A107041）、“软件、集成电路企业优惠情况及明细表”（A107042）以及“企业所得税基础信息表”（A000000）相关栏次等。

《国家税务总局关于企业所得税年度汇算清缴有关事项的公告》（国家税务总局公告2021年第34号）对与减免所得税优惠相关的表单进行如下修订：第一，为便利民族自治地区企业所得税地方分享部分减免优惠政策计算，将该事项由“减免所得税优惠明细表”（A107040）调整至“中华人民共和国企业所得税年度纳税申报表（A类）”（A100000）作为第37行，并增加第38行“本年实际应补（退）所得税额”，用于计算享受优惠政策后实际应纳所得税额。第二，明确表A107040第29行“项目所得额按法定税率减半征收企业所得税叠加享受减免税优惠”的填报口径。第三，根据《国家发展改革委等五部门关于做好享受税收优惠政策的集成电路企业或项目、软件企业清单制定工作有关要求的通知》（发改高技〔2021〕413号）精简“软件、集成电路企业优惠方式代码表”，并调整了相关行次的填报说明。同时，进一步细化了软件、集成电路企业优惠政策的具体指标，增加填报的精准度。

“减免所得税优惠明细表”（A107040，如表8-1所示）由享受减免所得税优惠的纳税人填报。纳税人根据企业所得税法和相关税收政策规定，填报本年享受减免所得税优惠情况。

附表A107040系一级附表，合计行金额直接填入主表A100000第26行（减免所得税额）中。填此表时要与主表及附表A107020联系起来一并考虑。另外“高新技术企业优惠情况及明细表”（A107041）、“软件、集成电路企业优惠情况及明细表”（A107042）是本附表的附表。

本附表反映的是税额式减免和低税率优惠，是企业全部应纳税所得额享受的低税率或直接免征企业所得税优惠。税额式减免与所得减免不同，所得减免（减免所得额）是对某个项目的减免，通常不是企业全部应纳税所得额减免。填写本附表的第29行“二十九、减：项目所得额按法定税率减半征收企业所得税叠加享受减免税优惠”时需要与主表、表A107020、表A107041、表A107042结合起来一并考虑。表A107040虽是附表，但只有主表第23行“应纳税所得额”计算出来后，此附表才能填报。

表A107040第33行合计金额填入表A100000第26行（减免所得税）。

表8-1　A107040　　减免所得税优惠明细表

行次	项目	金额
1	一、符合条件的小型微利企业减免企业所得税	
2	二、国家需要重点扶持的高新技术企业减按15%的税率征收企业所得税（填写A107041）	
3	三、经济特区和上海浦东新区新设立的高新技术企业在区内取得的所得定期减免企业所得税（填写A107041）	
4	四、受灾地区农村信用社免征企业所得税	*
5	五、动漫企业自主开发、生产动漫产品定期减免企业所得税	
6	六、线宽小于0.8微米（含）的集成电路生产企业减免企业所得税（填写A107042）	
7	七、线宽小于0.25微米的集成电路生产企业减按15%税率征收企业所得税（填写A107042）	*
8	八、投资额超过80亿元的集成电路生产企业减按15%税率征收企业所得税（填写A107042）	*
9	九、线宽小于0.25微米的集成电路生产企业减免企业所得税（填写A107042）	
10	十、投资额超过80亿元的集成电路生产企业减免企业所得税（填写A107042）	
11	十一、新办集成电路设计企业减免企业所得税（填写A107042）	
12	十二、国家规划布局内集成电路设计企业可减按10%的税率征收企业所得税（填写A107042）	*
13	十三、符合条件的软件企业减免企业所得税（填写A107042）	
14	十四、国家规划布局内重点软件企业可减按10%的税率征收企业所得税（填写A107042）	*
15	十五、符合条件的集成电路封装、测试企业定期减免企业所得税（填写A107042）	
16	十六、符合条件的集成电路关键专用材料生产企业、集成电路专用设备生产企业定期减免企业所得税（填写A107042）	
17	十七、经营性文化事业单位转制为企业的免征企业所得税	
18	十八、符合条件的生产和装配伤残人员专门用品企业免征企业所得税	
19	十九、技术先进型服务企业（服务外包类）减按15%的税率征收企业所得税	
20	二十、技术先进型服务企业（服务贸易类）减按15%的税率征收企业所得税	
21	二十一、设在西部地区的鼓励类产业企业减按15%的税率征收企业所得税（主营业务收入占比__%）	
22	二十二、新疆困难地区新办企业定期减免企业所得税	
23	二十三、新疆喀什、霍尔果斯特殊经济开发区新办企业定期免征企业所得税	

续表

行次	项目	金额
24	二十四、广东横琴、福建平潭、深圳前海等地区的鼓励类产业企业减按15%税率征收企业所得税	
25	二十五、北京冬奥组委、北京冬奥会测试赛赛事组委会免征企业所得税	
26	二十六、线宽小于130纳米（含）的集成电路生产企业减免企业所得税（原政策，填写A107042）	
27	二十七、线宽小于65纳米（含）或投资额超过150万元的集成电路生产企业减免企业所得税（原政策，填写A107042）	
28	二十八、其他（28.1+28.2+28.3+28.4+28.5+28.6）	
28.1	（一）从事污染防治的第三方企业减按15%的税率征收企业所得税	
28.2	（二）上海自贸试验区临港新片区的重点产业企业减按15%的税率征收企业所得税	
28.3	（三）海南自由贸易港鼓励类企业减按15%税率征收企业所得税	
28.4	（四）国家鼓励的集成电路和软件企业减免企业所得税政策（28.4.1+…28.4.10）	
28.4.1	1.线宽小于28纳米（含）集成电路生产企业减免企业所得税（填写A107042）	
28.4.2	2.线宽小于65纳米（含）集成电路生产企业减免企业所得税（填写A107042）	
28.4.3	3.线宽小于130纳米（含）集成电路生产企业减免企业所得税（填写A107042）	
28.4.4	4.集成电路设计企业减免企业所得税（填写A107042）	
28.4.5	5.重点集成电路设计企业减免企业所得税（填写A107042）	
28.4.6	6.集成电路装备企业减免企业所得税（填写A107042）	
28.4.7	7.集成电路材料企业减免企业所得税（填写A107042）	
28.4.8	8.集成电路封装、测试企业减免企业所得税（填写A107042）	
28.4.9	9.软件企业减免企业所得税（填写A107042）	
28.4.10	10.重点软件企业减免企业所得税（填写A107042）	
28.5	（五）其他1	
28.6	（六）其他2	
29	二十九、减：项目所得额按法定税率减半征收企业所得税叠加享受减免税优惠	
30	三十、支持和促进重点群体创业就业企业限额减征企业所得税（30.1+30.2）	
30.1	（一）企业招用建档立卡贫困人口就业扣减企业所得税	
30.2	（二）企业招用登记失业半年以上人员就业扣减企业所得税	
31	三十一、扶持自主就业退役士兵创业就业企业限额减征企业所得税	
32	三十二、符合条件的公司型创投企业按照企业年末个人股东持股比例减免企业所得税（个人股东持股比例__%）	
33	合计（1+2+…+28-29+30+31+32）	

（六）小型微利企业优惠的申报

小型微利企业优惠涉及“企业所得税年度纳税申报基础信息表”（A000000）中的103、104、105、106和109栏次的填报（如表8-2所示）。

表8-2 A000000 企业所得税年度纳税申报基础信息表

基本经营情况（必填项目）			
101纳税申报企业类型（填写代码）		102分支机构就地纳税比例（%）	
103资产总额（填写平均值，单位：万元）		104从业人数（填写平均值，单位：人）	
105所属国民经济行业（填写代码）		106从事国家限制或禁止行业	□是 □否
107适用会计准则或会计制度（填写代码）		108采用一般企业财务报表格式（2019年版）	□是 □否
109小型微利企业	□是 □否	110上市公司	是（□境内 □境外） □否

企业享受符合条件的小型微利企业优惠的金额填报A107040第1行“一、符合条件的小型微利企业减免所得税”。

表A107040第1行“一、符合条件的小型微利企业减免所得税”：填报享受小型微利企业普惠性所得税减免政策减免企业所得税的金额。本行填报根据本期“中华人民共和国企业所得税年度纳税申报表（A类）”（A100000）第23行计算的减免企业所得税的本年金额。

（七）小型微利企业优惠案例

【例8-1】甲公司属于查账征收的小型企业，2020年度“企业所得税年度纳税申报表（A类）”主表第23行“应纳税所得额”为400 000元。假定从业人数和资产总额均符合小型微利企业条件。

要求：（1）计算2020年度应享受的小型微利企业优惠并填报申报表。

（2）假定申报年度为2021年度，其他条件不变，计算应享受的小型微利企业优惠。

【解析】

（1）2020年度：

减免所得税额=400 000×25%−400 000×25%×20%=100 000−20 000=80 000（元）。“减免所得税优惠明细表”（表A107040）第1行“符合条件的小型微利企业减免企业所得税”填80 000元。同时，填报“企业所得税年度纳税申报表（A类）”

主表第26行“减免所得税额”80 000元。

企业本期只须按减免后的金额：400 000×25%−80 000=20 000（元），申报缴纳企业所得税。

（2）2021年度：

减免所得税额=400 000×25%−400 000×12.5%×20%=100 000−10 000=90 000（元）

企业2021年度只须按减免后的金额：400 000×25%−90 000=10 000（元），申报缴纳企业所得税。

二、动漫企业自主开发、生产动漫产品定期减免企业所得税

（一）动漫企业自主开发、生产动漫产品定期减免企业所得税优惠

根据《财政部 国家税务总局关于扶持动漫产业发展有关税收政策问题的通知》（财税〔2009〕65号）的规定，经认定的动漫企业自主开发、生产动漫产品，享受软件企业所得税优惠政策。即自获利年度起，第一年至第二年免征所得税，第三年至第五年按照25%的法定税率减半征收所得税，并享受至期满为止。

动漫企业和自主开发、生产动漫产品的认定标准和认定程序，按照《动漫企业认定管理办法（试行）》（文市发〔2008〕51号）的规定执行。

自主开发、生产的动漫产品，是指动漫企业自主创作、研发、设计、生产、制作、表演的符合《动漫企业认定管理办法（试行）》第五条规定的动漫产品（不含动漫衍生产品），仅对国外动漫创意进行简单外包、简单模仿或简单离岸制造，既无自主知识产权，也无核心竞争力的除外。

（二）主要留存备查资料

经认定的动漫企业自主开发、生产动漫产品，可享受国家现行鼓励软件产业发展的所得税优惠政策。即在2017年12月31日前自获利年度起，第一年至第二年免征企业所得税，第三年至第五年按照25%的法定税率减半征收企业所得税，并享受至期满为止。该项优惠属于预缴享受优惠事项。享受优惠后，纳税人需要准备的主要留存备查资料有：

（1）动漫企业认定证明；

（2）动漫企业认定资料；

（3）动漫企业年审通过名单；

（4）获利年度情况说明。

（三）享受优惠的申报

动漫企业自主开发、生产动漫产品定期减免企业所得税，填报表A107040第5行"五、动漫企业自主开发、生产动漫产品定期减免企业所得税"，该行填报根据表A100000第23行"应纳税所得额计算的免征、减征企业所得税"金额。

三、经营性文化事业单位转制为企业的免征企业所得税

（一）经营性文化事业单位转制为企业的免征企业所得税优惠

根据《财政部 税务总局 中央宣传部关于继续实施文化体制改革中经营性文化事业单位转制为企业若干税收政策的通知》（财税〔2019〕16号）的规定，经营性文化事业单位转制为企业，自转制注册之日起五年内免征企业所得税。2018年12月31日之前已完成转制的企业，自2019年1月1日起可继续免征五年企业所得税。由财政部门拨付事业经费的文化单位转制为企业，自转制注册之日起五年内对其自用房产免征房产税。2018年12月31日之前已完成转制的企业，自2019年1月1日起对其自用房产可继续免征五年房产税。党报、党刊将其发行、印刷业务及相应的经营性资产剥离组建的文化企业，自注册之日起所取得的党报、党刊发行收入和印刷收入免征增值税。对经营性文化事业单位转制中资产评估增值、资产转让或划转涉及的企业所得税、增值税、城市维护建设税、契税、印花税等，符合现行规定的享受相应税收优惠政策。执行期限为2019年1月1日至2023年12月31日。

"经营性文化事业单位"，是指从事新闻出版、广播影视和文化艺术的事业单位。转制包括整体转制和剥离转制。其中，整体转制包括：（图书、音像、电子）出版社、非时政类报刊出版单位、新华书店、艺术院团、电影制片厂、电影（发行放映）公司、影剧院、重点新闻网站等整体转制为企业；剥离转制包括：新闻媒体中的广告、印刷、发行、传输网络等部分，以及影视剧等节目制作与销售机构，从事业体制中剥离出来转制为企业。

"转制注册之日"，是指经营性文化事业单位转制为企业并进行企业法人登记之日。对于经营性文化事业单位转制前已进行企业法人登记，则按注销事业单位法人登记之日，或核销事业编制的批复之日（转制前未进行事业单位法人登记的）确定转制完成并享受规定的税收优惠政策。

"2018年12月31日之前已完成转制"，是指经营性文化事业单位在2018年12月31日及以前已转制为企业、进行企业法人登记，并注销事业单位法人登记或批复核销事业编制（转制前未进行事业单位法人登记的）。

享受税收优惠政策的转制文化企业应同时符合以下条件：

（1）根据相关部门的批复进行转制。

（2）转制文化企业已进行企业法人登记。

（3）整体转制前已进行事业单位法人登记的，转制后已核销事业编制、注销事业单位法人；整体转制前未进行事业单位法人登记的，转制后已核销事业编制。

（4）已同在职职工全部签订劳动合同，按企业办法参加社会保险。

（5）转制文化企业引入非公有资本和境外资本的，须符合国家法律法规和政策规定；变更资本结构依法应经批准的，须经行业主管部门和国有文化资产监管部门批准。

已认定发布的转制文化企业名称发生变更的，如果主营业务未发生变化，可持同级文化体制改革和发展工作领导小组办公室出具的同意变更函，到主管税务机关履行变更手续；如果主营业务发生变化，依照规定的条件重新认定。

（二）主要留存备查资料

从事新闻出版、广播影视和文化艺术的经营性文化事业单位转制为企业的，自转制注册之日起免征企业所得税，属于预缴享受优惠事项。享受优惠后，纳税人需要准备的主要留存备查资料有：

（1）转制方案批复函；

（2）企业营业执照；

（3）同级机构编制管理机关核销事业编制、注销事业单位法人的证明；

（4）与在职职工签订劳动合同、按企业办法参加社会保险制度的有关材料；

（5）相关部门对引入非公有资本和境外资本和变更资本结构的批准文件。

（三）享受优惠的填报

从事新闻出版、广播影视和文化艺术的经营性文化事业单位转制为企业的，自转制注册之日起免征企业所得税，填报表A107040第17行“十七、经营性文化事业单位转制为企业的免征企业所得税”。该行填报根据表A100000第23行应纳税所得额计算的免征企业所得税金额。即：本行填的是主表A100000第23行应纳税所得额 ×25%。

四、符合条件的生产和装配伤残人员专门用品企业免征优惠

（一）符合条件的生产和装配伤残人员专门用品企业免征企业所得税

根据《财政部 国家税务总局 民政部关于生产和装配伤残人员专门用品企业免征

企业所得税的通知》（财税〔2016〕111号）的规定，对符合下列条件的生产和装配伤残人员专门用品的居民企业，免征企业所得税：

（1）生产和装配伤残人员专门用品，且在民政部发布的《中国伤残人员专门用品目录》范围之内。

（2）以销售本企业生产或者装配的伤残人员专门用品为主，其所取得的年度伤残人员专门用品销售收入（不含出口取得的收入）占企业收入总额60%以上。

（3）企业账证健全，能够准确、完整地向主管税务机关提供纳税资料，且本企业生产或者装配的伤残人员专门用品所取得的收入能够单独、准确核算。

（4）企业拥有假肢制作师、矫形器制作师资格证书的专业技术人员不得少于1人；其企业生产人员如超过20人，则其拥有假肢制作师、矫形器制作师资格证书的专业技术人员不得少于全部生产人员的1/6。

（5）具有与业务相适应的测量取型、模型加工、接受腔成型、打磨、对线组装、功能训练等生产装配专用设备和工具。

（6）具有独立的接待室、假肢或者矫形器（辅助器具）制作室和假肢功能训练室，使用面积不少于115平方米。

（二）主要留存备查资料

符合条件的生产和装配伤残人员专门用品企业免征企业所得税属于预缴享受优惠事项，享受优惠后需要准备主要留存备查资料有：

（1）生产和装配伤残人员专门用品，在民政部《中国伤残人员专门用品目录》范围之内的说明；

（2）伤残人员专门用品制作师名册、“执业资格证书”（假肢制作师、矫形器制作师）；

（3）企业的生产和装配条件以及帮助伤残人员康复的其他辅助条件的说明材料。

（三）享受优惠的申报

纳税人符合条件的生产和装配伤残人员专门用品的企业免征企业所得税优惠，填报表A107040第18行“十八、符合条件的生产和装配伤残人员专门用品企业免征企业所得税”。该行填报根据表A100000第23行应纳税所得额计算的免征企业所得税金额。

五、符合条件的技术先进型服务企业（服务外包类）优惠

（一）符合条件的技术先进型服务企业减按15%征收优惠

根据《财政部 税务总局 商务部 科技部 国家发展改革委关于将技术先进型服务企业所得税政策推广到全国实施的通知》（财税〔2017〕79号）的规定，对经认定的技术先进型服务企业，减按15%的税率征收企业所得税。经认定的技术先进型服务企业发生的职工教育经费支出，不超过工资薪金总额8%的部分，准予在计算应纳税所得额时扣除；超过部分，准予在以后纳税年度结转扣除。

（二）技术先进型服务企业须符合的条件

享受企业所得税优惠政策的技术先进型服务企业必须同时符合以下条件：

（1）在中国境内（不包括港、澳、台地区）注册的法人企业；

（2）从事《技术先进型服务业务认定范围（试行）》中的一种或多种技术先进型服务业务，采用先进技术或具备较强的研发能力；

（3）具有大专以上学历的员工占企业职工总数的50%以上；

（4）从事《技术先进型服务业务认定范围（试行）》中的技术先进型服务业务取得的收入占企业当年总收入的50%以上；

（5）从事离岸服务外包业务取得的收入不低于企业当年总收入的35%。

从事离岸服务外包业务取得的收入，是指企业根据境外单位与其签订的委托合同，由本企业或其直接转包的企业为境外单位提供《技术先进型服务业务认定范围（试行）》中所规定的信息技术外包服务（ITO）、技术性业务流程外包服务（BPO）和技术性知识流程外包服务（KPO），而从上述境外单位取得的收入。

（三）技术先进型服务企业的认定管理

省级科技部门会同本级商务、财政、税务和发展改革部门根据规定制定本省（自治区、直辖市、计划单列市）技术先进型服务企业认定管理办法，并负责本地区技术先进型服务企业的认定管理工作。各省（自治区、直辖市、计划单列市）技术先进型服务企业认定管理办法应报科技部、商务部、财政部、税务总局和国家发展改革委备案。

符合条件的技术先进型服务企业应向所在省级科技部门提出申请，由省级科技部门会同本级商务、财政、税务和发展改革部门联合评审后发文认定，并将认定企业名单及有关情况通过科技部“全国技术先进型服务企业业务办理管理平台”备案，科技部与商务部、财政部、税务总局和国家发展改革委共享备案信息。符合条件的

技术先进型服务企业须在商务部"服务贸易统计监测管理信息系统（服务外包信息管理应用）"中填报企业基本信息，按时报送数据。

享受企业所得税优惠的技术先进型服务企业条件发生变化的，应当自发生变化之日起15日内向主管税务机关报告；不再符合享受税收优惠条件的，应当依法履行纳税义务。主管税务机关在执行税收优惠政策过程中，发现企业不具备技术先进型服务企业资格的，应提请认定机构复核。复核后确认不符合认定条件的，应取消企业享受税收优惠政策的资格。

省级科技、商务、财政、税务和发展改革部门对经认定并享受税收优惠政策的技术先进型服务企业应做好跟踪管理，对变更经营范围、合并、分立、转业、迁移的企业，如不再符合认定条件，应及时取消其享受税收优惠政策的资格。

（四）技术先进型服务业务认定范围（见表8-3）

表8-3　　技术先进型服务业务认定范围（试行）

一、信息技术外包服务（ITO）

（一）软件研发及外包

类　别	适用范围
软件研发及开发服务	用于金融、政府、教育、制造业、零售、服务、能源、物流、交通、媒体、电信、公共事业和医疗卫生等部门和企业，为用户的运营/生产/供应链/客户关系/人力资源和财务管理、计算机辅助设计/工程等业务进行软件开发，包括定制软件开发，嵌入式软件、套装软件开发，系统软件开发、软件测试等
软件技术服务	软件咨询、维护、培训、测试等技术性服务

（二）信息技术研发服务外包

类　别	适用范围
集成电路和电子电路设计	集成电路和电子电路产品设计以及相关技术支持服务等
测试平台	为软件、集成电路和电子电路的开发运用提供测试平台

（三）信息系统运营维护外包

类　别	适用范围
信息系统运营和维护服务	客户内部信息系统集成、网络管理、桌面管理与维护服务；信息工程、地理信息系统、远程维护等信息系统应用服务
基础信息技术服务	基础信息技术管理平台整合、IT基础设施管理、数据中心、托管中心、安全服务、通讯服务等基础信息技术服务

二、技术性业务流程外包服务（BPO）

类别	适用范围
企业业务流程设计服务	为客户企业提供内部管理、业务运作等流程设计服务
企业内部管理服务	为客户企业提供后台管理、人力资源管理、财务、审计与税务管理、金融支付服务、医疗数据及其他内部管理业务的数据分析、数据挖掘、数据管理、数据使用的服务；承接客户专业数据处理、分析和整合服务
企业运营服务	为客户企业提供技术研发服务、为企业经营、销售、产品售后服务提供的应用客户分析、数据库管理等服务。主要包括金融服务业务、政务与教育业务、制造业务和生命科学、零售和批发与运输业务、卫生保健业务、通讯与公共事业业务、呼叫中心、电子商务平台等
企业供应链管理服务	为客户企业提供采购、物流的整体方案设计及数据库服务

三、技术性知识流程外包服务（KPO）

适用范围
知识产权研究、医药和生物技术研发和测试、产品技术研发、工业设计、分析学和数据挖掘、动漫及网游设计研发、教育课件研发、工程设计等领域。

（五）主要留存备查资料

符合条件的技术先进型服务企业减按15%的税率征收企业所得税，属于预缴享受优惠事项。享受优惠后需要准备的主要留存备查资有：

（1）技术先进型服务企业认定文件；

（2）技术先进型服务企业认定资料；

（3）优惠年度技术先进型服务业务收入总额、离岸服务外包业务收入总额占本企业当年收入总额比例情况说明；

（4）企业具有大专以上学历的员工占企业职工总数比例情况说明。

（六）享受优惠的申报

经认定的技术先进型服务企业，减按15%的税率征收企业所得税，表A000000“206技术先进型服务企业类型”填报“110信息技术外包服务（ITO）”“120技术性业务流程外包服务（BPO）”“130技术性知识流程外包服务（KPO）”的纳税人，可以填报表A107040第19行“十九、技术先进型服务企业减按15%的税率征收企业所得税”，该行填报根据表A100000第23行应纳税所得额计算的减征所得税金额。

六、服务贸易类符合条件的技术先进型服务企业优惠

（一）符合条件的技术先进型服务企业（服务贸易类）低税率优惠

自2018年1月1日起，根据《财政部 税务总局 商务部 科技部 国家发展改革委关于将服务贸易创新发展试点地区技术先进型服务企业所得税政策推广至全国实施的通知》（财税〔2018〕44号）第一条的规定，对经认定的技术先进型服务企业（服务贸易类），减按15%的税率征收企业所得税。

这里技术先进型服务企业（服务贸易类）须符合的条件及认定管理事项，按照《财政部 税务总局 商务部 科技部 国家发展改革委关于将技术先进型服务企业所得税政策推广至全国实施的通知》（财税〔2017〕79号）的相关规定执行。其中，企业须满足的技术先进型服务业务领域范围按照财税〔2018〕44号文件所附《技术先进型服务业务领域范围（服务贸易类）》执行。

（二）技术先进型服务业务领域范围（服务贸易类）（见表8-4）

表8-4　　技术先进型服务业务领域范围（服务贸易类）

类　别	适用范围
一、计算机和信息服务	
1.信息系统集成服务	系统集成咨询服务；系统集成工程服务；提供硬件设备现场组装、软件安装与调试及相关运营维护支撑服务；系统运营维护服务，包括系统运行检测监控、故障定位与排除、性能管理、优化升级等
2.数据服务	数据存储管理服务，提供数据规划、评估、审计、咨询、清洗、整理、应用服务，数据增值服务，提供其他未分类数据处理服务
二、研究开发和技术服务	
3.研究和实验开发服务	物理学、化学、生物学、基因学、工程学、医学、农业科学、环境科学、人类地理科学、经济学和人文科学等领域的研究和实验开发服务
4.工业设计服务	对产品的材料、结构、机理、形状、颜色和表面处理的设计与选择；对产品进行的综合设计服务，即产品外观的设计、机械结构和电路设计等服务
5.知识产权跨境许可与转让	以专利、版权、商标等为载体的技术贸易。知识产权跨境许可是指授权境外机构有偿使用专利、版权和商标等；知识产权跨境转让是指将专利、版权和商标等知识产权售卖给境外机构
三、文化技术服务	
6.文化产品数字制作及相关服务	采用数字技术对舞台剧目、音乐、美术、文物、非物质文化遗产、文献资源等文化内容以及各种出版物进行数字化转化和开发，为各种显示终端提供内容，以及采用数字技术传播、经营文化产品等相关服务

续表

类　别	适用范围
7.文化产品的对外翻译、配音及制作服务	将本国文化产品翻译或配音成其他国家语言，将其他国家文化产品翻译或配音成本国语言以及与其相关的制作服务
四、中医药医疗服务	
8.中医药医疗保健及相关服务	与中医药相关的远程医疗保健、教育培训、文化交流等服务

（三）主要留存备查资料

符合条件的技术先进型服务企业（服务贸易类）减按15%税率征收企业所得税优惠，属于预缴享受优惠事项，享受优惠后，纳税人需要准备的主要留存备查资料有：

（1）技术先进型服务企业认定文件；

（2）技术先进型服务企业认定资料；

（3）优惠年度技术先进型服务业务收入总额、离岸服务外包业务收入总额占本企业当年收入总额比例情况说明；

（4）企业具有大专以上学历的员工占企业职工总数比例情况说明。

（四）享受优惠的申报

服务贸易类符合条件的技术先进型服务企业减按15%的税率征收企业所得税。表A000000“206技术先进型服务企业类型”填报“210计算机和信息服务”“220研究开发和技术服务”“230文化技术服务”“240中医药医疗服务”的纳税人可以填报表A107040第20行“二十、服务贸易创新发展试点地区符合条件的技术先进型服务企业减按15%的税率征收企业所得税”，该行填报根据表A100000第23行应纳税所得额计算的减征所得税金额。

七、设在西部地区的鼓励类产业企业减按15%的税率征收企业所得税

（一）延续西部大开发企业所得税15%低税率政策

根据《财政部 税务总局 国家发展改革委关于延续西部大开发企业所得税政策的公告》（财政部公告2020年第23号）第一条的规定，自2021年1月1日至2030年12月31日，对设在西部地区的鼓励类产业企业减按15%的税率征收企业所得税。鼓励类产业企业是指以《西部地区鼓励类产业目录》中规定的产业项目为主营业务，且其主营业务收入占企业收入总额60%以上的企业。

《西部地区鼓励类产业目录》由发展改革委牵头制定。该目录在该优惠政策执行期限内修订，自修订版实施之日起按新版本执行。

与原设在西部地区的鼓励类产业企业减按15%的税率征收优惠老政相比，新政降低了优惠的适用条件，将“当年度主营业务收入占企业收入总额70%以上”调整为“主营业务收入占企业收入总额60%以上”。

（二）原设在西部地区的鼓励类产业企业减按15%的税率征收政策

自2011年1月1日至2020年12月31日，对设在西部地区以《西部地区鼓励类产业目录》中规定的产业项目为主营业务，且其当年度主营业务收入占企业收入总额70%以上的企业，减按15%税率缴纳企业所得税。自2012年1月1日至2020年12月31日，对设在赣州市的鼓励类产业的内资企业和外商投资企业减按15%的税率征收企业所得税。上述所称收入总额，是指《企业所得税法》第六条规定的收入总额。

企业主营业务属于《西部地区鼓励类产业目录》范围的，可按照15%税率预缴企业所得税。年度汇算清缴时，其当年度主营业务收入占企业收入总额的比例达不到规定标准的，应按税法规定的税率计算申报并进行汇算清缴。

鼓励类产业的内资企业是指以《西部地区鼓励类产业目录》中规定的鼓励类产业项目为主营业务，且其主营业务收入占企业收入总额70%以上的企业。

鼓励类产业的外商投资企业是指以《外商投资产业指导目录》中规定的鼓励类项目和《中西部地区外商投资优势产业目录》中规定的江西省产业项目为主营业务，且其主营业务收入占企业收入总额70%以上的企业。

凡对企业主营业务是否属于《西部地区鼓励类产业目录》中国家鼓励类产业项目难以界定的，税务机关可以要求企业提供省级（含副省级）发展改革部门或其授权部门出具的证明文件。证明文件须明确列示主营业务的具体项目及符合《西部地区鼓励类产业目录》中的对应条款项目。

（三）西部地区的界定

根据《财政部 税务总局 国家发展改革委关于延续西部大开发企业所得税政策的公告》（财政部公告2020年第23号）第四条的规定，西部地区包括内蒙古自治区、广西壮族自治区、重庆市、四川省、贵州省、云南省、西藏自治区、陕西省、甘肃省、青海省、宁夏回族自治区、新疆维吾尔自治区和新疆生产建设兵团。湖南省湘西土家族苗族自治州、湖北省恩施土家族苗族自治州、吉林省延边朝鲜族自治州和江西省赣州市，可以比照西部地区的企业所得税政策执行。

（四）税收优惠的叠加享受

企业既符合西部大开发减按15%优惠税率征收条件，又符合《企业所得税法》及其实施条例和国务院规定的各项税收优惠条件的，可以同时享受。在涉及定期减免税的减半期内，可以按照企业适用税率计算的应纳税额减半征税。

（五）优惠地区内外分别设有机构优惠税率的适用

总机构设在西部大开发税收优惠地区的企业，仅就设在优惠地区的总机构和分支机构（不含优惠地区外设立的二级分支机构在优惠地区内设立的三级以下分支机构）的所得确定适用15%优惠税率。在确定该企业是否符合优惠条件时，以该企业设在优惠地区的总机构和分支机构的主营业务是否符合《西部地区鼓励类产业目录》及其主营业务收入占其收入总额的比重加以确定，不考虑该企业设在优惠地区以外分支机构的因素。该企业应纳所得税额的计算和所得税缴纳，按照《跨地区经营汇总纳税企业所得税征收管理办法》（国家税务总局公告〔2012〕57号）的相关规定执行。

总机构设在西部大开发税收优惠地区外的企业，其在优惠地区内设立的分支机构（不含仅在优惠地区内设立的三级以下分支机构），仅就该分支机构所得确定适用15%优惠税率。在确定该分支机构是否符合优惠条件时，仅以该分支机构的主营业务是否符合《西部地区鼓励类产业目录》及其主营业务收入占其收入总额的比重加以确定。该企业应纳所得税额的计算和所得税缴纳，按照《跨地区经营汇总纳税企业所得税征收管理办法》的规定执行。

（六）转请机制与留存备查资料

1.转请机制

根据《财政部 税务总局 国家发展改革委关于延续西部大开发企业所得税政策的公告》（财政部公告2020年第23号）第三条的规定，税务机关在后续管理中，不能准确判定企业主营业务是否属于国家鼓励类产业项目时，可提请发展改革等相关部门出具意见。对不符合税收优惠政策规定条件的，由税务机关按税收征收管理法及有关规定进行相应处理。具体办法由省级发展改革、税务部门另行制定。

2.留存备查资料

对设在西部地区的鼓励类产业企业减按15%的税率征收企业所得税。对鼓励类产业的内资企业和外商投资企业减按15%的税率征收企业所得税。2010年12月31日前新办的符合规定的交通、电力、水利、邮政、广播电视企业，执行原政策到期满为止。该类优惠属于预缴享受优惠事项。享受优惠后，纳税人需要准备的主要留存备查资料有：

（1）主营业务属于《西部地区鼓励类产业目录》中的具体项目的相关证明材料；

（2）符合目录的主营业务收入占企业收入总额70%（或60%）以上的说明。

（七）享受优惠的申报

企业享受设在西部地区的鼓励类产业企业减按15%的税率优惠，年终汇算清缴时填报表A107040第21行“二十一、设在西部地区的鼓励类产业企业减按15%的税率征收企业所得税（主营业务收入占比____%）”，该行根据《财政部 海关总署 国家税务总局关于深入实施西部大开发战略有关税收政策问题的通知》（财税〔2011〕58 号）、《国家税务总局关于深入实施西部大开发战略有关企业所得税问题的公告》（2012年第12号）、《西部地区鼓励类产业目录》（中华人民共和国国家发展和改革委员会令第 15 号）、《国家税务总局关于执行有关企业所得税问题的公告》（2015 年第 14 号）、《财政部 税务总局国家发展改革委关于延续西部大开发企业所得税政策的公告》（2020年第 23号）等规定，对设在西部地区的鼓励类产业企业减按15%的税率征收企业所得税；对设在赣州市的鼓励类产业的内资和外商投资企业减按15%税率征收企业所得税。本行填报根据表 A100000 第 23 行计算的减征企业所得税金额。跨地区经营汇总纳税企业总机构和分支机构因享受该项优惠政策适用不同税率的，本行填报按照《国家税务总局关于印发〈跨地区经营汇总纳税企业所得税征收管理办法〉的公告》（2012 年第 57 号）第十八条规定计算的减免税额。纳税人填报该行次时，须填报符合《西部地区鼓励类产业目录》的主营业务收入占比，保留至小数点后四位，并按百分数填报。

（八）西部大开发与所得减免优惠叠加享受案例

【例8-2】甲企业注册在新疆，符合西部大开发优惠条件，2021年度取得各项所得合计3 000万元，其中，环境保护项目所得1 000万元（该项目于2018年6月取得第一笔生产经营收入），符合所得减半优惠条件；取得其他应税项目所得2 000万元。不考虑其他纳税调整事项，且该企业无以前年度亏损及投资抵扣优惠。

要求：计算2021年甲企业应缴纳的企业所得税并填报相关税收优惠表。

【解析】

甲企业2021年度应纳所得税额=（1 000×50%+2 000）×15%=375（万元）。

申报表填报：

（1）表A107020的填报：第11列“减免所得额”合计行次填报500万元（1 000×50%=500）。

（2）表A107040的填报：

表A107040第21行=表A100000第23行“应纳税所得额”×（25%-15%）=2 500×10%=250（万元）；

因适用西部大开发低税率优惠的企业，其在定期减免税的减半期内，可以按照企业实际适用的优惠税率计算减半征税，故不涉及表A107040第29行的填报。

（3）表A100000的填报（见表8-5）

表8-5　A100000　中华人民共和国企业所得税年度纳税申报表（A类）　单位：万元

行次	类别	项　　目	金额
14	应纳税所得额计算	减：境外所得（填写A108010）	
15		加：纳税调整增加额（填写A105000）	
16		减：纳税调整减少额（填写A105000）	
17		减：免税、减计收入及加计扣除（填写A107010）	
18		加：境外应税所得抵减境内亏损（填写A108000）	
19	应纳税所得额计算	四、纳税调整后所得（13-14+15-16-17+18）	3 000
20		减：所得减免（填写A107020）	500
21		减：弥补以前年度亏损（填写A106000）	0
22		减：抵扣应纳税所得额（填写A107030）	0
23		五、应纳税所得额（19-20-21-22）	2 500
24	应纳税额计算	税率（25%）	25%
25		六、应纳所得税额（23×24）	625
26		减：减免所得税额（填写A107040）	250
27		减：抵免所得税额（填写A107050）	0
28		七、应纳税额（25-26-27）	375

八、新疆困难地区新办企业定期减免企业所得税

（一）新疆困难地区新办企业定期减免企业所得税优惠

1.新疆困难地区新办企业定期减免企业所得税优惠新政

根据《财政部 税务总局关于新疆困难地区及喀什、霍尔果斯两个特殊经济开发区新办企业所得税优惠政策的通知》（财税〔2021〕27号）第一条的规定，2021年1月1日至2030年12月31日，对在新疆困难地区新办的属于《新疆困难地区重点鼓励发展产业企业所得税优惠目录》（以下简称《目录》）范围内的企业，自取得第一笔生产经营收入所属纳税年度起，第一年至第二年免征企业所得税，第三年至第五年

减半征收企业所得税。

享受上述企业所得税定期减免税政策的企业，在减半期内，按照企业所得税25%的法定税率计算的应纳税额减半征税。

新疆困难地区包括南疆三地州、其他脱贫县（原国家扶贫开发重点县）和边境县市。

财税〔2021〕27号文件第三条规定，属于《目录》范围内的企业是指以《目录》中规定的产业项目为主营业务，其主营业务收入占企业收入总额60%以上的企业。

财税〔2021〕27号文件第四条规定，第一笔生产经营收入，是指产业项目已建成并投入运营后所取得的第一笔收入。

财税〔2021〕27号第六条规定，属于《新疆困难地区重点鼓励发展产业企业所得税优惠目录（试行）（2016版）》（以下简称《2016版目录》）范围内的企业，2020年12月31日前已经进入优惠期的，可按《财政部 国家税务总局关于新疆困难地区新办企业所得税优惠政策的通知》（财税〔2011〕53号）和《财政部 国家税务总局关于新疆喀什霍尔果斯两个特殊经济开发区企业所得税优惠政策的通知》（财税〔2011〕112号）规定享受至优惠期满为止，如属于《目录》与《2016版目录》相同产业项目范围，可在剩余期限内按本通知规定享受至优惠期满为止;未进入优惠期的，不再享受财税〔2011〕53号和财税〔2011〕112号文件规定的税收优惠，如属于《目录》与《2016版目录》相同产业项目范围，可视同新办企业按本通知规定享受相关税收优惠。

税务机关在后续管理中，不能准确判定企业主营业务是否属于《目录》中规定的产业项目时，可提请省级以上（含省级）有关行业主管部门出具意见。

2.新疆困难地区新办企业定期减免企业所得税老政

根据《财政部 国家税务总局关于新疆困难地区新办企业所得税优惠政策的通知》（财税〔2011〕53号）和《财政部 国家税务总局 国家发展改革委 工业和信息化部关于完善新疆困难地区重点鼓励发展产业企业所得税优惠目录的通知》（财税〔2016〕85号）的规定，2010年1月1日至2020年12月31日，对在新疆困难地区新办的属于《新疆困难地区重点鼓励发展产业企业所得税优惠目录（试行）（2016版本）》范围内的企业，自取得第一笔生产经营收入所属纳税年度起，第一年至第二年免征企业所得税，第三年至第五年减半征收企业所得税。按照本规定享受企业所得税定期减免税政策的企业，在减半期内，按照企业所得税25%的法定税率计算的应纳税额减半征税。

（二）享受优惠的申报

企业享受在新疆困难地区新办的属于《新疆困难地区重点鼓励发展产业企业所

得税优惠目录》范围内的企业“二免三减半”优惠的金额，汇算清缴时填报“减免所得税优惠明细表”（A107040）第22行“二十二、新疆困难地区新办企业定期减免企业所得税”，该行根据《财政部 国家税务总局关于新疆困难地区新办企业所得税优惠政策的通知》（财税〔2011〕53号）、《财政部 国家税务总局 国家发展改革委 工业和信息化部关于完善新疆困难地区重点鼓励发展产业企业所得税优惠目录的通知》（财税〔2016〕85号）、《财政部 税务总局关于新疆困难地区及喀什、霍尔果斯两个特殊经济开发区新办企业所得税优惠政策的通知》（财税〔2021〕27号）、《财政部 税务总局 发展改革委 工业和信息化部关于印发新疆困难地区重点鼓励发展产业企业所得税优惠目录的通知》（财税〔2021〕42号）等规定，对在新疆困难地区新办的属于《新疆困难地区重点鼓励发展产业企业所得税优惠目录》范围内的企业，自取得第一笔生产经营收入所属纳税年度起，第一年至第二年免征企业所得税，第三年至第五年减半征收企业所得税。本行填报根据表A100000第23行计算的免征、减征企业所得税金额。

九、新疆喀什、霍尔果斯特殊经济开发区新办企业定期免征

（一）新疆喀什、霍尔果斯特殊经济开发区新办企业定期免征优惠

1.税收优惠新政

根据《财政部 税务总局关于新疆困难地区及喀什、霍尔果斯两个特殊经济开发区新办企业所得税优惠政策的通知》（财税〔2021〕27号）第二条的规定，2021年1月1日至2030年12月31日，对在新疆喀什、霍尔果斯两个特殊经济开发区内新办的属于《新疆困难地区重点鼓励发展产业企业所得税优惠目录》（以下简称《目录》）范围内的企业，自取得第一笔生产经营收入所属纳税年度起，五年内免征企业所得税。

属于《目录》范围内的企业是指以《目录》中规定的产业项目为主营业务，其主营业务收入占企业收入总额60%以上的企业。

第一笔生产经营收入，是指产业项目已建成并投入运营后所取得的第一笔收入。

自2021年1月1日起，根据《财政部 税务总局 发展改革委 工业和信息化部关于印发新疆困难地区重点鼓励发展产业企业所得税优惠目录的通知》（财税〔2021〕42号）的规定，属于《新疆困难地区重点鼓励发展产业企业所得税优惠目录》范围内的企业，可按《财政部 税务总局关于新疆困难地区及喀什、霍尔果斯两个特殊经济开发区新办企业所得税优惠政策的通知》（财税〔2021〕27号）规定享受相关企业

所得税优惠政策。享受新疆困难地区及喀什、霍尔果斯两个特殊经济开发区企业所得税优惠政策的企业，需注册在新疆困难地区和喀什、霍尔果斯两个特殊经济开发区并实质性运营。所称实质性运营，是指企业的实际管理机构设在当地，并对企业生产经营、人员、账务、财产等实施实质性全面管理和控制。享受新疆困难地区及喀什、霍尔果斯两个特殊经济开发区企业所得税优惠政策的企业，涉及外商投资的，应符合现行外商投资产业政策相关规定。

税务机关在后续管理中，不能准确判定企业主营业务是否属于《目录》中规定的产业项目时，可提请省级以上（含省级）有关行业主管部门出具意见。

2.原有优惠老政

根据《财政部 国家税务总局关于新疆喀什 霍尔果斯两个特殊经济开发区企业所得税优惠政策的通知》（财税〔2011〕112号）和《财政部 国家税务总局 国家发展改革委 工业和信息化部关于完善新疆困难地区重点鼓励发展产业企业所得税优惠目录的通知》（财税〔2016〕85号）的规定，对在新疆喀什、霍尔果斯两个特殊经济开发区内新办的属于《新疆困难地区重点鼓励发展产业企业所得税优惠目录（试行）（2016版本）》范围内的企业，自取得第一笔生产经营收入所属纳税年度起，五年内免征企业所得税。第一笔生产经营收入，是指产业项目已建成并投入运营后所取得的第一笔收入。属于《2016版目录》范围内的企业是指以《2016版目录》中规定的产业项目为主营业务，其主营业务收入占企业收入总额70%以上的企业。

根据财税〔2021〕27号文件第六条的规定，属于《新疆困难地区重点鼓励发展产业企业所得税优惠目录（试行）（2016版）》（以下简称《2016版目录》）范围内的企业，2020年12月31日前已经进入优惠期的，可按《财政部 国家税务总局关于新疆困难地区新办企业所得税优惠政策的通知》（财税〔2011〕53号）和《财政部 国家税务总局关于新疆喀什霍尔果斯两个特殊经济开发区企业所得税优惠政策的通知》（财税〔2011〕112号）规定享受至优惠期满为止，如属于《目录》与《2016版目录》相同产业项目范围，可在剩余期限内按本通知规定享受至优惠期满为止；未进入优惠期的，不再享受财税〔2011〕53号和财税〔2011〕112号文件规定的税收优惠，如属于《目录》与《2016版目录》相同产业项目范围，可视同新办企业按本通知规定享受相关税收优惠。

（二）享受优惠的申报

对在新疆喀什、霍尔果斯两个特殊经济开发区内新办的属于《新疆困难地区重点鼓励发展产业企业所得税优惠目录》范围内的企业，享受自取得第一笔生产经营收入所属纳税年度起五年内免征企业所得税优惠的金额，汇算清缴填报表“减免所得税优惠明细表”（A107040）第23行“二十三、新疆喀什、霍尔果斯特殊经济开发区新办企业定期免征企业所得税”，该行根据《财政部 国家税务总局关于新疆喀什霍尔果斯两个特殊经济开发区企业所得税优惠政策的通知》（财税〔2011〕112号）、《财政部 国家税务总局 国家发展改革委 工业和信息化部关于完善新疆困难地区重点鼓励发展产业企业所得税优惠目录的通知》（财税〔2016〕85号）、《财政部 税务总局关于新疆困难地区及喀什、霍尔果斯两个特殊经济开发区新办企业所得税优惠政策的通知》（财税〔2021〕27号）、《财政部 税务总局 发展改革委 工业和信息化部关于印发新疆困难地区重点鼓励发展产业企业所得税优惠目录的通知》（财税〔2021〕42号）等规定，对在新疆喀什、霍尔果斯两个特殊经济开发区内新办的属于《新疆困难地区重点鼓励发展产业企业所得税优惠目录》范围内的企业，自取得第一笔生产经营收入所属纳税年度起，五年内免征企业所得税。本行填报根据表A100000第23行计算的免征企业所得税金额。

十、前海、平潭、横琴等地区的鼓励类产业企业优惠

（一）深圳前海深港现代服务业合作区企业所得税低税率优惠

1.优惠政策内容

自2021年1月1日至2025年12月31日，根据《财政部 税务总局关于延续深圳前海深港现代服务业合作区企业所得税优惠政策的通知》（财税〔2021〕30号）第一条的规定，对设在前海深港现代服务业合作区的符合条件的企业减按15%的税率征收企业所得税。享受本优惠政策的企业需符合的条件，是指以《前海深港现代服务业合作区企业所得税优惠目录（2021版）》中规定的产业项目为主营业务，且其主营业务收入占收入总额60%以上。收入总额按照《中华人民共和国企业所得税法》第六条规定执行。

前海深港现代服务业合作区的范围，按照国务院2010年8月批复的《前海深港现代服务业合作区总体发展规划》执行。

2.总分机构优惠的享受

财税〔2021〕30号文件第三条规定，对总机构设在前海深港现代服务业合作区的企业，仅就其设在合作区内符合本通知第一条规定条件的总机构和分支机构的所得适用15%税率；对总机构设在合作区以外的企业，仅就其设在合作区内符合本通知

第一条规定条件的分支机构所得适用15%税率。具体征管办法按照税务总局有关规定执行。

3. 转请机制

税务机关对企业主营业务是否属于《前海深港现代服务业合作区企业所得税优惠目录（2021版）》难以界定的，可提请深圳市政府有关行政主管部门或其授权的下一级行政主管部门出具意见。

4. 优惠目录

前海深港现代服务业合作区企业所得税优惠目录（2021版）

一、现代物流业

1. 供应链解决方案设计、订单管理与执行、虚拟生产、信息管理、资金管理、咨询服务等供应链管理创新服务

2. 物流外包服务

3. 现代物流技术与物流公共服务系统的开发及运营

4. 第三方物流的结算和管理

二、信息服务

1. 增值电信业务应用系统开发

2. 电子商务与电子政务技术研发与服务

3. 信息安全技术研发服务（包括但不限于可信计算、电子认证服务等）

4. 新一代移动通信网，基于IPv6等技术的下一代互联网技术研发

5. 卫星通信与导航技术研发

6. 通用软件、行业应用软件、嵌入式软件的研发与服务

7. 云计算、边缘计算、物联网、区块链、高性能计算、大数据等技术研发与服务

8. 虚拟现实（VR）、增强现实（AR）、人工智能等技术研发与服务

9. 工业互联网、车联网、智能穿戴等信息技术研发与服务

三、科技服务业

1. 新能源、新材料、生物医药、低碳环保等各行业专业科技服务

2. 基因测序、干细胞、功能蛋白、生命健康等新兴科学技术研发与服务

3. 新能源电池、三维立体显示和打印技术研发与服务

4. 信息技术外包、业务流程外包、知识流程外包等技术先进型服务

四、文化创意产业

1. 视觉传达设计，建筑、景观及室内设计，工业设计，时装设计，高端工艺美

术设计等创意设计及服务

2.文化信息资源开发及创作服务

3.网络视听节目技术研发与服务

4.动漫及网络游戏研发与创作

5.新媒体技术的研发与服务

五、商务服务业

1.管理咨询、城市规划、工程管理、节能环保等专业服务

2.法律服务

3.会计、税务、资产评估服务

4.资信调查与评级、征信等信用服务

5.国际会议、品牌展会、专业展览及相关服务

6.人力资源与人力资本服务及其他专业服务

7.知识产权代理、转让、登记、鉴定、检索、分析、评估、运营、认证、咨询等服务

8.国际邮轮运营管理服务

（二）福建平潭综合实验区企业所得税低税率优惠

自2021年1月1日至2025年12月31日，根据《财政部 税务总局关于延续福建平潭综合实验区企业所得税优惠政策的通知》（财税〔2021〕29号）的规定，对设在平潭综合实验区的符合条件的企业减按15%的税率征收企业所得税。享受上述优惠政策的企业需符合的条件，是指以《平潭综合实验区企业所得税优惠目录（2021版）》中规定的产业项目为主营业务，且其主营业务收入占收入总额60%以上。收入总额按照《中华人民共和国企业所得税法》第六条规定执行。

所称平潭综合实验区的范围，按照国务院2011年11月批复的《平潭综合实验区总体发展规划》执行。

根据财税〔2021〕29号文件第三条的规定，对总机构设在平潭综合实验区的企业，仅就其设在实验区内符合本通知第一条规定条件的总机构和分支机构的所得适用15%税率；对总机构设在实验区以外的企业，仅就其设在实验区内符合本通知第一条规定条件的分支机构所得适用15%税率。具体征管办法按照税务总局有关规定执行。

根据财税〔2021〕29号第四条的规定，税务机关对企业主营业务是否属于《平潭综合实验区企业所得税优惠目录（2021版）》难以界定的，可提请福建省人民政府有关行政主管部门或其授权的下一级行政主管部门出具意见。

（三）广东横琴新区企业所得税低税率优惠

根据《财政部 国家税务总局关于广东横琴新区 福建平潭综合实验区 深圳前海深港现代化服务业合作区企业所得税优惠政策及优惠目录的通知》（财税〔2014〕26号）的规定，对设在横琴新区的鼓励类产业企业减按15%的税率征收企业所得税。

上述鼓励类产业企业是指以所在区域《横琴新区企业所得税优惠目录》中规定的产业项目为主营业务，且其主营业务收入占企业收入总额70%以上的企业。上述所称收入总额，是指《中华人民共和国企业所得税法》第六条规定的收入总额。

企业在优惠区域内、外分别设有机构的，仅就其设在优惠区域内的机构的所得确定适用15%的企业所得税优惠税率。在确定区域内机构是否符合优惠条件时，根据设在优惠区域内机构本身的有关指标是否符合本通知第一条规定的条件加以确定，不考虑设在优惠区域外机构的因素。

企业既符合本通知规定的减按15%税率征收企业所得税优惠条件，又符合《企业所得税法》及其实施条例和国务院规定的其他各项税收优惠条件的，可以同时享受；其中符合其他税率优惠条件的，可以选择最优惠的税率执行；涉及定期减免税的减半优惠的，应按照25%法定税率计算的应纳税额减半征收企业所得税。

横琴新区，是指国务院2009年8月批复的《横琴总体发展规划》规划的横琴岛范围。

根据《财政部 税务总局关于横琴新区企业所得税优惠目录增列旅游产业项目的通知》（财税〔2019〕63号）的规定，在横琴新区企业所得税优惠目录中增列有关旅游产业项目。横琴新区内享受减按15%税率征收企业所得税优惠政策的鼓励类产业企业，统一按照《横琴新区企业所得税优惠目录（2019版）》执行。横琴新区内鼓励类产业企业减按15%税率征收企业所得税政策其他相关事项，继续按照《财政部 国家税务总局关于广东横琴新区 福建平潭综合实验区 深圳前海深港现代服务业合作区企业所得税优惠政策及优惠目录的通知》（财税〔2014〕26号）的相关规定执行。

十一、北京冬奥组委、北京冬奥会测试赛赛事组委会免征优惠

（一）北京2022年冬奥组委、北京冬奥会测试赛赛事组委会免征优惠

根据《财政部 税务总局 海关总署关于北京2022年冬奥会和冬残奥会税收政策的通知》（财税〔2017〕60号）的规定，对北京冬奥组委免征应缴纳的企业所得税。北京冬奥组委全面负责和组织举办北京2022年冬残奥会，其取得的北京2022年冬残奥会收入及其发生的涉税支出比照执行北京2022年冬奥会的税收政策。北京冬

奥会测试赛赛事组委会取得的收入及发生的涉税支出比照执行北京冬奥组委的税收政策。

该项优惠属于预缴享受优惠事项，享受优惠的主要留存备查资料由省税务机关规定。

（二）享受优惠的申报

为支持发展奥林匹克运动，确保北京2022年冬奥会和冬残奥会顺利举办，对北京冬奥组委免征应缴纳的企业所得税，北京冬奥会测试赛赛事组委会取得的收入及发生的涉税支出比照执行北京冬奥组委的税收政策。该项优惠填报表A107040第25行“二十五、北京冬奥组委、北京冬奥会测试赛赛事组委会免征企业所得税”，该行填报北京冬奥组委、北京冬奥会测试赛赛事组委会根据表A100000第23行应纳税所得额计算的免征企业所得税金额。

十二、从事污染防治的第三方企业减按15%税率征收企业所得税

（一）从事污染防治的第三方企业减按15%税率征收企业所得税优惠

为鼓励污染防治企业的专业化、规模化发展，更好支持生态文明建设，《财政部 税务总局 国家发展改革委 生态环境部关于从事污染防治的第三方企业所得税政策问题的公告》（2019年第60号，执行期限自2019年1月1日起至2021年12月31日止）第一条规定，对符合条件的从事污染防治的第三方企业（以下简称“第三方防治企业”）减按15%的税率征收企业所得税。

第三方防治企业是指受排污企业或政府委托，负责环境污染治理设施（包括自动连续监测设施，下同）运营维护的企业。

（二）享受优惠的第三方防治企业应符合的条件

根据《财政部 税务总局 国家发展改革委 生态环境部关于从事污染防治的第三方企业所得税政策问题的公告》（2019年第60号）第二条的规定，第三方防治企业应当同时符合以下条件：

（1）在中国境内（不包括港、澳、台地区）依法注册的居民企业；

（2）具有1年以上连续从事环境污染治理设施运营实践，且能够保证设施正常运行；

（3）具有至少5名从事本领域工作且具有环保相关专业中级及以上技术职称的技术人员，或者至少2名从事本领域工作且具有环保相关专业高级及以上技术职称

的技术人员；

（4）从事环境保护设施运营服务的年度营业收入占总收入的比例不低于60%；

（5）具备检验能力，拥有自有实验室，仪器配置可满足运行服务范围内常规污染物指标的检测需求；

（6）保证其运营的环境保护设施正常运行，使污染物排放指标能够连续稳定达到国家或者地方规定的排放标准要求；

（7）具有良好的纳税信用，近3年内纳税信用等级未被评定为C级或D级。

（三）优惠事项办理方式

根据《国家税务总局 国家发展改革委 生态环境部关于落实从事污染防治的第三方企业所得税政策有关问题的公告》（2021年第11号，自2021年6月1日起执行）第一条的规定，第三方防治企业依照《财政部 税务总局 国家发展改革委 生态环境部关于从事污染防治的第三方企业所得税政策问题的公告》（2019年第60号）规定享受优惠政策时，按照《国家税务总局关于发布修订后的〈企业所得税优惠政策事项办理办法〉的公告》（2018年第23号）的规定，采取“自行判别、申报享受、相关资料留存备查”的方式办理。

（四）主要留存备查资料

根据《国家税务总局 国家发展改革委 生态环境部关于落实从事污染防治的第三方企业所得税政策有关问题的公告》（2021年第11号）第二条的规定，第三方防治企业依照规定享受优惠政策的，主要留存备查资料为：

1.连续从事环境污染治理设施运营实践一年以上的情况说明，与环境污染治理设施运营有关的合同、收入凭证。

2.当年有效的技术人员的职称证书或执（职）业资格证书、劳动合同及工资发放记录等材料。

3.从事环境保护设施运营服务的年度营业收入、总收入及其占比等情况说明。

4.可说明当年企业具备检验能力，拥有自有实验室，仪器配置可满足运行服务范围内常规污染物指标的检测需求的有关材料：

（1）污染物检测仪器清单，其中列入《实施强制管理计量器具目录》的检测仪器须同时留存备查相关检定证书；

（2）当年常规理化指标的化验检测全部原始记录，其中污染治理类别为危险废物的利用与处置的，还须留存备查危险废物转移联单。

5.可说明当年企业能保证其运营的环境保护设施正常运行，使污染物排放指标能够连续稳定达到国家或者地方规定的排放标准要求的有关材料：

（1）环境污染治理运营项目清单、项目简介。

（2）反映污染治理设施运营期间主要污染物排放连续稳定达标的所有自动监测日均值等记录，由具备资质的生态环境监测机构出具的全部检测报告。从事机动车船、非道路移动机械、餐饮油烟治理的，如未进行在线数据监测，也可不留存备查在线监测数据记录。

（3）运营期内能够反映环境污染治理设施日常运行情况的全部记录、能够说明自动监测仪器设备符合生态环境保护相关标准规范要求的材料。

6.仅从事自动连续监测运营服务的第三方企业，提供反映运营服务期间自动监测故障后及时修复、监测数据“真、准、全”等相关证明材料，无须提供反映污染物排放连续稳定达标的相关材料。

（五）相关后续管理

根据《财政部 税务总局 国家发展改革委 生态环境部关于从事污染防治的第三方企业所得税政策问题的公告》（2019年第60号）的规定，第三方防治企业，自行判断其是否符合上述条件，符合条件的可以申报享受税收优惠，相关资料留存备查。税务部门依法开展后续管理过程中，可转请生态环境部门进行核查，生态环境部门可以委托专业机构开展相关核查工作，具体办法由税务总局会同国家发展改革委、生态环境部制定。

根据《国家税务总局 国家发展改革委 生态环境部关于落实从事污染防治的第三方企业所得税政策有关问题的公告》（2021年第11号）第三条的规定，第三方防治企业享受上述优惠政策后，税务部门将按照规定开展后续管理。税务部门在后续管理过程中，对享受优惠的企业是否符合《财政部 税务总局 国家发展改革委 生态环境部关于从事污染防治的第三方企业所得税政策问题的公告》（2019年第60号）第二条第五项（具备检验能力，拥有自有实验室，仪器配置可满足运行服务范围内常规污染物指标的检测需求）、第六项（保证其运营的环境保护设施正常运行，使污染物排放指标能够连续稳定达到国家或者地方规定的排放标准要求）规定条件有疑义的，可转请《环境污染治理范围》（见附件）所列的同级生态环境或发展改革部门核查。

生态环境或发展改革部门收到同级税务部门转来的核查资料后，应组织专家或者委托第三方机构进行核查。核查可以采取案头审核或实地核查等方式。需要实地核查的，相关部门应协同进行，涉及异地核查的，企业运营项目所在地相关部门应予以配合。生态环境或发展改革部门应在收到核查要求后两个月内，将核查结果反馈同级税务部门。

（六）享受优惠的申报

表A107040第28.1行“（一）从事污染防治的第三方企业减按15%的税率征收企业所得税”：根据《财政部 税务总局 国家发展改革委 生态环境部关于从事污染防治的第三方企业所得税政策问题的公告》（2019年第60号）规定，对符合条件的从事污染防治的第三方企业减按15%的税率征收企业所得税。本行填报根据表A100000第23行计算的减征企业所得税金额。

十三、上海自贸区临港新片区的重点企业减按15%的税率征收

（一）上海自贸区临港新片区的重点企业减按15%征收企业所得税

根据《财政部 税务总局关于中国（上海）自贸试验区临港新片区重点产业企业所得税政策的通知》（财税〔2020〕38号）（以下简称《通知》）第一条的规定，对中国（上海）自由贸易试验区临港新片区（以下简称“新片区”）内从事集成电路、人工智能、生物医药、民用航空等关键领域核心环节相关产品（技术）业务，并开展实质性生产或研发活动的符合条件的法人企业，自设立之日起5年内减按15%的税率征收企业所得税。

该优惠自2020年1月1日起实施。2019年12月31日前已在新片区注册登记且从事《目录》所列业务的实质性生产或研发活动的符合条件的法人企业，可自2020年至该企业设立满5年期限内按照该《通知》执行。

（二）符合条件的法人企业的界定

财税〔2020〕38号文件第2条规定，所称“符合条件的法人企业”必须同时满足以下第1、2项条件，以及第3项或第3项条件中任一子条件：

1.自2020年1月1日起在新片区内注册登记（不包括从外区域迁入新片区的企业），主营业务为从事《新片区集成电路、人工智能、生物医药、民用航空关键领域核心环节目录》（以下简称《目录》）中相关领域环节实质性生产或研发活动的法人企业。

实质性生产或研发活动是指，企业拥有固定生产经营场所、固定工作人员，具备与生产或研发活动相匹配的软硬件支撑条件，并在此基础上开展相关业务。

2.企业主要研发或销售产品中至少包含1项关键产品（技术）；关键产品（技术）是指在集成电路、人工智能、生物医药、民用航空等重点领域产业链中起到重要作

用或不可或缺的产品（技术）。

3.企业投资主体条件包括：

（1）企业投资主体在国际细分市场影响力排名居于前列，技术实力居于业内前列；

（2）企业投资主体在国内细分市场居于领先地位，技术实力在业内领先。

4.企业研发生产条件：

（1）企业拥有领军人才及核心团队骨干，在国内外相关领域长期从事科研生产工作；

（2）企业拥有核心关键技术，对其主要产品具备建立自主知识产权体系的能力；

（3）企业具备推进产业链核心供应商多元化，牵引国内产业升级能力；

（4）企业具备高端供给能力，核心技术指标达到国际前列或国内领先；

（5）企业研发成果（技术或产品）已被国际国内一线终端设备制造商采用或已经开展紧密实质性合作（包括资本、科研、项目等领域）；

（6）企业获得国家或省级政府科技或产业化专项资金、政府性投资基金或取得知名投融资机构投资。

上海市财税部门会同产业主管部门制定重点产业企业认定具体操作管理办法，并报财政部、税务总局备案（见表8-6）。

表8-6　新片区集成电路、人工智能、生物医药、民用航空关键领域核心环节目录

重点产业	细分领域
集成电路	集成电路设计
	先进半导体工艺、装备和器件研发与制造
	基础、平台及应用软件开发
	半导体关键材料研发与制造
	共性技术研发、检测、认证等高技术服务
人工智能	AI芯片研发与制造
	智能硬件研发与制造
	智能传感器研发与制造
	开发平台、工具软件及智能信息技术服务
	智能机器人研发与制造
	智能网联汽车、智能型新能源汽车研发与制造
	智能装备及材料研发与制造
	共性技术开发与技术基础服务

续表

重点产业	细分领域
生物医药	前沿生命科技与产品研发
	生物制品研发与制造
	高端中西药研发与制造
	高端医药装备研发与制造
	高端医疗器械研发与制造
	临床试验等专业技术服务
民用航空	民用飞机整机及关键系统研发与制造
	航空发动机整机及关键核心部件研发与制造
	航空关键材料研发与制造
	试飞、适航等航空产业链配套服务

（三）优惠的申报

表A107040第28.2行"（二）上海自贸试验区临港新片区的重点企业减按15%的税率征收企业所得税"：根据《财政部 国家税务总局关于中国（上海）自贸试验区临港新片区重点产业企业所得税政策的通知》（财税〔2020〕38号）的规定，对新片区内从事集成电路、人工智能、生物医药、民用航空等关键领域核心环节相关产品（技术）业务，并开展实质性生产或研发活动的符合条件的法人企业享受的减免优惠，本行填报根据表A100000第23行计算的减征企业所得税金额。

十四、海南自由贸易港鼓励类产业企业减按15%的税率征收企业所得税

（一）海南自贸港鼓励类产业企业减按15%的税率征收企业所得税优惠

为支持海南自由贸易港建设，根据《财政部 税务总局关于海南自由贸易港企业所得税优惠政策的通知》（财税〔2020〕31号，自2020年1月1日起执行至2024年12月31日，以下简称《通知》）第一条的规定，对注册在海南自由贸易港并实质性运营的鼓励类产业企业，减按15%的税率征收企业所得税。

这里所称鼓励类产业企业，是指以海南自由贸易港鼓励类产业目录中规定的产业项目为主营业务，且其主营业务收入占企业收入总额60%以上的企业。所称实质性运营，是指企业的实际管理机构设在海南自由贸易港，并对企业生产经营、人员、账务、财产等实施实质性全面管理和控制。对不符合实质性运营的企业，不得享受优惠。

海南自由贸易港鼓励类产业目录包括《产业结构调整指导目录（2019年版）》

《鼓励外商投资产业目录（2019年版）》和海南自由贸易港新增鼓励类产业目录。上述目录在该《通知》执行期限内修订的，自修订版实施之日起按新版本执行。

对总机构设在海南自由贸易港的符合条件的企业，仅就其设在海南自由贸易港的总机构和分支机构的所得，适用15%的税率；对总机构设在海南自由贸易港以外的企业，仅就其设在海南自由贸易港内的符合条件的分支机构的所得，适用15%的税率。具体征管办法按照税务总局有关规定执行。

（二）优惠的填报

对设在海南自由贸易港地区，符合鼓励类产业企业条件，减按15%的税率征收企业所得税优惠，需填报表A107040第28.3行“（三）海南自由贸易港鼓励类企业减按15%税率征收企业所得税”。该行根据《财政部 税务总局关于海南自由贸易港企业所得税优惠政策的通知》（财税〔2020〕31号）的规定，对设在海南自由贸易港地区，符合鼓励类产业企业条件，减按15%的税率征收企业所得税，本行填报根据表A100000第23行计算的减征企业所得税金额。

十五、项目所得额按法定税率减半征收企业所得税叠加享受减免税的申报

（一）项目所得额按法定税率减半征收叠加享受减免税优惠

表A107040第29行“二十九、项目所得额按法定税率减半征收企业所得税叠加享受减免税优惠”：纳税人同时享受优惠税率和所得项目减半情形下，在填报本表低税率优惠时，在本行填报所得项目按照优惠税率减半计算多享受优惠的部分。

企业从事农林牧渔业项目、国家重点扶持的公共基础设施项目、符合条件的环境保护、节能节水项目、符合条件的技术转让、集成电路生产项目、其他专项优惠等所得额应按法定税率25%减半征收，同时享受高新技术企业、技术先进型服务企业、集成电路线生产企业、重点软件企业和重点集成电路设计企业等优惠税率政策，由于申报表填报顺序，按优惠税率减半叠加享受减免税优惠部分，应在本行对该部分金额进行调整。计算公式如下：

A=需要进行叠加调整的减免所得税优惠金额

B=A×［（减半项目所得×50%）÷（纳税调整后所得－所得减免）］

本行填报A和B的孰小值。

其中，需要进行叠加调整的减免所得税优惠金额为本表中第1行到第28行的优惠金额，不包括免税行次和第21行。

由于除另有规定外税率优惠不得与项目所得减半征收叠加享受。表A107040第29行反映的是应按25%的税率计算并减半的项目优惠，因为填报申报表顺序的原因（表A100000的第20行“所得减免”、第25行“减免所得税”、第26行“抵免所得税”）而导致的按优惠税率（如15%）减半。这一结果不符合税法规定，需要进行修正。此行是正确填报此表的关键，也是新申报表最难填报的一行。要正确填报此行，首先要了解企业所得税中不得叠加享受的优惠是什么，其次要了解整个申报表的逻辑关系。

填写此行时，要注意考虑申报表主表的顺序，以及表A107040与表A107020、表A107041、表A107042的关系。本行有值时，则监控纳税人“所得减免优惠明细表”（A107020）中第10列“项目所得额-减半项目”是否有值，若无值则不可以填报。

税率优惠和税基优惠是企业所得税最常见的两类优惠，税率优惠有高新技术企业、小型微利企业、技术先进型服务企业所得税优惠等；税基优惠就是对企业所得税应纳税所得额优惠的政策，一般情况下税率优惠与项目所得减半优惠不可叠加。而税基的优惠可以多项叠加享受。比如，一个企业可以享受的税基优惠有：研发费加计扣除、免税收入、减计收入等。

（二）不得叠加享受的企业所得税优惠

不得叠加享受企业所得税的优惠主要有以下几种情形。

1.除另有规定外低，税率优惠与所得项目减半优惠不得叠加享受

企业从事农林牧渔业项目、国家重点扶持的公共基础设施项目、符合条件的环境保护及节能节水项目、符合条件的技术转让、集成电路生产项目、其他专项优惠等所得额应按法定税率25%减半征收，同时享受小型微利企业、高新技术企业、技术先进型服务企业、集成电路生产企业、重点软件企业和重点集成电路设计企业等优惠税率政策的，不得叠加享受。

2.软件企业和集成电路企业所得税优惠与企业所得税其他优惠

集成电路生产企业、集成电路设计企业、软件企业等依照规定可以享受的企业所得税优惠政策与企业所得税其他相同方式优惠政策存在交叉的，由企业选择一项最优惠政策执行，不得叠加享受。

3.过渡优惠与《企业所得税法》及其实施条例规定的特定优惠

《国务院关于实施企业所得税过渡优惠政策的通知》（国发〔2007〕39号）规定，企业所得税过渡优惠政策与《企业所得税法》及其实施条例规定的优惠政策存在交叉的，由企业选择最优惠的政策执行，不得叠加享受，且一经选择，不得改变。这里所称不得叠加享受，且一经选择，不得改变的税收优惠情形，限于企业所得税过

渡优惠政策与《企业所得税法》及其实施条例中规定的定期减免税和减低税率类的税收优惠。

4.高新技术企业低税率和过渡期项目所得减半优惠

居民企业被认定为高新技术企业，同时处于国发〔2007〕39号文件规定享受企业所得税“两免三减半”“五免五减半”等定期减免税优惠过渡期的，该居民企业的适用税率可以选择依照过渡期适用税率并适用减半征税至期满，或者选择适用高新技术企业的15%税率，但不能享受15%税率的减半征税。

（三）技术转让所得优惠与低税率不得叠加享受案例

【例8-3】注册在南京江北新区的甲公司2019年经认定取得高新技术企业资格证书，2020年取得符合条件的技术转让所得700万元，其他项目应纳税所得额为1 000万元。没有以前年度结转的待弥补的亏损额。

要求：计算享受的相关税收优惠并填报相关税收优惠表。

【解析】

1.计算应纳税额

甲公司取得的700万元技术转让所得中的500万元部分免税，另外200万元技术转让所得减半征收，企业计算应纳税所得额为1 100万元（1 000+700−500−100=1 100）。按主表A100000顺序及附表107020的填表说明，主表A100000第19行“纳税调整后所得”填列1 700万元，主表A100000第20行“所得减免”填列：500+100=600（万元）（是根据表A107020的第12行第11列填600，然后填入主表第20行）。主表第23行“应纳税所得额”填报1 100万元。

首先，按主表填报顺序。

依据法定税率25%计算的应纳税额275万元（即1 100×25%=275），不考虑所得减免按法定税率还原问题，减免税额为110万元［1 100×（25%−15%）］，应纳税额为：275−110=165（万元）。注意，此时对技术转让所得超过500万元的200万元部分相当于按15%的税率减半计算。按税法规定对技术转让所得超过500万元的部分只能按25%计算并减半。

其次，考虑所得减免按法定税率还原问题。

应纳税额为：1 000×15%+200×50%×25%=175（万元），实际应减免所得税100万元（275−175=100）。这应是最终的正确应纳税额。其中，高新技术企业优惠110万元［1 100×（25%−15%）=110］，按法定税率减半12.5%和按高新技术企业优惠税率减半7.5%之间的差额10万元［200×50%×（25%−15%）=10］需要从上述高新技术企业优惠税额中减除，因此合计减免所得税100万元（110–10=100）。

因此，通过表A107040第29行填10万元对本附表第2行进行调减。

不过，需要说明的是，自2021年1月1日起叠加享受优惠调减额是用《国家税务总局关于企业所得税年度汇算清缴有关事项的公告》（2021年第34号）规定的下列公式计算得出：

A=需要进行叠加调整的减免所得税优惠金额（表A107040中第1行到第28行的优惠金额，不包括免税行次和第21行）=110（万元）

B=A×［（减半项目所得×50%）÷（纳税调整后所得－所得减免）］

=110×〔200×50%÷（1 700–600）〕=10（万元）

A和B的孰小值为10万元，填报入表A107040第29行中。

2. 填报申报表A107020、表A107040、表A100000（见表8-7、表8-8、表8-9）。

表8-7　A107020　所得减免优惠明细表

行次	减免项目	项目名称	优惠事项名称	优惠方式	项目收入	项目成本	相关税费	应分摊期间费用	纳税调整额	项目所得额		减免所得额
										免税项目	减半项目	
		1	2	3	4	5	6	7	8	9	10	11（9+10×50%）
1	一、农、林、牧、渔业项目											
2												
3		小计	*	*								
4	二、国家重点扶持的公共基础设施项目											
5												
6		小计	*	*								
7	三、符合条件的环境保护、节能节水项目											
8												
9		小计	*	*								
10	四、符合条件的技术转让项目		*	*						*	*	*
11			*	*						*	*	*
12		小计		*						5 000 000	2 000 000	6 000 000
31	合计	*	*	*						5 000 000	2 000 000	6 000 000

表8-8 A107040 减免所得税优惠明细表

行次	项目	金额
1	一、符合条件的小型微利企业减免企业所得税	
2	二、国家需要重点扶持的高新技术企业减按15%的税率征收企业所得税（填写A107041）	1 100 000
29	二十九、减：项目所得额按法定税率减半征收企业所得税叠加享受减免税优惠	100 000
33	合计（1+2+…+28-29+30+31+32）	1 000 000

表8-9 A100000 中华人民共和国企业所得税年度纳税申报表（A类） 单位：元

行次	类别	项目	金额
14	应纳税所得额计算	减：境外所得（填写A108010）	
15		加：纳税调整增加额（填写A105000）	
16		减：纳税调整减少额（填写A105000）	
17		减：免税、减计收入及加计扣除（填写A107010）	
18		加：境外应税所得抵减境内亏损（填写A108000）	
19		四、纳税调整后所得（13-14+15-16-17+18）	17 000 000
20		减：所得减免（填写A107020）	6 000 000
21		减：弥补以前年度亏损（填写A106000）	
22		减：抵扣应纳税所得额（填写A107030）	
23		五、应纳税所得额（19-20-21-22）	11 000 000
24	应纳税额计算	税率（25%）	
25		六、应纳所得税额（23×24）	2 750 000
26		减：减免所得税额（填写A107040）	1 000 000
27		减：抵免所得税额（填写A107050）	
28		七、应纳税额（25-26-27）	1 750 000
29		加：境外所得应纳所得税额（填写A108000）	
30		减：境外所得抵免所得税额（填写A108000）	
31		八、实际应纳所得税额（28+29-30）	
32		减：本年累计实际已缴纳的所得税额	
33		九、本年应补（退）所得税额（31-32）	

此项业务详细的填报过程为：

首先，在主表第19行“纳税调整后所得”填报1 700万元的基础上，填报表A107020中第12行第9列500万元第10列200万元，第11列填报：500+200×50%=600（万元），然后通过表A107020的第31行第11列填入主表A100000第20行“所得减免”600万元，这样主表第23行“应纳税所得额”为：1 700-600=1 100（万元）。主表A100000第24行税率是固定的25%，主表A100000第25行“应纳所得税额”为1 100×25%=275（万元）。

其次，填写表A107040“减免所得税额明细表”，具体步骤如下：

第一步，先填写此表第2行“国家需要重点扶持的高新技术企业”减免税金额。要填写此行，还需要先填写A107041“高新技术企业优惠情况及明细表”，表A107041“高新技术企业优惠情况及明细表”第31行应填报：1 100×（25%-15%）=110（万元），然后据以填写表A107040“减免所得税额明细表”第2行110万元。

第二步，根据上述分析可知，上一步高新技术企业优惠金额110万元是在技术转让所得超过500万元的部分减半基础上又适用15%的税率计算出的优惠金额，显然不符合“技术转让所得超过500万元的部分只能按25%计算并减半”的规定。对技术转让所得：700-500=200（万元）的部分，其实际应纳税金额为：200×50%×25%=25（万元），而根据上述第一步计算的应纳税金额为：200×50%×15%=15（万元），显然上一步计算的优惠金额多优惠了10万元，因此应修正调减优惠金额10万元。在表A107040“减免所得税额明细表”第29行要填写10万元。

不过，自2021年1月1日起叠加享受优惠调减额是用《国家税务总局关于企业所得税年度汇算清缴有关事项的公告》（2021年第34号）规定的下列公式计算得出：

A=需要进行叠加调整的减免所得税优惠金额（表A107040中第1行到第28行的优惠金额，不包括免税行次和第21行）=110（万元）

B=A×［（减半项目所得×50%）÷（纳税调整后所得－所得减免）］

=110×〔200×50%÷（1 700-600）〕=10（万元）

A和B的孰小值为10万元。

第三步，填报表A107040“减免所得税额明细表”第33行：110-10=100（万元），也就是高新技术企业实际的税收优惠金额。

第四步：填报主表A100000中的第26行100万元，主表第28行“应纳税额”为：275-100=175（万元）

（四）弥补亏损企业所得减半与低税率不得叠加享受案例

【例8-4】甲科技公司于2020年9月取得高新技术企业资格证书，2021年转让A发明专利所有权取得技术转让收入1 000万元，所转让技术的成本及转让环节缴纳的相关税费200万元，不考虑期间费用扣除及纳税调整，则技术转让所得为800万元。

2021年除上述技术转让所得外，甲科技公司还取得其他应税所得2 600万元，假设不考虑其他纳税调整事项，以前年度结转可以弥补的亏损额为600万元，没有投资抵扣优惠。当年符合高新技术企业优惠条件。

要求：计算2021年度可以享受的企业所得税优惠，并填报相关纳税申报表。

【解析】

1.按税法规定计算过程如下：

甲公司技术转让所得800万元，其中500万元免征企业所得税，超过500万元的部分按法定税率25%减半征收企业所得税。因而，其技术转让所得应纳所得税额为：

（800−500）×50%×25%=37.5（万元）

甲企业取得的其他应税所得可以享受高新技术企业15%低税率优惠，其应纳所得税额为：（2 600+800−650−600−150）×15%=300（万元）。

甲企业2021年度应纳所得税额为：37.5+300=337.5（万元）

2.按企业所得税年度纳税申报表填列顺序计算过程如下：

应纳税额=应纳所得税额−减免所得税额−抵免所得税额

=应纳税所得额×25%−减免所得税额−抵免所得税额

=（纳税调整后所得−所得减免−弥补以前年度亏损）×25%−减免所得税额−抵免所得税额

=（纳税调整后所得−所得减免−弥补以前年度亏损）×25%−[（纳税调整后所得−所得减免−弥补以前年度亏损）×（25%−15%）−减半项目所得×50%×（25%−15%）]−抵免所得税额

=（800+2 600−650−600）×25%−［（800+2 600−650−600）×10%−（800−500）×50%×10%］−0=537.5−（215−15）=337.5（万元）

3.申报表的填报

（1）填报表A107020：甲公司的技术转让所得为1 000−200=800（万元），其中500万元免征，300万元减半征收，第11列“减免所得额”合计行次填报（见表8−10）。

表8−10　A107020　所得减免优惠明细表

行次	减免项目	项目名称	优惠事项名称	优惠方式	项目收入	项目成本	相关税费	应分摊期间费用	纳税调整额	项目所得额		减免所得额
										免税项目	减半项目	
		1	2	3	4	5	6	7	8	9	10	11（9+10×50%）
1	一、农、林、牧、渔业项目											
2												
3		小计	*	*								

续表

行次	减免项目	项目名称	优惠事项名称	优惠方式	项目收入	项目成本	相关税费	应分摊期间费用	纳税调整额	项目所得额		减免所得额
										免税项目	减半项目	
		1	2	3	4	5	6	7	8	9	10	11（9+10×50%）
4	二、国家重点扶持的公共基础设施项目											
5												
6		小计	*	*								
7	三、符合条件的环境保护、节能节水项目											
8												
9		小计	*	*								
10	四、符合条件的技术转让项目	A专利	*	*	10 000 000	2 000 000	0	0	0	*	*	*
11			*	*						*	*	*
12		小计		*	10 000 000	2 000 000	0	0	0	5 000 000	3 000 000	6 500 000
31	合计	*	*	*	10 000 000	2 000 000	0	0	0	5 000 000	3 000 000	6 500 000

（2）填报主表A100000第19行到25行如下（见表8-11）。

表8-11　A100000　　中华人民共和国企业所得税年度纳税申报表（A类）　　单位：元

行次	类别	项　　目	金额
14	应纳税所得额计算	减：境外所得（填写A108010）	
15		加：纳税调整增加额（填写A105000）	
16		减：纳税调整减少额（填写A105000）	
17		减：免税、减计收入及加计扣除（填写A107010）	
18		加：境外应税所得抵减境内亏损（填写A108000）	
19		四、纳税调整后所得（13-14+15-16-17+18）	34 000 000
20		减：所得减免（填写A107020）	6 500 000
21		减：弥补以前年度亏损（填写A106000）	6 000 000
22		减：抵扣应纳税所得额（填写A107030）	0
23		五、应纳税所得额（19-20-21-22）	21 500 000
24	应纳税额计算	税率（25%）	
25		六、应纳所得税额（23×24）	53 750 000
26		减：减免所得税额（填写A107040）	
27		减：抵免所得税额（填写A107050）	
28		七、应纳税额（25-26-27）	
29		加：境外所得应纳所得税额（填写A108000）	
30		减：境外所得抵免所得税额（填写A108000）	

续表

行次	类别	项　　目	金额
31	应纳税额计算	八、实际应纳所得税额（28+29-30）	
32		减：本年累计实际已缴纳的所得税额	
33		九、本年应补（退）所得税额（31-32）	
34		其中：总机构分摊本年应补（退）所得税额（填写A109000）	
35		财政集中分配本年应补（退）所得税额（填写A109000）	
36		总机构主体生产经营部门分摊本年应补（退）所得税额（填写A109000）	

（3）填报表A107040（见表8-12）。

表A107040第2行=表A100000第23行“应纳税所得额”×（25%-15%）=2 150×10%=215（万元）；

表A107040第29行“二十九、项目所得额按法定税率减半征收企业所得税叠加享受减免税优惠”金额，计算如下：

A=需要进行叠加调整的减免所得税优惠金额（表A107040中第1行到第28行的优惠金额，不包括免税行次和第21行）=215（万元）

B=A×［（减半项目所得×50%）÷（纳税调整后所得-所得减免）］

=215×［300×50%÷（3 400-650）］=11.72727（万元）

A和B的孰小值11.7273万元填报表A107040第29行，如表8-12、表8-13所示。

表8-12　A107040　　减免所得税优惠明细表　　单位：元

行次	项　　目	金额
1	一、符合条件的小型微利企业减免企业所得税	
2	二、国家需要重点扶持的高新技术企业减按15%的税率征收企业所得税（填写A107041）	2 150 000
29	二十九、减：项目所得额按法定税率减半征收企业所得税叠加享受减免税优惠	117 273
33	合计（1+2+…+28-29+30+31+32）	2 032 327

（4）再填入主表A100000（见表8-13）。

表8-13　A100000　　中华人民共和国企业所得税年度纳税申报表（A类）　单位：元

行次	类别	项　　目	金额
14	应纳税所得额计算	减：境外所得（填写A108010）	
15		加：纳税调整增加额（填写A105000）	
16		减：纳税调整减少额（填写A105000）	
17		减：免税、减计收入及加计扣除（填写A107010）	

续表

行次	类别	项　　目	金额
18	应纳税所得额计算	加：境外应税所得抵减境内亏损（填写A108000）	
19		四、纳税调整后所得（13-14+15-16-17+18）	34 000 000
20		减：所得减免（填写A107020）	6 500 000
21		减：弥补以前年度亏损（填写A106000）	6 000 000
22		减：抵扣应纳税所得额（填写A107030）	0
23		五、应纳税所得额（19-20-21-22）	21 500 000
24	应纳税额计算	税率（25%）	25%
25		六、应纳所得税额（23×24）	5 375 000
26		减：减免所得税额（填写A107040）	2 032 327
27		减：抵免所得税额（填写A107050）	0
28		七、应纳税额（25-26-27）	3 342 273
29		加：境外所得应纳所得税额（填写A108000）	
30		减：境外所得抵免所得税额（填写A108000）	
31		八、实际应纳所得税额（28+29-30）	
32		减：本年累计实际已缴纳的所得税额	
33		九、本年应补（退）所得税额（31-32）	

（五）不得叠加享受优惠案例

【例8-5】甲公司为从事农业开发的高新技术企业，2021年度取得各项所得为400万元，其中：海水养殖项目的项目收入为1 000万元，项目成本为800万元，相关税费用120万元，应分摊的期间费用150万元，纳税调整额-30万元，项目所得额-100万元；取得其他应税项目所得500万元，假设不考虑其他纳税调整事项，且该企业无以前年度亏损及投资抵扣优惠。当年符合高新技术企业优惠条件。

要求：计算可以享受的高新技术企业优惠，并填报相关申报表。

【解析】

甲企业2021年度应纳所得税额=（500-100）×15%=60（万元）

申报表填报如下：

（1）填报表A107020：甲企业所得减免项目亏损，第11列“减免所得额”合计行次填报0（见表8-14）。

表8–14　　　　所得减免优惠明细表　　　　单位：万元

行次	减免项目	项目名称	优惠事项名称	优惠方式	项目收入	项目成本	相关税费	应分摊期间费用	纳税调整额	项目所得额		减免所得额
										免税项目	减半项目	
		1	2	3	4	5	6	7	8	9	10	11（9+10×50%）
1	一、农、林、牧、渔业项目		海水养殖	减半征税	1 000	800	120	150	−30	0	0	0
2												
3		小计	*	*	1 000	800	120	150	−30	0	0	0
34	合计	*	*	*	1 000	800	120	150	−30	0	0	0

（2）表A107040的填报（见表8–15）。

表A107040第2行=表A100000第23行“应纳税所得额”×（25%−15%）=400×10%=40（万元）。

表A107040第29行填报金额计算如下：

A=需要进行叠加调整的减免所得税优惠金额（表A107040表中第1行到第28行的优惠金额，不包括免税行次和第21行）=40（万元）；

B=A×［（减半项目所得×50%）÷（纳税调整后所得−所得减免）］

=40×［（0×50%）÷（纳税调整后所得−所得减免）］=0

A和B的孰小值0填报表A107040第29行。

表8–15　A107040　　　　减免所得税优惠明细表　　　　单位：元

行次	项　目	金额
1	一、符合条件的小型微利企业减免企业所得税	
2	二、国家需要重点扶持的高新技术企业减按15%的税率征收企业所得税（填写A107041）	400 000
29	二十九、减：项目所得额按法定税率减半征收企业所得税叠加享受减免税优惠	0
33	合计（1+2+…+28−29+30+31+32）	400 000

（3）填报表A100000（见表8–16）。

应税项目与所得减免项目纳税调整后所得合计为：500−100=400（万元）。

表8-16 A100000 中华人民共和国企业所得税年度纳税申报表（A类） 单位：元

行次	类别	项 目	金额
14	应纳税所得额计算	减：境外所得（填写A108010）	
15		加：纳税调整增加额（填写A105000）	
16		减：纳税调整减少额（填写A105000）	
17		减：免税、减计收入及加计扣除（填写A107010）	
18		加：境外应税所得抵减境内亏损（填写A108000）	
19		四、纳税调整后所得（13–14+15–16–17+18）	4 000 000
20		减：所得减免（填写A107020）	0
21		减：弥补以前年度亏损（填写A106000）	0
22		减：抵扣应纳税所得额（填写A107030）	0
23		五、应纳税所得额（19–20–21–22）	4 000 000
24	应纳税额计算	税率（25%）	
25		六、应纳所得税额（23 × 24）	1 000 000
26		减：减免所得税额（填写A107040）	400 000
27		减：抵免所得税额（填写A107050）	0
28		七、应纳税额（25–26–27）	600 000

（六）小型微利企业不得叠加享受优惠案例

【例8–6】甲公司从事非国家限制或禁止行业，2021年度的资产总额、从业人数符合小型微利企业条件，纳税调整后所得400万元，其中300万元是符合所得减半征收条件的花卉种植项目所得。甲公司以前年度结转待弥补亏损为0，不享受其他减免所得税额的优惠政策。

要求：计算甲公司应纳税额并填报相关纳税申报表。

【解析】

甲公司应先选择享受项目所得减半优惠政策，再享受小型微利企业所得税优惠政策，并对叠加享受减免税优惠部分进行调整，计算步骤如表8–17所示：

表8–17 叠加享受减免优惠金额计算表 单位：万元

项目	计算
纳税调整后所得	400
所得减免	300 × 50%=150
弥补以前年度亏损	0
应纳税所得额	400–150=250
应纳所得税额	250 × 25%=62.5

续表

项目	计算
享受小型微利企业所得税优惠政策的减免税额	100×（25%-12.5%×20%）+（250-100）×（25%-50%×20%）=45
叠加享受减免优惠金额	A=45； B=45×［（300×50%）÷（400-150）］=27； A和B的孰小值=27
应纳税额	62.5-（45-27）=44.5

填写表A107020、表A107040与表A100000（见表8-18、表8-19、表8-20）。

表8-18　A107020　　所得减免优惠明细表　　单位：元

减免项目	项目名称	优惠事项名称	优惠方式	项目收入	项目成本	相关税费	应分摊期间费用	纳税调整额	项目所得额		减免所得额
									免税项目	减半项目	
	1	2	3	4	5	6	7	8	9	10	11（9+10×50%）
一、农、林、牧、渔业项目		花卉种植项目	减半征税						0	3 000 000	1 500 000
	小计	*	*						0	3 000 000	1 500 000
合计	*	*	*						0	3 000 000	1 500 000

表8-19　A107040　　减免所得税优惠明细表　　单位：元

行次	项　目	金　额
1	一、符合条件的小型微利企业减免企业所得税	450 000
2	二、国家需要重点扶持的高新技术企业减按15%的税率征收企业所得税（填写A107041）	
29	二十九、减：项目所得额按法定税率减半征收企业所得税叠加享受减免税优惠	270 000
33	合计（1+2+⋯+28-29+30+31+32）	180 000

表8-20　　A100000中华人民共和国企业所得税年度纳税申报表（A类）　　单位：元

行次	类别	项　目	金　额
14	应纳税所得额计算	减：境外所得（填写A108010）	
15		加：纳税调整增加额（填写A105000）	
16		减：纳税调整减少额（填写A105000）	
17		减：免税、减计收入及加计扣除（填写A107010）	
18		加：境外应税所得抵减境内亏损（填写A108000）	

续表

行次	类别	项目	金额
19	应纳税所得额计算	四、纳税调整后所得（13-14+15-16-17+18）	2 500 000
20		减：所得减免（填写A107020）	0
21		减：弥补以前年度亏损（填写A106000）	0
22		减：抵扣应纳税所得额（填写A107030）	0
23		五、应纳税所得额（19-20-21-22）	2 500 000
24	应纳税额计算	税率（25%）	25%
25		六、应纳所得税额（23 × 24）	625 000
26		减：减免所得税额（填写A107040）	270 000
27		减：抵免所得税额（填写A107050）	0
28		七、应纳税额（25-26-27）	445 000

【例8-7】乙公司从事非国家限制或禁止行业，2021年度的资产总额、从业人数符合小型微利企业条件，纳税调整后所得为1 000万元，其中符合所得减半征收条件的花卉养殖项目所得1 200万元，符合所得免税条件的林木种植项目所得100万元。乙公司以前年度结转待弥补亏损200万元，不享受其他减免所得税额的优惠政策。

要求：计算应纳税额并填报相关纳税申报表。

【解析】

乙公司应先选择享受项目所得减半优惠政策，再享受小型微利企业所得税优惠政策，并对叠加享受减免税优惠进行调整，计算步骤与结果如表8-21、表8-22、表8-23、表8-24所示。

表8-21 叠加享受减免优惠金额计算表 单位：万元

项目	计算
纳税调整后所得	1 000
所得减免	100+1 200 × 50%=700
弥补以前年度亏损	200
应纳税所得额	1 000-700-200=100
应纳所得税额	100 × 25%=25
小型微利企业所得税优惠政策减免税额	100 ×（25%-12.5% × 20%）=22.5
叠加享受减免优惠金额	A=22.5
	B=22.5 ×［（1 200 × 50%）÷（1 000-700）］=45
	A和B的孰小值=22.5
应纳税额	25-(22.5-22.5)=25

表8-22　A107020　　所得减免优惠明细表　　单位：元

减免项目	项目名称	优惠事项名称	优惠方式	项目收入	项目成本	相关税费	应分摊期间费用	纳税调整额	项目所得额		减免所得额
									免税项目	减半项目	
	1	2	3	4	5	6	7	8	9	10	11（9+10×50%）
一、农、林、牧、渔业项目		花卉种植项目	减半征税						0	12 000 000	6 000 000
		林木种植项目	免征						1 000 000		1 000 000
	小计	*	*						1 000 000		7 000 000
合计	*	*	*						1 000 000	12 000 000	7 000 000

表8-23　A107040　　减免所得税优惠明细表　　单位：元

行次	项　　目	金 额
1	一、符合条件的小型微利企业减免企业所得税	225 000
2	二、国家需要重点扶持的高新技术企业减按15%的税率征收企业所得税（填写A107041）	
29	二十九、减：项目所得额按法定税率减半征收企业所得税叠加享受减免税优惠	225 000
33	合计（1+2+…+28-29+30+31+32）	0

表8-24　　A100000中华人民共和国企业所得税年度纳税申报表（A类）　　单位：元

行次	类别	项　　目	金　额
14	应纳税所得额计算	减：境外所得（填写A108010）	
15		加：纳税调整增加额（填写A105000）	
16		减：纳税调整减少额（填写A105000）	
17		减：免税、减计收入及加计扣除（填写A107010）	
18		加：境外应税所得抵减境内亏损（填写A108000）	
19		四、纳税调整后所得（13-14+15-16-17+18）	10 000 000
20		减：所得减免（填写A107020）	7 000 000
21		减：弥补以前年度亏损（填写A106000）	2 000 000
22		减：抵扣应纳税所得额（填写A107030）	0
23		五、应纳税所得额（19-20-21-22）	1 000 000
24	应纳税额计算	税率（25%）	25%
25		六、应纳所得税额（23×24）	250 000
26		减：减免所得税额（填写A107040）	0
27		减：抵免所得税额（填写A107050）	0
28		七、应纳税额（25-26-27）	25 000

【例8-8】丙公司从事非国家限制或禁止行业，2021年度的资产总额、从业人数符合小型微利企业条件，纳税调整后所得500万元，其中符合所得减半征收条件的花卉养殖项目所得150万元，符合所得免税条件的林木种植项目所得300万元。丙公司以前年度结转待弥补亏损20万元，不享受其他减免所得税额的优惠政策。

要求：计算应纳的企业所得税金额并填报相关申报表。

【解析】

丙公司享受项目所得减半优惠政策、小型微利企业所得税优惠政策时，有2种处理方式，一种是享受小型微利企业所得税优惠政策，但不享受项目所得减半优惠政策；另一种是先选择享受项目所得减半优惠政策，再享受小型微利企业所得税优惠政策，并对叠加部分进行调整。计算步骤与结果如表8-所示。

表8-25　　叠加享受减免优惠金额计算表　　单位：万元

项目	享受小型微利企业所得税优惠政策，但不享受项目所得减半优惠政策	先选择享受项目所得减半优惠政策，再享受小型微利企业所得税优惠政策，并对叠加部分进行调整
纳税调整后所得	500	500
所得减免	300	300+150×50%=375
弥补以前年度亏损	20	20
应纳税所得额	500-300-20=180	500-375-20=105
应纳所得税额	180×25%=45	105×25%=26.25
小型微利企业所得税优惠政策减免税额	100×（25%-12.5%×20%）+（180-100）×（25%-50%×20%）=34.5	100×（25%-12.5%×20%）+（105-100）×（25%-50%×20%）=23.25
叠加享受减免优惠	0	A=23.25 B=23.25×［（150×50%）÷（500-375）］=13.95
A和B的孰小值=13.95		
应纳税额	45-34.5=10.5	26.25-（23.25-13.95）=16.95

由此可见，企业不选择享受项目所得减半优惠政策，只选择享受项目所得免税和小型微利企业优惠政策的，可以享受最大优惠力度。

综上，在申报时，对可以同时享受两类优惠政策的，建议纳税人根据自身实际情况综合分析，选择优惠力度最大的处理方式。

此时，填报表A107020、表A107040以及表A100000（见表2-26、表2-27和表2-28）。

表8-26　A107020　　所得减免优惠明细表　　单位：元

减免项目	项目名称	优惠事项名称	优惠方式	项目收入	项目成本	相关税费	应分摊期间费用	纳税调整额	项目所得额		减免所得额
									免税项目	减半项目	
	1	2	3	4	5	6	7	8	9	10	11（9+10×50%）
一、农、林、牧、渔业项目		林木种植项目	免征						3 000 000		3 000 000
	小计	*	*								
合计	*	*	*						3 000 000		3 000 000

表8-27　A107040　　减免所得税优惠明细表　　单位：元

行次	项　　目	金　额
1	一、符合条件的小型微利企业减免企业所得税	345 000
2	二、国家需要重点扶持的高新技术企业减按15%的税率征收企业所得税（填写A107041）	
29	二十九、减：项目所得额按法定税率减半征收企业所得税叠加享受减免税优惠	
33	合计（1+2+…+28-29+30+31+32）	345 000

表8-28　A100000　中华人民共和国企业所得税年度纳税申报表（A类）　单位：元

行次	类别	项　　目	金额
14	应纳税所得额计算	减：境外所得（填写A108010）	
15		加：纳税调整增加额（填写A105000）	
16		减：纳税调整减少额（填写A105000）	
17		减：免税、减计收入及加计扣除（填写A107010）	
18		加：境外应税所得抵减境内亏损（填写A108000）	
19		四、纳税调整后所得（13-14+15-16-17+18）	5 000 000
20		减：所得减免（填写A107020）	3 000 000
21		减：弥补以前年度亏损（填写A106000）	200 000
22		减：抵扣应纳税所得额（填写A107030）	0
23		五、应纳税所得额（19-20-21-22）	1 800 000
24	应纳税额计算	税率（25%）	25%
25		六、应纳所得税额（23×24）	450 000
26		减：减免所得税额（填写A107040）	345 000
27		减：抵免所得税额（填写A107050）	0
28		七、应纳税额（25-26-27）	105 000

十六、支持和促进重点群体创业就业企业限额减征企业所得税

（一）支持和促进重点群体创业就业企业限额减征企业所得税

根据《财政部 税务总局 人力资源社会保障部 国务院扶贫办关于进一步支持和促进重点群体创业就业有关税收政策的通知》（财税〔2019〕22号）第二条的规定，企业招用建档立卡贫困人口，以及在人力资源社会保障部门公共就业服务机构登记失业半年以上且持“就业创业证”或“就业失业登记证”（注明“企业吸纳税收政策”）的人员，与其签订1年以上期限劳动合同并依法缴纳社会保险费的，自签订劳动合同并缴纳社会保险当月起，在3年内按实际招用人数予以定额依次扣减增值税、城市维护建设税、教育费附加、地方教育附加和企业所得税优惠。定额标准为每人每年6 000元，最高可上浮30%，各省、自治区、直辖市人民政府可根据本地区实际情况在此幅度内确定具体定额标准。城市维护建设税、教育费附加、地方教育附加的计税依据是享受本项税收优惠政策前的增值税应纳税额。执行期限为2019年1月1日至2025年12月31日。

按上述标准计算的税收扣减额应在企业当年实际应缴纳的增值税、城市维护建设税、教育费附加、地方教育附加和企业所得税税额中扣减，当年扣减不完的，不得结转下年使用。

这里所称企业是指属于增值税纳税人或企业所得税纳税人的企业等单位。

国务院扶贫办在每年1月15日前将建档立卡贫困人口名单及相关信息提供给人力资源社会保障部、税务总局，税务总局将相关信息转发给各省、自治区、直辖市税务部门。人力资源社会保障部门依托全国扶贫开发信息系统核实建档立卡贫困人口身份信息。

根据财税〔2019〕22号文件第四条的规定，企业招用就业人员既可以适用该文件规定的税收优惠政策，又可以适用其他扶持就业专项税收优惠政策的，企业可以选择适用最优惠的政策，但不得重复享受。

根据财税〔2019〕22号文件第五条的规定，以前年度已享受重点群体创业就业税收优惠政策满3年的，不得再享受财税〔2019〕22号文件规定的税收优惠政策；以前年度享受重点群体创业就业税收优惠政策未满3年且符合规定条件的，可按规定享受优惠至3年期满。

（二）主要留存备查资料

支持和促进重点群体创业就业企业限额减征企业所得税，属于汇缴享受优惠事

项。纳税人年终汇算清缴享受优惠后，应准备的主要留存备查资料有：

（1）县以上人力资源社会保障部门核发的“企业实体吸纳失业人员认定证明”“持‘就业创业证’人员本年度实际工作时间表”；

（2）企业当年已享受增值税和附加税抵减税额优惠的证明资料。

（三）享受优惠的申报

表A107040第30行“三十、支持和促进重点群体创业就业企业限额减征企业所得税”：根据《财政部 税务总局 人力资源社会保障部 国务院扶贫办关于进一步支持和促进重点群体创业就业有关税收政策的通知》（财税〔2019〕22号）等规定，企业招用建档立卡贫困人口，以及在人力资源社会保障部门公共就业服务机构登记失业半年以上且持“就业创业证”或“就业失业登记证”（注明“企业吸纳税收政策”）的人员，与其签订1年以上期限劳动合同并依法缴纳社会保险费的，自签订劳动合同并缴纳社会保险当月起，在3年内按实际招用人数予以定额依次扣减增值税、城市维护建设税、教育费附加、地方教育附加和企业所得税优惠。定额标准为每人每年6 000元，最高可上浮30%，各省、自治区、直辖市人民政府可根据本地区实际情况在此幅度内确定具体定额标准。本行填报企业纳税年度终了时实际减免的增值税、城市维护建设税、教育费附加和地方教育附加小于核定的减免税总额部分，在企业所得税汇算清缴时扣减的企业所得税金额。当年扣减不完的，不再结转以后年度扣减。本行填报第30.1+30.2行的合计金额。

企业招用建档立卡贫困人口就业扣减企业所得税、企业招用登记失业半年以上人员就业扣减企业所得税，分别填报表A107040第30.1行、第30.2行。

也就是说，本行填报当年定额标准减去当年实际应缴的增值税、城市维护建设税、教育费附加后的余额（正数）与当年主表A100000第23行应纳税所得额×25%的孰小。如果当年定额标准减去当年应缴的增值税、城市维护建设税、教育费附加后的余额为负数，则不需要填本行。

十七、扶持自主就业退役士兵创业就业企业限额减征企业所得税

（一）扶持自主就业退役士兵创业就业企业限额减征企业所得税优惠

根据《财政部 税务总局 退役军人部关于进一步扶持自主就业退役士兵创业就业有关税收政策的通知》（财税〔2019〕21号）第二条的规定，企业招用自主就业退役士兵，与其签订1年以上期限劳动合同并依法缴纳社会保险费的，自签订劳动合同

并缴纳社会保险当月起，在3年内按实际招用人数予以定额依次扣减增值税、城市维护建设税、教育费附加、地方教育附加和企业所得税优惠。定额标准为每人每年6 000元，最高可上浮50%，各省、自治区、直辖市人民政府可根据本地区实际情况在此幅度内确定具体定额标准。

企业按招用人数和签订的劳动合同时间核算企业减免税总额，在核算减免税总额内每月依次扣减增值税、城市维护建设税、教育费附加和地方教育附加。企业实际应缴纳的增值税、城市维护建设税、教育费附加和地方教育附加小于核算减免税总额的，以实际应缴纳的增值税、城市维护建设税、教育费附加和地方教育附加为限；实际应缴纳的增值税、城市维护建设税、教育费附加和地方教育附加大于核算减免税总额的，以核算减免税总额为限。

纳税年度终了，如果企业实际减免的增值税、城市维护建设税、教育费附加和地方教育附加小于核算减免税总额，企业在企业所得税汇算清缴时以差额部分扣减企业所得税。当年扣减不完的，不再结转以后年度扣减。

自主就业退役士兵在企业工作不满1年的，应当按月换算减免税限额。计算公式为：

企业核算减免税总额＝∑每名自主就业退役士兵本年度在本单位工作月份÷12×具体定额标准

城市维护建设税、教育费附加、地方教育附加的计税依据是享受本项税收优惠政策前的增值税应纳税额。

自主就业退役士兵是指依照《退役士兵安置条例》（国务院 中央军委令第608号）的规定退出现役，并按自主就业方式安置的退役士兵。企业是指属于增值税纳税人或企业所得税纳税人的企业等单位。

根据财税〔2019〕21号文件第五条的规定，企业招用自主就业退役士兵既可以适用规定的税收优惠政策，又可以适用其他扶持就业专项税收优惠政策的，企业可以选择适用最优惠的政策，但不得重复享受。

（二）主要留存备查资料

扶持自主就业退役士兵创业就业企业限额减征企业所得税，属于汇算清缴享受的优惠事项。企业招用自主就业退役士兵享受税收优惠政策的，将以下资料留存备查：

（1）招用自主就业退役士兵的“中国人民解放军义务兵退出现役证”“中国人民解放军士官退出现役证”或“中国人民武装警察部队义务兵退出现役证”“中国人民

武装警察部队士官退出现役证”；

（2）企业与招用自主就业退役士兵签订的劳动合同（副本），为职工缴纳的社会保险费记录；

（3）自主就业退役士兵本年度在企业工作时间表。

（三）享受优惠的申报

表A107040第31行“三十一、扶持自主就业退役士兵创业就业企业限额减征企业所得税”：根据《财政部 税务总局 退役军人部关于进一步扶持自主就业退役士兵创业就业有关税收政策的通知》（财税〔2019〕21号）等规定，企业招用自主就业退役士兵，与其签订1年以上期限劳动合同并依法缴纳社会保险费的，自签订劳动合同并缴纳社会保险当月起，在3年内按实际招用人数予以定额依次扣减增值税、城市维护建设税、教育费附加、地方教育附加和企业所得税优惠。定额标准为每人每年6000元，最高可上浮50%，各省、自治区、直辖市人民政府可根据本地区实际情况在此幅度内确定具体定额标准。本行填报企业纳税年度终了时实际减免的增值税、城市维护建设税、教育费附加和地方教育附加小于核定的减免税总额部分、在企业所得税汇算清缴时扣减的企业所得税金额。当年扣减不完的，不再结转以后年度扣减。

十八、符合条件的公司型创投企业按照企业年末个人股东持股比例减免所得税

（一）中关村示范区公司型创投企业按照年末个人股东持股比例减免所得税

1.优惠政策内容

根据《财政部 税务总局 发展改革委 证监会关于中关村国家自主创新示范区公司型创业投资企业有关企业所得税试点政策的通知》（财税〔2020〕63号）第一条的规定，对北京市中关村国家自主创新示范区（以下简称“示范区”）内公司型创业投资企业，转让持有3年以上股权的所得占年度股权转让所得总额的比例超过50%的，按照年末个人股东持股比例减半征收当年企业所得税；转让持有5年以上股权的所得占年度股权转让所得总额的比例超过50%的，按照年末个人股东持股比例免征当年企业所得税。

上述两种情形下，应分别适用以下公式计算当年企业所得税免征额：

（1）转让持有3年以上股份的所得占年度股权转让所得总额的比例超过50%的：

企业所得税免征额=年末个人股东持股比例 × 本年度企业所得税应纳税额 ÷2

（2）转让持有5年以上股权的所得占年度股权转让所得总额的比例超过50%的：

企业所得税免征额=年末个人股东持股比例 × 本年度企业所得税应纳税额

2.享受优惠的公司型创业投资企业应符合的条件

财税〔2020〕63号文件第二条的规定，享受优惠的公司型创业投资企业，应同时符合以下条件：

（1）在示范区内注册成立，实行查账征收的居民企业。

（2）符合《创业投资企业管理暂行办法》（发展改革委等10部门令第39号）或者《私募投资基金监督管理暂行办法》（证监会令第105号）要求，并按照规定完成备案且规范运作。

（3）个人股东从公司型创业投资企业取得的股息红利按规定的纳税。

财税〔2020〕63号文件第三条规定，个人股东从公司型创业投资企业取得的股息红利，按照规定缴纳个人所得税。

（二）浦东新区特定区域公司型创投企业按年末个人股东持股比例减免所得税

1.优惠政策内容

根据《财政部 税务总局 发展改革委 证监会关于上海市浦东新区特定区域公司型创业投资企业有关企业所得税试点政策的通知》（财税〔2021〕53号，自2021年1月1日起实施。2021年1月1日前发生的股权投资，在通知规定的执行期内转让股权取得的所得符合该通知第1条规定的，适用该通知规定的税收政策）第1条的规定，对上海市浦东新区特定区域内公司型创业投资企业，转让持有3年以上股权的所得占年度股权转让所得总额的比例超过50%的，按照年末个人股东持股比例减半征收当年企业所得税；转让持有5年以上股权的所得占年度股权转让所得总额的比例超过50%的，按照年末个人股东持股比例免征当年企业所得税。

上述两种情形下，应分别适用以下公式计算当年企业所得税免征额：

（1）转让持有3年以上股权的所得占年度股权转让所得总额的比例超过50%的：

企业所得税免征额=年末个人股东持股比例 × 本年度企业所得税应纳税额 ÷2

（2）转让持有5年以上股权的所得占年度股权转让所得总额的比例超过50%的：

企业所得税免征额=年末个人股东持股比例 × 本年度企业所得税应纳税额

2.享受优惠的公司型创业投资企业应符合的条件

根据财税〔2021〕53号文件第二条的规定，享受优惠的公司型创业投资企业，应同时符合以下条件：

（1）在上海市浦东新区特定区域内注册成立，实行查账征收的居民企业。

（2）符合《创业投资企业管理暂行办法》（发展改革委等10部门令第39号）或者《私募投资基金监督管理暂行办法》（证监会令第105号）要求，并按照规定完成备案且规范运作。

这里所称上海市浦东新区特定区域是指中国（上海）自由贸易试验区、中国（上海）自由贸易试验区临港新片区浦东部分和张江科学城。其中：中国（上海）自由贸易试验区，按照《国务院关于印发进一步深化中国（上海）自由贸易试验区改革开放方案的通知》（国发〔2015〕21号）规定的地理范围执行；中国（上海）自由贸易试验区临港新片区浦东部分，按照《国务院关于印发中国（上海）自由贸易试验区临港新片区总体方案的通知》（国发〔2019〕15号）规定的地理范围中位于浦东的部分执行；张江科学城，按照《上海市人民政府关于印发〈上海市张江科学城发展“十四五”规划〉的通知》（沪府发〔2021〕11号）规定的地理范围执行。

3.个人股东取得的股息红利应按规定纳税

根据财税〔2021〕53号第4条的规定，个人股东从公司型创业投资企业取得的股息红利，按照规定缴纳个人所得税。

（三）享受优惠的申报

表A107040第32行“三十二、符合条件的公司型创投企业按照企业年末个人股东持股比例减免企业所得税（年末个人股东持股比例____%）”：根据《财政部 税务总局 发展改革委 证监会关于中关村国家自主创新示范区公司型创业投资企业有关企业所得税试点政策的通知》（财税〔2020〕63号）、《财政部 税务总局 发展改革委 证监会关于上海市浦东新区特定区域公司型创业投资企业有关企业所得税试点政策的通知》（财税〔2021〕53号）规定，符合条件的公司型创投企业按照企业年末个人股东持股比例减免企业所得税。本行填报企业所得税免征额。

纳税人填报该行次时，需填报符合条件的年末个人股东持股比例，保留至小数点后四位，并按百分数填报。

十九、受灾地区农村信用社免征企业所得税

根据《财政部 海关总署 国家税务总局关于支持芦山地震灾后恢复重建有关税收政策问题的通知》（财税〔2013〕58号）的规定，自2013年4月20日至2017年12月31日，对芦山受灾地区农村信用社免征企业所得税。

根据《财政部 海关总署 国家税务总局关于支持鲁甸地震灾后恢复重建有关税收

政策问题的通知》(财税〔2015〕27号)的规定,自2014年1月1日至2018年12月31日,鲁甸受灾地区农村信用社免征企业所得税。

对受灾地区农村信用社免征企业所得税(其中,芦山受灾地区政策执行期限自2013年4月20日起至2017年12月31日;鲁甸受灾地区政策执行期限自2014年1月1日至2018年12月31日),属于预缴享受优惠事项。其主要留存备查资料由省税务机关规定。

第二节 高新技术企业优惠

一、高新技术企业优惠政策

(一)国家需要重点扶持的高新技术企业优惠

1.高新技术企业低税率优惠

根据《企业所得税法》第二十八条的规定,国家需要重点扶持的高新技术企业,减按15%的税率征收企业所得税。

《企业所得税法》及其实施条例将我国新税法实施前对高新技术企业实行的15%税率优惠政策扩大到全国,以促进全国范围内高新技术企业加快技术创新和科技进步,推动我国产业升级,实现国民经济的可持续发展。

2.文化产业支撑技术等领域高新技术企业优惠

《财政部 海关总署 国家税务总局关于继续实施支持文化企业发展若干税收政策的通知》(财税〔2014〕85号,自2014年1月1日至2018年12月31日执行)规定,对从事文化产业支撑技术等领域的文化企业,按规定认定为高新技术企业的,减按15%的税率征收企业所得税;开发新技术、新产品、新工艺发生的研究开发费用,允许按照税收法律法规的规定,在计算应纳税所得额时加计扣除。文化产业支撑技术等领域的具体范围和认定工作由科技部、财政部、税务总局商中央宣传部等部门另行明确。

3.经济特区和浦东新区新设高新技术企业过渡性优惠

《国务院关于经济特区和上海浦东新区新设立高新技术企业实行过渡性税收优惠的通知》(国发〔2007〕40号)明确,根据《企业所得税法》第五十七条的有关规定,国务院决定对法律设置的发展对外经济合作和技术交流的特定地区,以及国务院已规定执行上述地区特殊政策的地区内新设立的国家需要重点扶持的高新技术企业,实行如下过渡性税收优惠：

（1）对经济特区和上海浦东新区内在2008年1月1日（含）之后完成登记注册的国家需要重点扶持的高新技术企业（以下简称“新设高新技术企业”），在经济特区和上海浦东新区内取得的所得，自取得第一笔生产经营收入所属纳税年度起，第一年至第二年免征企业所得税，第三年至第五年按照25%的法定税率减半征收企业所得税。

（2）经济特区和上海浦东新区内新设高新技术企业同时在经济特区和上海浦东新区以外的地区从事生产经营的，应当单独计算其在经济特区和上海浦东新区内取得的所得，并合理分摊企业的期间费用；没有单独计算的，不得享受企业所得税优惠。

（3）经济特区和上海浦东新区内新设高新技术企业在按照国发〔2007〕40号文件的规定享受过渡性税收优惠期间，由于重新认定或抽查不合格而不再具有高新技术企业资格的，从其不再具有高新技术企业资格年度起，停止享受过渡性税收优惠；以后再次被认定为高新技术企业的，不得继续享受或者重新享受过渡性税收优惠。

法律设置的发展对外经济合作和技术交流的特定地区，是指深圳、珠海、汕头、厦门和海南经济特区；国务院已规定执行上述地区特殊政策的地区，是指上海浦东新区。

4.经认定的高新技术企业可依规定申报享受优惠

依据《高新技术企业认定管理办法》认定的高新技术企业，可依照《企业所得税法》及其实施条例、《税收征收管理法》及其实施细则等有关规定，申报享受税收优惠政策。

企业获得高新技术企业资格后，自高新技术企业证书颁发之日所在年度起享受税收优惠，可依照规定到主管税务机关办理税收优惠手续。

5.享受高新技术企业优惠的起止时间

（1）高新技术企业享受优惠的期间。《高新技术企业认定管理办法》（国科发火〔2016〕32号（以下简称《办法》）第十条规定，企业获得高新技术企业资格后，自高新技术企业证书颁发之日所在年度起享受税收优惠，可依照《办法》第四条的规定到主管税务机关办理税收优惠手续。

《高新技术企业认定管理工作指引》（以下简称《工作指引》）第四条进一步规定，自认定当年起，企业可持高新技术企业证书及其复印件，按照《企业所得税法》及其实施条例、税收征收管理法及其实施细则、《办法》和《工作指引》等有关规定，到主管税务机关办理相关手续，享受税收优惠。

未取得高新技术企业资格或不符合《企业所得税法》及其实施条例、《税收征管法》及其实施细则，以及《办法》等有关规定条件的企业，不得享受高新技术企业税收优惠。

高新技术企业资格期满当年内，在通过重新认定前，其企业所得税暂按15%的税率预缴，在年度汇算清缴前未取得高新技术企业资格的，应按规定补缴税款。

根据《企业所得税法》的规定，企业所得税按纳税年度计算，因此高新技术企业也是按年享受税收优惠。而高新技术企业证书上注明的发证时间是具体日期，不一定是一个完整纳税年度，且有效期为3年。这就导致了企业享受优惠期间和高新技术企业认定证书的有效期不完全一致。

为此，《国家税务总局关于实施高新技术企业所得税优惠政策有关问题的公告》（2017年第24号，适用于2017年度及以后年度企业所得税汇算清缴）第一条第一款规定，企业获得高新技术企业资格后，自高新技术企业证书注明的发证时间所在年度起申报享受税收优惠。

例如，A企业取得的高新技术企业证书上注明的发证时间为2019年8月25日，A企业可自2019年度1月1日起连续3年享受高新技术企业税收优惠政策，即享受高新技术企业税收优惠政策的年度为2019年、2020年、2021年和2022年。

高新技术企业认定证书发放当年已开始享受税收优惠，则在期满当年应停止享受税收优惠。但鉴于其高新技术企业证书仍有可能处于有效期内，且继续取得高新技术企业资格的可能性非常大，为保障高新技术企业的利益、实现优惠政策的无缝衔接，国家税务总局公告2017年第24号第一条第二款规定，企业的高新技术企业资格期满当年，在通过重新认定前，其企业所得税暂按15%的税率预缴，在年底前仍未取得高新技术企业资格的，应按规定补缴相应期间的税款。

举例说明：B企业的高新技术企业证书在2021年4月20日到期，在2021年季度预缴时企业仍可按高新技术企业15%税率预缴。如果B企业在2021年年底前重新获得高新技术企业证书，其2021年度可继续享受税收优惠。如未重新获得高新技术企业证书，则应按25%的税率补缴少缴的税款。

（2）复核后不符合认定条件已享受优惠的追缴。《高新技术企业认定管理办法》第十六条规定，对已认定的高新技术企业，有关部门在日常管理过程中发现其不符合认定条件的，应提请认定机构复核。复核后确认不符合认定条件的，由认定机构取消其高新技术企业资格，并通知税务机关追缴其不符合认定条件年度起已享受的税收优惠。

（3）被取消高新技术企业资格后税款的追缴。根据《高新技术企业认定管理办法》（国科发火〔2016〕32号）第十九条的规定，因严重弄虚作假、重大安全、重大质量事故、严重环境违法行为、未按期报告重大变化、累计两年未填报年度发展情况报表，被取消其高新技术企业资格的企业，由认定机构通知税务机关按《税收征收管理法》及有关规定，追缴其自发生上述行为之日所属年度起已享受的高新技术企业税收优惠。

（4）日常管理中发现不符合条件的处理。对取得高新技术企业资格且享受税收优惠的高新技术企业，税务部门如在日常管理过程中发现其在高新技术企业认定过程中或享受优惠期间不符合《高新技术企业认定办法》第十一条规定的认定条件的，应提请认定机构复核。复核后确认不符合认定条件的，由认定机构取消其高新技术企业资格，并通知税务机关追缴其证书有效期内自不符合认定条件年度起已享受的税收优惠。

6.境外所得适用税率及税收抵免

根据《财政部 国家税务总局关于高新技术企业境外所得适用税率及税收抵免问题的通知》（财税〔2011〕47号）的规定，以境内、境外全部生产经营活动有关的研究开发费用总额、总收入、销售收入总额、高新技术产品（服务）收入等指标申请并经认定的高新技术企业，其来源于境外的所得可以享受高新技术企业所得税优惠政策，即对其来源于境外所得可以按照15%的优惠税率缴纳企业所得税，在计算境外抵免限额时，可按照15%的优惠税率计算境内外应纳税总额。

上述高新技术企业境外所得税收抵免的其他事项，仍按照《财政部 国家税务总局关于企业境外所得税收抵免有关问题的通知》（财税〔2009〕125号）和《财政部 税务总局关于完善企业境外所得税收抵免政策问题的通知》（财税〔2017〕84号）的有关规定执行。

这里所称高新技术企业，是指依照《企业所得税法》及其实施条例规定，经认定机构按照《高新技术企业认定管理办法》和《高新技术企业认定管理工作指引》认定取得高新技术企业证书，并正在享受企业所得税15%税率优惠的企业。

7.选择适用税率及减半征税

（1）过渡期优惠税率的适用与减半征税。《国家税务总局关于进一步明确企业所得税过渡期优惠政策执行口径问题的通知》（国税函〔2010〕157号）第一条“关于居民企业选择适用税率及减半征税的具体界定问题”规定：

①居民企业被认定为高新技术企业，同时又处于《国务院关于实施企业所得税过渡优惠政策的通知》（国发〔2007〕39号）第一条第三款规定享受企业所得税“两

免三减半”“五免五减半”等定期减免税优惠过渡期的，该居民企业的所得税适用税率可以选择依照过渡期适用税率并适用减半征税至期满，或者选择适用高新技术企业的15%税率，但不能享受15%税率的减半征税。

②居民企业被认定为高新技术企业，同时又符合软件生产企业和集成电路生产企业定期减半征收企业所得税优惠条件的，该居民企业的所得税适用税率可以选择适用高新技术企业的15%税率，也可以选择依照25%的法定税率减半征税，但不能享受15%税率的减半征税。

（2）西部大开发优惠的税率适用。根据《财政部 国家税务总局关于执行企业所得税优惠政策若干问题的通知》（财税〔2009〕69号）第一条的规定，执行《国务院关于实施企业所得税过渡优惠政策的通知》（国发〔2007〕39号）规定的过渡优惠政策及西部大开发优惠政策的企业，在定期减免税的减半期内，可以按照企业适用税率计算的应纳税额减半征税。

其他各类情形的定期减免税，除另有规定外，均应按照企业所得税25%的法定税率计算的应纳税额减半征税。

（二）高新技术企业的界定

1. 高新技术企业的界定

《高新技术企业认定管理办法》（国科发火〔2016〕32号印发）第二条规定，高新技术企业是指：在《国家重点支持的高新技术领域》（电子信息、生物与新医药、航空航天、新材料、高技术服务、新能源与节能、资源与环境、先进制造与自动化）内，持续进行研究开发与技术成果转化，形成企业核心自主知识产权，并以此为基础开展经营活动，在中国境内（不包括港、澳、台地区）注册的居民企业。

2. 国家需要重点扶持的高新技术企业

根据《国务院关于经济特区和上海浦东新区新设立高新技术企业实行过渡性税收优惠的通知》（国发〔2007〕40号）的规定，国家需要重点扶持的高新技术企业，是指拥有核心自主知识产权，同时符合《企业所得税法实施条例》第九十三条规定的条件，并按照《高新技术企业认定管理办法》认定的高新技术企业。

在2016年以前，根据《高新技术企业认定管理工作指引》（国科发火〔2008〕362号）的规定，依照《高新技术企业认定管理办法》《国家重点支持的高新技术领域》，结合本指引所认定的高新技术企业即为《企业所得税法》第二十八条所称的国家需要重点扶持的高新技术企业。

3. 中小高新技术企业

根据《国家税务总局关于实施创业投资企业所得税优惠问题的通知》（国税发

〔2009〕87号）第二条第三项的规定，创业投资企业投资的中小高新技术企业，除应按照规定，通过高新技术企业认定以外，还应符合职工人数不超过500人、年销售（营业）额不超过2亿元、资产总额不超过2亿元的条件。

4.高新技术企业资格有效期

根据《高新技术企业认定管理办法》（国科发火〔2016〕32号）第九条的规定，通过认定的高新技术企业，其资格自颁发证书之日起有效期为三年。

二、高新技术企业应符合的条件

根据《企业所得税法实施条例》第九十三条的规定，国家需要重点扶持的高新技术企业，是指拥有核心自主知识产权，并同时符合下列条件的企业：

（1）产品（服务）属于《国家重点支持的高新技术领域》规定的范围；

（2）研究开发费用占销售收入不低于规定比例；

（3）高新技术产品（服务）收入占企业总收入的比例不低于规定比例；

（4）科技人员占企业职工总数的比例不低于规定比例；

（5）高新技术企业认定管理办法规定的其他条件。

自2016年1月1日起，根据《高新技术企业认定管理办法》（国科发火〔2016〕32号）第十一条进一步的规定，认定为高新技术企业须同时满足以下条件：

1.企业申请认定时须注册成立一年以上。

2.企业通过自主研发、受让、受赠、并购等方式，获得对其主要产品（服务）在技术上发挥核心支持作用的知识产权的所有权。

3.对企业主要产品（服务）发挥核心支持作用的技术属于《国家重点支持的高新技术领域》规定的范围。

4.企业从事研发和相关技术创新活动的科技人员占企业当年职工总数的比例不低于10%。

5.企业近三个会计年度（实际经营期不满三年的按实际经营时间计算，下同）的研究开发费用总额占同期销售收入总额的比例符合如下要求：

（1）最近一年销售收入小于5 000万元（含）的企业，比例不低于5%；

（2）最近一年销售收入在5 000万元至2亿元（含）的企业，比例不低于4%；

（3）最近一年销售收入在2亿元以上的企业，比例不低于3%。

其中，企业在中国境内发生的研究开发费用总额占全部研究开发费用总额的比例不低于60%。

6.近一年高新技术产品（服务）收入占企业同期总收入的比例不低于60%。

7.企业创新能力评价应达到相应要求。

8.企业申请认定前一年内未发生重大安全、重大质量事故或严重环境违法行为。

（一）申请认定时须注册成立一年以上

根据《高新技术企业认定管理办法》（国科发火〔2016〕32号）第十一条的规定，认定为高新技术企业须符合的条件之一是：企业申请认定时须注册成立一年以上。

“须注册成立一年以上”，根据《工作指引》第三条第一款的规定，是指企业须注册成立365个日历天数以上。

（二）拥有核心自主知识产权的所有权

根据《企业所得税法实施条例》第九十三条的规定，国家需要重点扶持的高新技术企业必须拥有核心自主知识产权。

认定为高新技术企业须满足的第二个条件是：企业通过自主研发、受让、受赠、并购等方式，获得对其主要产品（服务）在技术上发挥核心支持作用的知识产权的所有权。

高新技术企业认定所指的知识产权须在中国境内授权或审批审定，并在中国法律的有效保护期内。知识产权权属人应为申请企业。不具备知识产权的企业不能认定为高新技术企业。

1.知识产权的取得方式

根据《高新技术企业认定管理办法》（国科发火〔2016〕32号）第十一条的规定，企业通过自主研发、受让、受赠、并购等方式，获得对其主要产品（服务）在技术上发挥核心支持作用的知识产权的所有权。因而，高新技术企业认定中知识产权所有权的取得方式，包括自主研发、受让、受赠、并购等方式。

2.知识产权的评价

高新技术企业认定中，对企业知识产权情况采用分类评价方式，其中：发明专利（含国防专利）、植物新品种、国家级农作物品种、国家新药、国家一级中药保护品种、集成电路布图设计专有权等按Ⅰ类评价；实用新型专利、外观设计专利、软件著作权等（不含商标）按Ⅱ类评价。

按Ⅱ类评价的知识产权在申请高新技术企业时，仅限使用一次。

在申请高新技术企业及高新技术企业资格存续期内，知识产权有多个权属人时，只能由一个权属人在申请时使用。

3.知识产权有效性的判定

申请认定时专利的有效性以企业申请认定前获得授权证书或授权通知书并能提供缴费收据为准。

发明、实用新型、外观设计、集成电路布图设计专有权可在国家知识产权局网站（http：//www.sipo.gov.cn）查询专利标记和专利号；国防专利须提供国家知识产权局授予的国防专利证书；植物新品种可在农业农村部植物新品种保护办公室网站（http：//www.cnpvp.cn）和国家林业和草原局植物新品种保护办公室网站（http：//www.cnpvp.net）查询；国家级农作物品种是指农业农村部国家农作物品种审定委员会审定公告的农作物品种；国家新药须提供国家药品监督管理局签发的新药证书；国家一级中药保护品种须提供国家药品监督管理局签发的中药保护品种证书；软件著作权可在国家版权局中国版权保护中心网站（http：//www.ccopyright.com.cn）查询软件著作权标记（亦称“版权标记”）。

与原办法相比，新《高新技术企业认定管理办法》调整认定条件中对知识产权的要求，取消原有“近三年内”获得知识产权的限制，同时取消原有“5年以上独占许可”获得知识产权的方式。既鼓励了企业自主研发，也有助于避免知识产权滥用，企业仍可通过技术转让等方式获得知识产权、促进科技成果转化和产业化，有利于更好地落实新修订的《促进科技成果转化法》。

（三）技术领域属于规定的范围

根据《高新技术企业认定管理办法》（国科发火〔2016〕32号）第十一条的规定，认定为高新技术企业须对企业主要产品（服务）发挥核心支持作用的技术属于《国家重点支持的高新技术领域》规定的范围。这是认定为高新技术企业须同时满足的第三个条件。

作为认定办法的附件，《国家重点支持的高新技术领域》在2016年亦作了相应修订，与原技术领域相比，主要有三个方面的变化。

1.扩充服务业支撑技术

如新增“检验检测认证技术”“现代体育服务支撑技术”“智慧城市服务支撑技术”等行业特征明显的内容，并对“研发与设计服务”“信息技术服务”“文化创意产业支撑技术”“电子商务与现代物流技术”等技术领域进行了补充。

2.增加相关领域新技术，淘汰落后技术

如新增“增材制造技术”“石墨烯制备与应用技术”“重大自然灾害监测、预警和应急处置关键技术”“新能源汽车试验测试及基础设施技术”等先进技术，并排除了落后的产业技术与产品内容。

3.增强内容的规范性和技术特点

突出领域的关键技术要求，尽可能去除产业类、产品化描述，加强领域间的协调，避免重复和遗漏，表述上更加准确、精炼、规范、专业。

（四）科技人员占比不低于10%

企业科技人员占比是企业科技人员数与职工总数的比值。

认定为高新技术企业须同时满足的第四个条件是：企业从事研发和相关技术创新活动的科技人员占企业当年职工总数的比例不低于10%。这里的“当年”是指企业申报前一个会计年度。

1.科技人员

企业科技人员是指直接从事研发和相关技术创新活动，以及专门从事上述活动的管理和提供直接技术服务的，累计实际工作时间在183天以上的人员，包括在职、兼职和临时聘用人员。

2.职工总数

企业职工总数包括企业在职、兼职和临时聘用人员。在职人员可以通过企业是否签订了劳动合同或缴纳社会保险费来鉴别；兼职、临时聘用人员全年须在企业累计工作183天以上。

3.统计方法

企业当年职工总数、科技人员数均按照全年月平均数计算。

月平均数=（月初数+月末数）÷2

全年月平均数=全年各月平均数之和 ÷12

年度中间开业或者终止经营活动的，以其实际经营期作为一个纳税年度确定上述相关指标。

这与小型微利企业优惠有关职工人数的规定不同，小型微利企业优惠中的职工人数，按全年季平均值确定。

考虑到目前企业研发形式日益多样，产学研合作逐步深入，研发外包、开放式众包等渐成趋势，企业越来越依靠外部力量开展研发活动，为更加适应企业研发创新的发展需求，新《高新技术企业认定管理办法》调整“科技人员占比”指标，将原“具有大学专科以上学历的科技人员占企业当年职工总数的30%以上，其中研发人员占企业当年职工总数的10%以上”的条件，调整为“企业从事研发和相关技术创新活动的科技人员占企业当年职工总数的比例不低于10%”。

（五）研究开发费用占比条件

企业研究开发费用占比，是企业近三个会计年度的研究开发费用总额占同期销售收入总额的比值。

高新技术企业须同时满足的第五个条件是：企业近三个会计年度（实际经营期不满三年的按实际经营时间计算，下同）的研究开发费用总额占同期销售收入总额的比例符合如下要求：

（1）最近一年销售收入小于5 000万元（含）的企业，比例不低于5%；

（2）最近一年销售收入在5 000万元至2亿元（含）的企业，比例不低于4%；

（3）最近一年销售收入在2亿元以上的企业，比例不低于3%。

其中，企业在中国境内发生的研究开发费用总额占全部研究开发费用总额的比例不低于60%。

这里的“近三个会计年度”，是指企业申报前的连续3个会计年度（不含申报年）；“最近一年”，是指企业申报前1个会计年度。

为了使更多中小企业享受到高新技术企业政策优惠，新《高新技术企业认定管理办法》调整“研发费用占销售收入比例”指标，将最近一年销售收入小于5 000万元（含）的企业研发费用总额占同期销售收入总额的比例由6%调整为5%，此举将使规模较小、研发投入相对较少的中小企业获益。

1.企业研究开发活动的确定

研究开发活动是指，为获得科学与技术（不包括社会科学、艺术或人文学）新知识，创造性运用科学技术新知识，或实质性改进技术、产品（服务）、工艺而持续进行的具有明确目标的活动。不包括企业对产品（服务）的常规性升级或对某项科研成果直接应用等活动（如直接采用新的材料、装置、产品、服务、工艺或知识等）。专家评价过程中可参考如下方法进行判断：

（1）行业标准判断法。若国家有关部门、全国（世界）性行业协会等具备相应资质的机构提供了测定科技“新知识”“创造性运用科学技术新知识”或“具有实质性改进的技术、产品（服务）、工艺”等技术参数（标准），则优先按此参数（标准）来判断企业所进行项目是否为研究开发活动。

（2）专家判断法。如果企业所在行业中没有发布公认的研发活动测度标准，则通过本行业专家进行判断。获得新知识、创造性运用新知识以及技术的实质改进，应当是取得被同行业专家认可的、有价值的创新成果，对本地区相关行业的技术进步具有推动作用。

（3）目标或结果判定法。在采用行业标准判断法和专家判断法不易判断企业是否发生了研发活动时，以本方法作为辅助。重点了解研发活动的目的、创新性、投入资源（预算），以及是否取得了最终成果或中间成果（如专利等知识产权或其他形式的科技成果）。

2.研究开发费用的归集范围

高新技术企业认定中，研究开发费用分为人员人工费用、直接投入费用、折旧费用与长期待摊费用、无形资产摊销费用、设计费用、装备调试费用与试验费用和其他相关费用七类，其归集范围如下：

（1）人员人工费用。人员人工费用，包括企业科技人员的工资薪金、基本养老保险费、基本医疗保险费、失业保险费、工伤保险费、生育保险费和住房公积金，以及外聘科技人员的劳务费用。

在财务处理与高新技术企业认定时，研究开发费用中的人员人工费用的归集范围列表如表8-29所示。

表8-29　人员人工费用、财务归集范围与高新技术企业认定归集范围

项目	财务归集范围	高新技术企业认定归集范围	差异分析
人员人工费用	企业在职研发人员的工资、奖金、津贴、补贴、社会保险费、住房公积金等人工费用以及外聘研发人员的劳务费用	包括企业科技人员的工资薪金、基本养老保险费、基本医疗保险费、失业保险费、工伤保险费、生育保险费和住房公积金，以及外聘科技人员的劳务费用	都不含补充保险支出

（2）直接投入费用。直接投入费用，是指企业为实施研究开发活动而实际发生的相关支出。包括：

①直接消耗的材料、燃料和动力费用；

②用于中间试验和产品试制的模具、工艺装备开发及制造费，不构成固定资产的样品、样机及一般测试手段购置费，试制产品的检验费；

③用于研究开发活动的仪器、设备的运行维护、调整、检验、检测、维修等费用，以及通过经营租赁方式租入的用于研发活动的固定资产租赁费。

（3）折旧费用与长期待摊费用。折旧费用，是指用于研究开发活动的仪器、设备和在用建筑物的折旧费。长期待摊费用，是指研发设施的改建、改装、装修和修理过程中发生的长期待摊费用。

在财务处理与高新技术企业认定时，研究开发费用中的折旧费用与长期待摊费用的归集范围列表如表8-30所示。

表8-30　折旧费用与长期待摊费用、财务处理与高新技术企业认定归集范围

项目		财务处理	高新技术企业认定归集范围	差异分析
折旧费用与长期待摊费用	折旧费用	用于研发活动的仪器、设备、房屋等固定资产的折旧费	折旧费用是指用于研究开发活动的仪器、设备和在用建筑物的折旧费	建筑物折旧高新技术企业认定时，限于在用建筑物
	长期待摊费用	—	长期待摊费用是指研发设施的改建、改装、装修和修理过程中发生的长期待摊费用	高新技术企业认定增加长期待摊费用子项目

（4）无形资产摊销费用。无形资产摊销费用是指用于研究开发活动的软件、知识产权、非专利技术（专有技术、许可证、设计和计算方法等）的摊销费用。

在财务处理与高新技术企业认定时，研究开发费用中的无形资产摊销费用的归集范围列表如表8–31所示。

表8–31　无形资产摊销费用、财务归集范围与高新技术企业认定归集范围

项目	财务归集范围	高新技术企业认定归集范围	差异分析
无形资产摊销	用于研发活动的软件、专利权、非专利技术等无形资产的摊销费用	无形资产摊销费用，是指用于研究开发活动的软件、知识产权、非专利技术（专有技术、许可证、设计和计算方法等）的摊销费用	财务上讲的是专利权而高新技术企业认定为知识产权

（5）设计费用。设计费用，是指为新产品和新工艺进行构思、开发和制造，进行工序、技术规范、规程制定、操作特性方面的设计等发生的费用。包括为获得创新性、创意性、突破性产品进行的创意设计活动发生的相关费用。

在财务处理与高新技术企业认定时，研究开发费用中的设计费用的归集范围列表如表8–32所示。

表8–32　设计费用、财务归集范围与高新技术企业认定归集范围

项目	财务归集范围	高新技术企业认定归集范围	研发费加计扣除	差异分析
设计费用	没有相关表述	是指为新产品和新工艺进行构思、开发和制造，进行工序、技术规范、规程制定、操作特性方面的设计等发生的费用。包括为获得创新性、创意性、突破性产品进行的创意设计活动发生的相关费用	新产品设计费、新工艺规程制定费、新药研制的临床试验费、勘探开发技术的现场试验费	计入高新技术企业认定范围，可加扣除，财务没有列明

（6）装备调试费用与试验费用。装备调试费用，是指工装准备过程中研究开发活动所发生的费用，包括研制特殊、专用的生产机器，改变生产和质量控制程序，或制定新方法及标准等活动所发生的费用。

为大规模批量化和商业化生产所进行的常规性工装准备和工业工程发生的费用不能计入归集范围。

试验费用包括新药研制的临床试验费、勘探开发技术的现场试验费、田间试验费等。

（7）其他相关费用。其他费用是指上述费用之外与研究开发活动直接相关的其他费用，包括技术图书资料费、资料翻译费、专家咨询费、高新科技研发保险费，研发成果的检索、论证、评审、鉴定、验收费用，知识产权的申请费、注册费、代理费，会议费，差旅费，通信费等。此项费用一般不得超过研究开发总费用的20%，另有规定的除外。

在财务处理与高新技术企业认定时，研究开发费用中的其他相关费用归集范围列表如表8-33所示。

表8-33　其他相关费用归集表

项目	财务归集范围	高新技术企业认定	研发费加计扣除	差异分析
其他相关费用	研发成果的论证、评审、验收、评估以及知识产权的申请费、注册费、代理费等费用 与研发活动直接相关的其他费用，包括技术图书资料费、资料翻译费、会议费、差旅费、办公费、外事费、研发人员培训费、培养费、专家咨询费、高新科技研发保险费用等	其他费用是指上述费用之外与研究开发活动直接相关的其他费用，包括技术图书资料费、资料翻译费、专家咨询费、高新科技研发保险费，研发成果的检索、论证、评审、鉴定、验收费用，知识产权的申请费、注册费、代理费，会议费、差旅费、通信费等。此项费用一般不得超过研究开发总费用的20%，另有规定的除外	其他相关费用指与研发活动直接相关的其他费用，如技术图书资料费、资料翻译费、专家咨询费、高新科技研发保险费，研发成果的检索、分析、评议、论证、鉴定、评审、评估、验收费用，知识产权的申请费、注册费、代理费，差旅费、会议费，职工福利费、补充养老保险费、补充医疗保险费	1.高新技术企业认定增加限额20%控制。而加计扣除实行限额10%控制 2.研发费加计扣除增加职工福利费、补充养老保险费、补充医疗保险费

3.委托外部研究开发费用

委托外部研究开发费用，是指企业委托境内外其他机构或个人进行研究开发活动所发生的费用（研究开发活动成果为委托方企业拥有，且与该企业的主要经营业务紧密相关）。委托外部研究开发费用的实际发生额应按照独立交易原则确定，按照实际发生额的80%计入委托方研发费用总额。

4.企业在中国境内发生的研究开发费用

企业在中国境内发生的研究开发费用，是指企业内部研究开发活动实际支出的全部费用与委托境内其他机构或个人进行的研究开发活动所支出的费用之和，不包括委托境外机构或个人完成的研究开发活动所发生的费用。受托研发的境外机构是指依照外国和地区（含港澳台）法律成立的企业和其他取得收入的组织；受托研发的境外个人是指外籍（含港澳台）个人。

纳税人在中国境内发生的研究开发费用总额占全部研究开发费用总额的比例不低于60%，即境外发生的研究开发费用总额占全部研究开发费用总额的比例不超过40%。

5.企业研究开发费用归集办法

企业应正确归集研发费用，由具有资质并符合相关规定条件的中介机构进行专项审计或鉴证。

企业的研究开发费用是以单个研发活动为基本单位分别进行测度并加总计算的。企业应对包括直接研究开发活动和可以计入的间接研究开发活动所发生的费用进行归集，并填写“高新技术企业认定申请书”中的“企业年度研究开发费用结构明细表”。

企业应按照“企业年度研究开发费用结构明细表”设置高新技术企业认定专用研究开发费用辅助核算账目，提供相关凭证及明细表，并按要求进行核算（见表8–34）。

表8–34　　企业年度研究开发费用结构明细表（按近三年每年分别填报）

年度　　　　单位：万元

科目　　研发项目编号 累计发生额	RD01	RD02	RD03	……	RD……	合计
内部研究开发费用						
其中：人员人工费用						
直接投入费用						
折旧费用与长期待摊费用						
无形资产摊销费用						
设计费用						
装备调试费用与试验费用						
其他费用						
委托外部研究开发费用						
其中：境内的外部研发费用						
研究开发费用（内、外部）小计						

企业填报人签字：　　　　日期：

6.销售收入

销售收入为主营业务收入与其他业务收入之和。

主营业务收入与其他业务收入按照企业所得税年度纳税申报表的口径计算。根据《企业所得税年度纳税申报表（A类，2017年版）填报说明》的规定，“一般企业收入明细表”（A101010）第1行“营业收入”：根据主营业务收入、其他业务收入的数额计算填报。

（六）高新技术产品（服务）收入占比条件

高新技术产品（服务）收入占比是指高新技术产品（服务）收入与同期总收入

的比值。

认定为高新技术企业须同时满足的第六个条件是：近一年高新技术产品（服务）收入占企业同期总收入的比例不低于60%。这里的“近一年”是指企业申报前1个会计年度。

1.高新技术产品（服务）与主要产品（服务）

高新技术产品（服务），是指对其发挥核心支持作用的技术属于《国家重点支持的高新技术领域》规定范围的产品（服务）。

主要产品（服务），是指高新技术产品（服务）中，拥有在技术上发挥核心支持作用的知识产权的所有权，且收入之和在企业同期高新技术产品（服务）收入中超过50%的产品（服务）。

2.高新技术产品（服务）收入

高新技术产品（服务）收入，是指企业通过研发和相关技术创新活动，取得的产品（服务）收入与技术性收入的总和。

认定为高新技术企业须满足的条件之六是，近一年高新技术产品（服务）收入占企业同期总收入的比例不低于60%。

对企业取得上述收入发挥核心支持作用的技术应属于《国家重点支持的高新技术领域》规定的范围。其中，技术性收入包括：

（1）技术转让收入。技术转让收入，指企业技术创新成果通过技术贸易、技术转让所获得的收入。

（2）技术服务收入。技术服务收入，指企业利用自己的人力、物力和数据系统等为社会和本企业外的用户提供技术资料、技术咨询与市场评估、工程技术项目设计、数据处理、测试分析及其他类型的服务所获得的收入。

（3）接受委托研究开发收入。接受委托研究开发收入，指企业承担社会各方面委托研究开发、中间试验及新产品开发所获得的收入。

企业应正确计算高新技术产品（服务）收入，由具有资质并符合相关规定条件的中介机构进行专项审计或鉴证。

3.总收入与收入总额

（1）总收入。总收入是指收入总额减去不征税收入。

收入总额与不征税收入按照《企业所得税法》及其实施条例的规定计算。

（2）收入总额。根据《企业所得税法》第六条的规定，企业以货币形式和非货币形式从各种来源取得的收入，为收入总额。包括：销售货物收入；提供劳务收入；转让财产收入；股息、红利等权益性投资收益；利息收入；租金收入；特许权使用费收入；接受捐赠收入；其他收入。

4.不征税收入

根据《企业所得税法》第七条的规定，收入总额中的下列收入为不征税收入：财政拨款；依法收取并纳入财政管理的行政事业性收费、政府性基金；国务院规定的其他不征税收入。

此外，高新技术企业认定中，销售收入总额是指企业的主营业务收入与其他业务收入之和。

（七）企业创新能力评价达到相应要求

认定为高新技术企业须同时满足的第七个条件是：企业创新能力评价应达到相应要求。企业创新能力主要从知识产权、科技成果转化能力、研究开发组织管理水平、企业成长性等四项指标进行评价。各级指标均按整数打分，满分为100分，综合得分达到70分以上（不含70分）为符合认定要求。四项指标分值结构详见表8–35。

表8–35　　指标分值结构

序号	指 标	分值
1	知识产权	≤30
2	科技成果转化能力	≤30
3	研究开发组织管理水平	≤20
4	企业成长性	≤20

1.知识产权（≤30分）

由技术专家对企业申报的知识产权是否符合《认定办法》和《工作指引》要求，进行定性与定量结合的评价（见表8–36）。

表8–36　　知识产权相关评价指标及分值

序号	知识产权相关评价指标	分值
1	技术的先进程度	≤8
2	对主要产品（服务）在技术上发挥核心支持作用	≤8
3	知识产权数量	≤8
4	知识产权获得方式	≤6
5	（作为参考条件，最多加2分） 企业参与编制国家标准、行业标准、检测方法、技术规范的情况	≤2

（1）技术的先进程度

A. 高（7—8分）　B. 较高（5—6分）　C. 一般（3—4分）

D. 较低（1—2分）　E. 无（0分）

（2）对主要产品（服务）在技术上发挥核心支持作用

A. 强（7—8分）　B. 较强（5—6分）　C. 一般（3—4分）

D. 较弱（1—2分）　E. 无（0分）

（3）知识产权数量

A. 1项及以上（Ⅰ类）（7—8分）　B. 5项及以上（Ⅱ类）（5—6分）

C. 3—4项（Ⅱ类）（3—4分）　D. 1—2项（Ⅱ类）（1—2分）

E. 0项（0分）

（4）知识产权获得方式

A. 有自主研发（1—6分）　B. 仅有受让、受赠和并购等（1—3分）

（5）企业参与编制国家标准、行业标准、检测方法、技术规范的情况（此项为加分项，加分后“知识产权”总分不超过30分。相关标准、方法和规范须经国家有关部门认证认可）。

A. 是（1—2分）　B. 否（0分）

2. 科技成果转化能力（≤30分）

依照《促进科技成果转化法》的规定，科技成果是指通过科学研究与技术开发所产生的具有实用价值的成果（专利、版权、集成电路布图设计等）。科技成果转化是指为提高生产力水平而对科技成果进行的后续试验、开发、应用、推广直至形成新产品、新工艺、新材料，发展新产业等活动。

科技成果转化形式包括：自行投资实施转化；向他人转让该技术成果；许可他人使用该科技成果；以该科技成果作为合作条件，与他人共同实施转化；以该科技成果作价投资、折算股份或者出资比例；以及其他协商确定的方式。

由技术专家根据企业科技成果转化总体情况和近3年内科技成果转化的年平均数进行综合评价。同一科技成果分别在国内外转化的，或转化为多个产品、服务、工艺、样品、样机等的，只计为一项。

A. 转化能力强，≥5项（25—30分）　B. 转化能力较强，≥4项（19—24分）

C. 转化能力一般，≥3项（13—18分）　D. 转化能力较弱，≥2项（7—12分）

E. 转化能力弱，≥1项（1—6分）　F. 转化能力无，0项（0分）

3. 研究开发组织管理水平（≤20分）

由技术专家根据企业研究开发与技术创新组织管理的总体情况，结合以下几项评价，进行综合打分。

（1）制定了企业研究开发的组织管理制度，建立了研发投入核算体系，编制了研发费用辅助账；（≤6分）

（2）设立了内部科学技术研究开发机构并具备相应的科研条件，与国内外研究开发机构开展多种形式产学研合作；（≤6分）

（3）建立了科技成果转化的组织实施与激励奖励制度，建立开放式的创新创业平台；（≤4分）

（4）建立了科技人员的培养进修、职工技能培训、优秀人才引进，以及人才绩效评价奖励制度。（≤4分）

4.企业成长性（≤20分）

由财务专家选取企业净资产增长率、销售收入增长率等指标对企业成长性进行评价。企业实际经营期不满三年的按实际经营时间计算。计算方法如下：

（1）净资产增长率

$$\text{净资产增长率}=1/2\times(\text{第二年末净资产}\div\text{第一年末净资产}+\text{第三年末净资产}\div\text{第二年末净资产})-1$$

$$\text{净资产}=\text{资产总额}-\text{负债总额}$$

资产总额、负债总额应以具有资质的中介机构鉴证的企业会计报表期末数为准。

（2）销售收入增长率

$$\text{销售收入增长率}=1/2\times(\text{第二年销售收入}\div\text{第一年销售收入}+\text{第三年销售收入}\div\text{第二年销售收入})-1$$

企业净资产增长率或销售收入增长率为负的，按0分计算。第一年末净资产或销售收入为0的，按后两年计算；第二年末净资产或销售收入为0的，按0分计算。

以上两个指标分别对照表8-37评价档次（ABCDEF）得出分值，两项得分相加计算出企业成长性指标综合得分。

表8-37　　企业成长性指标评价表

成长性得分	指标赋值	分数					
		≥35%	≥25%	≥15%	≥5%	>0	≤0
≤20分	净资产增长率赋值≤10分	A 9-10分	B 7-8分	C 5-6分	D 3-4分	E 1-2分	F 0分
	销售收入增长率赋值≤10分						

（八）安全生产和环境保护条件

认定为高新技术企业须同时满足的第八个条件是：企业申请认定前一年内未发

生重大安全、重大质量事故或严重环境违法行为。

这里“申请认定前一年内”是指申请前的365天之内（含申报年）。

需要说明的是，高新技术企业的“认定条件”是较为宽泛的概念，既包括高新技术企业认定时的条件，也包括享受税收优惠期间的条件。

三、认定程序与组织实施

高新技术企业认定管理工作应遵循突出企业主体、鼓励技术创新、实施动态管理、坚持公平公正的原则。高新技术企业认定程序包括企业申请、专家评审和审查认定。

（一）企业申请

企业对照《高新技术企业认定管理办法》进行自我评价。认为符合认定条件的在“高新技术企业认定管理工作网”注册登记，向认定机构提出认定申请。

企业申请可以进一步细分为自我评价、注册登记和提交材料。

1. 自我评价

企业应对照《认定办法》和《工作指引》进行自我评价。认为符合条件的，按照《认定办法》《工作指引》等有关规定准备企业申请材料以及参与本企业认定审计或鉴证工作的中介机构的资质条件证明材料。

2. 注册登记

企业登录“高新技术企业认定管理工作网”（网址：www.innocom.gov.cn），按要求填写“企业注册登记表”，并通过网络系统提交至认定机构。认定机构核对企业注册信息，在网络系统上确认激活后，企业可以开展后续申报工作。

3. 提交材料

企业登录“高新技术企业认定管理工作网”，按要求填写“高新技术企业认定申请书”，通过网络系统提交至认定机构，并向认定机构提交下列书面材料：

（1）“高新技术企业认定申请书”（在线打印并签名、加盖企业公章）；

（2）证明企业依法成立的“营业执照”等相关注册登记证件的复印件；

（3）知识产权相关材料（知识产权证书及反映技术水平的证明材料、参与制定标准情况等）、科研项目立项证明（已验收或结题项目须附验收或结题报告）、科技成果转化（总体情况与转化形式、应用成效的逐项说明）、研究开发组织管理（总体情况与四项指标符合情况的具体说明）等相关材料；

（4）企业高新技术产品（服务）的关键技术和技术指标的具体说明，相关的生产批文、认证认可和资质证书、产品质量检验报告等材料；

（5）企业职工和科技人员情况说明材料，包括在职、兼职和临时聘用人员人数、人员学历结构、科技人员名单及其工作岗位等；

（6）经具有资质并符合《工作指引》相关条件的中介机构出具的企业近三个会计年度（实际年限不足三年的按实际经营年限，下同）研究开发费用、近一个会计年度高新技术产品（服务）收入专项审计或鉴证报告，并附研究开发活动说明材料；

（7）经具有资质的中介机构鉴证的企业近三个会计年度的财务会计报告（包括会计报表、会计报表附注和财务情况说明书）；

（8）近三个会计年度企业所得税年度纳税申报表（包括主表及附表）。

对涉密企业，须将申请认定高新技术企业的申报材料做脱密处理，确保涉密信息安全。

（二）专家评审

认定机构应在符合评审要求的专家中，随机抽取组成专家组。专家组对企业申报材料进行评审，提出评审意见。

认定机构收到企业申请材料后，根据企业主营产品（服务）的核心技术所属技术领域在符合评审要求的专家中，随机抽取专家组成专家组，对每个企业的评审专家不少于5人（其中技术专家不少于60%，并至少有1名财务专家）。每名技术专家单独填写“高新技术企业认定技术专家评价表”，每名财务专家单独填写“高新技术企业认定财务专家评价表”，专家组长汇总各位专家分数，按分数平均值填写“高新技术企业认定专家组综合评价表”。具备条件的地区可进行网络评审。

（三）审查认定

认定机构结合专家组评审意见，对申请企业进行综合审查，提出认定意见并报领导小组办公室。认定企业由领导小组办公室在“高新技术企业认定管理工作网”公示10个工作日，无异议的，予以备案，并在“高新技术企业认定管理工作网”公告，由认定机构向企业颁发统一印制的“高新技术企业证书”；有异议的，由认定机构进行核实处理。

审查认定具体可细分为认定报备和公示公告。

1. 认定报备

认定机构结合专家组评审意见，对申请企业申报材料进行综合审查（可视情况对部分企业进行实地核查），提出认定意见，确定认定高新技术企业名单，报领导小组办公室备案，报送时间不得晚于每年11月底。

2.公示公告

经认定报备的企业名单，由领导小组办公室在“高新技术企业认定管理工作网”公示10个工作日。无异议的，予以备案，认定时间以公示时间为准，核发证书编号，并在“高新技术企业认定管理工作网”上公告企业名单，由认定机构向企业颁发统一印制的“高新技术企业证书”（加盖认定机构科技、财政、税务部门公章）；有异议的，须以书面形式实名向领导小组办公室提出，由认定机构核实处理。

领导小组办公室对报备企业可进行随机抽查，对存在问题的企业交由认定机构核实情况并提出处理建议。

（四）认定组织与实施

科技部、财政部、税务总局负责全国高新技术企业认定工作的指导、管理和监督。

1.领导小组

科技部、财政部、税务总局组成全国高新技术企业认定管理工作领导小组（以下简称“领导小组”），其主要职责为：

（1）确定全国高新技术企业认定管理工作方向，审议高新技术企业认定管理工作报告；

（2）协调、解决认定管理及相关政策落实中的重大问题；

（3）裁决高新技术企业认定管理事项中的重大争议，监督、检查各地区认定管理工作，对发现的问题指导整改。

2.领导小组办公室

领导小组下设办公室，由科技部、财政部、税务总局相关人员组成，办公室设在科技部，其主要职责为：

（1）提交高新技术企业认定管理工作报告，研究提出政策完善建议；

（2）指导各地区高新技术企业认定管理工作，组织开展对高新技术企业认定管理工作的监督检查，对发现的问题提出整改处理建议；

（3）负责各地区高新技术企业认定工作的备案管理，公布认定的高新技术企业名单，核发高新技术企业证书编号；

（4）建设并管理“高新技术企业认定管理工作网”（http：//www.innocom.gov.cn/）；

（5）完成领导小组交办的其他工作。

全国高新技术企业认定管理工作领导小组办公室设在科技部火炬高技术产业开发中心，由科技部、财政部、税务总局相关人员组成，负责处理日常工作。

3.认定机构

各省、自治区、直辖市、计划单列市科技行政管理部门同本级财政、税务部门组成本地区高新技术企业认定管理机构（以下简称“认定机构”）。认定机构下设办公室，由省级、计划单列市科技、财政、税务部门相关人员组成，办公室设在省级、计划单列市科技行政主管部门。认定机构组成部门应协同配合、认真负责地开展高新技术企业认定管理工作。

认定机构的主要职责为：

（1）负责本行政区域内的高新技术企业认定工作，每年向领导小组办公室提交本地区高新技术企业认定管理工作报告；

（2）负责将认定后的高新技术企业按要求报领导小组办公室备案，向通过备案的企业颁发高新技术企业证书；

（3）负责遴选参与认定工作的评审专家（包括技术专家和财务专家），并加强监督管理；

（4）负责对已认定企业进行监督检查，受理、核实并处理复核申请及有关举报等事项，落实领导小组及其办公室提出的整改建议；

（5）完成领导小组办公室交办的其他工作。

4. 中介机构

专项审计报告或鉴证报告（以下统称“专项报告”）应由符合条件的中介机构出具。企业可自行选择符合条件的中介机构。中介机构应符合的条件包括：

（1）具备独立执业资格，成立三年以上，近三年内无不良记录。

（2）承担认定工作当年的注册会计师或税务师人数占职工全年月平均人数的比例不低于30%，全年月平均在职职工人数在20人以上。

（3）相关人员应具有良好的职业道德，了解国家科技、经济及产业政策，熟悉高新技术企业认定工作有关要求。

接受企业委托，委派具备资格的相关人员，依据《认定办法》和《工作指引》客观公正地对企业的研究开发费用和高新技术产品（服务）收入进行专项审计或鉴证，出具专项报告。

中介机构及相关人员应坚持原则，办事公正，据实出具专项报告，对工作中出现严重失误或弄虚作假等行为的，由认定机构在“高新技术企业认定管理工作网”上公告，自公告之日起三年内不得参与高新技术企业认定相关工作。

5. 专家

专家应具备如下条件：

（1）具有中华人民共和国公民资格，并在中国大陆境内居住和工作。

（2）技术专家应具有高级技术职称，并具有技术领域内相关专业背景和实践经验，对该技术领域的发展及市场状况有较全面的了解。财务专家应具有相关高级技术职称，或具有注册会计师或税务师资格且从事财税工作十年以上。

（3）具有良好的职业道德，坚持原则，办事公正。

（4）了解国家科技、经济及产业政策，熟悉高新技术企业认定工作有关要求。

专家库及专家选取办法为：

（1）认定机构应建立专家库（包括技术专家和财务专家），实行专家聘任制和动态管理，备选专家应不少于评审专家的3倍。

（2）认定机构根据企业主营产品（服务）的核心技术所属技术领域随机抽取专家，组成专家组，并指定1名技术专家担任专家组组长，开展认定评审工作。

专家的职责是：

（1）审查企业的研究开发活动（项目）、年度财务会计报告和专项报告等是否符合《认定办法》及《工作指引》的要求。

（2）按照《认定办法》及《工作指引》的规定，评审专家对企业申报信息进行独立评价。技术专家应主要侧重于对企业知识产权、研究开发活动、主营业务、成果转化及高新技术产品（服务）等情况进行评价打分；财务专家应参照中介机构提交的专项报告、企业的财务会计报告和纳税申报表等进行评价打分。

（3）在各评审专家独立评价的基础上，由专家组进行综合评价。

专家的纪律为：

（1）应按照规定，独立、客观、公正地对企业进行评价，并签订承诺书。

（2）评审与其有利益关系的企业时，应主动申明并回避。

（3）不得披露、使用申请企业的技术经济信息和商业秘密，不得复制保留或向他人扩散评审材料，不得泄露评审结果。

（4）不得利用其特殊身份和影响，采取非正常手段为申请企业认定提供便利。

（5）认定评审期间，未经认定机构许可不得擅自与企业联系或进入企业调查。

（6）不得收受申请企业给予的好处和利益。

一经发现违反上述规定，由认定机构取消其参与高新技术企业认定工作资格。

四、监督管理

（一）随机抽查和重点检查

1. 随机抽查和重点检查机制

科技部、财政部、税务总局建立随机抽查和重点检查机制，加强对各地高新技术企业认定管理工作的监督检查。对存在问题的认定机构提出整改意见并限期改正，问题严重的给予通报批评，逾期不改的暂停其认定管理工作。

2. 重点检查

根据认定管理工作需要，科技部、财政部、税务总局可组织专家对各地高新技术企业认定管理工作进行重点检查，对存在问题的视情况给予相应处理。

（二）企业年报

1. 按年报告年度发展情况

《高新技术企业认定管理办法》（国科发火〔2016〕32号）第十三条规定，企业获得高新技术企业资格后，应于每年5月底前在“高新技术企业认定管理工作网”填报上一年度知识产权、科技人员、研发费用、经营收入等年度发展情况报表。

2. 未按规定报送年报的处理

根据《工作指引》第五条第（二）款的规定，企业获得高新技术企业资格后，在其资格有效期内应于每年5月底前通过“高新技术企业认定管理工作网”，报送上一年度知识产权、科技人员、研发费用、经营收入等年度发展情况报表；在同一高新技术企业资格有效期内，企业累计两年未按规定时限报送年度发展情况报表的，由认定机构取消其高新技术企业资格，在“高新技术企业认定管理工作网”上公告。

认定机构应提醒、督促企业及时填报年度发展情况报表，并协助企业处理填报过程中的相关问题。

（三）更名与重大变化

1. 更名与重大变化的报告

《高新技术企业认定管理办法》（国科发火〔2016〕32号）第十七条规定，高新技术企业发生更名或与认定条件有关的重大变化（如分立、合并、重组以及经营业务发生变化等），应在三个月内向认定机构报告。经认定机构审核符合认定条件的，其高新技术企业资格不变，对于企业更名的，重新核发认定证书，编号与有效期不变；不符合认定条件的，自更名或条件变化年度起取消其高新技术企业资格。

根据《工作指引》第五条第四款的规定，高新技术企业发生名称变更或与认定条件有关的重大变化（如分立、合并、重组以及经营业务发生变化等），应在发生之日起三个月内向认定机构报告，在“高新技术企业认定管理工作网”上提交“高新技术企业名称变更申请表”，并将打印出的“高新技术企业名称变更申请表”与相关证明材料报认定机构，由认定机构负责审核企业是否仍符合高新技术企业条件。

企业仅发生名称变更，不涉及重大变化，符合高新技术企业认定条件的，由认定机构在本地区公示10个工作日。无异议的，由认定机构重新核发认定证书，编号与有效期不变，并在“高新技术企业认定管理工作网”上公告；有异议的或有重大变化的（无论名称变更与否），由认定机构按《认定办法》第十一条进行核实处理，不符合认定条件的，自更名或条件变化年度起取消其高新技术企业资格，并在“高新技术企业认定管理工作网”上公告。

2.未按规定报告的处理

根据《高新技术企业认定管理办法》第十九条的规定，未按期报告与认定条件有关重大变化情况，或累计两年未填报年度发展情况报表的，由认定机构取消其高新技术企业资格。

（四）异地迁移或搬迁

《高新技术企业认定管理办法》（国科发火〔2016〕32号）第十八条规定，跨认定机构管理区域整体迁移的高新技术企业，在其高新技术企业资格有效期内完成迁移的，其资格继续有效；跨认定机构管理区域部分搬迁的，由迁入地认定机构重新认定。

根据《工作指引》第五条第五款的规定：整体迁移，是指符合《中华人民共和国公司登记管理条例》第二十九条（即公司变更住所的，应当在迁入新住所前申请变更登记，并提交新住所使用证明。公司变更住所跨公司登记机关辖区的，应当在迁入新住所前向迁入地公司登记机关申请变更登记；迁入地公司登记机关受理的，由原公司登记机关将公司登记档案移送迁入地公司登记机关）所述情况。

跨认定机构管理区域整体迁移的高新技术企业须向迁入地认定机构提交有效期内的“高新技术企业证书”及迁入地工商等登记管理机关核发的完成迁入的相关证明材料。

完成整体迁移的，其高新技术企业资格和“高新技术企业证书”继续有效，编号与有效期不变。由迁入地认定机构给企业出具证明材料，并在“高新技术企业认定管理工作网”上公告。

（五）复核、核实与审核

1.复核申请与处理

根据《工作指引》第五条第三款的规定，对已认定的高新技术企业，有关部门在日常管理过程中发现其不符合认定条件的，应以书面形式提请认定机构复核。复核后确认不符合认定条件的，由认定机构取消其高新技术企业资格，并通知税务机关追缴其不符合认定条件年度起已享受的税收优惠。

属于对是否符合《认定办法》第十一条（认定条件，第五款除外）、第十七条（更名或重大变化）、第十八条（整体迁移或部分搬迁）和第十九条（取消高新技术企业资格）情况的企业，按《认定办法》的规定办理；属于对是否符合《认定办法》第十一条第五款（研发费用占比）产生异议的，应以问题所属年度和前两个会计年度（实际经营不满三年的按实际经营时间计算）的研究开发费用总额与同期销售收入总额之比是否符合《认定办法》第十一条第五款规定进行复核。

2. 有关部门提出复核的处理

《高新技术企业认定管理办法》（国科发火〔2016〕32号）第十六条规定，对已认定的高新技术企业，有关部门在日常管理过程中发现其不符合认定条件的，应提请认定机构复核。复核后确认不符合认定条件的，由认定机构取消其高新技术企业资格，并通知税务机关追缴其不符合认定条件年度起已享受的税收优惠。

3. 公示有异议的核实处理

《高新技术企业认定管理办法》（国科发火〔2016〕32号）第十二条规定，认定机构结合专家组评审意见，对申请企业进行综合审查，提出认定意见并报领导小组办公室。认定企业由领导小组办公室在“高新技术企业认定管理工作网”公示10个工作日，无异议的，予以备案，并在“高新技术企业认定管理工作网”公告，由认定机构向企业颁发统一印制的“高新技术企业证书”；有异议的，由认定机构进行核实处理。

4. 发生重大变化后的审核处理

《高新技术企业认定管理办法》（国科发火〔2016〕32号）第十七条规定，高新技术企业发生更名或与认定条件有关的重大变化（如分立、合并、重组以及经营业务发生变化等）应在三个月内向认定机构报告。经认定机构审核符合认定条件的，其高新技术企业资格不变，对于企业更名的，重新核发认定证书，编号与有效期不变；不符合认定条件的，自更名或条件变化年度起取消其高新技术企业资格。

（六）高新技术企业资格的取消

1. 应取消高新技术企业资格的情形

自2016年1月1日起，根据《高新技术企业认定管理办法》（国科发火〔2016〕32号）第十九条的规定，已认定的高新技术企业有下列行为之一的，由认定机构取消其高新技术企业资格：

（1）在申请认定过程中存在严重弄虚作假行为的；

（2）发生重大安全、重大质量事故或有严重环境违法行为的；

（3）未按期报告与认定条件有关重大变化情况，或累计两年未填报年度发展情况报表的。

对被取消高新技术企业资格的企业，由认定机构通知税务机关按《税收征收管理法》及有关规定，追缴其自发生上述行为之日所属年度起已享受的高新技术企业税收优惠。

《工作指引》第五条第六款规定：

（1）有《认定办法》第十九条所列三种行为之一的企业，自行为发生之日所属年度起取消其高新技术企业资格，并在“高新技术企业认定管理工作网”上公告。

（2）认定机构应依据有关部门根据相关法律法规出具的意见对“重大安全、重大质量事故或有严重环境违法行为”进行判定处理。

（3）认定的高新技术企业，无论何种原因被取消高新技术企业资格的，当年不得再次申请高新技术企业认定。

新老政策有关取消高新技术企业资格的情形列表见表8-38。

表8-38　　应取消高新技术企业资格的情形

自2016年起国科发火〔2016〕32号	2016年以前国科发火〔2008〕172号	修改内容
第十九条　已认定的高新技术企业有下列行为之一的，由认定机构取消其高新技术企业资格	第十五条　已认定的高新技术企业有下述情况之一的，应取消其资格：	—
（一）在申请认定过程中存在严重弄虚作假行为的	（一）在申请认定过程中提供虚假信息的	—
—	（二）有偷、骗税等行为的	删除“有偷、骗税等行为的”取消资格规定
（二）发生重大安全、重大质量事故或有严重环境违法行为的	（三）发生重大安全、质量事故的	—
	（四）有环境等违法、违规行为，受到有关部门处罚的	—
（三）未按期报告与认定条件有关重大变化情况，或累计两年未填报年度发展情况报表的	—	增加将被取消资格的报告和填报要求
对被取消高新技术企业资格的企业，由认定机构通知税务机关按《税收征收管理法》及有关规定，追缴其自发生上述行为之日所属年度起已享受的高新技术企业税收优惠	被取消高新技术企业资格的企业，认定机构在5年内不再受理该企业的认定申请	修改被取消高企资格的后果

2.重大变化审核后取消高新技术企业资格

根据《高新技术企业认定管理办法》（国科发火〔2016〕32号）第十七条的规定，高新技术企业发生与认定条件有关的重大变化（如分立、合并、重组以及经营业务发生变化等)，应在三个月内向认定机构报告。经认定机构审核符合认定条件的，其高新技术企业资格不变；不符合认定条件的，自条件变化年度起取消其高新技术企业资格。

3. 经复核确认不符合条件而取消资格

《高新技术企业认定管理办法》(国科发火〔2016〕32号)第十六条规定，对已认定的高新技术企业，有关部门在日常管理过程中发现其不符合认定条件的，应提请认定机构复核。复核后确认不符合认定条件的，由认定机构取消其高新技术企业资格，并通知税务机关追缴其不符合认定条件年度起已享受的税收优惠。

(七)税务机关的日常管理

根据《国家税务总局关于实施高新技术企业所得税优惠政策有关问题的公告》(2017年第24号)第二条的规定，对取得高新技术企业资格且享受税收优惠的高新技术企业，税务部门如在日常管理过程中发现其在高新技术企业认定过程中或享受优惠期间不符合《认定办法》第十一条规定的认定条件的，应提请认定机构复核。复核后确认不符合认定条件的，由认定机构取消其高新技术企业资格，并通知税务机关追缴其证书有效期内自不符合认定条件年度起已享受的税收优惠。

1. 后续管理范围

2016年《认定办法》出台以后，税务机关和纳税人对高新技术企业在享受优惠期间是否需要符合认定条件存在较大的争议。《认定办法》第十六条中所称“认定条件”是较为宽泛的概念，既包括高新技术企业认定时的条件，也包括享受税收优惠期间的条件。因此，国家税务总局公告2017年第24号将税务机关后续管理的范围明确为高新技术企业认定过程中和享受优惠期间，统一了管理范围，明确了工作职责。

2. 后续管理程序

2016年以前，按照《国家税务总局关于实施高新技术企业所得税优惠有关问题的通知》(国税函〔2009〕203号)文件的规定，税务部门发现高新技术企业不符合优惠条件的，可以追缴高新技术企业已减免的企业所得税税款，但不取消其高新技术企业资格。按照《认定办法》第十六条的规定，国家税务总局公告2017年第24号对国税函〔2009〕203号文件的后续管理程序进行了调整，即税务机关如发现高新技术企业不符合认定条件的，应提请认定机构复核。复核后确认不符合认定条件的，由认定机构取消其高新技术企业资格后，通知税务机关追缴税款。

3. 追缴税款期限

为统一政策执行口径，国家税务总局公告2017年第24号将《认定办法》第十六条中的追缴期限“不符合认定条件年度起”明确为“证书有效期内自不符合认定条件年度起”，避免因为理解偏差导致扩大追缴期限，切实保障纳税人的合法权益。

五、主要留存备查资料

（一）高新技术企业低税率优惠主要留存备查资料

国家需要重点扶持的高新技术企业减按15%的税率征收企业所得税，属于预缴享受优惠事项。享受优惠后，需要准备的主要留存备查资料有：

（1）高新技术企业资格证书；

（2）高新技术企业认定资料；

（3）知识产权相关材料；

（4）年度主要产品（服务）发挥核心支持作用的技术属于《国家重点支持的高新技术领域》规定范围的说明，高新技术产品（服务）及对应收入资料；

（5）年度职工和科技人员情况证明材料；

（6）当年和前两个会计年度研发费用总额及占同期销售收入比例、研发费用管理资料以及研发费用辅助账、研发费用结构明细表。

（二）特区和浦东新区新设高新技术企业定期减免留存备查资料

经济特区和上海浦东新区内，在2008年1月1日（含）之后完成登记注册的国家需要重点扶持的高新技术企业，在经济特区和上海浦东新区内取得的所得，自取得第一笔生产经营收入所属纳税年度起，第一年至第二年免征企业所得税，第三年至第五年按照25%的法定税率减半征收企业所得税。该优惠属于预缴享受优惠事项，纳税人享受优惠后，需要准备的主要留存备查资料有：

（1）高新技术企业资格证书；

（2）高新技术企业认定资料；

（3）知识产权相关材料；

（4）年度主要产品（服务）发挥核心支持作用的技术属于《国家重点支持的高新技术领域》规定范围的说明，高新技术产品（服务）及对应收入资料；

（5）年度职工和科技人员情况证明材料；

（6）当年和前两个会计年度研发费用总额及占同期销售收入比例、研发费用管理资料以及研发费用辅助账，研发费用结构明细表；

（7）新办企业取得第一笔生产经营收入凭证（原始凭证及账务处理凭证）；

（8）区内区外所得的核算资料。

六、高新技术企业优惠的申报

（一）预缴申报

由于高新技术企业优惠适用于实行查账征收的居民企业，企业所得税实行核定征收的企业不享受高新技术企业优惠。因而，预缴申报享受高新技术企业优惠的企业须填报“中华人民共和国企业所得税月（季）度预缴纳税申报表（A类）”（A200000）第13行“减：减免所得税额”。

（二）汇缴申报

1. 高新技术企业优惠涉及的主要表单

汇算清缴享受高新技术企业优惠需要填报的主要表单有：主表A100000第26行“减免所得税”，“减免所得税优惠明细表”（A107040）第2行、第3行、第29行和第33行（见表8-39），以及“高新技术企业优惠情况及明细表”（A107041）。

表8-39　A107040　　减免所得税优惠明细表

行次	项　　目	金额
1	一、符合条件的小型微利企业减免企业所得税	
2	二、国家需要重点扶持的高新技术企业减按15%的税率征收企业所得税（填写A107041）	
3	三、经济特区和上海浦东新区新设立的高新技术企业在区内取得的所得定期减免企业所得税（填写A107041）	
4	四、受灾地区农村信用社免征企业所得税（4.1+4.2）	
29	二十九、减：项目所得额按法定税率减半征收企业所得税叠加享受减免税优惠	
34	合计（1+2+…+26+27-28+29+30+31）	

表A107040第2行“二、国家需要重点扶持的高新技术企业减按15%的税率征收企业所得税”：国家需要重点扶持的高新技术企业享受15%税率优惠金额填报本行。同时须填报“高新技术企业优惠情况及明细表”（A107041）。

表A107040第3行“三、经济特区和上海浦东新区新设立的高新技术企业在区内取得的所得定期减免企业所得税”：填报纳税人根据《国务院关于经济特区和上海浦东新区新设立高新技术企业实行过渡性税收优惠的通知》（国发〔2007〕40号）、《财政部 国家税务总局关于贯彻落实国务院关于实施企业所得税过渡优惠政策有关问题的通知》（财税〔2008〕21号）等规定，经济特区和上海浦东新区内，在2008年1月1日（含）之后完成登记注册的国家需要重点扶持的高新技术企业，在经济特区和上海浦东新区内取得的所得，自取得第一笔生产经营收入所属纳税年度起，第一年至第二年免征企业所得税，第三年至第五年按照25%法定税率减半征收企业所得税。对于跨经济特区和上海浦东新区的高新技术企业，其区内所得优惠填写本行，区外所得优惠填写本表第2行。经济特区和上海浦东新区新设立的高新技术企业定期减免税期满后，只享受15%税率优惠的，填写本表第2行。同时须填报“高新技术企业优惠情况及明细表”（A107041）。

2.高新技术企业优惠情况及明细表

持有有效期内的高新技术企业资格的纳税人均须填报《高新技术企业优惠情况及明细表》（A107041）。纳税人根据税收政策规定，填报本年发生的高新技术企业优惠情况（见表8-40）。

表8-40 A107041 高新技术企业优惠情况及明细表

<table>
<tr><td colspan="7">税收优惠基本信息</td></tr>
<tr><td>1</td><td rowspan="3">企业主要产品（服务）发挥核心支持作用的技术所属范围</td><td rowspan="3">国家重点支持的高新技术领域</td><td>一级领域</td><td colspan="3"></td></tr>
<tr><td>2</td><td>二级领域</td><td colspan="3"></td></tr>
<tr><td>3</td><td>三级领域</td><td colspan="3"></td></tr>
<tr><td colspan="7">税收优惠有关情况</td></tr>
<tr><td>4</td><td rowspan="7">收入指标</td><td colspan="4">一、本年高新技术产品（服务）收入（5+6）</td><td></td></tr>
<tr><td>5</td><td colspan="4">其中：产品（服务）收入</td><td></td></tr>
<tr><td>6</td><td colspan="4">技术性收入</td><td></td></tr>
<tr><td>7</td><td colspan="4">二、本年企业总收入（8-9）</td><td></td></tr>
<tr><td>8</td><td colspan="4">其中：收入总额</td><td></td></tr>
<tr><td>9</td><td colspan="4">不征税收入</td><td></td></tr>
<tr><td>10</td><td colspan="4">三、本年高新技术产品（服务）收入占企业总收入的比例（4 ÷ 7）</td><td></td></tr>
<tr><td>11</td><td rowspan="3">人员指标</td><td colspan="4">四、本年科技人员数</td><td></td></tr>
<tr><td>12</td><td colspan="4">五、本年职工总数</td><td></td></tr>
<tr><td>13</td><td colspan="4">六、本年科技人员占企业当年职工总数的比例（11 ÷ 12）</td><td></td></tr>
<tr><td rowspan="2">14</td><td rowspan="7">研发费用指标</td><td rowspan="2">高新研发费用归集年度</td><td>本年度</td><td>前一年度</td><td>前二年度</td><td>合计</td></tr>
<tr><td>1</td><td>2</td><td>3</td><td>4</td></tr>
<tr><td>15</td><td>七、归集的高新研发费用金额（16+25）</td><td></td><td></td><td></td><td></td></tr>
<tr><td>16</td><td>（一）内部研究开发投入（17+…+22+24）</td><td></td><td></td><td></td><td></td></tr>
<tr><td>17</td><td>1.人员人工费用</td><td></td><td></td><td></td><td></td></tr>
<tr><td>18</td><td>2.直接投入费用</td><td></td><td></td><td></td><td></td></tr>
<tr><td>19</td><td>3.折旧费用与长期待摊费用</td><td></td><td></td><td></td><td></td></tr>
</table>

续表

20		4.无形资产摊销费用				
21		5.设计费用				
22		6.装备调试费与实验费用				
23		7.其他费用				
24		其中：可计入研发费用的其他费用				
25	研发费用指标	（二）委托外部研发费用［（26+28）×80%］				
26		1.境内的外部研发费				
27		2.境外的外部研发费				
28		其中：可计入研发费用的境外的外部研发费				
29		八、销售（营业）收入				
30		九、三年研发费用占销售（营业）收入的比例（15行4列÷29行4列）				
31	减免税额	十、国家需要重点扶持的高新技术企业减征企业所得税				
32		十一、经济特区和上海浦东新区新设立的高新技术企业定期减免税额				

“高新技术企业优惠情况及明细表”（A107041）填报说明

一、税收优惠基本信息的填报

表A107041第1行至第3行“企业主要产品（服务）发挥核心支持作用的技术所属范围”：填报对企业主要产品（服务）发挥核心支持作用的技术属于《国家重点支持的高新技术领域》规定的具体范围，填报至三级明细领域，如“一、电子信息技术（一）软件1.系统软件”。

二、收入指标的填报

表A107041第4行“一、本年高新技术产品（服务）收入”：填报第5+6行的合计金额。表A107041第5行“其中：产品（服务）收入”：填报纳税人本年发挥核心支持作用的技术属于《国家重点支持的高新技术领域》规定范围的产品（服务）收入。表A107041第6行“技术性收入”：包括技术转让收入、技术服务收入和接受委托研究开发收入。

表A107041第7行“二、本年企业总收入”：填报第8–9行的余额。即企业总收入为收入总额扣除不征税收入后的余额。表A107041第8行“(一）收入总额”：填报纳税人本年以货币形式和非货币形式从各种来源取得的收入，为收入总额。包括：销售货物收入，提供劳务收入，转让财产收入，股息、红利等权益性投资收益，利息收入，租金收入，特许权使用费收入，接受捐赠收入，其他收入。表A107041第9行“不征税收入”：填报纳税人本年符合相关政策规定的不征税收入。

表A107041第10行“三、本年高新技术产品（服务）收入占企业总收入的比例”：填报第4÷7行计算后的比例。即：本年高新技术产品（服务）收入占企业总收入的比例=本年高新技术产品（服务）收入/本年企业总收入。

三、人员指标的填报

表A107041第11行“四、本年科技人员数”：填报纳税人直接从事研发和相关技术创新活动，以及专门从事上述活动的管理和提供直接技术服务的，累计实际工作时间在183天以上的人员，包括在职、兼职和临时聘用人员。

表A107041第12行“五、本年职工总数”：填报纳税人本年在职、兼职和临时聘用人员。在职人员可以通过企业是否签订了劳动合同或缴纳社会保险费来鉴别。兼职、临时聘用人员全年须在企业累计工作183天以上。这里的科技人员数与职工总数都是按企业全年的月平均值确定。

表A107041第13行“六、本年科技人员占企业当年职工总数的比例”：填报第11÷12行计算后的比例。即：本年科技人员占企业当年职工总数的比例=本年科技人员数/本年职工总数。

四、研发费用指标填报

表A107041第14行“高新研发费用归集年度”：本行设定了三个年度，与计算研发费比例相关的第15行至第29行须填报三年数据，实际经营不满三年的按实际经营时间填报。表A107041第15行“七、本年归集的高新研发费用金额”：填报第16（内部研究开发投入）+第25行（委托外部研发费用）的合计金额。

1.内部研发费用

表A107041第16行“（一）内部研究开发投入”：填报第17+18+19+20+21+22+24行的合计金额。表A107041第17行“1.人员人工费用”：填报纳税人科技人员的工资薪金、基本养老保险费、基本医疗保险费、失业保险费、工伤保险费、生育保险费和住房公积金，以及外聘科技人员的劳务费用。

表A107041第18行“2.直接投入费用”：填报纳税人为实施研究开发活动而实际发生的相关支出。包括：直接消耗的材料、燃料和动力费用；用于中间试验和产品试制的模具、工艺装备开发及制造费，不构成固定资产的样品、样机及一般测试手段购置费，试制产品的检验费；用于研究开发活动的仪器、设备的运行维护、调整、检验、检测、维修等费用，以及通过经营租赁方式租入的用于研发活动的固定资产租赁费。

表A107041第19行“3.折旧费用与长期待摊费用”：填报纳税人用于研究开发活动的仪器、设备和在用建筑物的折旧费；研发设施的改建、改装、装修和修理过程中发生的长期待摊费用。

表A107041第20行“4.无形资产摊销费用”：填报纳税人用于研究开发活动的软件、知识产权、非专利技术（专有技术、许可证、设计和计算方法等）的摊销费用。

表A107041第21行“5.设计费用”：填报纳税人为新产品和新工艺进行构思、开发和制造，进行工序、技术规范、规程制定、操作特性方面的设计等发生的费用，包括为获得创新性、创意性、突破性产品进行的创意设计活动发生的相关费用。

表A107041第22行“6.装备调试费与实验费用”：填报纳税人工装准备过程中研究开发活动所发生的费用，包括研制特殊、专用的生产机器，改变生产和质量控制程序，或制定新方法及标准等活动所发生的费用。

表A107041第23行“7.其他费用”：填报纳税人与研究开发活动直接相关的其他费用，包括技术图书资料费、资料翻译费、专家咨询费、高新科技研发保险费，研发成果的检索、论证、评审、鉴定、验收费用，知识产权的申请费、注册费、代理费，会议费、差旅费、通信费等。

表A107041第24行“其中：可计入研发费用的其他费用”：填报纳税人为研究开发活动所发生的其他费用中不超过研究开发总费用的20%的金额。该行取第17行至第22行之和×20%÷（1–20%）与第23行（其他费用）的孰小值。

2.委托外部研发费用

表A107041第25行“(二)委托外部研发费用”：填报纳税人委托境内外其他机构或个人进行研究开发活动所发生的费用（研究开发活动成果为委托方企业拥有，且与该企业的主要经营业务紧密相关）。委托外部研发费用的实际发生额应按照独立交易原则确定，按照实际发生额的80%计入委托方研发费用总额。本行填报（第26行“境内的外部研发费用”+第28行“可计入研发费用的境外的外部研发费用”）×80%的金额。

表A107041第26行“1.境内的外部研发费用”：填报纳税人委托境内其他机构或个人进行的研究开发活动所支出的费用。本行填报实际发生境内的外部研发费用。

表A107041第27行“2.境外的外部研发费用”：填报纳税人委托境外机构或个人完成的研究开发活动所发生的费用。受托研发的境外机构是指依照外国（地区）及港澳台法律成立的企业和其他取得收入的组织；受托研发的境外个人是指外籍及港澳台个人。本行填报实际发生境外的外部研发费用。

表A107041第28行“其中：可计入研发费用的境外的外部研发费用”：根据《高新技术企业认定管理办法》等规定，纳税人在中国境内发生的研发费用总额占全部研发费用总额的比例不低于60%，即境外发生的研发费用总额占全部研发费用总额的比例不超过40%。本行填报（第17+18+…+22+23+26行）×40%÷（1−40%）与第27行的孰小值。

3.销售（营业）收入

表A107041第29行“八、销售（营业）收入”：填报纳税人主营业务收入与其他业务收入之和。

4.研发费用占销售（营业）收入的比例

表A107041第30行“九、三年研发费用占销售（营业）收入的比例”：填报第15行4列÷第29行4列计算后的比例。即：三年研发费用占销售（营业）收入的比例=归集的高新研发费用金额/销售（营业）收入。

五、减免税额的填报

表A107041第31行“十、国家需要重点扶持的高新技术企业减征企业所得税”：本行填报经济特区和上海浦东新区外的高新技术企业或虽在经济特区和上海浦东新区新设的高新技术企业但取得区外所得的减免税金额。经济特区和上海浦东新区新设的高新技术企业定期减免政策期满后，只享受15%税率优惠政策的，减免税金额也在本行填报。同时，将表A107041第31行金额填入表A107040第2行中。

表A107041第32行“十一、经济特区和上海浦东新区新设立的高新技术企业定期减免”：本行填报在经济特区和上海浦东新区新设的高新技术企业区内所得减免税金额。同时，将表A107041第32行金额填入表A107040第3行。

第三节　软件、集成电路企业优惠

一、软件、集成电路企业类型

促进软件、集成电路产业发展的企业所得税优惠涉及的企业类型包括：集成电路生产企业，集成电路设计企业，软件企业，集成电路封装、测试（含封装测试）企业，集成电路材料（含关键专用材料）企业，集成电路装备（含专用设备）企业等。

（一）集成电路生产企业

集成电路生产企业，是指符合《财政部 国家税务总局 发展改革委 工业和信息化部关于软件和集成电路产业企业所得税优惠政策有关问题的通知》（财税〔2016〕

49号)、《财政部 税务总局 国家发展改革委 工业和信息化部关于集成电路生产企业有关企业所得税政策问题的通知》(财税〔2018〕27号)、《财政部 税务总局 发展改革委 工业和信息化部关于促进集成电路和软件产业高质量发展企业所得税政策的公告》(2020年第45号)等文件规定的集成电路生产企业。软件、集成电路企业类型如表8-41所示。

表8-41　　软件、集成电路企业类型代码表

代码	类型	
	大类	中类
110	100集成电路生产企业	线宽小于0.8微米(含)的企业(延续到期)
120		线宽小于0.25微米的企业(延续到期)
130		投资额超过80亿元的企业(延续到期)
131		投资额超过150亿元的企业(延续到期)
140		线宽小于130纳米(含)的企业
151		线宽小于65纳米(含)的企业
160		线宽小于28纳米(含)的企业
240	200集成电路设计企业	集成电路设计企业
250		重点集成电路设计企业
330	300软件企业	软件企业
340		重点软件企业
400	集成电路封装、测试(含封装测试)企业	
500	集成电路材料(含关键专用材料)企业	
600	集成电路装备(含专用设备)企业	

根据可以享受的企业所得税优惠不同，具体可以细分为：

(1)"线宽小于0.8微米(含)的企业"是指可以享受第一年至第二年免征企业所得税，第三年至第五年按照25%的法定税率减半征收企业所得税优惠政策的集成电路线宽小于0.8微米(含)的集成电路生产企业。

(2)"线宽小于0.25微米的企业"是指可以享受第一年至第五年免征企业所得税，第六年至第十年按照25%的法定税率减半征收企业所得税优惠政策的集成电路线宽小于0.25微米的集成电路生产企业。

(3)"投资额超过80亿元的企业"是指可以享受第一年至第五年免征企业所得税，第六年至第十年按照25%的法定税率减半征收企业所得税优惠政策的投资额超过80亿元的集成电路生产企业。

(4)"线宽小于130纳米(含)的企业"是指可以享受第一年至第二年免征企业

所得税，第三年至第五年按照25%的法定税率减半征收企业所得税优惠政策的集成电路线宽小于130纳米（含）的集成电路生产企业。

（5）“线宽小于65纳米（含）或投资额超过150亿元的企业”是指可以享受第一年至第五年免征企业所得税，第六年至第十年按照25%的法定税率减半征收企业所得税优惠政策的集成电路线宽小于65纳米（含）或投资额超过150亿元的集成电路生产企业。

（6）“线宽小于28纳米（含）的企业”是指可以享受第一年至第十年免征企业所得税优惠政策的集成电路线宽小于28纳米（含）的集成电路生产企业。

（二）集成电路设计企业

集成电路设计企业，是指符合《财政部 国家税务总局 发展改革委 工业和信息化部关于软件和集成电路产业企业所得税优惠政策有关问题的通知》（财税〔2016〕49 号）、《财政部 税务总局关于集成电路设计和软件产业企业所得税政策的公告》（2019 年第 68 号）、《财政部 税务总局关于集成电路设计企业和软件企业 2019 年度企业所得税汇算清缴适用政策的公告》（2020 年第 29 号）、《财政部 税务总局 发展改革委 工业和信息化部关于促进集成电路和软件产业高质量发展企业所得税政策的公告》（2020 年第 45 号）等文件规定的集成电路设计企业、重点集成电路设计企业。根据可以享受的企业所得税优惠不同，具体可以细分为：

（1）“新办符合条件的集成电路设计企业/国家鼓励的集成电路设计企业”是指可以享受第一年至第二年免征企业所得税，第三年至第五年按照 25%的法定税率减半征收企业所得税优惠政策的集成电路设计企业。

（2）“符合规模条件的重点集成电路设计企业”是指符合相关规模条件的规定，可以享受第一年至第五年免征企业所得税、接续年度减按10%的税率征收企业所得税优惠政策的国家鼓励的重点集成电路设计企业。

（3）“符合领域条件的重点集成电路设计企业”是指符合相关领域条件的规定，可以享受第一年至第五年免征企业所得税、接续年度减按10%的税率征收企业所得税优 惠政策的国家鼓励的重点集成电路设计企业。

（三）集成电路封装、测试企业

集成电路封装、测试（含封装测试）企业，是指符合《财政部 国家税务总局 发展改革委 工业和信息化部关于进一步鼓励集成电路产业发展企业所得税政策的通知》（财税〔2015〕6 号）、《财政部 税务总局 发展改革委 工业和信息化部关于促进集成电路和软件产业高质量发展企业所得税政策的公告》（2020 年第 45 号）文件规定可以享受企业所得税优惠政策的集成电路封装、测试（含封装测试）企业。

（四）集成电路材料企业

集成电路材料（含关键专用材料）企业，是指符合《财政部 国家税务总局 发展改革委 工业和信息化部关于进一步鼓励集成电路产业发展企业所得税政策的通知》（财税〔2015〕6号）、《财政部 税务总局 发展改革委 工业和信息化部关于促进集成电路和软件产业高质量发展企业所得税政策的公告》（2020年第45号）文件规定可以享受企业所得税优惠政策的材料（含集成电路关键专用材料）生产企业。

（五）集成电路装备企业

集成电路装备（含专用设备）企业是指，符合《财政部 国家税务总局 发展改革委 工业和信息化部关于进一步鼓励集成电路产业发展企业所得税政策的通知》（财税〔2015〕6号）、《财政部 税务总局 发展改革委 工业和信息化部关于促进集成电路和软件产业高质量发展企业所得税政策的公告》（2020年第45号）文件规定，可以享受企业所得税优惠政策的集成电路装备（含专用设备）企业。

（六）软件企业

软件企业，是指符合《财政部 国家税务总局 发展改革委 工业和信息化部关于软 件和集成电路产业企业所得税优惠政策有关问题的通知》（财税〔2016〕49号）、《财政部 税务总局关于集成电路设计和软件产业企业所得税政策的公告》（2019年第68号）、《财政部 税务总局关于集成电路设计企业和软件企业2019年度企业所得税汇算清缴适用政策的公告》（2020年第29号）、《财政部 税务总局 发展改革委 工业和信息化部关于促进集成电路和软件产业高质量发展企业所得税政策的公告》（2020年第45号）等文件规定的软件企业、重点软件企业。根据可以享受的企业所得税优惠不同，具体可以细分为：

（1）"一般软件企业——符合条件的软件企业/国家鼓励的软件企业"是指可以享受第一年至第二年免征企业所得税，第三年至第五年按照25%的法定税率减半征收企业所得税优惠政策的符合条件的软件企业。

（2）"一般软件企业——符合规模条件的重点软件企业"是指企业软件产品符合相关规模条件的规定，可以享受第一年至第五年免征企业所得税、接续年度减按10%的税率征收企业所得税优惠政策的国家鼓励的重点软件企业。

（3）"一般软件企业——符合领域条件的重点软件企业"是指符合相关领域条件的规定，可以享受第一年至第五年免征企业所得税、接续年度减按10%的税率征收企业所得税优惠政策的国家鼓励的重点软件企业。

（4）“一般软件企业——符合出口条件的重点软件企业”是指符合相关出口条件的规定，可以享受第一年至第五年免征企业所得税、接续年度减按 10% 的税率征收企业所得税优惠政策的国家鼓励的重点软件企业。

（5）“嵌入式或信息系统集成软件产品企业——符合条件的软件企业/国家鼓励的软件企业”是指可以享受第一年至第二年免征企业所得税，第三年至第五年按照 25% 的法定税率减半征收企业所得税优惠政策的符合条件的软件企业。

（6）“嵌入式或信息系统集成软件产品企业——符合规模条件的重点软件企业”是指企业嵌入式软件产品和信息系统集成产品符合相关规模条件的规定，可以享受第一年至第五年免征企业所得税、接续年度减按10%的税率征收企业所得税优惠政策的国家鼓励的重点软件企业。

（7）“嵌入式或信息系统集成软件产品企业——符合领域条件的重点软件企业”是指企业嵌入式软件产品和信息系统集成产品符合相关领域条件的规定，可以享受第一年至第五年免征企业所得税、接续年度减按 10% 的税率征收企业所得税优惠政策的国家鼓励的重点软件企业。

（8）“嵌入式或信息系统集成软件产品企业——符合出口条件的重点软件企业”是指企业嵌入式软件产品和信息系统集成产品符合相关出口条件的规定，可以享受第一年至第五年免征企业所得税、接续年度减按10%的税率征收企业所得税优惠政策的国家鼓励的重点软件企业。

二、集成电路生产企业优惠

集成电路生产企业优惠，包括适用新出台优惠政策和延续适用原有优惠两大类。如图8–2所示。

（一）线宽小于28纳米（含）且经营期超15年的集成电路生产企业10年免征

根据《财政部 税务总局 发展改革委 工业和信息化部关于促进集成电路产业和软件产业高质量发展企业所得税政策的公告》（2020年第45号）第一条的规定，国家鼓励的集成电路线宽小于28纳米（含），且经营期在15年以上的集成电路生产企业，第1年至第10年免征企业所得税。

对于按照集成电路生产企业享受税收优惠政策的，优惠期自获利年度起计算。国家鼓励的集成电路生产企业清单由国家发展改革委、工业和信息化部会同财政部、税务总局等相关部门制定。

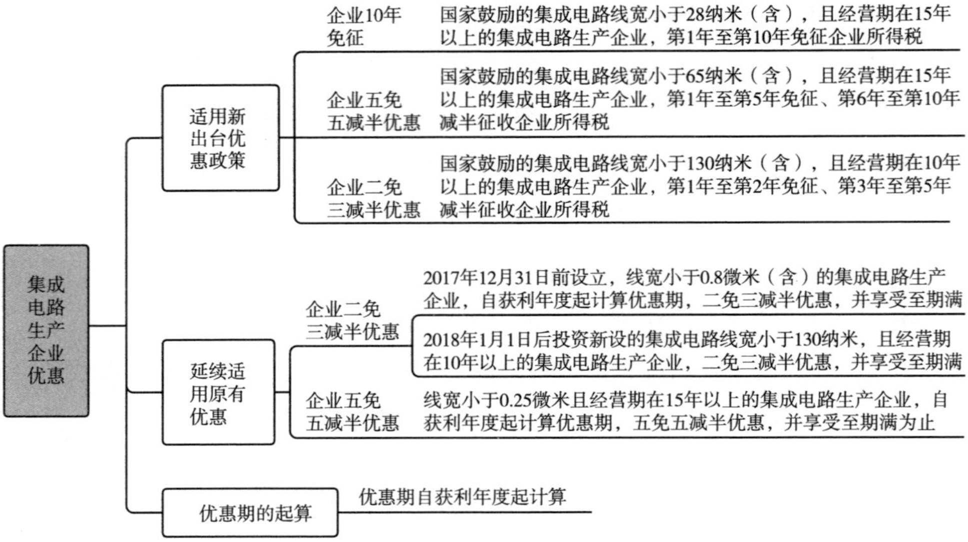

图8-2　集成电路生产企业优惠

（二）线宽小于65纳米（含）且经营期超15年的集成电路生产企业五免五减半优惠

根据《财政部 税务总局 发展改革委 工业和信息化部关于促进集成电路产业和软件产业高质量发展企业所得税政策的公告》（2020年第45号）第一条的规定，国家鼓励的集成电路线宽小于65纳米（含），且经营期在15年以上的集成电路生产企业，第1年至第5年免征企业所得税，第6年至第10年按照25%的法定税率减半征收企业所得税。

对于按照集成电路生产企业享受税收优惠政策的，优惠期自获利年度起计算。国家鼓励的集成电路生产企业清单由国家发展改革委、工业和信息化部会同财政部、税务总局等相关部门制定。

（三）线宽小于130纳米（含）且经营期超10年的集成电路生产企业二免三减半优惠

根据《财政部 税务总局 发展改革委 工业和信息化部关于促进集成电路产业和软件产业高质量发展企业所得税政策的公告》（2020年第45号）第一条的规定，国家鼓励的集成电路线宽小于130纳米（含），且经营期在10年以上的集成电路生产企业，第1年至第2年免征企业所得税，第3年至第5年按照25%的法定税率减半征收企业所得税。

对于按照集成电路生产企业享受税收优惠政策的，优惠期自获利年度起计算。国家鼓励的集成电路生产企业清单由国家发展改革委、工业和信息化部会同财政部、税务总局等相关部门制定。

（四）延续适用原有优惠政策

1.企业二免三减半优惠

（1）线宽小于0.8微米（含）的集成电路生产企业。根据《财政部 国家税务总局关于进一步鼓励软件产业和集成电路产业发展企业所得税政策的通知》（财税〔2012〕27号）文件第一条的规定，集成电路线宽小于0.8微米（含）的集成电路生产企业，在2017年12月31日前自获利年度起计算优惠期，第1年至第2年免征企业所得税，第3年至第5年按照25%的法定税率减半征收企业所得税，并享受至期满为止。

根据财税〔2018〕27号文件第六条的规定，2017年12月31日前设立但未获利的集成电路线宽小于0.8微米（含）的集成电路生产企业，自获利年度起第1年至第2年免征企业所得税，第3年至第5年按照25%的法定税率减半征收企业所得税，并享受至期满为止。

（2）线宽小于130纳米且经营期在10年以上的集成电路生产企业。根据《财政部 税务总局 国家发展改革委 工业和信息化部关于集成电路生产企业有关企业所得税政策问题的通知》（财税〔2018〕27号）第一条的规定，2018年1月1日后投资新设的集成电路线宽小于130纳米，且经营期在10年以上的集成电路生产企业，第1年至第2年免征企业所得税，第3年至第5年按照25%的法定税率减半征收企业所得税，并享受至期满为止。优惠期自企业获利年度起计算。

2.企业五免五减半优惠

（1）线宽小于0.25微米且经营期在15年以上的集成电路生产企业。根据财税〔2012〕27号文件第二条的规定，集成电路线宽小于0.25微米且经营期在15年以上的，在2017年12月31日前自获利年度起计算优惠期，第1年至第5年免征企业所得税，第6年至第10年按照25%的法定税率减半征收企业所得税，并享受至期满为止。

（2）投资额超过80亿元且经营期在15年以上的集成电路生产企业。根据财税〔2012〕27号文件第二条的规定，投资额超过80亿元且经营期在15年以上的集成电路生产企业，在2017年12月31日前自获利年度起计算优惠期，第1年至第5年免征企业所得税，第6年至第10年按照25%的法定税率减半征收企业所得税，并享受至期满为止。

（3）线宽小于65纳米或投资额超过150亿元集成电路生产企业优惠。根据《财政部 税务总局 国家发展改革委 工业和信息化部关于集成电路生产企业有关企业所得税政策问题的通知》（财税〔2018〕27号）第二条的规定，2018年1月1日后投资新设的集成电路线宽小于65纳米或投资额超过150亿元，且经营期在15年以上的集成电路生产企业，第1年至第5年免征企业所得税，第6年至第10年按照25%的法定税率减半征收企业所得税，并享受至期满为止。

优惠期自企业获利年度起计算。

3.享受优惠的集成电路生产企业的范围和条件

根据财税〔2018〕27号文件第七条的规定，享受规定税收优惠政策的集成电路生产企业的范围和条件为：集成电路生产企业，是指以单片集成电路、多芯片集成电路、混合集成电路制造为主营业务并同时符合下列条件的企业。

（1）在中国境内（不包括港、澳、台地区）依法注册并在发展改革、工业和信息化部门备案的居民企业。

（2）汇算清缴年度具有劳动合同关系或劳务派遣、聘用关系且具有大学专科以上学历职工人数占企业月平均职工总人数的比例不低于40%，其中研究开发人员占企业月平均职工总数的比例不低于20%。

（3）拥有核心关键技术，并以此为基础开展经营活动，且汇算清缴年度研究开发费用总额占企业销售（营业）收入（主营业务收入与其他业务收入之和，下同）总额的比例不低于2%；其中，企业在中国境内发生的研究开发费用金额占研究开发费用总额的比例不低于60%。同时，企业应持续加强研发活动，不断提高研发能力。

（4）汇算清缴年度集成电路制造销售（营业）收入占企业收入总额的比例不低于60%。

（5）具有保证产品生产的手段和能力，并获得有关资质认证（包括ISO质量体系认证）。

（6）汇算清缴年度未发生重大安全、重大质量事故或严重环境违法行为。

4.后续管理与主要留存备查资料

根据《财政部 国家税务总局 发展改革委 工业和信息化部关于软件和集成电路产业企业所得税优惠政策有关问题的通知》（财税〔2016〕49号）的规定，享受线宽小于130纳米的集成电路生产企业定期减免企业所得税优惠的企业，在汇算清缴期结束前应向税务机关提交以下资料：

（1）在发展改革或工业和信息化部门立项的备案文件（应注明总投资额、工艺线宽标准）复印件以及企业取得的其他相关资质证书复印件等；

（2）企业职工人数、学历结构、研究开发人员情况及其占企业职工总数的比例说明，以及汇算清缴年度最后一个月社会保险缴纳证明等相关证明材料；

（3）加工集成电路产品主要列表及国家知识产权局（或国外知识产权相关主管机构）出具的企业自主开发或拥有的一至两份代表性知识产权（如专利、布图设计登记、软件著作权等）的证明材料；

（4）经具有资质的中介机构鉴证的企业财务会计报告（包括会计报表、会计报表附注和财务情况说明书）以及集成电路制造销售（营业）收入、研究开发费用、境内研究开发费用等情况说明；

（5）与主要客户签订的一至两份代表性销售合同复印件；

（6）保证产品质量的相关证明材料（如质量管理认证证书复印件等）。

享受优惠的主要留存备查资料为后续管理要求提交资料的留存件。

（五）获利年度的界定与起算

根据《财政部 国家税务总局关于进一步鼓励软件产业和集成电路产业发展企业所得税政策的通知》（财税〔2012〕27号）第十四条的规定，获利年度，是指该企业当年应纳税所得额大于零的纳税年度。

根据《财政部 国家税务总局 发展改革委 工业和信息化部关于软件和集成电路产业企业所得税优惠政策有关问题的通知》（财税〔2016〕49号）第九条的规定，软件、集成电路企业应从企业的获利年度起计算定期减免税优惠期。如获利年度不符合优惠条件的，应自首次符合软件、集成电路企业条件的年度起，在其优惠期的剩余年限内享受相应的减免税优惠。

（六）企业低税率优惠老政

根据财税〔2012〕27号文件第二条的规定，集成电路线宽小于0.25微米或投资额超过80亿元的集成电路生产企业，减按15%的税率征收企业所得税，其中经营期在15年以上的，在2017年12月31日前自获利年度起计算优惠期，第一年至第五年免征企业所得税，第六年至第十年按照25%的法定税率减半征收企业所得税，并享受至期满为止。

根据《财政部 税务总局 发展改革委 工业和信息化部关于促进集成电路产业和软件产业高质量发展企业所得税政策的公告》（2020年第45号）第十条的规定，财税〔2012〕27号第二条中“集成电路线宽小于0.25微米或投资额超过80亿元的集成电路生产企业，减按15%的税率征收企业所得税”的规定，自2020年1月1日起停止执行。

三、集成电路设计企业优惠

（一）国家鼓励的集成电路设计企业二免三减半优惠

根据《财政部 税务总局 发展改革委 工业和信息化部关于促进集成电路产业和

软件产业高质量发展企业所得税政策的公告》（2020年第45号）第三条的规定，国家鼓励的集成电路设计，自获利年度起，第1年至第2年免征企业所得税，第3年至第5年按照25%的法定税率减半征收企业所得税。

国家鼓励的集成电路设计企业条件，由工业和信息化部会同国家发展改革委、财政部、税务总局等相关部门规定。

（二）国家鼓励的重点集成电路设计企业优惠

根据《财政部 税务总局 发展改革委 工业和信息化部关于促进集成电路产业和软件产业高质量发展企业所得税政策的公告》（2020年第45号）第四条的规定，国家鼓励的重点集成电路设计企业，自获利年度起，第1年至第5年免征企业所得税，接续年度减按10%的税率征收企业所得税。

国家鼓励的重点集成电路设计企业清单由国家发展改革委、工业和信息化部会同财政部、税务总局等相关部门制定。

（三）延续适用原有集成电路设计企业优惠政策

1.新办符合条件的集成电路设计企业二免三减半优惠

根据财税〔2012〕27号文件第三条的规定，我国境内新办的集成电路设计企业，自获利年度起计算优惠期，第1年至第2年免征企业所得税，第3年至第5年按照25%的法定税率减半征收企业所得税，并享受至期满为止。

（1）享受优惠的集成电路设计企业条件。根据财税〔2016〕49号文件第三条的规定，集成电路设计企业是指以集成电路设计为主营业务并同时符合下列条件的企业：

①在中国境内（不包括港、澳、台地区）依法注册的居民企业。

②汇算清缴年度具有劳动合同关系且具有大学专科以上学历的职工人数占企业月平均职工总人数的比例不低于40%，其中研究开发人员占企业月平均职工总数的比例不低于20%。

③拥有核心关键技术，并以此为基础开展经营活动，且汇算清缴年度研究开发费用总额占企业销售（营业）收入总额的比例不低于6%；其中，企业在中国境内发生的研究开发费用金额占研究开发费用总额的比例不低于60%。

④汇算清缴年度集成电路设计销售（营业）收入占企业收入总额的比例不低于60%，其中集成电路自主设计销售（营业）收入占企业收入总额的比例不低于50%。

集成电路设计销售（营业）收入，是指集成电路企业从事集成电路（IC）功能研发、设计并销售的收入。

⑤主营业务拥有自主知识产权。

⑥具有与集成电路设计相适应的软硬件设施等开发环境（如EDA工具、服务器或工作站等）。

⑦汇算清缴年度未发生重大安全、重大质量事故或严重环境违法行为。

（2）新办集成电路设计企业的认定。新办的集成电路设计企业优惠中所称新办企业认定标准按照《财政部 国家税务总局关于享受企业所得税优惠政策的新办企业认定标准的通知》（财税〔2006〕1号）规定执行。

根据财税〔2006〕1号文件第一条的规定，享受企业所得税定期减税或免税的新办企业标准为：

①按照国家法律、法规以及有关规定在工商行政主管部门办理设立登记，新注册成立的企业。

②新办企业的权益性出资人（股东或其他权益投资方）实际出资中固定资产、无形资产等非货币性资产的累计出资额占新办企业注册资金的比例一般不得超过25%。

其中，新办企业的注册资金为企业在工商行政主管部门登记的实收资本或股本。非货币性资产包括建筑物、机器、设备等固定资产，以及专利权、商标权、非专利技术等无形资产。新办企业的权益性投资人以非货币性资产进行出资的，经有资质的会计（审计、税务）事务所进行评估的，以评估后的价值作为出资金额；未经评估的，由纳税人提供同类资产或类似资产当日或最近月份的市场价格，由主管税务机关核定。

根据财税〔2006〕1号文件第二条的规定，新办企业在享受企业所得税定期减税或免税优惠政策期间，从权益性投资人及其关联方累计购置的非货币性资产超过注册资金25%的，将不再享受相关企业所得税减免税政策优惠。

2. 国家规划布局内重点集成电路设计企业优惠

根据财税〔2012〕27号文件第四条的规定，国家规划布局内的重点集成电路设计企业，如当年未享受免税优惠的，可减按10%的税率征收企业所得税。

根据《财政部 税务总局 发展改革委 工业和信息化部关于促进集成电路产业和软件产业高质量发展企业所得税政策的公告》（2020年第45号）第十条的规定，自2020年1月1日起，“国家规划布局内的重点软件企业和集成电路设计企业，如当年未享受免税优惠的，可减按10%的税率征收企业所得税”停止执行。

根据财税〔2016〕49号文件第五条的规定，国家规划布局内重点集成电路设计企业除符合上述集成电路设计企业优惠规定的七个条件外，还应至少符合下列条件中的一项：

（1）汇算清缴年度集成电路设计销售（营业）收入不低于2亿元，年应纳税所得额不低于1 000万元，研究开发人员占月平均职工总数的比例不低于25%；

（2）在国家规定的重点集成电路设计领域内，汇算清缴年度集成电路设计销售（营业）收入不低于2 000万元，应纳税所得额不低于250万元，研究开发人员占月平均职工总数的比例不低于35%，企业在中国境内发生的研究开发费用金额占研究开发费用总额的比例不低于70%。

符合上述重点集成电路设计领域条件的企业，如业务范围涉及多个领域，仅选择其中一个领域向税务机关备案。选择领域的销售（营业）收入占本企业集成电路设计销售（营业）收入的比例不低于20%。

国家规定的重点软件领域及重点集成电路设计领域，由国家发展改革委、工业和信息化部会同财政部、税务总局根据国家产业规划和布局确定，并实行动态调整。根据《国家发展和改革委员会 工业和信息化部 财政部 国家税务总局关于印发国家规划布局内重点软件和集成电路设计领域的通知》（发改高技〔2016〕1056号）第二条的规定，重点集成电路设计领域为：

（1）高性能处理器和FPGA芯片；

（2）存储器芯片；

（3）物联网和信息安全芯片；

（4）EDA、IP及设计服务；

（5）工业芯片。

综上所示，集成电路设计企业优惠如图8-3所示。

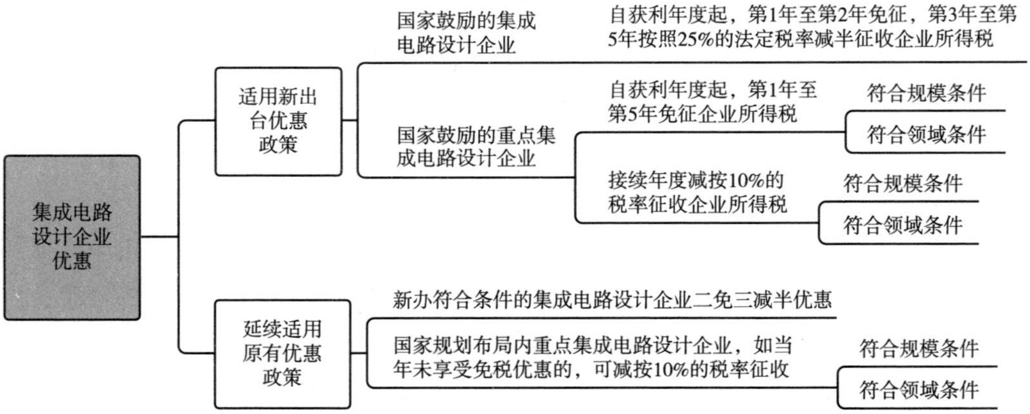

图8-3 集成电路设计企业优惠

四、集成电路装备企业优惠

（一）国家鼓励的集成电路装备企业二免三减半优惠

根据《财政部 税务总局 发展改革委 工业和信息化部关于促进集成电路产业和软件产业高质量发展企业所得税政策的公告》（2020年第45号）第三条的规定，国家鼓励的集成电路装备企业，自获利年度起，第1年至第2年免征企业所得税，第3年至第5年按照25%的法定税率减半征收企业所得税。

国家鼓励的集成电路装备条件，由工业和信息化部会同国家发展改革委、财政部、税务总局等相关部门制定。

（二）延续适用原有优惠政策

根据《财政部 国家税务总局 发展改革委 工业和信息化部关于进一步鼓励集成电路产业发展企业所得税政策的通知》（财税〔2015〕6号）第一条的规定，符合条件的集成电路专用设备生产企业，在2017年（含2017年）前实现获利的，自获利年度起，第1年至第2年免征企业所得税，第3年至第5年按照25%的法定税率减半征收企业所得税，并享受至期满为止；2017年前未实现获利的，自2017年起计算优惠期，享受至期满为止。

五、集成电路材料企业优惠

（一）国家鼓励的集成电路材料企业二免三减半优惠

根据《财政部 税务总局 发展改革委 工业和信息化部关于促进集成电路产业和软件产业高质量发展企业所得税政策的公告》（2020年第45号）第三条的规定，国家鼓励的集成电路材料企业，自获利年度起，第1年至第2年免征企业所得税，第3年至第5年按照25%的法定税率减半征收企业所得税。

国家鼓励的集成电路材料企业条件，由工业和信息化部会同国家发展改革委、财政部、税务总局等相关部门制定。

（二）延续适用原有优惠政策

根据《财政部 国家税务总局 发展改革委 工业和信息化部关于进一步鼓励集成电路产业发展企业所得税政策的通知》（财税〔2015〕6号）第一条的规定，符合条件的集成电路封装、测试企业以及集成电路关键专用材料生产企业、集成电路专用设备生产企业，在2017年（含2017年）前实现获利的，自获利年度起，第1年至第

2年免征企业所得税，第3年至第5年按照25%的法定税率减半征收企业所得税，并享受至期满为止；2017年前未实现获利的，自2017年起计算优惠期，享受至期满为止。

根据财税〔2015〕6号文件第三条的规定，符合条件的集成电路关键专用材料生产企业或集成电路专用设备生产企业，必须同时满足以下条件：

（1）2014年1月1日后依法在中国境内成立的法人企业；

（2）签订劳动合同关系且具有大学专科以上学历的职工人数占企业当年月平均职工总人数的比例不低于40%，其中，研究开发人员占企业当年月平均职工总数的比例不低于20%；

（3）拥有核心关键技术，并以此为基础开展经营活动，且当年度的研究开发费用总额占企业销售（营业）收入总额的比例不低于5%，其中，企业在中国境内发生的研究开发费用金额占研究开发费用总额的比例不低于60%；

（4）集成电路关键专用材料或专用设备销售收入占企业销售（营业）收入总额的比例不低于30%；

（5）具有保证集成电路关键专用材料或专用设备产品生产的手段和能力，并获得有关资质认证（包括ISO质量体系认证、人力资源能力认证等）；

（6）具有与集成电路关键专用材料或专用设备生产相适应的经营场所、软硬件设施等基本条件。

集成电路关键专用材料或专用设备的范围，分别按照《集成电路关键专用材料企业所得税优惠目录》《集成电路专用设备企业所得税优惠目录》的规定执行。

六、国家鼓励的集成电路封装、测试企业优惠

（一）集成电路封装、测试企业二免三减半优惠

根据《财政部 税务总局 发展改革委 工业和信息化部关于促进集成电路产业和软件产业高质量发展企业所得税政策的公告》（2020年第45号）第三条的规定，国家鼓励的集成电路封装、测试企业，自获利年度起，第1年至第2年免征企业所得税，第3年至第5年按照25%的法定税率减半征收企业所得税。

国家鼓励的集成电路封装、测试企业条件，由工业和信息化部会同国家发展改革委、财政部、税务总局等相关部门制定。

（二）延续适用原有优惠政策

根据《财政部 国家税务总局 发展改革委 工业和信息化部关于进一步鼓励集成

电路产业发展企业所得税政策的通知》（财税〔2015〕6号）第一条的规定，符合条件的集成电路封装、测试企业，在2017年（含2017年）前实现获利的，自获利年度起，第1年至第2年免征企业所得税，第3年至第5年按照25%的法定税率减半征收企业所得税，并享受至期满为止；2017 年前未实现获利的，自 2017 年起计算优惠期，享受至期满为止。

根据财税〔2015〕6号文件第二条的规定，符合条件的集成电路封装、测试企业，必须同时满足以下条件：

（1）2014年1月1日后依法在中国境内成立的法人企业；

（2）签订劳动合同关系且具有大学专科以上学历的职工人数占企业当年月平均职工总人数的比例不低于40%，其中，研究开发人员占企业当年月平均职工总数的比例不低于20%；

（3）拥有核心关键技术，并以此为基础开展经营活动，且当年度的研究开发费用总额占企业销售（营业）收入（主营业务收入与其他业务收入之和，下同）总额的比例不低于3.5%，其中，企业在中国境内发生的研究开发费用金额占研究开发费用总额的比例不低于60%；

（4）集成电路封装、测试销售（营业）收入占企业收入总额的比例不低于60%；

（5）具有保证产品生产的手段和能力，并获得有关资质认证（包括ISO质量体系认证、人力资源能力认证等）；

（6）具有与集成电路封装、测试相适应的经营场所、软硬件设施等基本条件。

七、软件企业优惠

（一）国家鼓励的软件企业二免三减半优惠

根据《财政部 税务总局 发展改革委 工业和信息化部关于促进集成电路产业和软件产业高质量发展企业所得税政策的公告》（2020年第45号）第三条的规定，国家鼓励的软件企业，自获利年度起，第1年至第2年免征企业所得税，第3年至第5年按照25%的法定税率减半征收企业所得税。

国家鼓励的软件企业条件，由工业和信息化部会同国家发展改革委、财政部、税务总局等相关部门规定。

（二）国家鼓励的软件企业应符合的条件

自2020年1月1日起，根据《中华人民共和国工业和信息化部 国家发展改革委 财政部 国家税务总局公告2021年第10号》第一条的规定，国家鼓励的软件企业是指同时符合下列条件的企业：

（1）在中国境内（不包括港、澳、台地区）依法设立，以软件产品开发及相关信息技术服务为主营业务并具有独立法人资格的企业；该企业的设立具有合理商业目的，且不以减少、免除或推迟缴纳税款为主要目的。

（2）汇算清缴年度具有劳动合同关系或劳务派遣、聘用关系，其中具有本科及以上学历的月平均职工人数占企业月平均职工总人数的比例不低于40%，研究开发人员月平均数占企业月平均职工总数的比例不低于25%。

（3）拥有核心关键技术，并以此为基础开展经营活动，汇算清缴年度研究开发费用总额占企业销售（营业）收入总额的比例不低于7%，企业在中国境内发生的研究开发费用金额占研究开发费用总额的比例不低于60%。

（4）汇算清缴年度软件产品开发销售及相关信息技术服务（营业）收入占企业收入总额的比例不低于55%［嵌入式软件产品开发销售（营业）收入占企业收入总额的比例不低于45%］，其中软件产品自主开发销售及相关信息技术服务（营业）收入占企业收入总额的比例不低于45%［嵌入式软件产品开发销售（营业）收入占企业收入总额的比例不低于40%］。

（5）主营业务或主要产品具有专利或计算机软件著作权等属于本企业的知识产权。

（6）具有与软件开发相适应的生产经营场所、软硬件设施等开发环境（如合法的开发工具等），建立符合软件工程要求的质量管理体系并持续有效运行。

（7）汇算清缴年度未发生重大安全事故、重大质量事故、知识产权侵权等行为，企业合法经营。

这里所称研究开发费用政策口径，按照《财政部 国家税务总局 科技部关于完善研究开发费用税前加计扣除政策的通知》（财税〔2015〕119号）和《国家税务总局关于研发费用税前加计扣除归集范围有关问题的公告》（国家税务总局公告2017年第40号）等规定执行。

（三）国家鼓励的重点软件企业优惠

根据《财政部 税务总局 发展改革委 工业和信息化部关于促进集成电路产业和软件产业高质量发展企业所得税政策的公告》（2020年第45号）第四条的规定，国家鼓励的重点软件企业，自获利年度起，第1年至第5年免征企业所得税，接续年度减按10%的税率征收企业所得税。

国家鼓励的重点软件企业清单由国家发展改革委、工业和信息化部会同财政部、税务总局等相关部门制定。

（四）延续适用原有优惠政策

1.符合条件的软件企业定期减免税优惠

根据财税〔2016〕49号文件第三条的规定，我国境内符合条件的软件企业，自获利年度起计算优惠期，第1年至第2年免征企业所得税，第3年至第5年按照25%的法定税率减半征收企业所得税，并享受至期满为止。

根据《财政部 国家税务总局 发展改革委 工业和信息化部关于软件和集成电路产业企业所得税优惠政策有关问题的通知》（财税〔2016〕49号）第四条的规定，软件企业是指以软件产品开发销售（营业）为主营业务并同时符合下列条件的企业：

（1）在中国境内（不包括港、澳、台地区）依法注册的居民企业。

（2）汇算清缴年度具有劳动合同关系且具有大学专科以上学历的职工人数占企业月平均职工总人数的比例不低于40%，其中，研究开发人员占企业月平均职工总数的比例不低于20%。

（3）拥有核心关键技术，并以此为基础开展经营活动，且汇算清缴年度研究开发费用总额占企业销售（营业）收入总额的比例不低于6%，其中，企业在中国境内发生的研究开发费用金额占研究开发费用总额的比例不低于60%。

（4）汇算清缴年度软件产品开发销售（营业）收入占企业收入总额的比例不低于50%（嵌入式软件产品和信息系统集成产品开发销售（营业）收入占企业收入总额的比例不低于40%），其中，软件产品自主开发销售（营业）收入占企业收入总额的比例不低于40%（嵌入式软件产品和信息系统集成产品开发销售（营业）收入占企业收入总额的比例不低于30%）。

软件产品开发销售（营业）收入，是指软件企业从事计算机软件、信息系统或嵌入式软件等软件产品开发并销售的收入，以及信息系统集成服务、信息技术咨询服务、数据处理和存储服务等技术服务收入。软件企业的收入总额，是指《企业所得税法》第六条规定的收入总额。

（5）主营业务拥有自主知识产权。

（6）具有与软件开发相适应的软硬件设施等开发环境（如合法的开发工具等）。

（7）汇算清缴年度未发生重大安全、重大质量事故或严重环境违法行为。

此外，软件企业所得税优惠政策适用于实行查账征收方式的软件企业。对核定征收的企业不得享受软件企业优惠。

软件企业的获利年度，是指软件企业开始生产经营后，第一个应纳税所得额大于零的纳税年度，包括对企业所得税实行核定征收方式的纳税年度。软件企业享受定期减免税优惠的期限应当连续计算，不得因中间发生亏损或其他原因而间断。

2. 国家规划布局内的重点软件企业优惠

根据财税〔2016〕49号文件第四条的规定，国家规划布局内的重点软件企业，如当年未享受免税优惠的，可减按10%的税率征收企业所得税。

根据《财政部 税务总局 发展改革委 工业和信息化部关于促进集成电路产业和软件产业高质量发展企业所得税政策的公告》（2020年第45号）第十条的规定，自2020年1月1日起，“国家规划布局内的重点软件企业和集成电路设计企业，如当年未享受免税优惠的，可减按10%的税率征收企业所得税”停止执行。

根据财税〔2016〕49号文件第六条的规定，国家规划布局内重点软件企业除符合上述享受优惠的软件企业应具备的条件外，还应至少符合下列条件中的一项：

（1）汇算清缴年度软件产品开发销售（营业）收入不低于2亿元，应纳税所得额不低于1 000万元，研究开发人员占企业月平均职工总数的比例不低于25%。

（2）在国家规定的重点软件领域内，汇算清缴年度软件产品开发销售（营业）收入不低于5 000万元，应纳税所得额不低于250万元，研究开发人员占企业月平均职工总数的比例不低于25%，企业在中国境内发生的研究开发费用金额占研究开发费用总额的比例不低于70%。

符合重点软件领域条件的企业，如业务范围涉及多个领域，仅选择其中一个领域向税务机关备案。选择领域的销售（营业）收入占本企业软件产品开发销售（营业）收入或集成电路设计销售（营业）收入的比例不低于20%。

（3）汇算清缴年度软件出口收入总额不低于800万美元，软件出口收入总额占本企业年度收入总额比例不低于50%，研究开发人员占企业月平均职工总数的比例不低于25%。

重点软件领域为：

（1）基础软件：操作系统、数据库、中间件。

（2）工业软件和服务：研发设计类、经营管理类和生产控制类产品和服务。

（3）信息安全软件产品研发应用及工业控制系统咨询设计、集成实施和运行维护等服务。

（4）数据分析处理软件和数据获取、分析、处理、存储服务。

（5）移动互联网：移动支付、地图导航、浏览器、数字创意、移动应用开发工具及环境类软件。

（6）嵌入式软件（软件收入比例不低于50%）。

（7）高技术服务软件：研发设计、知识产权、检验检测和生物技术服务软件。

（8）语言文字信息处理软件：汉语和少数民族语言相关文字编辑处理、语音识别/合成、机器翻译软件。

（9）云计算：大型公有云IaaS、PaaS服务。

综上所述，软件企业的企业所得税优惠，如图8–4所示。

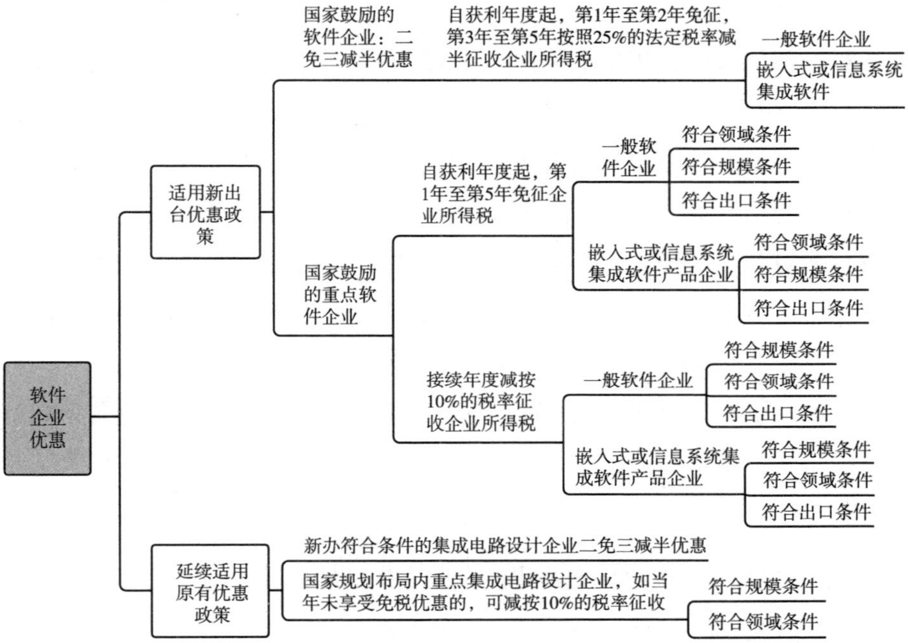

图8–4 软件企业优惠

八、集成电路与软件产业优惠管理

（一）不得叠加享受优惠

享受集成电路生产企业、集成电路设计企业、软件企业等企业所得税优惠政策与企业所得税其他相同方式优惠政策存在交叉的，由企业选择一项最优惠政策执行，不叠加享受。

享受集成电路封装、测试企业以及集成电路关键专用材料生产企业、集成电路专用设备生产企业的企业所得税优惠政策与其他定期减免税优惠政策存在交叉的，由企业选择一项最优惠政策执行，不叠加享受。

（二）转请机制

为切实加强优惠资格认定取消后的管理工作，在软件、集成电路企业享受优惠政策后，税务部门转请发展改革、工业和信息化部门进行核查。对经核查不符合软件、集成电路企业条件的，由税务部门追缴其已经享受的企业所得税优惠，并按照《税收征收管理法》的规定进行处理。

省级（自治区、直辖市、计划单列市，下同）财政、税务、发展改革和工业和信息化部门应密切配合，通过建立核查机制并有效运用核查结果，切实加强对软件、集成电路企业的后续管理工作。

省级税务部门应在每年3月20日前和6月20日前分两批将汇算清缴年度已申报享受软件、集成电路企业税收优惠政策的企业名单及其报送资料提交省级发展改革、工业和信息化部门。其中，享受软件企业、集成电路设计企业税收优惠政策的名单及报送资料提交给省级工业和信息化部门，省级工业和信息化部门组织专家或者委托第三方机构对名单内企业是否符合条件进行核查；享受其他优惠政策的名单及报送资料提交给省级发展改革部门，省级发展改革部门会同工业和信息化部门共同组织专家或者委托第三方机构对名单内企业是否符合条件进行核查。

省级发展改革、工业和信息化部门应在收到享受优惠政策的企业名单和备案资料两个月内将复核结果反馈省级税务部门（第一批名单复核结果应在汇算清缴期结束前反馈）。

（三）延长符合条件的集成电路生产企业亏损结转弥补年限

根据《财政部 税务总局 发展改革委 工业和信息化部关于促进集成电路产业和软件产业高质量发展企业所得税政策的公告》（2020年第45号）第二条的规定，国家鼓励的线宽小于130纳米（含）的集成电路生产企业，属于国家鼓励的集成电路生产企业清单年度之前5个纳税年度发生的尚未弥补完的亏损，准予向以后年度结转，总结转年限最长不得超过10年。

综上所述，促进集成电路和软件产业发展的企业所得税政策，如图8-5所示。

九、享受优惠的申报

（一）享受软件、集成电路企业优惠涉及的表单

纳税人享受软件、集成电路企业优惠年度汇算清缴时需要填报的主要表单有：主表A100000第26行“减免所得税额”，“减免所得税优惠明细表”（A107040）第6到16行、第28.4到28.4.10行和第33行，以及“软件、集成电路企业优惠情况及明细表”（A107042，如表8-42所示）。

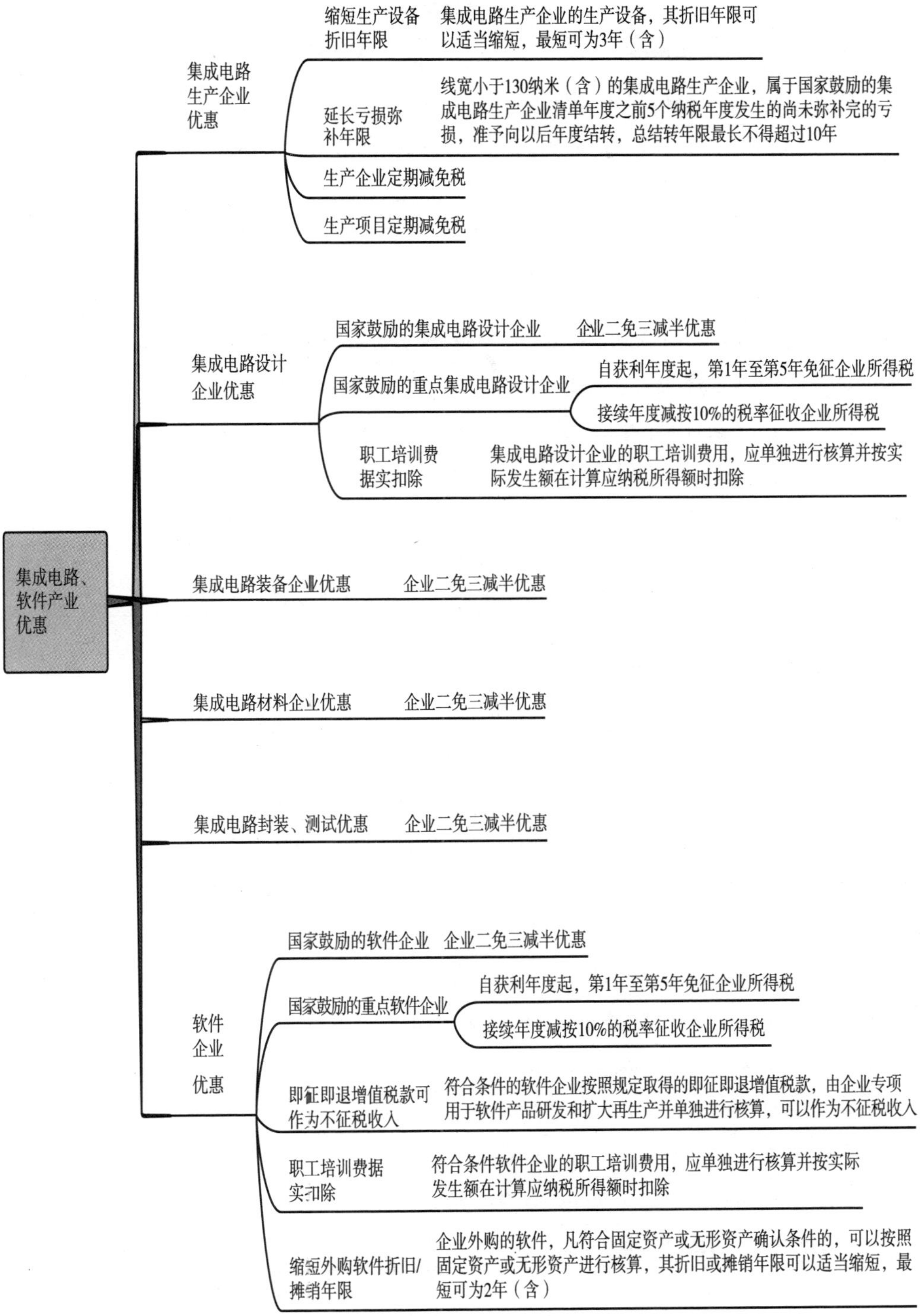

图8–5 集成电路和软件企业优惠

表8-42　A107040　　减免所得税优惠明细表

行次	项　目	金额
6	六、线宽小于0.8微米（含）的集成电路生产企业减免企业所得税（填写A107042）	
7	七、线宽小于0.25微米的集成电路生产企业减按15%税率征收企业所得税（填写A107042）	
8	八、投资额超过80亿元的集成电路生产企业减按15%税率征收企业所得税（填写A107042）	
9	九、线宽小于0.25微米的集成电路生产企业减免企业所得税（填写A107042）	
10	十、投资额超过80亿元的集成电路生产企业减免企业所得税（填写A107042）	
11	十一、新办集成电路设计企业减免企业所得税（填写A107042）	
12	十二、国家规划布局内集成电路设计企业可减按10%的税率征收企业所得税（填写A107042）	
13	十三、符合条件的软件企业减免企业所得税（填写A107042）	
14	十四、国家规划布局内重点软件企业可减按10%的税率征收企业所得税（填写A107042）	
15	十五、符合条件的集成电路封装、测试企业定期减免企业所得税（填写A107042）	
16	十六、符合条件的集成电路关键专用材料生产企业、集成电路专用设备生产企业定期减免企业所得税（填写A107042）	
28	二十八、其他（28.1+28.2+28.3+28.4+28.5+28.6）	
28.4	（四）国家鼓励的集成电路和软件企业减免企业所得税政策（28.4.1+…+28.4.10）	
28.4.1	1.线宽小于28纳米（含）集成电路生产企业减免企业所得税（填写A107042）	
28.4.2	2.线宽小于65纳米（含）集成电路生产企业减免企业所得税（填写A107042）	
28.4.3	3.线宽小于130纳米（含）集成电路生产企业减免企业所得税（填写A107042）	
28.4.4	4.集成电路设计企业减免企业所得税（填写A107042）	
28.4.5	5.重点集成电路设计企业减免企业所得税（填写A107042）	
28.4.6	6.集成电路装备企业减免企业所得税（填写A107042）	
28.4.7	7.集成电路材料企业减免企业所得税（填写A107042）	
28.4.8	8.集成电路封装、测试企业减免企业所得税（填写A107042）	
28.4.9	9.软件企业减免企业所得税（填写A107042）	
28.4.10	10.重点软件企业减免企业所得税（填写A107042）	
33	合计（1+2+…+28-29+30+31+32）	

（二）软件、集成电路企业优惠情况及明细表

根据《国家发展改革委等五部门关于做好享受税收优惠政策的集成电路企业或项目、软件企业清单制定工作有关要求的通知》（发改高技〔2021〕413号），《国

家税务总局关于企业所得税年度汇算清缴有关事项的公告》（2021年第34号）精简“软件、集成电路企业优惠方式代码表”，并调整了相关行次的填报说明。同时还进一步细化了优惠政策的具体指标，增加填报的精准度。

“软件、集成电路企业优惠情况及明细表”（A107042）适用于享受软件、集成电路企业优惠政策的纳税人填报。纳税人根据税法、《财政部 国家税务总局关于进一步鼓励软件产业和集成电路产业发展企业所得税政策的通知》（财税〔2012〕27号）、《财政部 国家税务总局 发展改革委 工业和信息化部关于软件和集成电路产业企业所得税优惠政策有关问题的通知》（财税〔2016〕49号）、《财政部 国家税务总局 发展改革委 工业和信息化部关于进一步鼓励集成电路产业发展企业所得税政策的通知》（财税〔2015〕6号）、《国家发展和改革委员会 工业和信息化部 财政部 国家税务总局关于印发国家规划布局内重点软件和集成电路设计领域的通知》（发改高技〔2016〕1056号）、《财政部 税务总局 国家发展改革委 工业和信息化部关于集成电路生产企业有关企业所得税政策问题的通知》（财税〔2018〕27号）、《财政部 税务总局关于集成电路设计和软件产业企业所得税政策的公告》（2019年第68号）、《财政部 税务总局关于集成电路设计企业和软件企业2019年度企业所得税汇算清缴适用政策的公告》（2020年第29号）、《财政部 税务总局 发展改革委 工业和信息化部关于促进集成电路和软件产业高质量发展企业所得税政策的公告》（2020年第45号）、《国家发展改革委等五部门关于做好享受税收优惠政策的集成电路企业或项目、软件企业清单制定工作有关要求的通知》（发改高技〔2021〕413号）等相关政策规定，填报本年发生的软件、集成电路企业优惠有关情况。

享受软件、集成电路企业优惠政策的纳税人均需按照企业整体情况填报本表，其中填报“所得减免优惠明细表”（A107020）中“七、线宽小于130纳米（含）的集成电路生产项目”“八、线宽小于65纳米（含）或投资额超过150亿元的集成电路生产项目”“九、线宽小于28纳米（含）的集成电路生产项目减免企业所得税”减免项目的纳税人，应当填报除本表第16行“减免税额”以外的本表其他相应项目。

表8-43　A107042　　软件、集成电路企业优惠情况及明细表

税收优惠基本信息			
选择适用优惠政策	□延续适用原有优惠政策　　□适用新出台优惠政策		
减免方式1		获利年度\开始计算优惠期年度1	
减免方式2		获利年度\开始计算优惠期年度2	

续表

税收优惠有关情况			
行次	项　　目		数量\金额
1	人员指标	一、企业本年月平均职工总人数	
2		其中：签订劳动合同关系且具有大学专\本科以上学历的职工人数	
3		研究开发人员人数	
4	研发费用指标	二、研发费用总额	
5		其中：企业在中国境内发生的研发费用金额	
6	收入指标	三、企业收入总额	
7		四、符合条件的销售（营业）收入	
8		其中：自主设计、自主开发销售及服务收入	
9	知识产权指标	五、拥有核心关键技术和属于本企业的知识产权总数	
10		其中：发明专利	
11		集成电路布图设计登记	
12		计算机 软件著作权	
13	业务类型及领域	是否从事8英寸及以下集成电路生产	□是　□否
14		是否按照开发、销售嵌入式软件企业条件享受政策	□是　□否
15		重点集成电路设计领域和重点软件领域	请选择所属领域
16	减免税额		

1.税收优惠基本信息

企业以前年度符合软件、集成电路税收优惠政策条件且已开始享受优惠政策的，可选择延续适用原有优惠政策；符合最新软件、集成电路税收优惠政策条件的，可选择适用新出台的优惠政策。企业根据实际情况在“选择适用优惠政策”中勾选“□延续适用原有优惠政策”或“□适用新出台优惠政策”；集成电路生产企业只享受集成电路项目所得优惠政策，无须勾选。

当集成电路生产企业享受集成电路项目所得优惠政策时，可根据实际情况填报“减免方式1”“减免方式2”……，并同时填报对应的“获利年度/开始计算优惠期年度1”“获利年度/开始计算优惠期年度2”……。

（1）减免方式：纳税人根据“企业所得税年度纳税申报基础信息表”（A000000）“208软件、集成电路企业类型”填报的企业类型和实际经营情况，从“软件、集成电路企业优惠方式代码表”“代码”列中选择相应代码，填入本项。除集成电路生产企业纳税人存在按项目享受优惠的情况外，纳税人仅可从中选择一项填列；若集成电路生产企业纳税人存在多个项目的，应将所有享受优惠的项目减免方式等情况填入本表，项目数量可以增加（见表8–44）。

表8–44　　　　软件、集成电路企业优惠方式代码表

代码	减免方式类型	原政策	新政策		软件、集成电路企业类型
110	企业二免三减半（免税）		√	140	集成电路生产企业（线宽小于130纳米的企业）
			√	240	集成电路设计企业
			√	330	软件企业
			√	400	集成电路封装、测试（含封装测试）企业
			√	500	集成电路材料（含关键专用材料）企业
			√	600	集成电路装备（含专用设备）企业
120	企业二免三减半（减半征收）	√		110	集成电路生产企业（线宽小于0.8微米的企业）
		√	√	140	集成电路生产企业（线宽小于130纳米的企业）
		√	√	240	集成电路设计企业
		√	√	330	软件企业
		√	√	400	集成电路封装、测试（含封装测试）企业
		√	√	500	集成电路材料（含关键专用材料）企业
		√	√	600	集成电路装备（含专用设备）企业
210	企业五免五减半（免税）	√		120	集成电路生产企业（线宽小于0.25微米的企业）
		√		130	集成电路生产企业（投资额超过80亿元的企业）
		√		131	集成电路生产企业（资额超过150亿元的企业）
		√	√	151	集成电路生产企业（线宽小于65纳米的企业）
220	企业五免五减半（减半征收）	√		120	集成电路生产企业（线宽小于0.25微米的企业）
		√		130	集成电路生产企业（投资额超过80亿元的企业）
		√		131	集成电路生产企业（资额超过150亿元的企业）
		√	√	151	集成电路生产企业（线宽小于65纳米的企业）
			√	250	重点集成电路设计企业
			√	340	重点软件企业
510	项目所得二免三减半（免税）		√	140	集成电路生产企业（线宽小于130纳米的企业）
520	项目所得二免三减半（减半征收）	√	√	140	集成电路生产企业（线宽小于130纳米的企业）

续表

代码	减免方式类型	原政策	新政策		软件、集成电路企业类型
610	项目所得五免五减半（免税）	√		131	集成电路生产企业（资额超过150亿元的企业）
		√	√	151	集成电路生产企业（线宽小于65纳米的企业）
620	项目所得五免五减半（减半征收）	√		131	集成电路生产企业（资额超过150亿元的企业）
		√	√	151	集成电路生产企业（线宽小于65纳米的企业）
700	项目所得十免（免税）		√	160	集成电路生产企业（线宽小于28纳米的企业）
			√	250	重点集成电路设计企业
			√	340	重点软件企业
900	企业十免（免税）		√	160	集成电路生产企业（线宽小于28纳米的企业）

（2）“获利年度/开始计算优惠期年度”：适用选择“二免三减半”“五免五减半”“五免”“十免”等定期减免类型的纳税人填报。其中，“开始计算优惠期年度”按照财税〔2012〕27号、财税〔2015〕6号、财税〔2018〕27号、《财政部 税务总局 发展改革委 工业和信息化部关于促进集成电路和软件产业高质量发展企业所得税政策的公告》（2020年第45号）等文件的相关规定确定。

2.税收优惠有关情况

（1）第1行“一、企业本年月平均职工总人数”：填报纳税人本年月平均职工总人数。本年月平均职工总人数计算方法：

月平均人数=（月初数+月末数）÷2

全年月平均职工总人数=全年各月平均数之和÷12

（2）第2行“签订劳动合同关系且具有大学专科以上学历的职工人数”：填报纳税人符合政策规定的大学专/本科以上学历的职工人数。

（3）第3行“研究开发人员人数”：填报纳税人本年研究开发人员人数。

（4）第4行“二、研发费用总额”：填报企业按照《财政部 国家税务总局 科技部关于完善研发费用税前加计扣除政策的通知》（财税〔2015〕119号）、《国家税务总局关于企业研究开发费用税前加计扣除政策有关问题的公告》（2015年第97号）、《国家税务总局关于研发费用税前加计扣除归集范围有关问题的公告》（2017年第40号）等文件规定口径归集的研发费用。

（5）第5行“企业在中国境内发生的研发费用金额”：填报纳税人本年在中国境内发生的研发费用。

（6）第6行“三、企业收入总额”：填报纳税人本年以货币形式和非货币形式从各种来源取得的收入总额。包括：销售货物收入，提供劳务收入，转让财产收入，股息、红利等权益性投资收益，利息收入，租金收入，特许权使用费收入，接受捐赠收入，其他收入。

（7）第7行“四、符合条件的销售（营业）收入”：根据企业类型分析填报，具体如下：

集成电路生产企业：填报本年度集成电路制造销售（营业）收入。

集成电路设计企业：填报本年度集成电路设计销售（营业）收入。

软件企业：一般软件企业填报本年软件产品开发销售（营业）收入；嵌入式或信息系统集成软件企业填报嵌入式软件产品和信息系统集成产品开发销售（营业）收入。

集成电路封装、测试（含封装测试）企业：填报本年集成电路封装、测试（含封装测试）销售（营业）收入。

集成电路材料（含关键专用材料）企业：填报本年集成电路材料（含关键专用材料）销售（营业）收入。

集成电路装备（含专用设备）企业：填报本年集成电路装备（含专用设备）销售（营业）收入。

（8）第8行“其中：自主设计、自主开发销售及服务收入”：根据企业类型分析填报，具体如下：

集成电路设计企业：填报本年度集成电路自主设计销售（营业）收入。

软件企业：软件企业填报本年软件产品自主开发销售（营业）收入；嵌入式或信息系统集成软件企业填报本年自主开发嵌入式软件产品和信息系统集成产品开发销售（营业）收入。

（9）第9行“五、拥有核心关键技术和属于本企业的知识产权总数”：填报拥有核心关键技术和属于本企业的知识产权的数量。

（10）第10行“其中：发明专利”：填报拥有核心关键技术和属于本企业的知识产权中属于发明专利的数量。

（11）第11行“集成电路布图设计登记”：由集成电路设计企业填报集成电路布图设计登记数量。

（12）第12行“计算机软件著作权”：填报计算机软件著作权数量。

（13）第13行“是否从事 8 英寸及以下集成电路生产”：由集成电路生产企业根据企业经营情况勾选。

（14）第14行“是否按照开发、销售嵌入式软件企业条件享受政策”：由软件企业根据企业生产经营情况勾选。

（15）第15行“重点集成电路设计领域和重点软件领域”：由重点集成电路设计企业和软件企业根据企业实际情况，从“重点集成电路设计和软件企业领域表”（如表8-45所示）中选择所属领域填入本项。

表8-45　　重点集成电路设计和软件企业领域表

一、重点集成电路设计领域	（一）高性能处理器和FPGA芯片
	（二）存储芯片
	（三）智能传感器
	（四）工业、通信、汽车和安全芯片
	（五）EDA、IP和设计服务
二、重点软件领域	（一）基础软件：操作系统、数据库管理系统、中间件、通用办公软件、固件（BIOS）、开发支撑软件、少数民族语言文字编辑处理软件
	（二）研发设计类工业软件：虚拟仿真系统、计算机辅助设计（CAD）、计算机辅助工程（CAE）、计算机辅助制造（CAM）、计算机辅助工艺规划（CAPP）、建筑信息模型（BIM）、产品数据管理（PDM）软件
	（三）生产控制类工业软件：工业控制系统、制造执行系统（MES）、制造运行管理（MOM）、调度优化系统（ORION）、先进控制系统（APC）、安全仪表系统（SIS）、可编程控制器（PLC）
	（四）新兴技术软件：分布式计算、数据分析挖掘、可视化、数据采集清洗等大数据软件，人机交互、通用算法软件、基础算法库、工具链、机器学习和深度学习框架等人工智能软件，信息系统运行维护软件，超级计算软件，区块链软件，工业互联网平台软件，云管理软件，虚拟化软件
	（五）信息安全软件：信息系统安全、网络安全、密码算法、数据安全、安全测试等方面的软件
	（六）重点行业应用软件：面向党政机关、国防、能源、交通、物流、通信、广电、医疗、建筑、制造业、应急、社保、农业、水利、教育、金融财税、知识产权、检验检测、科学研究、公共安全、节能环保、自然资源、城市管理、地理信息领域的专业应用软件
	（七）经营管理类工业软件：企业资源计划（ERP）、供应链管理（SCM）、客户关系管理（CRM）、人力资源管理（HEM）、企业资产管理（EAM）、产品生命周期管理（PLM）、运维综合保障管理（MRO）软件及相关云服务
	（八）公有云服务软件：大型公有云IaaS、PaaS服务软件
	（九）嵌入式软件（软件收入比例不低于50%）：通信设备、汽车电子、交通监控设备、电子测量仪器、装备自动控制、电子医疗器械、计算机应用产品、终端设备等嵌入式软件及嵌入式软件开发环境相关软件

（16）第16行“减免税额”：填报本年享受集成电路、软件企业优惠的金额。当减免方式为“项目所得二免三减半（免税）”“项目所得二免三减半（减半征收）”“项目所得五免五减半（免税）”“项目所得五免五减半（减半征收）”“项目所得十免（免税）”时，本行无须填报。

3. 表内、表间关系（见表8-46）

表8-46 本表第16行与A107040表行次对应关系表

软件、集成电路企业类型	选择适用优惠政策	优惠方式代码	减免方式类型	A107040对应行次
110集成电路生产企业（线宽小于0.8微米的企业）	原政策	120	企业二免三减半（减半征收）	6
120集成电路生产企业（线宽小于0.25微米的企业）	原政策	210	企业五免五减半（免税）	9
	原政策	220	企业五免五减半（减半征收）	9
130集成电路生产企业（投资额超过80亿元的企业）	原政策	210	企业五免五减半（免税）	10
	原政策	220	企业五免五减半（减半征收）	10
131集成电路生产企业（投资额超过150亿元的企业）	原政策	210	企业五免五减半（免税）	27
	原政策	220	企业五免五减半（减半征收）	27
140集成电路生产企业（线宽小于130纳米的企业）	原政策	120	企业二免三减半（减半征收）	26
	新政策	110	企业二免三减半（免税）	28.4.3
	新政策	120	企业二免三减半（减半征收）	28.4.3
151集成电路生产企业（线宽小于65纳米的企业）	原政策	210	企业五免五减半（免税）	27
	原政策	220	企业五免五减半（减半征收）	27
	新政策	210	企业五免五减半（免税）	28.4.2
	新政策	220	企业五免五减半（减半征收）	28.4.2
160集成电路生产企业（线宽小于28纳米的企业）	新政策	900	企业十免（免税）	28.4.1
240集成电路设计企业（集成电路设计企业）	原政策	120	企业二免三减半（减半征收）	11
	新政策	110	企业二免三减半（免税）	28.4.4
	新政策	120	企业二免三减半（减半征收）	28.4.4
250集成电路设计企业（重点集成电路设计企业）	新政策	300	企业减按10%税率征收企业所得税	28.4.5
	新政策	800	企业五免（免税）	28.4.5
330软件企业（软件企业）	原政策	120	企业二免三减半（减半征收）	13
	新政策	110	企业二免三减半（免税）	28.4.9
	新政策	120	企业二免三减半（减半征收）	28.4.9
340软件企业（重点软件企业）	新政策	300	企业减按10%税率征收企业所得税	28.4.10
	新政策	800	企业五免（免税）	28.4.10

续表

软件、集成电路企业类型	选择适用优惠政策	优惠方式代码	减免方式类型	A107040对应行次
400集成电路封装、测试（含封装测试）企业	原政策	120	企业二免三减半（减半征收）	15
	新政策	110	企业二免三减半（免税）	28.4.8
	新政策	120	企业二免三减半（减半征收）	28.4.8
500集成电路材料（含关键专用材料）企业	原政策	120	企业二免三减半（减半征收）	16
	新政策	110	企业二免三减半（免税）	28.4.7
	新政策	120	企业二免三减半（减半征收）	28.4.7
600集成电路装备（含专用设备）企业	原政策	120	企业二免三减半（减半征收）	16
	新政策	110	企业二免三减半（免税）	28.4.6
	新政策	120	企业二免三减半（减半征收）	28.4.6

第四节　风险识别与应对

一、高新技术企业委外研发费超标风险

（一）识别指标与风险描述

境内研发费占比=（本年归集的高新研发费用金额－境外的外部研发费）/本年归集的高新研发费用金额

如果（委托外部研究开发费用>0）A107041表25行>0且，研究费用A104000表19行第1列+第3列＝本年归集的高新研发费用金额A107041表15行，则提示委托外部研发费是否按80%比例计入研发费用总额。

如果（本年归集的高新研发费用金额A107041表15行－境外的外部研发费A107041表27行）÷本年归集的高新研发费用金额A107041表15行<60%，则提示委托外部研发费是否符合60%比例要求。

（二）风险应对

充分利用风险管理系统开展全面的分析工作，结合金税三期综合征管软件中纳税人信息、通过查询企业财务报表信息，向企业取得高新技术企业认定相关资料并

根据获取的资料或者实地检查结果进行相应处理。该项目应对主要包括以下内容：

（1）核查企业基础登记信息和认定信息的准确性。

（2）核查纳税人是否按照委托外部研发费发生额的80%计入研发费用总额，且其中中国境内发生的研发费用总额占全部研发费用的比例不低于60%。

（3）核查是否符合高新技术企业的条件。

（4）存在少缴纳税款情形的，通知纳税人补缴并按规定加收滞纳金。

二、高新技术企业认定条件不符风险

（一）识别指标与风险描述

1.本年研究费用=0［在2020年度研究费用为空值的时候（未有相关报表），取本年度归集的高新研发费用金额=0］，且2019年度研究费用=0，且2018年度研究费用=0，且高新技术企业证书发证时间1（或者发证时间2）中的年份数+3大于2020；

2.本年高新技术产品（服务）收入÷（营业收入+投资收益+营业外收入+收入类调整项目调增金额－收入类调整项目不征税收入调减金额）<60%；

3.比例=归集的高新研发费用金额合计÷（本年营业收入+2019年度营业收入+2018年度营业收入）；

4.委托外部研发费用合计/归集的高新研发费用金额合计。

高新技术企业认定条件的比对风险包括：

（1）高新技术企业连续三年研究费用支出为0；

（2）高新技术产品收入占当年企业总收入比例异常；

（3）高新技术企业三年合计研究开发费用总额占三年合计销售收入比例异常；

（4）委托外部研发费用占比异常。

（二）风险应对

1.风险数据的系统校验（案头审核）

（1）核实企业金三企业所得税年报、财务报表是否填报完整；

（2）核实企业金三申报数据是否与风险识别信息一致；

（3）核实企业的高新技术企业资格认定是否有效，是否享受高新技术企业所得税优惠。

2.询问约谈资料要求（报送资料）

（1）高新技术企业资格证书；

（2）高新技术企业认定资料；

（3）知识产权相关材料；

（4）年度主要产品（服务）发挥核心支持作用的技术属于《国家重点支持的高新技术领域》规定范围的说明，高新技术产品（服务）及对应收入资料；

（5）年度职工和科技人员情况证明材料；

（6）当年和前两个会计年度研发费用总额及占同期销售收入比例、研发费用管理资料以及研发费用辅助账、研发费用结构明细表。

3.核查内容

（1）核查企业高新技术企业认定和税收优惠享受期间，其各项认定条件是否符合相关规定，比如，科技人员、高新技术产品（服务）收入、研发费用占比、总收入的确认和归集是否符合要求。

（2）核查企业研发活动中直接投入的认定和分配是否有可靠依据，是否存在虚增高新研发费用风险。

（3）核查企业既用于生产经营，又用于研究开发活动的固定资产或无形资产的折旧或摊销额的分摊是否合理。

（4）核查企业委托开发合同或合作协议，分析合同或协议的实质性内容，判断是否真的是委托外部研发、项目成果是否为企业拥有，且与企业的主要经营业务紧密相关。

（5）核查企业“其他费用”明细，是否存在将业务招待费等费用也纳入核算，或是会议费、差旅费金额巨大且缺少相关佐证材料，无法确认是否为研发活动发生。

（6）核查企业取得各研究开发项目的有关立项批复、实施方案、阶段性报告或工作总结、验收报告或政府有关主管部门的批复等，取得知识产权证书或独占许可合同、生产批文、新产品或新技术证明、产品质量检验报告以及其他相关证明材料。

（7）对取得高新技术企业资格且享受税收优惠的高新技术企业，税务部门如在日常管理过程中发现其在高新技术企业认定过程中或享受优惠期间不符合《认定办法》第十一条规定的，应提请认定机构复核。复核后确认不符合认定条件的，由认定机构取消其高新技术企业资格，并通知税务机关追缴其证书有效期内自不符合认定条件年度起已享受的税收优惠。

第九章

抵免所得税额

企业购置用于环境保护、节能节水、安全生产等专用设备的投资额，可以按一定比例实行税额抵免。本章详细阐述抵免所得税优惠，主要内容如图9-1所示。

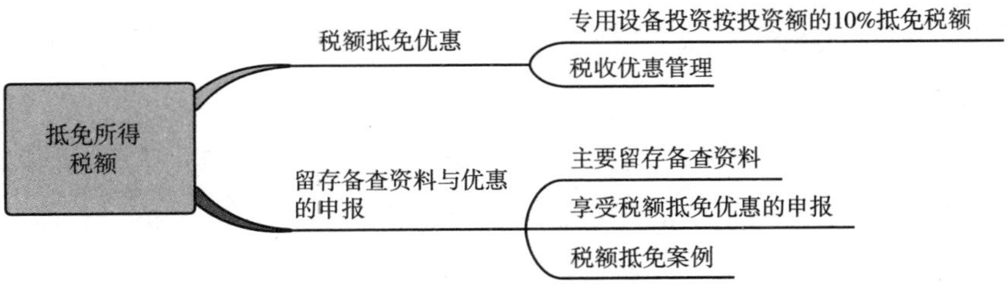

图9-1 抵免所得税额

第一节 税额抵免优惠

一、专用设备投资按投资额的10%抵免税额

（一）专用设备投资按投资额的10%抵免税额优惠

《企业所得税法》第三十四条规定，企业购置用于环境保护、节能节水、安全生产等专用设备的投资额，可以按一定比例实行税额抵免。

根据《企业所得税法实施条例》第一百条的规定，税额抵免，是指企业购置并实际使用《环境保护专用设备企业所得税优惠目录》《节能节水专用设备企业所得税优惠目录》和《安全生产专用设备企业所得税优惠目录》规定的环境保护、节能节水、安全生产等专用设备的，该专用设备的投资额的10%可以从企业当年的应纳税额中抵免；当年不足抵免的，可以在以后5个纳税年度结转抵免。

享受前述规定的企业所得税优惠的企业，应当实际购置并自身实际投入使用前述规定的专用设备；企业购置上述专用设备在5年内转让、出租的，应当停止享受企业所得税优惠，并补缴已经抵免的企业所得税税款。

《财政部 国家税务总局关于执行环境保护专用设备企业所得税优惠目录 节能节水专用设备企业所得税优惠目录和安全生产专用设备企业所得税优惠目录有关问题的通知》（财税〔2008〕48号）第一条进一步规定，企业自2008年1月1日起购置并实际使用列入上述各《目录》范围内的环境保护、节能节水和安全生产专用设备，可以按专用设备投资额的10%抵免当年企业所得税应纳税额；企业当年应纳税额不足抵免的，可以向以后年度结转，但结转期不得超过5个纳税年度。

根据财税〔2008〕48号文件第三条的规定，当年应纳税额，是指企业当年的应纳税所得额乘以适用税率，扣除依照《企业所得税法》和国务院有关税收优惠规定以及税收过渡优惠规定减征、免征税额后的余额。

根据《财政部 国家税务总局关于执行企业所得税优惠政策若干问题的通知》（财税〔2009〕69号）第十条的规定，购置并实际使用的环境保护、节能节水和安全生产专用设备，包括承租方企业以融资租赁方式租入的，并在融资租赁合同中约定租赁期届满时租赁设备所有权转移给承租方企业，且符合规定条件的上述专用设备。凡融资租赁期届满后租赁设备所有权未转移至承租方企业的，承租方企业应停止享受抵免企业所得税优惠，并补缴已经抵免的企业所得税税款。

（二）专用设备投资额的确定

根据财税〔2008〕48号文件第二条和《国家税务总局关于环境保护节能节水 安全生产等专用设备投资抵免企业所得税有关问题的通知》（国税函〔2010〕256号）的规定，纳税人购置并实际使用《环境保护专用设备企业所得税优惠目录（2017年版）》《节能节水专用设备企业所得税优惠目录（2017年版）》和《安全生产专用设备企业所得税优惠目录（2018年版）》范围内的专用设备并取得增值税专用发票的，在按照规定进行税额抵免时，如增值税进项税额允许抵扣，其专用设备投资额不包括增值税进项税额；如增值税进项税额不允许抵扣，其专用设备投资额应为增值税专用发票上注明的价税合计金额。企业购买专用设备取得普通发票的，其专用设备投资额为普通发票上注明的金额。

需要说明的是，这里的专用设备投资额，不包括允许抵扣的增值税进项税额、按有关规定退还的增值税税款以及设备运输、安装和调试等费用。

（三）利用银行贷款与财政拨款购置专用设备的抵免

根据财税〔2008〕48号第四条的规定，企业利用自筹资金和银行贷款购置专用设备的投资额，可以按《企业所得税法》的规定抵免企业应纳所得税额；企业利用财政拨款购置专用设备的投资额，不得抵免企业应纳所得税额。

（四）转让、出租专用设备的处理

根据财税〔2008〕48号第五条的规定，企业购置并实际投入使用、已开始享受税收优惠的专用设备，如从购置之日起5个纳税年度内转让、出租的，应在该专用设备停止使用当月停止享受企业所得税优惠，并补缴已经抵免的企业所得税税款。转让的受让方可以按照该专用设备投资额的10%抵免当年企业所得税应纳税额；当年应纳税额不足抵免的，可以在以后5个纳税年度结转抵免。

二、税收优惠管理

（一）优化优惠管理机制

按照国务院关于简化行政审批的要求，进一步优化优惠管理机制，实行企业自行申报并直接享受优惠、税务部门强化后续管理的机制。企业购置节能节水和环境保护专用设备，应自行判断是否符合税收优惠政策规定条件，如符合条件的可直接申报享受税收优惠并将相关资料留存备查，税务部门采取税收风险管理、稽查、纳税评估等方式强化后续管理。

根据《财政部 税务总局 应急管理部关于印发〈安全生产专用设备企业所得税优惠目录（2018年版）〉的通知》（财税〔2018〕84号，自2018年1月1日起施行，《安全生产专用设备企业所得税优惠目录（2008年版）》同时废止。企业在2018年1月1日至2018年8月31日期间购置的安全生产专用设备，符合2008年版优惠目录规定的，仍可享受税收优惠）的规定，对企业购置并实际使用安全生产专用设备享受企业所得税抵免优惠政策的适用目录进行适当调整，统一按《安全生产专用设备企业所得税优惠目录（2018年版）》执行。企业购置安全生产专用设备，自行判断其是否符合税收优惠政策规定条件，自行申报享受税收优惠，相关资料留存备查，税务部门依法加强后续管理。这里税收优惠政策规定条件，是指2018年版优惠目录所规定的设备名称、性能参数和执行标准。

（二）部门协调配合机制

建立部门协调配合机制，切实落实节能节水和环境保护专用设备税收抵免优惠政策。税务部门在执行税收优惠政策过程中，不能准确判定企业购置的专用设备是否符合相关技术指标等税收优惠政策规定条件的，可提请地市级（含）以上发展改革、工业和信息化、环境保护等部门，由其委托专业机构出具技术鉴定意见，相关部门应积极配合。对不符合税收优惠政策规定条件的，由税务机关按《税收征收管理法》及有关规定进行相应处理。

税收优惠政策规定条件，是指《节能节水专用设备企业所得税优惠目录（2017年版）》和《环境保护专用设备企业所得税优惠目录（2017年版）》所规定的设备类别、设备名称、性能参数、应用领域和执行标准。

建立部门协调配合机制，切实落实安全生产专用设备税收抵免优惠政策。税务部门在执行税收优惠政策过程中，不能准确判定企业购置的专用设备是否符合相关技术指标等税收优惠政策规定条件的，可提请地方应急管理部门和驻地煤矿安全监察部门报请应急管理部，由应急管理部会同有关行业部门委托专业机构出具技术鉴定意见，相关部门应积极配合。对不符合税收优惠政策规定条件的，由税务部门按税收征收管理法及有关规定进行相应处理。

第二节　留存备查资料与优惠的申报

一、主要留存备查资料

购置用于环境保护、节能节水、安全生产等专用设备的投资额按一定比例实行税额抵免优惠，属于汇缴享受优惠事项。汇算清缴后需要准备的主要留存备查资料有：

（1）购买并自身投入使用的专用设备清单及发票；

（2）以融资租赁方式取得的专用设备的合同或协议；

（3）专用设备属于《环境保护专用设备企业所得税优惠目录》《节能节水专用设备企业所得税优惠目录》或《安全生产专用设备企业所得税优惠目录》中的具体项目的说明；

（4）专用设备实际投入使用时间的说明。

二、享受税额抵免优惠的申报

（一）税额抵免优惠涉及的主要表单

纳税人申报享受税额抵免优惠需要填报的主要表单有：表A100000第27行（抵免所得税额）和“税额抵免优惠明细表”（A107050）。表A107050系主表A100000的一级附表，表A107050第7行第11列“本年实际抵免税额合计”金额填入表A100000第27行（抵免所得税额）中，且表A107050第7行第11列≤表A100000第25—26行，即：本年实际抵免税额合计应不超过应纳所得税额减除减免所得税额后的余额。“税额抵免优惠明细表”（A107050）适用于享受专用设备投资额抵免优惠（含结转）的纳税人填报。纳税人根据税收政策规定，填报本年发生的专用设备投资额抵免优惠（含结转）情况。

（二）税额抵免优惠明细表（见表9-1）

表9-1　A107050　　　　税额抵免优惠明细表

<table>
<tr><td rowspan="3">行次</td><td rowspan="3">项目</td><td rowspan="2">年度</td><td rowspan="2">本年抵免前应纳税额</td><td rowspan="2">本年允许抵免的专用设备投资额</td><td rowspan="2">本年可抵免税额</td><td colspan="6">以前年度已抵免额</td><td rowspan="2">本年实际抵免的各年度税额</td><td rowspan="2">可结转以后年度抵免的税额</td></tr>
<tr><td>前五年度</td><td>前四年度</td><td>前三年度</td><td>前二年度</td><td>前一年度</td><td>小计</td></tr>
<tr><td>1</td><td>2</td><td>3</td><td>4（3×10%）</td><td>5</td><td>6</td><td>7</td><td>8</td><td>9</td><td>10（5+…+9）</td><td>11</td><td>12（4-10-11）</td></tr>
<tr><td>1</td><td>前五年度</td><td></td><td></td><td></td><td></td><td></td><td></td><td></td><td></td><td></td><td></td><td></td><td>*</td></tr>
<tr><td>2</td><td>前四年度</td><td></td><td></td><td></td><td></td><td>*</td><td></td><td></td><td></td><td></td><td></td><td></td><td></td></tr>
<tr><td>3</td><td>前三年度</td><td></td><td></td><td></td><td></td><td>*</td><td>*</td><td></td><td></td><td></td><td></td><td></td><td></td></tr>
<tr><td>4</td><td>前二年度</td><td></td><td></td><td></td><td></td><td>*</td><td>*</td><td>*</td><td></td><td></td><td></td><td></td><td></td></tr>
<tr><td>5</td><td>前一年度</td><td></td><td></td><td></td><td></td><td>*</td><td>*</td><td>*</td><td>*</td><td></td><td></td><td></td><td></td></tr>
<tr><td>6</td><td>本年度</td><td></td><td></td><td></td><td></td><td>*</td><td>*</td><td>*</td><td>*</td><td>*</td><td>*</td><td></td><td></td></tr>
<tr><td>7</td><td colspan="11">本年实际抵免税额合计</td><td></td><td>*</td></tr>
<tr><td>8</td><td colspan="12">可结转以后年度抵免的税额合计</td><td></td></tr>
<tr><td>9</td><td rowspan="3">专用设备投资情况</td><td colspan="6">本年允许抵免的环境保护专用设备投资额</td><td colspan="6"></td></tr>
<tr><td>10</td><td colspan="6">本年允许抵免节能节水的专用设备投资额</td><td colspan="6"></td></tr>
<tr><td>11</td><td colspan="6">本年允许抵免的安全生产专用设备投资额</td><td colspan="6"></td></tr>
</table>

“税额抵免优惠明细表”填报说明

1.年度

表A107050第1列“年度”：填报公历年份。第6行为本年，第5行至第1行依次填报。

2.本年抵免前应纳税额

表A107050第2列“本年抵免前应纳税额”：填报“中华人民共和国企业所得税年度纳税申报表（A类）”（表A100000）第25行“应纳所得税额”减第26行“减免所得税额”后的余额。2012年度和2013年度的“本年抵免前应纳税额”：填报“企业所得税年度纳税申报表（A类）”（2008年版）第27行“应纳所得税额”减第28行“减免所得税额”后的余额。2014年度、2015年度和2016年度的“本年抵免前应纳税额”：填报“中华人民共和国企业所得税年度纳税申报表（A类）”（2014年版）第25行“应纳所得税额”减第26行“减免所得税额”后的余额。

3.本年允许抵免的专用设备投资额

表A107050第3列“本年允许抵免的专用设备投资额”：填报纳税人本年购置并实际使用《环境保护专用设备企业所得税优惠目录》《节能节水专用设备企业所得税优惠目录》和《安全生产专用设备企业所得税优惠目录》规定的环境保护、节能节水、安全生产等专用设备的发票价税合计金额，但不包括允许抵扣的增值税进项税额、按有关规定退还的增值税税款以及设备运输、安装和调试等费用。即：第6行第3列=第9+10+11行。

4.本年可抵免税额

表A107050第4列“本年可抵免税额”：填报第3列×10%的金额。即：本年可抵免税额=本年允许抵免的专用设备投资额×10%。

5.以前年度已抵免额

表A107050第5列至第9列“以前年度已抵免额”：填报纳税人以前年度已抵免税额，其中前五年度、前四年度、前三年度、前二年度、前一年度与“项目”列中的前五年度、前四年度、前三年度、前二年度、前一年度相对应。

表A107050第10列“以前年度已抵免额——小计”：填报第5+6+7+8+9列的合计金额。即：第10列=第5+6+…+9列。

6.本年实际抵免的各年度税额

表A107050第11列“本年实际抵免的各年度税额”：第1行至第6行填报纳税人用于依次抵免前5个年度及本年尚未抵免的税额，第11列小于等于第4（本年可抵免税额）−10（以前年度已抵免额——小计）列，且第11列第1行至第6行合计金额不得大于第6行第2列的金额。即：第11列≤第4–10列。也就是说“本年实际抵免的各年度税额”不得超过“本年可抵免税额”减除“以前年度已抵免额——小计”后的余额。

表A107050第7行第11列“本年实际抵免税额合计”：填报第11列第1+2+…+6行的合计金额。即：第7行第11列＝第11列第1+2+…+6行。

7.可结转以后年度抵免的税额

表A107050第12列“可结转以后年度抵免的税额”：填报第4–10–11列的余额。即：第12列＝第4–10–11列。

表A107050第8行第12列“可结转以后年度抵免的税额合计”：填报第12列第2+3+…+6行的合计金额。即：第8行第12列＝第12列第2+3+…+6行。

8.本年允许抵免的专用设备投资额

表A107050第9行“本年允许抵免的环境保护专用设备投资额”、第10行“本年允许抵免节能节水的专用设备投资额”、第11行“本年允许抵免的安全生产专用设备投资额”：填报纳税人本年购置并实际使用《环境保护专用设备企业所得税优惠目录》《节能节水专用设备企业所得税优惠目录》和《安全生产专用设备企业所得税优惠目录》规定的环境保护、节能节水和安全生产专用设备的发票价税合计价格，但不包括允许抵扣的增值税进项税额、按有关规定退还的增值税税款以及设备运输、安装和调试等费用。

三、税额抵免案例

【例9–1】A公司2016年至2021年各年抵免前应纳税额与当年允许抵免的专用设备投资额如表9–2所示。

表9–2 专用设备投资额及应纳税额明细表 单位：万元

年度	抵免前应纳税额	当年允许抵免的专用设备投资额
2016	500	12 000
2017	500	5 000
2018	600	6 000
2019	7 000	7 000
2020	300	8 000
2021	600	8 000

专用设备均为国内购买，表格中“当年允许抵免的专用设备投资额”中不包含按有关规定退还的增值税税款以及设备运输、安装和调试等费用。2016年，A公司购进并实际使用专用设备13 000万元，其中1 000万元为设备运输、安装和调试费用。2021年，购入环境保护专用设备投资额为8 000万元。

要求：计算填报税额抵免优惠明细表。

【解析】根据《企业所得税法实施条例》第一百条的规定，税额抵免，是指企业购置并实际使用《环境保护专用设备企业所得税优惠目录》《节能节水专用设备企业所得税优惠目录》和《安全生产专用设备企业所得税优惠目录》规定的环境保护、节能节水、安全生产等专用设备的，该专用设备的投资额的10%可以从企业当年的应纳税额中抵免；当年不足抵免的，可以在以后5个纳税年度结转抵免。

税额抵免优惠属于汇算清缴才可以享受的优惠事项。纳税人申报享受税额抵免优惠时需要填报表A100000第27行（抵免所得税额）和“税额抵免优惠明细表”（A107050）。案例中，2016年A公司购进并实际使用专用设备13 000万元，其中1 000万元为设备运输、安装和调试费用，因而“本年允许抵免的专用设备投资额”为12 000万元，填入表第1行第3列。其他相关行次的填报如表9-3所示。

表9-3 A107050 税额抵免优惠明细表 单位：万元

行次	项目	年度	本年抵免前应纳税额	本年允许抵免的专用设备投资额	本年可抵免税额	以前年度已抵免额						本年实际抵免的各年度税额	可结转以后年度抵免的税额
						前五年度	前四年度	前三年度	前二年度	前一年度	小计		
		1	2	3	4=3×10%	5	6	7	8	9	10（5+6+7+8+9）	11	12（4-10-11）
1	前五年度	2016	500	12 000	1 200	500	500	200			1 200	0	*
2	前四年度	2017	500	5 000	500	*		400	100		500	0	0
3	前三年度	2018	600	6 000	600	*	*		600		600	0	0
4	前二年度	2019	7 000	7 000	700	*	*	*	700		700	0	0
5	前一年度	2020	300	8 000	800	*	*	*	*	300	300	500	0
6	本年度	2021	600	8 000	800	*	*	*	*	*	*	100	700
7	本年实际抵免税额合计											600	*
8	可结转以后年度抵免的税额合计												700
9	专用设备投资情况	本年允许抵免的环境保护专用设备投资额								8 000			
10		本年允许抵免节能节水的专用设备投资额											
11		本年允许抵免的安全生产专用设备投资额											